《21世纪交通文化建设研究与实践》系列丛书

路文化

刘文杰 主 编

梅 君 副主编

人民交通出版社股份有限公司
China Communications Press Co.,Ltd.

图书在版编目（CIP）数据

路文化 / 刘文杰主编．— 北京：人民交通出版社，2009.2

ISBN 978-7-114-07549-0

Ⅰ．路…　Ⅱ．刘…　Ⅲ．道路 – 文化 – 研究 – 中国　Ⅳ．U4　G122

中国版本图书馆 CIP 数据核字（2009）第 004656 号

《21 世纪交通文化建设研究与实践》系列丛书

书　　名：**路文化**
著 作 者：刘文杰
责任编辑：张征宇　乔文平
出版发行：人民交通出版社
地　　址：（100011）北京市朝阳区安定门外外馆斜街3号
网　　址：http://www.ccpress.com.cn
销售电话：（010）59757969，59757973
总 经 销：北京中交盛世书刊有限公司
经　　销：各地新华书店
印　　刷：日照教科印刷有限公司
开　　本：787×980　1/16
印　　张：22.5
字　　数：370千
版　　次：2009年2月　第1版
印　　次：2019年5月　第2次印刷
书　　号：ISBN 978-7-114-07549-0
定　　价：66.00元
（有印刷、装订质量问题的图书由本公司负责调换）

《路文化》研究委员会

《路文化》课题研究协作单位

总 序

国民之魂，文以化之；国家之神，文以铸之。“加强文化建设，明显提高全民族文明素质”，是党的十七大提出的实现全面建设小康社会奋斗目标的新要求。胡锦涛总书记在党的十七大报告中明确指出：“当今时代，文化越来越成为民族凝聚力和创造力的重要源泉、越来越成为综合国力竞争的重要因素，丰富精神文化生活越来越成为我国人民的热切愿望。要坚持社会主义先进文化前进方向，兴起社会主义文化建设新高潮，激发全民族文化创造活力，提高国家文化软实力，使人民基本文化权益得到更好保障，使社会文化生活更加丰富多彩，使人民精神风貌更加昂扬向上。”这不仅深刻阐明了兴起社会主义文化建设新高潮的重大现实意义和深远历史意义，更为新时期加强文化建设指明了方向和路径。

交通文化是社会主义先进文化的重要组成部分，是交通行业的灵魂，是实现交通又好又快发展的重要精神支柱。交通运输是支撑经济良性发展、促进社会全面进步的基础性、先导性产业和服务性行业，服务是其本质属性。基于这一认识，我们提出了“交通发展要服务国民经济和社会发展全局、服务社会主义新农村建设、服务人民群众安全便捷出行”，提出了“发展现代交通业，建设一个更安全、更通畅、更便捷、更经济、更可靠、更和谐的现代公路水路交通系统”。从文化的角度看，这也正是我们基于交通运输的本质属性和交通行业的神圣使命所作出的价值选择，是交通文化的核心内涵，是引导交通事业科学发展的价值导向，也是贯彻落实党的十七大关于加强社会主义文化建设的具体体现。

交通部党组高度重视文化建设工作。2006年全国交通工作会议明确提出：“努力建设具有鲜明行业特点和时代特征的交通文化，用文化和精神的力量凝聚全行业，使交通行业更加充满活力，不断开创交通事业发展的新局面。”2006年6月26日召开的全国交通行业精神文明建设工作会议更加明确地提出：“加强交通文化建设，努力增强行业软实力”，力争文化建设在今后五年内取得明显进展。随后，部印发了《交通文化建设实施纲要》，对交通文化建设的指导思想、目标任务、工作原则和工作措施作出了具体安排和部署。这是交通部颁布的第一个有关交通文化建设的重要文件，它强调新时期交通文化建设要深入贯彻科学发展观和构建社会主义和谐社会的要求，建设具有鲜明时代特点和交通行业特色的精神文化、制度文化和物质文化；要以实践社会主义荣辱观为主线，以弘扬爱国主义为核心的民族精神和以改革创新为核心的时代精神为重点，大力加强精神文化建设；要在实践中加强探索和研究，系统总结交通文化建设的丰硕成果，确立符合先进文化前进方向和交通事业发展要求的交通行业的核心价值体系；要实施“五个一工程”，即形成一批交通文化研究成果，提炼一种交通精神，征集确定一个交通行业徽标，创作一批交通文艺作品，完善一批交通博物馆，将全行业文化建设提高到一个新水平，全面增强交通文化的吸引力和感召力，不断增强交通行业的凝聚力，提升交通行业的影响力，提高交通发展的软实力，为交通事业又好又快发展营造良好的文化环境。

为全面深入推进交通文化建设工作，2006年11月部务会议研究决定成立了交通文化建设研究工作指导委员会，按照行业文化、系统文化、专业文化、组织文化四个层次，分别成立了交通行业文化建设研究总课题组和公路文化、道路运输文化、交通规费征稽文化、港口文化、海事文化、救捞文化、船检文化、航海文化、廉政文化、公路执法文化、长江航运文化、交通公安文化、路文化、桥文化、车文化、站文化、船文化、航标文化、航道文化、交通行政机关文化、交通企业文化和交通事业单位文化等22个子课题组，由行业内有一定研究基础、有积极性、有较好的支撑条件、具有代表性的部门或单位牵头，并邀请文化学、管理学、社会学等方面的专家学者共同参与,按照力求出精品的要求，系统地开展了交通文化研究工作。经过广大研究人员一年多的辛勤劳动和艰苦努力，研究工作进展顺利，取得了一批可喜的研究成果。出版这套多卷本的《21世纪交通文化建设研究与实践》系列丛书，是交通文化建设研究成果的重要组成部分。丛书从多个层面、多个领域系统地总结了交通文化源远流长的发展历史、积淀丰厚的特色文化、形式多样的实践活动、绚丽多彩的建设成果。“系统文化”侧重于交通行业不同系统的特色文化研究，重点提炼和阐述了各系统具有系统特色的价值理念；“专业文化”侧重于不同专业领域的特色文化研究，重点是收集、挖掘和整理了交通行业物质文化成果；“组织文化”侧重于交通行业不同组织的特色文化研究，重点梳理、凝炼和展示了各类交通组织的特色价值理念、行为规范和形象标识。整个研究工作坚持以社会主义核心价值体系为指导，将“铺路石”、“航标灯”等交通行业传统精神与包起帆、许振超、陈刚毅等先进典型所展现的时代精神有机结合，在建设交通行业核心价值理念体系方面做了积极探索。

交通文化建设是一项长期性、系统性、复杂性的工作，既要整体部署，又要稳步推进。近年来，尤其是实施《交通文化建设实施纲要》以来，全行业日益重视交通文化建设，注重丰富交通发展的文化内涵，取得了一些有行业特点和时代特征的文化成果，涌现了青岛港、天津港等一批优秀企业文化建设单位和青岛交运集团“情满旅途”、南京长途汽车站“爱心始发站”等一批知名服务品牌，形成了南京交通局“交通文化通论”等一批理论研究成果。《21世纪交通文化建设研究与实践》系列丛书的出版发行，对于全国交通行业深入贯彻落实党的十七大精神，兴起交通文化建设新高潮，进一步提高交通行业凝聚力和战斗力，推动交通事业又好又快发展，切实做好“三个服务”，必将起到重要的推动作用。

交通部部长 李盛霖

二〇〇七年十二月十三日

导 论

交通为人员流动和物资流通提供基础条件，为人和物的空间位移提供运输服务，是支撑经济良性发展、促进社会全面进步的基础性产业和服务性行业。交通是一个古老而年轻的行业，自农业社会到工业社会以至信息社会，交通就一直伴随着人类文明的发展而演进，并构成人类文明的重要组成部分。中国是一个具有悠久历史的文明古国，在延绵数千年的文明进程中，曾造就了其他文明古国概莫能及的相对发达的交通体系；新中国成立后，中国交通事业进入一个崭新的发展阶段，经过近60年的建设尤其改革开放近30年的建设，交通发展在数量规模、质量水平和结构层次等方面都发生了翻天覆地的变化，取得了举世瞩目的成就，已跻身世界交通大国之列，正朝着世界交通强国迈进。中国交通发展的历史伟绩和现代成就为中华文明和世界文明做出了重大贡献，与此同时，在这个历经风雨的漫长岁月中，勤劳智慧的中华民族创造了与历史俱进、与时代同步的丰富多样、绚丽多彩的交通文化，为中华文化和世界文化的不断发展增添了更加丰富的内涵和更为亮丽的色彩。

一、交通文化的概念

理解交通文化的概念需先考查文化的概念。关于“文化”一词，长期以来，国内外一直没有形成统一的定义。但是，人们对文化内涵的解释还是存在共识，一般认为：文化是人类在社会历史发展过程中不断创造的各种精神财富、制度体系和物质财富的总和，其核心内容是人类创造各种精神财富、制度体系和物质财富所秉持的或反映出的价值理念。这是人们对社会主文化内涵所作的解释。基于这一认识，人们于是对隶属于社会主文化的各种亚文化的概念也做出了界定，如组织文化、系统文化和行业文化等。

交通文化也是隶属于社会主文化的一种亚文化，交通文化建设的理论渊源是文化人类学。对于交通文化的概念，可以根据社会主文化概念的核心内容和基本要素作出界定：交通文化是交通行业在长期的交通建设、运输和管理实践中逐步形成并不断发展的为广大交通员工所普遍认同并付诸实践的具有鲜明行业特点和时代特征的价值理念，是交通行业各种精神文化、制度文化和物质文化的总和，是交通发展的重要成果，是交通文明的重要结晶。其中，精神文化是交通行业的核心文化，是交通行业纲领性的核心思想，是指导交通发展的核心价值；制度文化是交通行业的浅层文化，是交通行业制定并执行办事规程、道德规范和行为准则所秉承的价值理念；物质文化是交通行业的表层文化，是交通行业生产物质实体、展现外在形象所秉承的价值理念。对于这一概念，可从以下角度进一步理解其内涵：

交通文化的核心内容是价值理念。价值理念属于意识形态或思想认识范畴，体现为交通行业对交通发展所秉持的态度、所采取的方式和所表现的行为，为交通发展所倡导的精神、所制定的规范和所树立的形象，这些态度、方式和行为都自觉或不自觉地反映了交通行业所秉承的价值理念，从而形成了交通文化。

交通文化的本质要求是强调实践。交通文化是交通行业普遍认同并付诸实践的价值理念，其突出强调价值理念的实践性，强调所倡导的价值理念要得到普遍认同和真正落实，要使之内化于心、固化于制、外化于形，从而在交通建设、运输和管理实践中发挥出实际的作用，为交通发展提供精神动力、制度保障和物质基础。

交通文化的层次定位是行业文化。从价值理念的从属主体来看，有国家的、民族的、组织的和个人的价值理念等，交通文化则属于整个交通行业的价值理念。因此，交通文化是对整个交通行业各部门、各单位价值理念的提炼与整合，代表了交通行业从业人员的主流思想，代表了整个行业广泛认同和普遍接受的价值理念。

交通文化的鲜明个性是交通特色。交通文化是交通行业的特色文化。各个行业的特色文化在其形成和发展过程中，虽然受到整个国家、民族的价值理念的影响，但各个行业生产特征、服务要求和管理模式存在很大差异，其价值取向也必然存在较大差异。交通作为经济社会发展的基础性产业和服务性行业，其所秉承的价值理念自然也有别于其他行业，从而有其自身鲜明的个性特色。

二、交通文化的特点

不同行业有其各自的结构形态和嬗变沿革，以及不同的静态表征和动态特征，因而体现出与之相对应的文化体系特点。从这方面考察，交通文化具有多样性、层次性、传承性、时代性等突出特点。

交通文化的多样性。交通行业由多个系统、多种专业、多种组织构成。从职能范围看，交通行业主要有公路建设与管理、道路运输、规费征稽、港口、航运、海事、救捞、船检、公安等系统；从专业性质看，交通行业主要有公路、桥梁、车辆、站场、船舶、航标、航道等专业领域；从组织性质看，交通行业主要有行政机关、执法单位、交通企业和事业单位等组织。不同的系统、专业、组织都有其自身的生产特征、服务要求和管理模式，因而具有不尽相同的价值理念，从而形成了文化的多样性。交通文化的多样性，要求交通文化建设要充分考虑不同文化价值理念的个性与共性，整个行业的文化建设在价值理念的提炼和价值体系的整合上要兼收并蓄、博采众长，从而形成能为整个行业广泛认同并普遍接受的价值理念。

交通文化的层次性。按照交通行业的职能、专业和组织等分类，可将交通文化细分为交通系统文化、交通专业文化和交通组织文化，各组成部分按照某种秩序有机结合，呈现出一定的层次性。其中，行业文化是一个面，系统文化是一条线，组织文化是一个点，专业文化则可看作对系统文化的细分，因为公路、桥梁、车辆、站场、船舶、航标和航道等是隶属于各交通系统的物质实体。整个交通文化体系因此呈现出一种“点-线-面”式的层次特征。各层次文化所秉承的价值理念具有内在的联系，一般来说，上层文化价值理念是对下层文化价值理念的归纳，上层文化更为抽象，下层文化更为具体。交通文化的层次性，要求提炼、整合交通行业的价值理念要自下而上、由点到面，逐层归纳，从而形成具有深厚基础的价值理念。

交通文化的传承性。交通文化形成于交通发展的实践，并随着交通的发展而发展。交通发展过程就是交通文化形成的过程，交通发展的历史沿革就是交通文化的传承沿革。交通发展在不同时期面临着不同的发展任务和发展条件，因而有着不同的价值理念和文化内涵。传承是发展的基础。交通文化的传承性，要求用历史唯物主义和辩证唯物主义的观点和方法去认识交通文化，从源远流长、积淀丰厚的发展历史中发掘、提炼交通文化的价值理念元素，充分吸收传统文化的合理成分，进而将交通行业优良的传统文化发扬光大。

交通文化的时代性。中国乃至世界交通发展都已进入新的阶段，快速推进中的中国交通现代化要求坚持科学的价值理念，发展先进的交通文化，以此促进交通事业又好又快发展。因此，建设交通文化，必须坚持先进文化前进方向，在传承交通传统文化的基础上，充分融入现代意识，不断丰富和发展其科学内涵，确立具有时代特征的价值理念，发展具有现代意识的物质文化、制度文化和精神文化体系。

三、交通文化的功能

交通文化的作用集中体现在“内聚人心、外塑形象”两个方面，具有凝聚、导向、激励、约束、外塑和辐射等基本功能。认识这些基本功能，是认识交通文化的建设目的与建设意义的基础。

交通文化的凝聚功能。交通文化所倡导的价值理念一旦为整体行业认同并接受，就成了千百万从业人员共同的理想与追求，进而以其强大的粘合力，从各个方面将整个行业及其成员聚合起来，形成巨大的向心力和凝聚力，形成强烈的集体意识团队精神，为实现共同的理想与追求而齐心协力、共同奋斗。

交通文化的导向功能。交通文化所倡导的价值理念是整个行业的共同理想和共同追求的集中反映，代表了千百万交通人的主流思想和主流意识。这种共同的理想和追求，通过教育和灌输，会引导行业的个体与群体在思想、观念上做出调整，使其与整个行业所确立的价值取向保持一致，从而起到一种导向作用。

交通文化的激励功能。交通文化建设的核心要旨是以人为本、以文化人，强调确立共同的理想、营造和谐的氛围。这些都有利于增强各部门、各单位干部职工的使命感和责任感，激发干部职工的积极性和创造性，使广大干部职工乐于参与交通建设，乐于发挥聪明才智，为实现共同理想、实现自身价值而做出努力。

交通文化的约束功能。交通文化一旦形成，就建立了自身系统的价值理念，就为行业整体及其成员明确了价值取向，同时也确立了道德规范和行为准则，从而对行业整体及其成员起到一种约束作用。但是，这种约束具有自觉性，是一种软约束，这种软约束产生于整个行业的文化氛围，使各个成员产生共鸣，继而达到自我控制。

交通文化的外塑功能。交通行业特色文化所倡导并实践的价值理念是交通行业的旗帜，旗帜就是形象，这种形象包括理念形象、行为形象和视觉形象。这些形象是社会公众了解和评价交通行业的标志和表征。因此，交通文化具有外塑形象的重要功能。

交通文化的辐射功能。交通文化的辐射功能主要体现在所倡导并实践的价值理念通过外化而为广大社会公众所了解、所感受，会影响整个社会价值理念的形成与发展，从而使交通文化成为社会主文化的生长点和贡献源，为社会主义文化大发展、大繁荣做出贡献。

四、交通文化的载体

凡文化均有其价值理念的承载体或附着体。人类通过劳动创造文化。人类的劳动作用于自然形成物质文化，作用于社会形成制度文化，作用于人类自身形成精神文化。交通文化的载体主要包括主体载体、组织载体、制度载体和物质载体等。从根本上说，建设交通文化就是建设和优化这些载体。

主体载体。交通行业从业人员是交通行业的主体，自然也是交通文化的主体。交通行业从业人员既是交通行业价值理念的倡导者和实践者，也是交通行业价值理念的承载者和传播者。交通文化说到底是交通人的文化，是交通人的思想意识和价值取向。建设交通文化，要注重人的决定性因素，突出人的主体性地位，一是注重发掘广大从业人员的价值理念元素，确立具有深厚群众基础的价值理念体系；二是注重依靠广大从业人员建设交通文化，践行价值理念；三是注重通过文化建设来提升广大从业人员的综合素养，运用文化的力量来增强从业人员的凝聚力和向心力，激发交通从业人员的积极性和创造性。

组织载体。交通行业的行政机关、事业单位和交通企业等各种组织，既是交通行业的基本单元，也是交通文化建设的基本单元。这些组织作为交通文化的载体，与文化的内在联系主要体现在以下几个方面：一是组织内涵反映组织文化的性质。组织内部共同的目标追求、一致的价值取向、和谐的分工合作都是文化使然，其既是文化作用的结果，也是文化自身的表征。二是组织结构体现组织文化的个性。组织结构决定了组织内部的职责关系，其选择和形成受到组织文化的影响，并反作用于组织文化，从而使得不同的组织结构体现出不同的文化个性。三是组织功能体现组织文化的要求。组织的功能主要体现在整合人力资源、规范人的行为、满足人的需要，从而履行组织使命，实现组织目标，这些功能和作用与组织文化的功能和作用是一致的，正好体现了组织文化建设的目的和要求。建设交通文化，要求将组织建设作为重点内容，着力提升组织管理理念，改进组织管理方式，按照科学管理、规范管理的要求，优化组织的内部结构与协作关系。

制度载体。制度是要求组织成员共同遵守的办事规程、道德规范和行为准则。组织制度和组织文化之间关系十分密切。一方面，组织文化是组织制度制定与执行的重要决定因素，影响着组织制度的形成及其功效的发挥。组织制度是组织文化的产物，组织制度所具有的规范约束和激励作用等本身就体现了组织文化建设的直接目的和内在要求。这样，组织制度就成为了组织文化的重要载体，组织制定并执行各种办事规程、道德规范和行为准则都反映了组织文化所倡导的价值理念。另一方面，组织制度对组织文化的形成和发展也具有重要影响，有什么样的组织制度也必然会使组织成员表现出相应的处事态度和行为方式，从而营造相应的组织氛围、孕育相应的组织文化。建设交通文化，要求将制度建设作为重点内容，按照以人为本、科学管理的要求，以实现员工价值、规范员工行为为价值取向，着力健全组织内部的管理制度，推进制度创新与制度变革。

物质载体。物质载体是反映交通文化特色内容的重要载体和交通文化先进程度的重要标志。交通文化的物质载体主要包括以下几类：一是交通行业的生产资料，包括基础设施、运输装备及其支持保障系统，如公路、桥梁、车站、港口、航道、航标、车辆和船舶，办公场所、生产车间和服务场所等，这是交通生产力的物质基础，其外形特征、结构特点、技术价值、美学价值、历史价值、民族特色、地域特征、人文内涵及其社会经济意义等，是交通文明的重要标志，也是交通文化的重要特色所在。二是交通行业的形象标识，如各系统、部门和组织的徽标、着装和歌曲等，这也是交通文化的可感知性象征物，充分体现了交通文化的个性和风格。三是交通行业各种组织保障员工基本权益、提升员工综合素养的各种实体手段，如保健、卫生和安全等设施，技术培训、职业教育和文化教育等文化设施，这些也都充分体现了交通文化的个性和风格。建设交通文化，要求将物质载体建设作为重点内容，既要着力保证物质实体的经济社会意义，也要着意丰富物质实体的技术价值、美学价值、历史价值、民族特色、地域特征和人文内涵，着力提升交通行业的外在形象。

五、交通行业的价值体系

交通文化建设坚持社会主义先进文化前进方向，用马克思主义中国化最新成果武装和教育广大干部职工，用中国特色社会主义共同理想凝聚力量，用以爱国主义为核心的民族精神和以改革创新为核心的时代精神鼓舞斗志，用社会主义荣辱观引领风尚。经过长期的探索与实践，交通行业逐步形成了具有鲜明行业特色和时代特征的交通精神文化、制度文化和物质文化，形成了实践证明对于引导交通事业快速发展、科学发展、和谐发展具有重要指导作用的价值体系。

（一）行业使命：发展现代交通，做好“三个服务”

发展现代交通，促进民富国强，是国家和人民赋予交通行业的神圣使命。交通是支撑经济良性发展、促进社会全面进步的基础性产业和服务性行业，是促进经济增长、优化产业布局、改善人民生活、保障国家安全、维护社会稳定的基础条件和重要依托。交通发展的主要任务是发展现代交通业、实现交通现代化，根本目的是促进人民富裕、实现国家强盛。在目前及今后相当长时期内，交通行业围绕履行这一使命，必须把握世界交通发展的总体趋势和我国交通发展的阶段特征，着力调整交通结构、转变发展方式、推进自主创新、完善行业管理，加快推进交通由传统产业向现代服务业转型，努力提高做好“三个服务”（服务国民经济和社会发展全局，服务社会主义新农村建设，服务人民群众安全便捷出行）的能力和水平。

（二）共同愿景：建设一个更安全、更通畅、更便捷、更经济、更可靠、更和谐的现代化公路水路交通运输系统，实现人便于行、货畅其流，让人们享受高品质

的运输服务，让经济社会发展更加充满活力，让交通与自然、交通与社会更加和谐。

交通行业致力于建设一个更安全、更通畅、更便捷、更经济、更可靠、更和谐的现代化公路水路交通运输系统，体现了交通行业基于自身使命而对未来交通发展愿望与发展前景的美好憧憬，对未来交通发展目标与发展效果的理想追求，是交通行业重要的价值取向。为实现这一愿景，一代代交通人前赴后继，作出了艰苦卓绝的不懈努力，取得了举世瞩目的巨大成就，交通事业各个方面不断地实现了历史性突破和跨越式发展。目前，公路主骨架、水运主通道、港站主枢纽和支持保障系统建设全面推进，高速公路、特大桥梁、长大隧道和专业码头建设快速发展，万车竞发、百舸争流的繁荣景象已经初步形成，货畅其流、人便于行的良好效果已经日益显现，现代化公路水路交通运输系统已经初具规模，更加宏伟的发展目标正在又好又快地大力推进之中，交通发展的美好愿景必将成为现实。

（三）交通精神：艰苦奋斗、勇于创新，不畏风险、默默奉献

交通精神是民族精神和时代精神在交通实践中的生动体现，是对交通行业先进典型精神内核的高度概括，是交通行业广大从业人员共同创造的精神财富，是交通行业履行自身使命、实现共同愿景的强大动力，代表了交通行业广大从业人员的思想意志和精神风貌。交通精神的核心要素是“艰苦奋斗、勇于创新，不畏风险、默默奉献”。

艰苦奋斗是交通行业的优良传统。立足我国建设任务繁重、经济基础薄弱的基本国情，交通行业各条战线广大员工，本着高度的使命感和责任感，始终保持勤俭节约、艰苦朴素、拼搏进取、努力奋斗的优良传统，大力推进我国的现代化交通建设，确保交通发展的质量、效益和效率，创造了无数可圈可点的光辉业绩，涌现了以“一代人要有一代人的作为、一代人要有一代人的贡献、一代人要有一代人的牺牲”的“青岛港精神”，“胸怀祖国、热爱边疆的爱国精神，刻苦钻研、勤奋好学的进取精神，不懈探索、敢于突破的创新精神，恪尽职守、忘我工作的敬业精神，淡泊名利、清正廉洁的自律精神，生命不息、奋斗不止的拼搏精神”这一“刚毅精神”，以及“勇闯新路、改革进取的精神，干字当头、艰苦奋斗的精神，遵纪守法、诚实劳动的精神，领导干部以身作则、吃苦在前、享受在后的精神”这一“华铜海精神”等为代表的彰显艰苦奋斗精神的先进典型。

勇于创新是交通行业的时代追求。锐意进取、勇于创新，是交通行业在长期的改革与发展实践中不断适应新的形势变化和发展要求，有效解决突出矛盾和问题，不断取得重大进展与突破的成功经验。长期以来，交通行业抓住机遇、与时俱进，

注重理念创新、科技创新、体制机制创新和政策创新，为实现交通事业又好又快发展提供不竭动力，涌现了以“报效祖国，服务人民的主人翁精神，立足本职、追求卓越的敬业精神，求真务实、勇攀高峰的科学精神，锲而不舍、勇于拼搏的进取精神，团结协作、淡泊名利的团队精神”这一“起帆精神”，“爱岗敬业、无私奉献的主人翁精神，艰苦奋斗、努力开拓的拼搏精神，与时俱进、争创一流的创新精神，团结协作、互相关爱的团队精神”这一“振超精神”，“恪尽职守、忘我工作的敬业精神，立足岗位、刻苦自励的拼搏精神，敢为人先、勇攀高峰的创新精神，凝心聚力、团结协作的团队精神”这一“孔祥瑞精神”，以及“凝心聚力的和谐意识，拼搏奉献的创业精神，敢为人先的创新精神，追求卓越的创优精神”这一“润阳大桥精神”等为代表的凸显勇于创新精神的先进典型。

不畏风险是交通行业的突出意志。交通建设逢山开路、遇水架桥，车辆行驶于陡峭险峻的群山之间，船舶航行于风急浪高的水面之上，无不存在一定风险，正所谓“行船走马三分险”。长期以来，中国航海者面对风浪惊涛的海洋环境和突如其来的各种困难，总是勇往直前、镇静应对、精诚协作，圆满完成国家和人民交付的各项运输任务，彰显了“乘风破浪、不畏艰险、同舟共济”的“航海精神”。尤其，在发生海上安全事故的情形下，我国海上搜救队伍更是凭藉精湛的技能和过人的胆略，不顾个人安危，及时赶赴现场，全力施行搜救，确保人民生命与财产安全，凸显了“把生的希望送给别人、把死的危险留给自己”的“救捞精神”，是交通行业坚强意志力和大无畏精神的突出体现。

默默奉献是交通行业的真情付出。我国公路水路交通建设、运输和管理大多是在气候恶劣、地形复杂、人烟稀少的特殊条件下展开的，广大交通建设、运输和管理人员，无数的铺路工、养路工和航标工，寒来暑往、经年累月，不顾风吹雨打、不计名利得失，在平凡的岗位上、在艰苦的条件下，恪尽职守、真诚奉献，用宝贵的青春和人生，铺就了无数大道、送去了万家温暖、确保了万家平安，留下了无数可歌可泣的感人事迹，涌现了以“为人民服务到白头”的“小扁担精神”，“爱岗敬业、默默奉献”的“铺路石精神”，“燃烧自己、照亮别人、奉献社会”的“航标灯精神”，“尚法弘德，为民负责，执法为民，服务社会”的“海事精神”，以及“尽职在岗、奉献在船”的“孙彪精神”等为代表的凸显默默奉献精神的先进典型。

（四）职业道德：爱岗敬业、诚实守信、服务群众、奉献社会

交通行业开展职业道德建设，坚持用社会主义荣辱观引领风尚，按照《公民道德建设实施纲要》的要求，大力倡导并努力践行以“爱岗敬业、诚实守信、服务群

众、奉献社会”为主要内容的职业道德，为交通事业又好又快发展提供有力的制度保障。

爱岗敬业是职业道德的基础。爱岗敬业要求从业人员干一行、爱一行、精一行。交通行业为全社会提供交通基础设施和客货运输服务，交通工程建设关乎百年发展大计，客货运输服务涉及广大公众利益，从业人员首先要热爱本职工作、履行岗位职责，要结合岗位需要、立足岗位工作，加强业务学习、注重实践锻炼，不断提高个人综合素质，在工作中恪尽职守、精益求精，为保证工程建设和运输服务质量作出自己应有的贡献。

诚实守信是职业道德的精髓。诚实守信要求从业人员做到诚实、诚恳、讲信义、守信用。交通行业倡导并实践诚实守信的职业道德，要着眼于切实解决交通、运输和管理中群众反映强烈、社会危害严重的突出问题，健全诚信机制，开展诚信教育，强化诚信意识，进一步推进“共铸诚信交通”实践活动，做负责任的行业、负责任的部门、负责任的岗位，努力提高整个行业的公信力和信誉度。

服务群众是职业道德的更高要求。交通行业本身是服务性行业，服务是交通的本质属性，做好服务是交通发展的突出主题。交通行业各部门、各单位广大员工要着力增强服务意识，努力提高做好服务的能力和水平。要继续开展文明行业、文明单位、示范窗口建设活动，大力推行热情服务、周到服务、规范服务，为人民群众提供更加安全、便捷、高效的优质服务。

奉献社会是职业道德的最高境界。交通作为经济社会发展的基础性产业和服务性行业，与社会生产和社会生活的各个方面息息相关，广大从业人员要将奉献社会作为职业道德建设的出发点和归宿，立足各自的本职工作，以宽广的胸襟和坦荡的胸怀，以自己的才华和汗水真情地反哺于人民、回馈于社会，在奉献中实现自我、发展自我。

六、交通文化建设的现实意义

大力推进交通文化建设，是交通行业深入贯彻落实科学发展观，促进交通事业全面发展的重要方面。党的十七大报告指出：深入贯彻落实科学发展观，要按照中国特色社会主义事业总体布局，全面推进经济建设、政治建设、文化建设、社会建设，促进现代化建设各个环节、各个方面相协调；推动社会主义文化大发展大繁荣，要坚持社会主义先进文化前进方向，兴起社会主义文化建设新高潮，提高国家文化软实力。大力推进交通文化建设，就是要确立符合先进文化前进方向和交通事业发展要求，具有鲜明行业特点和时代特征的价值体系，并付诸交通发展实践，提升交通文化软实力，为实现交通又好又快发展提供精神动力、制度保障和物质基础。

建设交通文化有利于确立共同理想，树立共同目标，进一步增强发展现代交通的使命感和责任感。理想就是信念，理想就是旗帜。交通文化建设大力倡导并努力践行建设一个更安全、更通畅、更便捷、更经济、更可靠、更和谐的现代化公路水路交通运输系统，致力促进人民富裕、实现国家强盛，这些核心价值一旦为交通行业各部门、各单位干部职工所接受，就成了广大交通员工共同的理想和信念，成了统一干部职工思想认识的旗帜和标杆，进而增强广大交通员工的使命感和责任感，引领广大交通员工为发展现代交通、促进民富国强而自强不息、奋斗不止。

建设交通文化有利于继承优良传统，弘扬时代精神，进一步提高做好“三个服务”的能力和水平。交通精神是交通行业的灵魂。交通文化建设大力倡导并努力践行以“艰苦奋斗、默默奉献、不畏风险、勇于创新”为核心要素的交通精神，是交通行业继承优良传统、体现时代要求，努力做好“三个服务”的精神追求和强大动力。建设交通文化，弘扬交通精神，就是要宣传先进典型，弘扬浩然正气，以此激发广大交通员工的积极性和创造性，使之成为不断提高做好“三个服务”的能力和水平的强大动力。

建设交通文化有利于凝聚行业力量，提升行业形象，进一步增强构建和谐交通的凝聚力和影响力。交通文化建设按照以人为本的核心要旨，在精神文化、制度文化和物质文化等各个层面，大力倡导并努力践行交通发展的事业追求和社会责任，努力实现好、维护好、发展好用户利益、公众利益、员工利益。这些价值取向，既是一种宣示，更是一种承诺，其所体现的人本主义和人文关怀，有利于改善交通行业的内在氛围、提升交通行业的外在形象，改善行业内外的关系，提高交通行业的凝聚力和影响力，从而提升交通发展的软实力，促进交通事业又好又快发展。

（执笔人：王先进　李春　樊东方　邱曼丽　刘利　张榕榕）

前 言

《路文化》是交通部组织开展的交通文化建设研究22个子课题研究成果之一，由中国公路杂志社主持完成。

我国是一个具有悠久历史和灿烂文化的文明古国，历史上道路建设曾取得过辉煌的成就。秦修驰道，海内一统；汉通西域，远播文明；唐蕃古道，汉藏和睦；官马大道，天下纵横。这些著名的道路在维护国家统一、民族团结，推动社会进步方面产生过重要的影响。新中国成立后，特别是改革开放30年来，我国道路建设以更大的规模、更快的速度发展，取得了举世瞩目的成就。五纵七横，驰骋神州；省道县道，四通八达，在促进经济发展，提高我国综合国力，全面建设小康社会的历史进程中，发挥了巨大的作用。据统计，截至2007年底，我国公路里程已达357.3万公里，相比较解放初仅8.07万公里里程，真是翻天覆地、沧海桑田的变化。

相对于我国道路建设的成就，路文化的研究还处在起步阶段，源远流长、积淀深厚的文化内涵有待于发掘和整理。《路文化》，就是试图以全新的文化视角，比较系统地从历史和现实，工程和人文结合的角度，对我国路文化进行梳理，以突出路文化研究在推动我国道路建设和交通事业中的基础性和战略性作用。具体表现在：按照时间顺序对精选出来的古今著名道路的建设背景、政治意义、经济价值和文化内涵进行准确和形象地表述；通过对相关资料的梳理，介绍古今数千年中国路文化的历史变迁和文化传承；对现代道路，尤其是改革开放以来道路建设的文化理念加以阐述，展现我国道路建设的巨大成就，突出其在政治、经济、社会生活中的重要作用，以及在推动科技进步、现代文明和提升综合国力中的贡献；通过研究，理清中国路文化的历史文化脉络以及与社会进步的关系，总结中国路文化所体现出的民族文化精神和价值理念。

中国路文化涉及古今，内容丰富，为了达到上述目的又条理清晰，我们在结构安排上，将全书分为上下两编。上篇从纵的角度，简述了中国道路的发展历史，涉及与道路相关的历史兴替、人物事件、地理环境和文化传承；下篇从横的方面，分别从路与政治、路与军事、路与经济、路与生活、路与文学艺术、路与景观、路与生态的角度，以现代道路为主，专题性地介绍和讨论了路文化的多元性。全书纵横结合，目的是尽可能全面地展示中国路文化悠久的历史与丰富的内涵。

道路不仅仅是一项工程建设，还涉及环境科学、地理学、地质学等诸多学科，与政治、军事、经济、生态等社会和自然之间更有密切的联系。虽然路的实用功能在于行车走人，但当它与民族发展、时代风云、商贸经济、人物事件、文学艺术相联系时，就具有了鲜明的时代特征和丰富的文化内涵。这种内涵中，蕴含着一个民族强国富民的理想和追求。

作为一本文化读物，在写作过程中，我们特别注意从人类历史、文明进程、艺术景观的角度，去表述中国路文化的内涵，使之充满浓郁的文化韵味。文字上力求自然生动，使全书具有较强的知识性、可读性和趣味性。

道路是文明的纽带，文化的载体。本书是对我国源远流长的路文化的一次巡礼。读者一卷在手，即可了解路的知识、路的历史和我国道路建设的巨大成就，感受中国路文化的博大和深厚，领略中国路文化的丰富多彩。我们相信，随着路文化的深入研究，必将推动我国道路建设和交通事业在已有成绩的基础上，更加科学快速地发展。

《路文化》一书在研究和撰写过程中得到了交通部的精心指导和各省公路局的大力支持，在此表示衷心感谢！

《路文化》课题组

目 录

下　篇

上　篇

第一章　中国路文化概述

中国是一个具有悠久历史的国家，也是一个正在发生深刻变革的国家。在5000年文明发展的漫长进程中，中华民族以勤劳智慧的民族品格、不懈进取的充沛活力，创造了辉煌的中华文明。中华文明尽管历经沧桑，却始终传承不绝，表现出了顽强的生命力，体现了中华民族的凝聚力和自强不息的民族精神。

道路在中华文明绵延发展的过程中，改善了人的生存环境、扩大了人的活动范围、促进了民族形成和国家统一，在传播先进文化、推动社会进步方面，发挥了十分巨大的作用。秦修驰道，车同轨，书同文，在中国历史上第一次建立了统一的国家；汉通西域，张骞、班超沿丝绸之路，传播了中华文化，也带回了西域的文明，是早期中外文化交流史上的壮举。

共和国建立后，特别是改革开放30年以来，我国在道路建设方面取得了举世瞩目的成就，五纵七横，四通八达的道路网，连接起了辽阔的祖国山河，在带动新时期我国工业化、城市化，繁荣经济，提高我国综合国力，实现民族伟大复兴的历史进程中，发挥了巨大的作用，做出了卓越的贡献，功在当代，泽被后世。

一部道路发展史，就是一部人类文明进步史。

路，留下了时代车轮的轨迹，留下了人类不断前行的脚步，记录了我们民族文明的进程。它是文明的纽带、历史的见证和文化的载体。

在此，让我们追寻历史的足迹，对源远流长的中国路文化作一次漫游和巡礼。

一、释“路”

路，即道路。《说文解字》说：“路，道也。”《尔雅》说：“路，途也。”道，途，都是供人和车辆行走的路。

《周礼·地官》曰：“百夫有

洫，洫上有途；千户有浍，浍上有道；万夫有川，川上有路。”并对其宽度作了注解：“途容乘车一轨，道容二轨，路容三轨。”轨，指车辙。车辙之间的距离周制是8尺，三轨就是24周尺，每周尺约合0.2米，三轨的宽度将近现在的5米，在当时三轨的路即可行驶3辆乘车。二轨的道行2辆车，一轨的途行1辆车，可见西周的路比“途”和“道”都要宽。《诗经·郑风·遵大路》曰：“遵彼大路兮”。就是说走在宽阔的大路上。

对于事物的起源，人类苦思冥想却很难有所结论，特别是早于文明社会出现以前的事物。道路也是这样。在人们苦苦探寻难以定论之际，鲁迅先生下了一个著名而智慧的结论：“地上本没有路，走的人多了，也便成了路。”鲁迅在这里说的路既是指道路，也表达一种哲理：世界上的事情总是从无到有，不断前进的。当人类的始祖登陆的那一刻起，路已经开始在他们的脚下形成、蔓延、伸展。

最早的路是人自觉或不自觉走出来的。有了人类，就开始有了路。原始社会的人类，活动于自然界的山河之间，为了繁衍生息，需要取水、打猎、捕鱼和采集食物，人的足迹所到之处，随着时光的推移，慢慢就形成了最初的自然之“路”。

水是生命之源。根据人类靠水而居的特点，我们推测，最早的自然之“路”可能形成于水边，人为了取水，因河而成路，循河而觅路。据考古发掘，母系社会仰韶文化时期的“半坡村人”，在其聚集的村落附近，就发现有为取水而至浐水河边之路；为打猎而入森林之路；为制陶器而入窑场之路。他们为生活、生存需要而“践草为径”，就是最古老的道路。河溪是天然的指向标，千溪万流归大川，原始部落沿山谷溪水岸边形成的小路，与人类后来活动范围扩大后而形成的平川之路连接一起，就形成了最早的道路网。

远古时期的运输，采取手提、肩背的方式，当人类进入到了文明时代，随着畜牧业、农业和手工业的出现，生产逐步发展，社会有了分工，从自给自足的生活状态发展到物物交换的年代，人类才有意识地修筑道路，使自己出行更加的便捷和顺畅。后来，人们在劳动实践中懂得了役使牛马来减轻自身的劳累，经常往来的人行小路又被修成了可以通行驮运货物的道路。

因此，可以说道路的历史就是人类活动和发展的历史。人类在实践中修筑了道路，而道路的产生和发展又推动了社会的发展和人类的进步。

我国古代从周朝起已有“道路”之称，秦以后各朝，或称驰道，或称驿道，宋朝改称“道”为“路”，元朝则称“大道”，清朝由京城至各省会的道路为“官道”，各省会之间的“道路”为“大路”。

马车时代的道路虽然较之远古时期有很大的进步，但由于马的运力有限、车速较低、爬坡能力小，因此，它渐渐不能适应经济发展的需要和人们生活水平的提高对道路交通的要求。于是道路和道路运输酝酿着一场新的变革。

首先动摇千古驿道的是随着炮舰和通商带来的电报和铁路。19世纪70年代，洋务派领袖、直隶总督李鸿章的干将盛宣怀将有线电报引入中国，此举是驿道用于传递军政命令和各地奏报的功能开始废弛，驿站和驿夫成为古老的往事。1876年，英国人首先在上海修建了第一条窄轨铁路——淞沪铁路，虽然不久因民众的反对而拆除，但是铁路带来的高速度、大容量的运输使中国许多有识之士，特别是身居要职的洋务派官员看到了它的价值。湖广总督张之洞极力上奏兴建京汉铁路和粤汉铁路，许多路段就直接修在官马大道南路的广东官路上。

1886年世界上第一辆汽车在德国诞生，1901年，上海引进了中国第一辆汽车，现代化道路首先在沿海大城市出现。当时的城市道路一般为弹石路面，水泥虽然已经发明了半个世纪，但主要用于建筑的浆砌，还没有运用到路面铺装。在中国引进第一辆汽车的同时，美国德克萨斯的世界第一口油井刚刚喷油，沥青还没有用于铺路。

末代状元张謇弃官从商，1903年东渡日本考察现代产业，对日本的公路感受颇深，回国后于1905年在家乡江苏南通修建了一条6公里长的道路，以便于他的纺织厂的运输。这是中国最早的为近代工业生产而建道路，虽然还不能称之为公路，但已具备了公路的某些内涵。在清王朝末年除了洋务派官员修建的短途道路以外，里程最长而且具备公路性质的道路是张（家口）库（仑）路。这本是官马大道北路的恰克图路，1907年为了举办万国汽车环行会，对这1110公里的官马大道稍事修整，成为当时最长的可以通行汽车的道路。汽车的普及使中国古代道路开始向公路转化，其生命力随着经济发展和交通运输格局的变化日益增强。

从我国道路的发展历史和时代的变迁来看，现代的公路，是从一般道路（包括驿道、官道、小道等）发展起来的，是在各种道路的基础上，按照一定的技术标准修建，主要供汽车和其他机动车辆行驶，联结城乡、乡村和工矿基地的具有一定技术条件和设施的道路。

现代工业对能源、原料和产品销售的更大规模需求，工业化以后的现代征战对速度、重装备移动的迫切要求，使道路本身发生了革命性变化，道路的基础强度、转弯半径、纵坡、路面平整度和摩擦系数，直接关系到大流量、快速度、安全可靠运输的实现。公路不可逆转地成为陆路交通的主角。

道路概念的外延比公路要宽泛，公路包含在道路之中。道路是供给车辆（无轨）和行人等通行的工程设施。按其使用特点分为公路、城市道路、林区道路、厂矿道路及乡村道路等。

关于中国道路的分期，本书以汽车和公路出现的清末民初为界，以前属于中国古代道路，以后属于中国现代道路。

二、路文化的含义

路文化是中国文化的重要组成部分。在具体阐释路文化的含义之前，我们先从文化说起。

文化有广义“文化论”和狭义“文化论”，前者把人类创造的一切，即物质生产和精神创造的成果都视为文化的研究对象，后者认为只有社会意识形态才是文化研究所要关注的对象。《辞海》对文化一词的释义，就综合了这两种论述：“从广义上来说，文化是人类在社会历史实践过程中所创造的物质财富和精神财富的总和。从狭义上来说，文化指社会的意识形态，以及与之相适应的制度和组织机构。”有学者据此从文化广义概念上去探讨文化的外延，提出了文化的三层构成说，认为文化是人类社会特有的现象，是以人的活动方式以及由人的活动所创造的物质产品和精神产品为其内容的系统。人类活动作用于自然界，产生了物质文化；作用于社会，产生了制度文化；作用于人自身，产生了精神文化。

从这种文化外延出发，人类文化不仅可以划分为物质文化、制度文化和精神文化，而且还可以看到构成文化的各个体系中皆具有极其浓厚的综合性特征，即各种文化体系都能够体现出物质的、制度的和精神的文化特色，从而使不同文化外延呈现为相互交叉与渗透的特点，为相关具体的文化研究提供了必要的理论依据。

中国路文化研究，就是在上述有关文化含义论述的基础上，在广义文化论的范围内，研究中国古今道路所表现的文化现象。

中国路文化是一种具有特定内容和表现形式的文化形态，它是人们在从事道路规划、修筑、管理和使用过程中创造出来的物质文化、制度文化和精神文化的总和。路文化属于交通文化中的专业文化，是交通文化研究的重要组成部分。研究范围包括了中国古代路文化和中国现代路文化。

路文化中的物质文化，属于路文化的物质载体，是人们通过自身的智慧、才能和创造力完成的物质道路形态，具体体现在道路的实用功能价值上。物质是文化的载体，物质文化反映了道路建设的生产力水平和科学技术水平，是人类文明的客观标志。

路文化中的制度文化，是人们在设计和修筑道路过程中为保证物质文化的实现，而根据社会要素、技术要素等制订出来的行为规范和管理模式。中国古代建立的路政管理和维护制度、道路碑记中所记载的工程管理内容，现代道路中具体详尽的新型施工机制和管理模式，都属于路文化中的制度文化。制度文化在培养道路工程技术人才，以技术创新带动科技进步，保证道路建设工程质量方面，具有十分重要的作用。

路文化中的精神文化，反映了道路建设的主体——人，即道路设计和修筑者以观念形态表现出的文化。路是“文化的物质”，最主要的因素是路具有人工创造性。例如古今道路建造工程中，所体现出的自强不息、顽强拼搏的民族精神；通济利涉、造福于民的民本精神；大道之行、天下为公的公益精神；不畏艰险、知难而进的开拓精神；万众一心、团结协作的团队精神等。这些精神，反映了道路建设者的精神风貌，成为他们取得道路建设成就的内心需求和精神支柱。另外，路文化更深层的精神意义，就是在民族的文化思想中体现了重视联系、沟通的意识，而这种意识，正是文化发展和社会进步的重要条件之一。

尽管道路属于功能性的工程，但当它与民族兴衰、历史交替、时代风云、人物事件、文学艺术相联系时，就具有了丰富的历史文化内涵。

中国路文化含义所涉及到的物质文化、制度文化、精神文化，是一个完整和谐的整体，它们之间是互有联系，不可分割的。物质文化的载体具体体现了精神文化；制度文化所显现的社会性沟通了精神文化与物质文化之间的联系；而精神文化，由于与时代风云、历史进程与人的创造性相联系，使得路文化的内涵更为丰富和深邃。

三、路文化的特征

（一）与时俱进的时代特征

文化是历史性的概念，是在特定的时空条件下，特定的历史背景中酝酿、产生和演变的。中国路文化也不例外，它也有自身的历史演进和文化传承过程，体现出了鲜明的时代特征。

中国路文化的时代性与道路建造时的生产力水平、科技发展和人类的创造性具有密切的关系。远古时期，人类为了生存寻觅食物，“践草为径”，《史记》记载的黄帝“披山通道，未尝宁居”，大禹治水“开九州，通九道”，“居外十三年，过家门不敢入”的事迹，都反映了当时筑路时的艰苦情况。周建“周道”，秦修驰道，汉有丝绸之路，唐建成唐蕃古道，清有官马大道，则是规划周密、规模宏大的道路建设，反映了当时的生产力水平。

改革开放30年来，中国经济高速发展，促进了我国道路建设事业进入了一个新的时代。我国的道路设计和建设者们，以高度的热情和奋发精神，抓住机遇，与时俱进，为建设一个更安全、更通畅、更便捷、更经济、更可靠、更和谐的现代公路运输系统而不懈奋斗。一条条国道、省道、县乡道将全国连接起来，货畅其流，人便于行，促进了经济繁荣、文化交流和社会的和谐。

改革开放以来我国道路建设的成就，反映了我国新时期以来的综合国力，从精神和文化上彰显了大国风范和自立于世界民族之林的信心和能力，反映了中国人民自强不息、刚健有为的时代风貌。

（二）辐射连通的开放特征

这是由道路的物质形态和功能决定的。从道路发展史来看，人类为了扩大活动范围，总以居住地为心，向四周辐射扩展。远古时期的部落，以其所居之地，形成了上山猎狩之径，下河取水之道，去田野的采集之路。自西周以后，都是以国都为中心，如秦之咸阳、汉唐之长安、宋之开封、元之大都、明清之北京，或驰道，或驿道，或官道，辐射至全国，以保证政令畅通、货畅其流。我国现在形成的“五纵七横”公路网就是以北京为中心，各省的省道是以省会为中心，县道则是以县城为中心，都呈现辐射的开放特征。就具体道路而言，专用公路是定向辐射，干线公路是两向辐射，城市道路则从以市中心向全方位辐射。道路，从某种意义上来说，决定着一个地区，一个国家的开放度和外向度，也决定着一个地区、一个国家的经济发展速度和文明进步程度。

道路的这种辐射特征，不仅仅是路与路的连接、商品的流通运输，而且还有信息、思想、观念和文化的交流。特别是我国在城乡一体化等现代进程中，这种物质文化和精神文化的传播尤为重要。开放和交流是促进国家经济繁荣、文化兴盛的必由之路，而道路的辐射连通特征在其中所起的重要作用是显而易见的。

（三）利在社会的公益特征

道路作为经济社会发展的基础性工程设施，具有使整个社会受益的公益性。党的十二大首次把交通建设作为战略重点写进了《政府工作报告》。自此之后，作为国民经济和社会发展先导型基础工程的公路，真正驶入了日新月异的发展快车道，二三十年来道路建设在全面建设小康社会的历史进程中，起到了先导龙头的作用。如我国社会主义新农村建设，就是以道路建设为突破口和切入点，以路为纲，纲举目张，推进新农村建设向纵横发展的。“想要富，先修路”，已成为全社会的共识，“公路通，百业兴”，给农村带来了日新月异的变化，受惠得益的是千家万户。

中国路文化体现出的这种功在社会、利于天下的思想，文化渊源上与中国传统文化一脉相承，孔子讲“大道之行，天下为公”，《左传》说“民惟邦本，本固邦宁，”都是强调了以民为本的思想。以胡锦涛同志为核心的党中央在新时期制定的科学发展观和谐社会的建设，都体现了“因民之利而利之，顺民之欲而治之”的民生理念的思想。民生就是发展，民生就是政治。胡锦涛总书记访美时在耶鲁大学演讲时说：“我们坚持以人为本，就是坚持发展为了人民，发展依靠人民，发展成果由人民共享，关注人的价值、权益和自由，关注人的生活质量、发展潜能和幸福指数，最终是为了实现人的全面发展”。这个讲话很明确地把科学发展观体现在基本民生问题上。道路和道路运输是社会发展的基础产业，国家大量投资高速公路、城市道路、乡村道路建设，一方面带动了经济又快又好发展，另一方面有极大地方便了人民的生活。道路公共设施给百姓带来的实惠，是以民为本思想的具体体现。

四、路文化的价值取向

路文化是一个大的概念和范畴,从其丰富的内涵和外延来看,联系众多,涉及广泛,它是技术与文化、社会与自然的融合和渗透，涉及工程学、生态学、文学、美学等诸多学科，与政治、经济、环境、生态、日常生活等社会和自然之间更有密切的联系，呈现出了文化上的广泛联系和多元价值取向。

（一）路与政治

政治是经济的集中体现。自古至今历代统治者无一不重视道路的建设。以国都为中心的国道网，连通全国各地，目的就是为了天下统一。特别是古代，朝廷发自国都的政令，都是通过道路传递的，道路通则政令通，道路不通则政令不通。因此历代统治者都十分重视道路的修建和控制。

（二）路与经济

道路建设史告诉我们，经济是道路发展的直接动力。路就是生产力，修路就是解放和发展生产力。道路的修筑，连接东西，沟通南北，极大地促进了经济的发展和繁荣。道路建设又有其先行先导作用，是经济发展的加速器和腾飞的跑道。无路不富，小路小富，大路大富，高速公路快富。一条路就是一条产业带，一条路就是一个新的经济增长点，一条路就是一条充满活力的经济走廊。古今中外，莫不如此。改革开放以来，珠江三角洲、长江三角洲地区率先大力发展公路建设，带动经济起飞，成为中国经济最活跃和繁荣的地区。

（三）路与军事

和平时期，道路起到连接沟通、繁荣经济的作用，但在战争时期，道路则成了运送军队和装备的重要通道和后勤补给的生命线，成为双方争夺的重点和要害。古今例证，俯拾皆是。如战国时的假道伐虢，抗战时的滇缅公路打通西南通道等，无不见证过历史的风云，镌刻着时代的印记。即是在和平时期，为了保卫国家安全，也修筑有专门的军事专用道路。道路与军事和国防密切相关。

（四）路与景观与生态

道路景观绿化设计是指在道路用地范围内利用植物和其他材料创造出具有形态、形式因素构成的较为独立的、具有一定社会文化内涵及审美价值，并能满足道路交通和环保功能要求的景观。随着我国公路和城市道路的快速发展，国家对道路绿化的规模和功能提出了更高的要求，道路绿化规模从最初的种行道树，到道路的全方位绿化，以思维方式上的文化认同转变，到生态引领道路建设，使绿化功能从单纯的环保和水保功能，发展到一种融科学、艺术、园林、生态、环保、美学等多种功能的景观绿化。行车万里，如在画中，道路景观设计和生态保护将会成为全社会生态文明建设的先导工程。

（五）路与中外文化交流

路是文明的纽带，文化传播的通道。我国古代的丝绸之路，自我国境内越过帕米尔高原，再经中亚，一直延伸到地中海东岸。从公元前二世纪的汉代到公元十三、四世纪前后，它是联结世界古代文明发祥地的中国、印度、两河流域、埃及乃至古希腊、罗马的纽带和桥梁，在中国和世界文明史上留下了光辉灿烂的篇章。改革开放以来，我国与俄罗斯、哈萨克斯坦、巴基斯坦、越南等许多邻国都有陆上道路相通，不仅有频繁的人员往来、边境贸易，也带动了不同文化的交流和学习，促进了与各国人民之间的友谊。

以上简要地介绍了路文化的多元价值取向。总的来说，路是具有丰富内涵的人的文化创造，这种文化包括了物质和精神的诸多方面。对此，本书在下篇专门设章，从政治、军事、经济、生活、艺术、景观和生态等诸多方面，具体对路文化的丰富内涵进行探讨和论述。

第二章　中国古代道路的分类和管理

我国古代道路有悠久的历史，上溯先秦，下至清末，在长达数千年的历史文献中，有许多关于各个朝代道路种类和道路管理的记载。本章拟对这些资料进行梳理和分类，以期了解我国道路交通史中各种道路修建的历史文化背景和性质，从而考察各种道路及其管理对交通的作用和对社会的影响。

一、古代道路的分类

（一）按地理区域位置分类

按地理区域位置对道路分类，最早始于西周（公元前1027~前771年）。当时已经把道路分为城市道路、连接城市的干线道路和乡村道路三大体系。这种分类对后世历代乃至现代道路的分类都产生了深远影响。

1. 城市道路

据收入《周礼》之中的《考工记》记载，周朝王城内部的道路是这样规划的："匠人营国，方九里，旁三门。国中九经九纬，经涂九轨"。"国中"就是城市。"国中"的道路，包括城内的经途、纬途和城郊的环途。

西周的城均为方形，每面开三个城门，门有三途。由各城门分别通向城内共九条纵横交错的街道（南北之道谓之经途，东西之道谓之纬途）。镐京城最大，街道也最宽，每条街道可并行马车9辆。周的轨宽为8尺（每尺为0.231米），则街道宽为72尺（折今16.63米）。据说规定男女分左右两行，车由中央，可见其规模。《诗·小雅·皇皇者华》载："我马维骐，六辔如丝，载驰载驱，周爰咨谋。我马维骆，六辔沃若，载驰载驱，周爰咨度。"它描写的是各地诸侯贵族乘着宝马良车往来周京的情景。

经涂纬涂之外，还有环涂和野涂。《考工记》记载："经涂九轨，环涂七轨，野涂五轨。"

环涂是指城垣内侧的道路，也就是后世所说的顺城街，每面城垣下面都有一条顺城街，东西有两条环涂，南北亦有两条环涂，总计四条，从而形成围绕城垣的环行道路。

野涂是指城郭外面的道路，通过野涂把王城里面的道路与王城外面的道路连接起来。

王城内部的道路，等级不同，路幅也不同。道路的等级越高，路幅越宽。上面说到，轨，指车辙，车辙之间的距离是周制8尺，九轨就是72周尺，七轨是56周尺，五轨是40周尺。九轨的经涂，可以行驶9辆乘车，七轨的环涂可以行驶7辆乘车，五轨的野涂可以行驶5辆乘车。

城市的等级不同，道路幅度相应递减。按照《考工记》的记载，诸侯城，比如燕都的经纬涂在幅度上，相当于王城里面的环涂，它的环涂相当于王城的野涂；诸侯城以下采邑城（都）的经涂更是等而下之，只相当于王城外面的野涂。

除宫城以外，在西周时期的王城里面，更多是普通百姓所居住的里。里的四周筑有高墙，四面设门，门临大道。在里的中心地带设置社坛，即里社。社的四周营建住宅，住宅按编户组织，以闾为单位。《周礼》说“五家为比”，又说“五比为闾”，二十五家为一闾，四闾为一族。也就是说，一族有一百户人家。每一族的住宅连为一排。住宅南北相对。20世纪50年代，在郑州商城发掘出当时里的遗址，半地下的房屋有组织地南北相向而对，彼此之间保持一定距离。这应该是里中的道路遗存。里中的道路，在古籍中表述为巷。《周礼》有一节关于量人职责的记述，量人的职责颇多，职责之一是：“掌建国之法，以分国为九州。营国城郭，营后宫，量市、朝、道、巷、门、渠，造都邑亦如之。”

周代王城道路规划，设计周密，布局合理，是我国有文字可考的最早的城市道路规划，为后世我国道路修建奠定了基础，并形成了一种模式，后来的唐长安城和元明都城的城市道路都是以此为蓝图进行规划的。

唐代是中国古代经济和文化的昌盛时期。唐长安城规模宏大，布局整齐，大大超过了汉代的长安城，是当时世界上最大的城市之一。

横空出世的唐长安城，由外郭城、皇城、宫城所组成。所有城墙均用夯土筑成，十分高大雄伟。经过考古发掘，外郭城为一大长方形，东西长（由春明门到金光门）9721米（包括东西两城厚度在内，以下同），南北长（由明德门至宫城北面玄武门偏东处）8651米，面积约84平方公里，几乎相当于今西安城的10倍。外郭城的西北角在今任家口村以北，东北角在今胡家庙的西北，西南角在今木塔寨以西，东南角在今新开门村西北，四至极为分明。由于曲江在城东南角以外，故南墙在明代王尚书坟园附近作直角形曲折，使城的东南缺少一角。唐长安城的东墙

（包括北墙一段）有夹城复道，是为住在大明、兴庆宫的皇帝和妃嫔去曲江池游乐方便而建筑的。外郭城每面各有三个城门，除正南明德门一门五观外，其他诸门均有三个门洞。明德门的遗址就在今西安南郊的杨家村，一门五观与记载完全相符。皇城与宫城在外郭城北部中央，宫城在北，皇城在南，是唐长安城的核心。皇城又名子城，是政府机关所在地，尚书省和中书、门下外省等都设在这里。“台省寺卫”并列其间，构成了唐代行政的中心。皇城南面三门，东西两垣各为二门，均与城内的主要大街相通。宫城是皇帝和皇族居住与处理朝政的地方，由太极宫、东宫、掖庭宫组成。

东宫和掖庭宫是皇太子与妃嫔居住的地方，与太极宫有大门相通。宫城南面有五个门，正中为承天门。承天门北对玄武门（稍偏西），南对皇城朱雀门，与外郭城的明德门在南北一条直线上。这条南北直线也就是唐长安城建设的中轴线。

“长安大道横九天”，是李白对长安街道布局的精彩描述。唐长安城的街道、里坊、市场等都东西对称，排列异常整齐。真是“百千家似围棋局，十二街如种菜畦”。所有街道均作东西、南北向，纵横交错，东西14条大街，南北11条大街。街道两旁设有排水沟，并种植槐树和榆树，笔直端正，宽畅通达，十分壮观。全城的中轴线朱雀大街最宽，今实测为155米，比今西安城内最宽的莲湖路还要宽出许多。而四面城门各有3条道路与城外道路连接，通达全国各地，构成了以长安为中心的全国干线道路网。

元代建都大都，城址即今北京市，都城规划基本上沿袭周代九经九纬布局。都城方60里，有11门，北有建德和安祯二门，东、西、南各有三门：东为光熙、崇仁和齐化；西为肃清、平则和和义；南为顺承、丽正和文明，其中丽正门为都城中央干道中轴线；东西两城也以三门为准，各建道路，形成城内四通八达的道路交通网。城内商业发达，来往称便。同时，城内干道向城外四周辐射，通达于中书省直辖的山东、山西和河北三地共有29路的首府所在地，各路建立的驿站总数达198处，然后由上述各路重要交通要冲，再通向全国11个行政首府所在地及西北边远地区，从而构成了广阔疆土上的全国道路网。

明朝由南京迁都北京后，在元代大都的基础上进行了扩建，北面城废掉元代建德、安祯二门，城墙南移，新建安定、德胜二门；南面内城南移，新建宣武、正阳、崇文三门，并扩建了南面外城区。建立了右安、永定、左安三门；东面废掉元代光熙门，改崇仁门为东直门，改齐化门为朝阳门，增设广渠门；西面废除元代肃清门，改和义门为西直门，改平则门为阜城门，并在外城区增设广安门，形成了中国历史上汉唐以来国家首都格局完善的最大城市，因而城市道路体系也更加完善。

2. 干线道路

古代的干线道路是指由国都通往其他都邑的主干道路。我国开始建立以城市为中心道路网体系，始于西周。

西周的国道称“周行”、“周道”。“周行”一词在《诗》中出现三次：“嗟我怀人，寘彼周行。”（《周南·卷耳》）“人之好我，示我周行。”（《小雅·鹿鸣》）“佻佻公子，行彼周行。”（《小雅·大东》）。“周道”一词在《诗经》中也多次出现。如“周道如砥，其直如矢。”(《小雅·大东》)“有栈之车，行彼周道。”（《小雅·何草不黄》）

道路前冠以“周”，无疑是与周王室有关。所谓“周道”应是指周王室修筑，通向各诸侯国境内的一种道路，即今所谓“国道”。周道是西周王室的生命线，也是国家交通中的轴线。“周道”有如下特点：

一是平直。《左传·襄公五年》说“周道挺挺”，杜注：“挺挺，正直也。”《小雅·大东》诗中说得更为明白：“周道如砥，其直如矢。”它形容“周道”像磨石一样平坦，像箭杆一样端直。

二是宽阔。《小雅·四牡》“四牡騑騑，周道倭迟。”牡，公马。騑騑，高亨《诗经今译》释为“马行不停貌。”倭迟，毛传释为“历远之貌”。这里是描写行者乘着用四马驾的车，不停地奔在一望无垠的大道上。由上述可见，周道上可以行车，道路应较宽阔。

三是列树表道。《国语·周语》可证：“周制有之曰‘列树以表道’”。《周礼·野庐氏》中也说：“掌达国道路，至于四畿，比国郊及野之道路，宿息井树。”井树，郑注“井井饮食，树为蕃蔽”，是说种树为遮阴纳凉之用。

周道的形成具有不可低估的历史作用。《墨子·兼爱》引诗对其评价道“王道荡荡，不偏不党；王道平平，不党不偏。其直如矢，其易若底。君子之所履，小人之所视。”为后来的道路修筑提供了很好的借鉴和示范作用。

公元前221年，秦始皇统一了中国，结束了春秋战国分裂的局面，从此中国古代道路进入了大规模的建设时期。春秋战国时期，在诸侯割据下的列国，道路纵然有所发展，也只是局部性的，不可能形成全国性的道路交通网，而建设全国性道路网的客观条件和主要因素必然是国家在政治上的统一。

《史记·秦始皇本纪》载，秦始皇完成统一全国大业之后，于始皇二十七年（公元前220年），开始在全国范围内大规模地修建驰道，其主要目的就是：第一，作为巩固全国统一的战略措施，防止六国贵族割据的复辟。第二，为运输财富的需要：六国（燕、韩、赵、魏、齐、楚）“倚叠如山”的大量财富，均被新兴秦王朝占有，并运至秦都咸阳。第三，大规模兴建阿房宫、骊山等宫殿700多处，所需工程材料极大，关东大量物资通过驰道运往关中，其时动员刑徒达到70万人之众。加之占领六国的兵马补给及修建长城等工程，都需要运输大量的资材。

作为当时全国主要交通干线，驰道以秦的都城咸阳为中心，延伸到全国各地，其分布区域是：“东穷燕、齐（今河北省、山东省广大地区），南极吴、楚（今江苏省、安徽省和湖北省）”，“西至临洮、羌中（今甘肃省、青海省一带）、北据河为塞”，并沿阴山至辽东（今辽宁省辽阳县北）。这样就把战国时期诸侯列国都城用驰道连接起来，加以完善和扩建，进一步打通了通向中南、西南和东北地区的道路，从而构成了通向全国主要城市的干线道路网。包括前代所修道路在内，总里程达到29670里（约合今12387公里）。其中驰道17920里（不包括直道1800里），占总里程的54%以上。

作为当时全国主要交通干线的驰道，实际上是皇帝及其特许官吏驰行的具有隔离设施的多车道快车道路。其修筑方法和形制，《汉书・贾山传》的记载是：“道广五十步，三丈而树，厚筑其外，隐以金椎，树以青松。为驰道之丽至于此，使其后世曾不得邪径而讬足焉”。“道广五十步”相当于今69米。“三丈而树，”古人的解释是，处于宽五十步驰道中央的三丈路面，“惟皇帝得行”，“诸侯有制得行驰道中者行旁道，无得行中央三丈”。所以在这三丈中道的两侧，树立有隔离标志。此种隔离标志的形制，《太平御览》卷一九五引陆机《洛阳记》的如下记载可供参考：“宫门及城中大道皆分作三：中央御道，两边筑土墙高四尺余，外分之。唯公卿、尚书章服从中道，凡人皆行左右”。“厚筑其外，隐以金椎”，则为使用金属工具，通过多层夯筑，使整个路面坚实且隆于地表。“树以青松”，则说驰道两旁要种植松树，进行绿化。由于驰道宽阔、平整、坚实，所以夜间也可行车。《史记・秦始皇本纪》载公元前211年“使者从关东夜过华阴平舒道”，就是说明当地驰道质量高、路况好的例证。

各地驰道建成之后，秦始皇曾多次通过驰道巡游各郡县，并在许多地方刻石“纪功”以显示他的无上君威和秦国的强大。秦始皇修驰道的目的是为巩固政权，加强集权统治，但由于滥用民力，法令严酷，使之反成为引发社会动乱和农民大起义的因素之一。但其规划修建的全国陆路交通网，却为后代道路交通奠定了良好基础。

自秦始皇修驰道以后，以后历代王朝的统治者都十分重视国都至全国各地主干道路的建设，以实现有效的政治统治和政令的畅达。有些主干线，不仅连通国内的边陲，也打通了国际间的通道。

汉武帝建元二年（公元前139年），张骞出使大月氏（音zhi,今阿姆河流域一带）后所开通的西域道路，就是举世闻名的“丝绸之路”。丝绸之路是贯穿中亚最长的一条道路，也是世界上横贯欧亚大陆最长的一条国际道路。它在世界交通史上和文化史上占有相当重要的地位。

自从西域道路开通后，天山南北地区与内地开始联为一体，中西经济和文化交通也得到了极大的便利。例如，从西域向内地引进了葡萄、石榴、胡麻、胡桃等经济作物，还有各种良马、奇禽异兽和名贵毛织品等；佛教也经中亚传入中国；而内地则向西域输送了大量丝织品及铁器等物，中国古代文化也通过这条道路传播到西方各国。

唐代的主干道路以东西都长安和洛阳为中心。据《旧唐书·太宗纪》载，早在贞观四年（630年），就出现了“东至于海（今山东渤海），南至于岭（今广州市），皆外户不闭，行旅不赍粮”的良好交通形势。

根据《唐六典》“凡三十里一驿，天下驿凡一千六百三十九”估算，则唐代共有干线道路约在40000里左右。这是指驿道而言。如果据各府、州的“八到”里程（八到指以某城市为中心，通往周围4至8个方向城市的道路，故有“唐道八到”之称），即包括不设驿站的道路在内，那么唐代全国干支道路总里程数显然要比上述里数大得多。

贞观元年（627年），全国行政区划分为10道，至开元二十一年（733年），分为15道。所有干线道路（驿道）均由首都长安起，通往15个道的道府所在地，同时与东都洛阳相联系。长安和洛阳为当时全国最大的商业城市，国内外商旅云集，经济繁荣，而其他水陆要冲如广州、扬州以及各州县地方，道路也是四通八达，形成了以长安和洛阳两地为中心的全国道路网，为唐代长期统一和经济文化的发展作出了贡献。

宋代道路沿袭前代体制，以首都开封为中心，建立了通达各府、州、县的道路网，其主要道路均为驿道。由于北宋与当时的少数民族政权辽和西夏对峙，南宋偏安一隅，与金国时战时和，局势动荡不安，均无暇考虑适应全国经济振兴的道路建设。

元世祖（忽必烈）于至元十六年

（1279年）灭南宋，统一了天下，全国道路交通得以重新整顿和畅通。元的疆域扩大，“北逾阴山，西极流沙，东尽辽左，南越海表”，超过汉、唐盛世。按其行政区划，全国除设“中书省”统管今山东、山西和河北之地（称为“腹里”）外，共设立了岭北、辽阳、河南、陕西、四川、甘肃、云南、江浙、江西、湖广和征东等11个“行中书省”，简称“行省”或“省”。此外，元朝在大都（今北京）设宣政院，管辖“吐蕃之境”。吐蕃，即今西藏自治区；又有察合台后王封地（包括今新疆维吾尔族自治区及其西北、西南至阿姆河广大地区，以及今阿富汗喀布尔附近地区）。故在元朝统治下的中国，成为当时世界上最强大、最富庶的国家。

元代以大都（今北京）为中心，城内干道向城外四周辐射，通达于中书省直辖市所在地，各路建立的驿站总数达198处，然后由上述各路重要交通要冲，再通向全国11个行政首府所在地及西北边远地区，从而构成了广阔疆土上的道路网。

元代除在上述各行省的道路上设驿以便利交通外，还在西北广大地区和西藏地区设置驿站。例如元中统元年（1260年）左右，忽必烈派大臣达门，自西宁入藏，清查户口，共设32处驿站：计朵思麻地（今青海海南及果洛藏族自治州）7处，朵堆（今玉树、甘孜地区）9处，卫（前藏）地7处，藏（后藏）地9处（达伦巴·班觉桑布著《汉藏史集》），使内地至西藏的交通得以恢复，加强了兄弟民族之间的团结。

由于道路交通发达，促进了当时全国农业、手工业和商业的发展。元代江南各地丝织业相当发达，大量丝绸运往大都销售，并对外出口。大都、杭州和泉州是当时闻名于世的商业城市，而以大都的各种集市最为繁荣。泉州又为对外贸易商港，集散货物运输频繁。此外，西方各国的使节、商人和旅行家等前来中国，络绎于途。历史上著名的威尼斯人马可·波罗于至元十二年（1275年）到了元朝上都（今内蒙古正蓝旗境内），在元朝生活17年，遍游中国各大城市，口述形成了著名的《马可·波罗行纪》一书，对当时元朝统治下的都市、工商业等作了详尽的介绍，引起西欧人对中国文明的向往。中国发明的指南针、火药、印刷术也在中外交通频繁之下开始传入西欧，而阿拉伯人的天文学、医学、算学等相继传到中国。所以，元代道路交通的兴盛发达，不仅对当时中国封建经济繁荣起到了重要作用，而且还对当时的中外文化交流做出了贡献。

明清两朝都是以北京为中心，构成了纵横东西南北的主干道路。以北京为中心的明代驿道道路网除了为当时的政治和军事服务外，对于发展全国的农业、商业以及交通运输都发挥了重大作用。永乐中期（1410年～1414年），李询《明史食物志校注》载："宇内富庶，赋入盈羡，米粟自输京师数百石外，府县仓廪蓄积甚丰，致红腐不可食。"于此可见当时农业和交通运输的繁荣。除农业之外，手工业和商业也比较发达。诸如布匹、绸缎、纸张、铜铁器、瓷器以及其他各种手工艺品都是重要商品。这些商品不仅流通国内，有的还远销海外。

清代国土辽阔，东濒大海，西至葱岭，南至南海，北至外兴安岭和库页岛。全国行政区划有23省和内、外蒙古以及青海、西藏地区，统辖府厅、州、县1700余个。顺治元年（1644年）从盛京（今辽宁沈阳市）迁都北京，北京遂成为清代的政治、经济、文化和交通中心。最著名的就是"官马大路"，分为官马北路、官马西路和官马南路，其中包括9条干线，道路不仅通达于全国各省省会和蒙古、青海和西藏等地，而且遍及各府、厅、州、县，构成了以北京为中心的干线道路网。

3. 乡村道路

西周时的乡村道路划分为5个等级，即径、畛、涂、道、路。"径"是通行人和牛马的小路；"畛"是田间小路；"涂"是容纳一辆车行驶的道路；"道"是容纳两辆车行驶的道路；"路"是容纳三辆车行驶的道路。这些道路类型的划分，在世界道路历史上是最早的。据古文献所记尺寸，涂、道、路三种路各宽8尺、16尺和24尺，约相当于现今的1.85米、3.7米及5.55米。1976年出土的西周马车，其轴长为3.04米，只能行驶于后两种道路上。

西周的乡村道路是井田制的产物。井田制是中国古老的土地制度。其核心是土地的所有权属于等级不同的大小领主。这些大大小小的领主，为了便于剥削农民的剩余劳动，将土地划分为若干等份，其中一部分留给自己，另一部分分配给农民。农民只有在耕种完领主的土地后，才能够耕种领主分配给他的土地。这样，土地的所有权与使用权便分离开来，所有权是领主的，使用权是农民的。在农民看来，领主留给自己的土地不属于自己，分配给农民耕种的土地才与自己有关，而且可以长期使用，事实上成了农民的私田，因此农民把它称为"我私"，相对应的领主留给自己的土地则被农民称为"公田"。

在当时的生产条件下，一个农民可以耕种一百余亩土地，因此一百亩被称为"夫"。九夫的土地便是九百亩，称"井"，也称"里"。井，或者里，往往作为分配土地时的基本单位。在这九百亩土地中，领主把八百亩土地分配给八个农民，每个农民一百亩土地，剩余的一百亩留给自己，让农民给他耕种。《穀梁传·宣公十五年》所记载的："井田者九百亩，公田居一"就是这个意思。为了便于八个农民等距离到达公田劳动，公田自然被安排在中心位置。这样，公田就是八个农民共同耕种的地方，是联系八个农民的枢纽。井田制这种对土地的划分形式，折射在其时的王城理念上，便是同样把王城划分为九份，将宫城置于王城的中心区域，因素之一，也是从城市枢纽的角度考虑的。

农作物离不开水，也离不开农民进出的道路，从而要根据土地的面积开辟出不同尺寸的沟渠与道路。这些道路就是公田与私田，私田与私田之间的疆界。范文澜在《中国通史》第1卷说："疆界是通车的大路，或人行的小路。如大路通南北，则小路通东西；大路通东西，则小路通南北。大小路交错，像无数井字。"《诗经·信南山》这样记载："我疆我理，南东其亩"，就是指田间的大小路。《周礼·遂人》有如下记载。

凡治野：夫间有遂，遂上有径，十夫有沟，沟上有畛；百夫有洫，洫上有涂；千夫有浍，浍上有道；万夫有川，川上有路，已达于畿。

上文大意说：在开垦农田的时候，要考虑到沟渠与道路的布局。具体的措施是一百亩土地，要在上面挖出小沟，小沟旁边筑径；一千亩的土地，要挖出沟，沟旁筑畛；一万亩的土地，要挖出洫，洫旁筑涂；十万亩的土地，要挖出浍，浍旁筑道；一百万亩土地，要挖出川，川旁筑路。这条路是通向王城的大道。大道就是周代的主干线，这样，乡村道路直接与王城连接在一起了。

到了秦汉时期，也十分重视乡间道路的开通。商鞅变法有"为田开阡陌"之举，通过田间道路的重新规划展开对旧田制的改革。从出土的秦代律令的内容可以知道，阡陌的设置，必须遵从政府制定的统一规格，阡陌的确定，也受到法律的保护。《汉书·晁错传》载："通田作之道，正阡陌之界"，说明汉代对田间道路的重视。

（二）按路线到达方向分类

按路线到达方向对道路进行分类，最早见于《尔雅》一书，其中《释宫》一篇，记述了以下九个方面的道路：

（1）"一达谓之'道路'"，即如图2-1-（1）所示，是由甲地至乙地的单向道路。

（2）"二达谓之'岐旁'"，即如图2-1-（2）所示，是每种道路旁边伸出一叉的二向道路。

（3）"三达谓之'剧旁'"，即如图2-1-（3），所示，是有三叉的三向道路。

（4）“四达谓之‘衢’”，即十字交叉的四向道路，如图2-1-（4）所示。

（5）“五达谓之‘康’”，即如图2-1-（5）所示，是五叉的五向道路。

（6）“六达谓之‘庄’”，即如图2-1-（6）所示，即“六轨之道”，也就是辐射式的六向道路。

（7）“七达谓之‘剧骖’”，即如图2-1-（7）所示，即三条交叉的道路，又有一叉伸出的七向道路。

（8）“八达谓之‘崇期’”。这里的“崇”字作“充”字解，即“道多所通，人充满其上，如共期也。”或者是“崇，多也；多道会期于此”。如图2-1-（8）所示，是辐射式的八向道路或多向道路。

（9）“九达谓之‘逵’”，即四条交叉路上，又有一支路，即图2-1-（8）的图形中，有一支路伸出。

如上所述，道路由单向到多向的划分，是极有系统的，与现代公路网规划系统（如辐射式）相似，显然是一种以城市为中心的道路网体系。这种体系对封建社会的秦汉、唐代道路网的形成

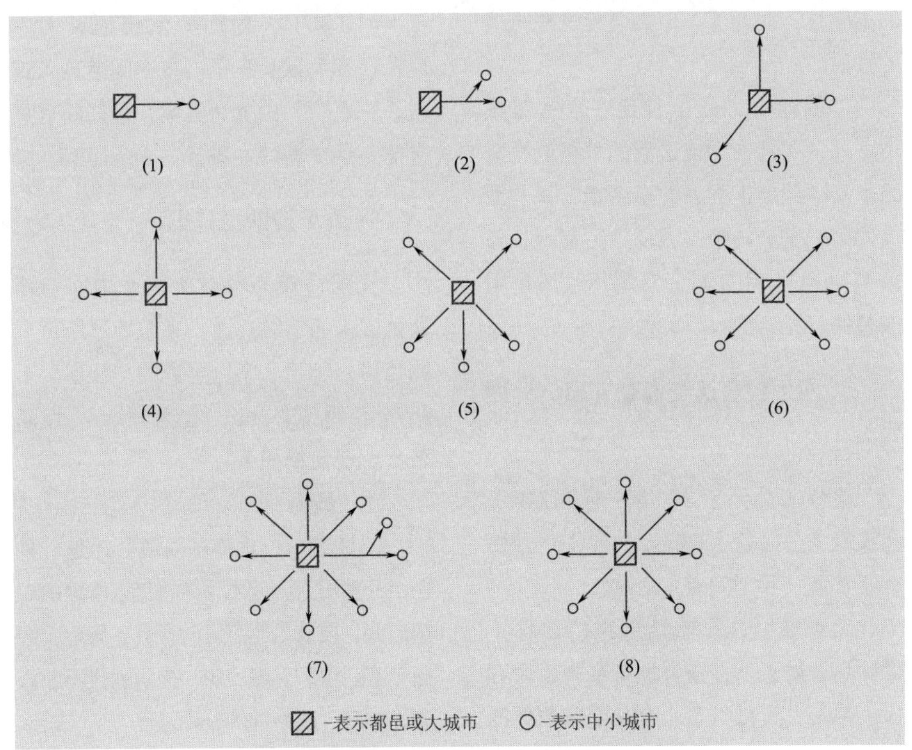

图2-1 《尔雅》书中的道路示意图（图中箭头表示方向）

有深刻的影响。

（三）按军事目的分类

在我国古代历史文献中，记载了以军事为目的的道路，如“军道”、“徼道”等。

“军道”，是一种作战用的道路。战国时期（公元前476年~前221年）是秦灭六国（齐、楚、燕、韩、赵、魏）的战争年代。齐国人孙膑在其著作中指出步兵作战的十种原则时说：“遮其粮食，绝其军道”和“败其关津，发其桥梁”，这就充分证明了军道的重要性，明确了军道具有纯进军路线的性质。

“徼道”，是一种建在宫室或城市之外，或建在国境边界的军事巡逻道路。从“周庐于列，徼道绮错”，“徼道外周，千庐内附”以及“治宫室，作徼道周卫” 等来看，其军用性质是很清楚的。

（四）按直达交通和非直达交通分类

秦代（公元前221年~前207年）和汉代（公元前206年~211年），开始有“直道”和“间道”之称。

“直道”，是直达道路的简称，“始皇欲游天下，道九原（今内蒙古五原一带），直抵甘泉（今陕西省淳化县甘泉山）”，即指秦代长达1800里的直道而言。隋代大业三年（607年），隋炀帝（杨广）登太行山看望张衡，“开直道九十里，以抵其宅”,也是修建直达道路的一例。直达道路具有直达交通的性质。

“间道”，是间接道路的简称，是与“直道”相对的。从汉代至明代的历史文献中，常有间道的记述，如：汉代的韩信“夜半待发，……从间道越山而望赵军”（《汉书·韩信传》）；唐代建中元年（780年），“昕遣使间道奏事，德宗（李适）嘉之”（《旧唐书·地理志》）；明代永乐十一年（1413年），对西藏活佛的诏书中说：“郑和以兵三千，夜由间道攻入王城，守之”。由上述史实，可知间道具有非直达交通的性质。

（五）按地形分类

我国古代为了在西南、中南与西北地区沟通道路交通，克服地形所带来的障碍，创建了举世罕见的“栈道”，还有“峤道”和“隧道”、“大碛路”。现简释如下：

1. 栈道

“栈道”，也称“阁道”，是一种傍山开凿石穴，架木为梁，铺以木板的山崖道路。自战国秦惠王时代开始修建，经历了秦、汉、北魏、唐、宋等朝代不断修建、破坏、再修建的长期过程。

栈道有多种形式：

木栈：在悬崖峭壁之地，傍壁凿孔，上下两排，上孔插木为梁，下孔以木斜撑，架上铺板，即成道路。在河谷地带，立柱于水中，依坡架梁，铺板为道。

石栈：在山势陡峭，无法架木的地方，或开凿石梯，攀缘而上，旁设石鼻，以木穿接，作为护栏。或在绝壁上傍壁开一条槽，以石板嵌入其中，外缘略翘，呈斜面状，石板之间相隔一定距离，类似现代铁道枕木，上铺木板，以便行走。遇有突出的方形山嘴，则剥成凹槽，道由槽中通过。或遇濒水绝壁，凿形槽以“ 目”，旁架石柱，形成通道。

土栈：在森林茂密的山地，伐木铺路，杂以土石，固定路基，筑成路面。

2. 峤道

“峤道”，即山岭道路。东汉章帝建初八年（83年）“（郑）弘奏开零陵（今湖南省零陵县北）、桂阳（今湖南省郴县）峤道，于是夷通，至今遂为常路”。

3. 隘道

“隘道”，是傍山开凿的狭而危险的道路。唐代陈子昂曾上书不要在雅州（今四川省雅安）举兵时说：“今国家乃撤边羌，开隘道。”

4. 大碛路

“大碛路”，是指我国新疆境内沙漠地区的道路。唐代贞观六年（632年），“突骑支遣使贡方物，复请开大碛路，太宗（李世民）许之。”

峤道、隘道、大碛路具有按地形修建道路的性质。

（六）按干线道路分类

在我国古代历史文献中，还记述其他类型的道路，如“驰道”、“驿道”、“官道”、“商道”、“官商路”等。这些类型的道路，均具有干线道路或主要道路的性质，简述如下：

“驰道”是一种行驶马车的干线道路。秦始皇为巩固统一，于“秦王政二十七年（公元前220年）治驰道”,通达各个主要城邑。

“驿道”，是按一定的里程，路途设置驿站（或驿舍、馆驿、驿亭）的道路。自汉代以来，历魏晋南北朝、唐、宋、元、明、清各代均有驿道，作为主要交通路线。

“官道”，即主要道路，宋代民间的称呼，如“税车官道傍”，“鼎州甘泉寺，介官道之侧”等。

“商道”，即主要作为通商贸易的道路，如通往西域的“丝绸之路”等。

“官商道”，也是一种主要通商道路。清光绪三十三年（1907年）东北改为行省后，取消旧有驿站，将原有的驿道改称为“官商道”。

以上对我国古代道路从六个方面

进行了分类。此外，在战争期间，以运输军用粮食的干线或支线道路，则称为“粮道”或“饷道”等。不同的分类，表现了古代道路上积淀的深厚的历史文化内涵。而第一种“按地理区域位置”的道路类型，一直延续到今天，即国道、省道和县道、乡道。

二、古代道路的管理

从西周开始，古代就建立了初步的路政管理制度，如沿线管理机构的设置、管理人员的配备、定期修路和护路，以及交通管理等。

西周设“司空”掌管土地，负责土地的测量和包括道路工程在内的土木建筑，《周礼·月令》载：“司空以时平易道路”，“季春三月，令司空官周视原野，开辟道路，毋有障塞。”“司关”专门负责边界关口的出入与查禁。

为了保护道路，西周朝廷不仅规定路旁要植树，还配有专门为守护道路而建的房舍。《国语·周语》所谓“周制有之曰：列树以表道，立鄙食以守路”，以及“十里有庐，庐有饮食”，均说明了守护道路的有关规定。此外，还建立了定期修治道路的制度。如“雨毕而除道，水涸而成梁”和“九月除道，十月成梁”。

这些很好的管理制度为后世所仿效和执行。特别是到了汉代，道路养护制度更加严格和明确，十里一置（驿站），五里一堠。同时设堠吏管理驿站和道路。以下简要介绍汉代以来道路设施和管理维护的情况。

（一）里程标志——堠

“堠”即土堆，是中国古代道路的里程标志。随着道路交通的发展和道路管理人员认识的提高，人们开始按一定的里数用“土堆”的方法来作为固定的里程标志，土堆被称为“堠”。凡按“堠”记数的里程称为“堠程”，五里单堠，十里双堠。而管理“堠”的官吏称为“堠吏”。这种道路标志虽然简单，却起到了便利行人了解道路里程远近的作用，是今天道路里程碑的发端。

我国使用“堠”作为道路里程标志始于东汉。史载：“旧南海献龙眼、荔枝，十里一置，五里一堠。”（《后汉书·和帝纪》卷四）意指从广东到中原转洛阳的路上，每10里设一驿，5里做一标记。史籍记载献龙眼、荔枝的年代是汉和帝（刘肇）元兴元年（105年），也就是说，距今1800多年前，中国已有了里程标志。

（二）驿站

“驿站”的称谓在唐代开始正式使用，规模和功能都较汉代完善，每30里设一个驿站，全国干线道路有驿站1400多个。宋朝在干线道路不仅有驿站，还设有馆、铺、站、亭，以便往来商旅歇宿饮食和道路管理，即使驿道以外的支线道路也设有馆、亭、站，同时将驿站、驿夫军事化，用现役军人管理驿站，充当驿夫。元朝甚至设立“巡防弓手”，在道路上巡逻，保护驿夫和过往商旅。国家干线道路的管理、维护、保卫制度得到了完善。

元代的驿邮最为发达。元世祖忽必烈统一中国后，以大都为中心，修建了四通八达的驿道，遍及当时的11省。元代的驿站称作“站赤”，其作用为传递军情，诏使往返，官吏调迁，征敛贡赋等军事、政治事务。

意大利人约翰·柯拉在其《大可汗国记》一书中也对元的邮驿作了描述：“境内各城邑间，皆有邮差所居，邮差或步行，或骑马，腰股上系响铃，为皇帝送公文，行近时则将腰上之响铃振之，声达站内。站内闻之，亦如此准备，接到公文，即行火速奔驰，递送第三站。如是而递之全国各地，昼夜不停，至送达目的地为止。虽在三月路程以外之消息，大可汗可于十五日内知悉之。”

（三）植树护路

道旁植树以护路，起于周代。《国语·周语》载：“列树以表道。”秦汉时期这种制度亦在贯彻执行。贾山《至言》说秦驰道两侧都“树以青松”。《史记·孝景本纪》也曾记“伐驰道树殖兰池”之事。实际当时用为行道树的并不仅是松树，还有柏、梓、桐、桧、榆等。《后汉书·百官志》记将作大匠的职责，即有掌“木土之功，并树桐梓之类列于道侧”的话。

行道种树，为我国古代优良传统，历朝政府十分重视，如清政府多次通令府州县官吏认真执行，省级大员总督巡抚随时检查督促。如1729年整修直隶、山东、江南驿道，即令“各该州县于道旁补栽柳树”。次年修路完工，又令“三省各州县补栽柳株以庇行旅”。1733年检查，于表扬河东总督董率河南官吏种树较密之后，又批评官吏怠忽，有些地方“道傍所种柳株，残缺未补。且有附近兵民砍伐为薪者”。指出“此皆有司漫不经心，而大吏又不稽查训诫之故”。要求“传谕该督抚等转饬有司照旧修理，……其应补柳株之处按时补种。并令文武官弁禁约兵民，不得任意戕害。傥有不遵，将官弁题参议处，兵民从重治罪”。

1866年，左宗棠整修陕甘驿路时，也非常注意道旁植树问题。要求在驿道两旁分别植树一二行或四五行，所植以柳树为多，也间有杨树。认为这样一则可以巩固路基，二则可以“限戎马之行”，保护路旁庄稼免受践踏损害，三是可以供行人荫凉。据统计，从陕西长武到甘肃省城兰州六百多里间，植树约二十六万余株，被称为“左公柳”。“左公柳”成为甘陕驿道上一重要景观。十余年后，其部下杨昌濬因公西行,触景生情,感怀赋诗：“大将西征尚未还，湖湘子弟满天山。新栽杨柳三千里，引得春风度玉关”，时人传为美谈。至于京城附近。皇帝时常经过的地区，道路两侧的植树要求就更为严格。《大清会典事例》卷933工部都水清吏司下专列有“御道种树”一项，如说所栽之树须“高一丈二尺，径二寸五分，栽深二尺，清明栽完，五日浇灌一次，根下用枣茨围护”。西北二城、大兴、宛平二县各该地方分四段看守”。“工部仍会同内务府步军统领、顺天府尹巡查”。“种植令保活3年。如3年内有枯焦者，原种植官补种。如各该地方不谨敬看守，以致树木被人折坏，牲畜啮伤及偷盗者，并令各该地方官补种”。“其应赔种树官内有不能赔补者，著落本部堂官赔种”，如此等等。

（四）道路维修

自西周以来，到秦代筑驰道，开阡陌，到清代开通四通八达的官马大道，道路多为土质结构，雨水渗入，常常致使路面强度降低，影响通行能力。雨雪之后，往往道路泥泞，难以通行。秦末的陈胜、吴广起义就是因“会天大雨，道不通，度以失期，失期，法当斩”而引发的。在清代就连皇帝出行，也只能黄土铺路，清水泼街，以至形成尘土弥漫，无风三尺土，有雨一街泥的景状。

我国自古以来就有修桥补路的传统。《国语·周语》曰：“雨毕而除道，水涸而成梁。”为了改善路面，前人想了很多办法，如用冶炼过的炭渣铺路等。在汉魏陶质材料普及之后，人们又以砖块铺路。所有这些，都因数量有限，投资巨大而未能普及。后来，人们又以石板铺路。采石技术人类早已具备，但在北方平原地区，因石料缺乏，用石板铺路仍受限制。从元代到清末，作为几朝皇都的北京也只有石板路8条，旧北京的道路几乎都是土路，只有御道才能够铺石板，称为石辇。雍正年间，又修了一条从北京到通县的石辇路，耗资巨大。在南方，由于多山多石，采石方便，故石板路随处可见，官道自不必说，就连村寨之间的小道，都由石板铺成。石板路的铺筑，官道由官府负责组织，向本地百姓摊派赋税劳役，乡村间的小道由群众自发铺筑。旧时人们有修桥补路的习俗，每当发现石板路上的石块松动了，人们会自觉地把它塞紧垫好，有了破损的，人们也会自觉将它补换。路上的石板无人偷盗搬挪，爱路护路，相沿成俗。

中国是世界上很早建立中央集权体制的国家，交通体系得益于这种经济、政治形态成为世界上最古老、最发达的道路网络。以土质道路构成的交通网作为交通要道的情形，直到近代才有转变。随着工业文明的传入，建立在农业文明基础上的古代驿道网络开始让位于电报、铁路和公路。

第三章　中国古代道路的变迁和文化传承

中国是文明古国之一，历史悠久、文明辉煌。中国古代道路的修筑和变迁，是中国古代文明和历史的见证，与当时的政治制度、经济结构和地理环境密切相关，在文化上具有一脉传承的特征。由于中国古代道路时间跨度大，本章将分三个主要历史时期介绍与古代道路相关的历史文化内容。

一、先秦及秦汉时期的道路

先秦时期包括原始社会和夏、商、周及春秋战国时期。夏至西周，长达1300余年，是中国古代道路的开拓和初期发展阶段。

在信史之前的中国远古时代，经历过若干万年无阶级的原始社会。《韩非子·五蠹》说："上古之世，人民少而禽兽众，人民不胜禽兽虫蛇"，所以过着"构木为巢，以避群害"的生活。人们通过这样的简陋生活和劳动，使为生存觅食不断往来行走的足迹，逐渐形成了小径似的道路。但是，"大川名谷"仍然处于"冲绝道路"的状态。

根据民间传说，车是由黄帝姬轩辕发明的。作为崇拜祖先的民族，中华民族的后人总是把一切无可考据的创造都归功于某一个祖先。从黄帝的名字来看，车的发明似乎和他有关，"轩"是一种前高后低的车，也是一种带门窗的房子，"辕"是车前的杆，用于连接拉车的马或牛。据西汉刘安的《淮南子》记载，黄帝"见飞蓬转而知为车"，就是他看到一种会旋转的菊科植物，联想到了车轮，发明了车。另据宋朝罗泌的《路史·后记》记载，黄帝曾经"命竖亥通道路"。罗泌生活的时代距黄帝时代更有近4000年的历史，在没有文字记载的条件下，他的叙述也只能是以民间传说为根据。然而，黄帝的名字和零星的记载、传说都不谋而合地证明，至少公元前27世纪的黄帝时代，中国的黄河流域和长江以北地区，已经有了简易的车辆，同时也有了人工修筑的道路。

黄帝逝世后，他和他的4位继任者被后人尊为"五帝"，除了黄帝以外最受推崇的是尧帝和舜帝。尧舜时代的中国，其政权所能达到的范围已经远远超过了黄河流域和长江以北地区，从大禹治水治理的9条江河的分布来看，其东西跨度超过了2000公里，南北跨度也在1000公里以上，这是当时世界上疆土最辽阔的国家（部落联盟）。如此辽阔的疆域，如此遥远的距离，不但要有道路，而且要有相当坦直平整的道路。当时马、牛肯定已经被驯养成功，甚至有理由相信，马或牛已经用于驾辕。如果这个前提成立，当时的道路已经相当成规模。这一推测又在刘安的《淮南子》中得到了印证："天下广狭，险易远近，始有道里"。就是说，当时不仅平原山地都有道路，而且道路已经立有记数的标尺，即现代所谓里程碑。根据这一记载，当时道路通达遥远，并且已经有了原始的道路管理概念。

禹帝，他的事迹如大禹治水、三过家门而不入等等都家喻户晓。自此以后，历史的脉络渐渐清晰，虽然还没有发现文字记载，然而，考古发掘不仅找到了安邑（今山西省夏县北）的遗址，而且证明中国当时已从新石器时代进入了青铜时代。这是一个划时代的革命，有了青铜器，精细加工木材才有了锋利的工具，造车才显得更为可信，道路的拓展才有了需求和必要。据《淮南子·修务篇》记载，车的发明人是夏朝初年禹帝的大臣奚仲，这种说法似乎比黄帝发明车更可信。

据西汉著名史学家司马迁的《史记·夏本纪》记载，当时已经是"陆行乘车，水行乘船，泥行乘橇，山行乘檋。左准绳，右规矩，载四时，以开九州，通九道，陂九泽，度九山"。"橇"类似现在的雪橇，"檋"则是人抬的轿子或滑竿。其中的车和橇显然已经部分以牛、马为动力。马车不仅用于运输，同时也用于作战。商部落灭夏的战争就有了战车迂回作战的记载。

公元前1766年，商部落首领子天乙取代夏朝，建立商朝，子天乙便是后来被历代帝王奉为楷模的尧、舜、禹、汤中的汤帝。

商朝虽然经历了黄河泛滥的磨难，但在政治上要比夏朝稳定得多，中央政府对诸侯（此时已不再是部落）的控制能力比夏朝更为有效。其中道路通达，对军队运动的机动性更强起到了重要作用。《墨子·非攻》对此有精辟的结论：商王朝"通于四方，而天下诸侯莫敢不宾服"。一个以商都为中心的，通往各诸侯领地的道路系统初步建立，无论黄河泛滥给前半期的商王朝来了多少被动和尴尬，政权却始终稳固，没有诸侯敢于染指权柄。

公元前1401年，定都殷邑之后，商朝进入了鼎盛时期，因此商朝也被称为殷商王朝。《诗经·商颂·玄鸟》在追忆殷商朝时这样写道："邦畿千里，维民所止。肇域彼四海，四海来假”。在如此广袤的疆域实行有效统治，必须有相当的道路交通。《诗经·小雅·大东》中用“其平如砥”、“其直如矢”来描绘当时王畿之地的道路盛况。诗歌词句总有想象夸张成分，但并非空穴来风，出土的殉葬车马给上述描写的可靠性提供了有力的佐证。殷墟出土的贵族墓葬的随葬品中，除了青铜器皿，就是车马。青铜器除了日常生活用品，主要是象征地位的祭祀礼器，车马的地位就像礼器一样，是身份和地位的象征。当时贵族乘用的车辆，是用两匹马拉的独轴车，车轮直径达到1.4米，轮距2.3米，轴长3米多，有一个0.7m×1.3m的车厢。整车通过一根近3米长的车辕和顶端呈丁字型的车衡连接两匹健马。如此宽大的车辆，至少需要7米宽的道路才能从容会车通行。殷商时代，车马是王室和贵族才拥有的交通工具，这种车辆的存在必须有“其平如砥”、“其直如矢”的道路才能供其往来疾驰。这类车马除了作为交通工具之外，同时也是作战的战车，数量不可能太少。只是年代久远，又是木制车辆，除了埋入地下的随葬品，无法大量保留至今。另据史料记载，在殷商的王畿之地，已经有了供贵族食宿的“羁舍”和驿站以及保障道路畅通的机构。

道路是一个王朝有效统治的工具，但不是唯一途径。在一个政权到了任何外力都无法维持的时候，道路则成为它走向死亡的墓道。由于商朝的最后一任国王子受辛（商纣王）的暴虐无道，激起各部落的不满，其中位于渭河流域的周部落首领姬昌渐渐在其周边部落建立起威信，他们共同反抗商王朝的统治。公元前1122年，姬昌（周文王）的儿子姬发（周武王）率领近5万人马渡过黄河，在盟津（今河南省孟津县）和诸侯会师东进，与商朝的70万大军在牧野（今河南省卫辉市）决战，一举击溃商军，攻入当时的商都朝歌（今河南省淇县）。据《史记·周本纪》记载，在姬发的军队中有“戎车三百乘，虎贲三千人，甲士四万五千人”。这已经是一支庞大的军队了，其中战车就有300辆。在盟津与诸侯军队汇合后，“诸侯兵会者车四千乘，陈师牧野”，4000辆战车面对商王朝的70万军队。司马迁没有告诉我们商军有多少战车，如果按姬发军队中的战车比例，商王朝军队的战车也应该有4200辆。8000多辆战车在牧野会战，绝对是当时世界上最大规模的车战。可见当时的车辆已相当普遍，车已不再是贵族的奢侈品，而是克敌制胜的机动力量。如此众多的战车，如此规模的兵力调动，必须有道路网络作为支撑。因此，在商王朝后期，商都朝歌和各部落之间已经有了至少超过7米宽的道路网络。

考古发掘证明，周朝的车辆制式

基本与商朝一致，因此，道路宽度也应该大致相同。商朝虽然出现了文字，有了文字记载，但只是对重大事件的记载，叙述既不详细又断断续续，更缺少精确统计资料，因此我们现在无法获知当时道路的里程和技术数据。所幸的是，到了周朝，特别是周朝后期，即公元前8世纪，中国的历史开始进入一个有完整文字记载的阶段，而且这种记载再也没有中断。

由于周朝初期的道路条件，交通工具水平依旧达不到对全国实行有效的、具体的统治，不得不依靠对王室成员和忠于王室的有功之臣的分封实行分级管理，让封国具体实施地方统治，同时效忠中央政权并向其纳贡。然而这种良好的愿望随着时间的推移走向了它的反面。分封制导致了封国的壮大、独立，同时也促进了思想、文化多元化和科学技术的进步。

春秋战国时期，车战盛行，社会经济发达，道路建设进一步发展。春秋时代这个名称来源于周朝的封国鲁国（今山东省泰山以南地区，都城曲阜，今山东省曲阜市）的史书——《春秋》。这是中国最早的史籍，从此中国的历史有了可靠的记述，中国的思想文化也形成了系统并得以保留和传播。这种传播和冲撞开启了思想文化和科学技术空前繁荣的时代，正是这个时代形成了中国古代的思想体系、文化体系、统治体系和道路交通体系。

中国最早的城市分为都城和诸侯王所在地的城市，前者称之为“国”，后者称之为“邑”。《周礼注疏》中记载“国中九经九纬”，即在都城城墙之内，围绕王宫分别有九条东西、南北向的道路。其中，分别有六条贯穿全城，另各有三条连接王宫四个方向的宫门和城墙的四个城门。“九经九纬”连接九个城门，在城墙外面还有一条环线道路称之为“环涂”。在周朝时期有两个这样规模的都城，一个是周朝的都城镐京（今陕西省西安市以西），另一个是洛邑（今河南省洛阳市）。洛邑本是周朝初年为安置商王朝遗老遗少而建，公元前770年，周平王姬宜臼迁都于此而被称为东都，周朝也被史家分为西周和东周。根据换算，当时的“九经九纬”宽为16.6米，“环涂”宽为12.9米。

周王朝除了上述两个“国”之外，还有12个大诸侯的“邑”，连接这些城市的道路被称之为“野涂”。《周礼注疏》记载“治野之沟洫、道路，以达于畿”，就是说当时各“邑”的水路、陆路交通都能达到王畿之地的都城镐京。在十二大诸侯中，离镐京最远的燕都蓟邑（今天津市蓟县）和齐都临淄（今山东省淄博市临淄区），直线距离都在700公里以上；鲁都曲阜（今山东省曲阜市）和蔡都上蔡（今河南省上蔡县）直线距离600公里；楚都郢邑（今湖北省江陵县）直线距离400公里。其他诸侯都城距离镐京也在300公里左右，最近的秦都雍邑（今陕西省凤翔县）也有100公里之遥。加上诸侯都城之间的干线道路，估计当时的“野涂”总里程在4000公里以上，其宽度超过了9米。

除了城市道路和城市间的主干道路之外，乡村道路的进步是农业文明较之于游牧、渔猎等其他早期文明的最显著特点。在周朝，井田制的推广更加强化了道路系统的建立。井田制就是将土地划分为“井”字形，中间为公田，四周八块为私田，公田由拥有私田的农户耕种，收获归国家所有，私田收获归农户。这种农田的划分方式推而广之，整个国家形式也是由四周的诸侯众星捧月般地环绕着中央王畿之地。此外井田制直接成就了乡村道路网的形成。在周王朝的记载中，乡村道路分为5个等级，即径、畛、涂、道、路。“径”是只能通行人和牲畜的小道；“畛”是农田间的道路，是划分井田的标志，也只能通行人畜；“涂”是较宽一点的联系村落的道路，宽度在1.8米左右，可通行小型车辆；“道”是村镇集市间的通道，有3.7米宽，可以通行当时的标准马车；“路”是城镇通往诸侯都城的道路，也是仅次于国家干线道路的重要通道，其宽度可达到5.5米，贵族车骑和战车可畅通无阻，是中央政令下达到各地的有效途径，也是战争动员、军队集结的重要渠道。这种道路网络在井田制出现的商朝后期已经出现雏形，因此周武王姬发才能迅速集结数千辆战车与商军对决。

周朝末期，中央政权控制能力减弱，诸侯封国各自为政。由于镐京周边游牧民族的袭扰，公元前770年，周朝被迫迁都洛邑，各诸侯封国开始小觑中央权威，谋求自己的霸权地位。到了公元前475年，周元王姬仁即位之时，周朝已经名存实亡，中国进入了战国时代。

战国时代的道路基本是为争霸战争而建，同时也因战争的需要而毁坏，“断敌粮道”就是最好的毁路的理由。地处边缘的秦国为了增强实力，获得巴蜀之地的财富和兵源以支持战争的消耗，在崇山峻岭之中架设栈道，开辟了从渭河流域通往天府之国的道路。秦国的变法，使这个蕞尔小国迅速崛起，扫平东方诸国，于公元前221年建立了中国第一个统一的中央集权的秦王朝。

秦朝不仅一统战国七雄的故地，还把疆土拓展到巴蜀（今四川省、重庆市的部分地区）、岭南（今广东省、广西自治区东部和越南北部地区）以及闽中（今福建省）等广袤地区；北方修建连接原诸侯国的长城，东北深入辽西、辽东（今辽宁省），与北方游牧民族以长城为界（需要解释的是，秦长城不是现在所能见到的明朝长城，秦长城东起辽东，向西蜿蜒至承德、进入内蒙古阴山以南，到黄河河套向南至甘肃东部）。秦帝国的疆域比周王朝增加了一倍多。

秦始皇嬴政取消封国弊制，在全国设立40多个郡县。与此同时，统一文字、币制、衡制以及车辆制式。统一车辆制式，也就是统一车辆的轮距——即“车同轨”。战国时期，为了防止邻国的战车长驱直入，各诸侯国故意将自己的战车轮距有别于邻国，“车同轨”不仅是经济交流、聚集财富和大兴土木的运输需要，更是军队迅速集结和调动的需要。如此庞大的帝国，只有统一的轮距，才有可能形成快速的交通和高效率的统治。

有了统一的车辆制式作基础，秦帝国开始兴建通达各地的快速道路系统——驰道。据《汉书·贾山传》记载，“秦为驰道于天下，东穷燕齐，南极吴楚，江湖之上，滨海之观毕至”。几乎包括了秦帝国长江以北除巴蜀以外的所有郡县和江南的苏南、浙北地区。许多道路是在战国诸侯国的道路上改建、扩建，总里程达到7000多公里，加上其他城市之间的道路，全国干线道路的总里程达到1.2万公里。《汉书·贾山传》中赞美 “道广五十步，三丈而树，厚筑其外，隐以金椎，树以青松”。从此处我们可以窥见驰道的大体形迹：驰道总宽约30米，分3个车道，中间车道宽约7米，也称为“甬道”，即两边筑有挡墙的道路，这是嬴政出巡的专用通道，一般车马走两边的道路，显然有上下行之分，互不干扰，道路两边种有行道树。

除驰道外，嬴政还命令威震匈奴的大将蒙恬修建了一条直道。这条路起点为都城咸阳（今陕西省西安市咸阳区）以北的云阳（今陕西省淳化县境内），经上郡（今陕西省榆林市），终点为九原（今内蒙古自治区包头市西南）。云阳是秦帝国的军事指挥中心，上郡是蒙恬的前线指挥所，九原是长城边塞最重要的军事据点，显然这是一条专事北方戍边的国防通道。修建直道历时两年，于公元前210年建成，全长750多公里，沿途沟壑纵横，尤其是上郡以南，山高谷深，工程极为艰难。其宽度比驰道有过之而无不及，堪称中国古代道路建设史上的奇迹。

秦朝在鼎盛时期突然土崩瓦解。秦朝灭亡并没有湮灭它建立起来的道路体系，就像它所建立的中央集权的统治体系一样，成为后世的基础和楷模。

公元前202年，汉朝建立，这是8年的改朝换代混战的成果。当汉高祖刘邦登上皇帝宝座的时候，他面对的是一个满目疮痍的辽阔帝国。秦朝的迅速崛起和突然崩溃给汉朝的统治者以深刻的教训，于是60多年的与民休养、轻徭薄赋、和睦外交、韬光养晦，使汉王朝的经济迅速复苏，国库充盈，汉武帝刘彻开始了大规模的开疆拓土和道路建设。

公元前2世纪中叶，罗马帝国彻底战胜迦太基帝国，统一了地中海沿岸，成为世界上另一个强盛的帝国。几乎是同时，汉帝国开始了对匈奴汗国的反击。公元前138年，雄心勃勃地想要征服匈奴的刘彻，派遣张骞出使西域，联络月氏王国夹击匈奴汗国。12年以后，张骞历经艰险，九死一生地回到了长安（今陕西省西安市），他虽然没有完成军事结盟的使命，却为汉帝国发现了闻所未闻的世界——西域（今新疆自治区及巴尔喀什湖以东地区），并从当地的商人那里耳闻了西方更遥远的罗马帝国（中国人称之为“大秦”）。

在南方，汉帝国已经重新将疆土拓展到一度脱离中国的岭南（南越王国）、福建（闽越王国）和浙江南部（东海王国），并向西南进入云贵高原。《史记·淮南衡山列传》中记载：“重装富贾，周流天下，无道不通，故交易之道行。南越宾服，羌僰入献，东瓯入降，广长榆，开朔方，匈奴折翅伤翼，失援不振。”为了不再重蹈秦王朝疆土得而复失的覆辙，汉朝在长江以南设立的封国和郡县所在地，都修建了道路。南方的巩固，使汉帝国的目光投向了北方和西北。

张骞带回的有关西域和罗马帝国的消息，刺激了刘彻向西开拓的雄心。于是东起长安，经河西走廊进入新疆天山南路、北路通达中亚安息王国（今伊朗）直到地中海东岸的丝绸之路，在一代代商旅的足迹下渐渐形成。长安和罗马成为当时世界上两个商贾云集的最繁华的都市。东征安息王国的罗马骑士与越过帕米尔高原追击匈奴的中国远征军咫尺之间未能相遇，但是通过这条丝绸之路的贸易却在延续。

在丝绸之路开通以后，汉帝国构成了以长安为中心，可以远达成都、番禺（今广东省广州市）、钱塘（今浙江省杭州市）、张掖（今甘肃省张掖市）、鄯善（今新疆自治区若羌县）、于阗（今新疆自治区和田市）、莎车（今新疆自治区莎车县）等地的道路交通网。在这些道路建设中，以西南山区的道路工程最为艰巨，其中夜郎道、零关道是通往缅甸和当时世界另一大国——孔雀王朝时代的印度的必经之路，这里也被后世称为“南方丝绸之路”。

汉朝在秦驰道的基础上继续拓展道路。在帝国的中心——长安，城市道路的建制与秦驰道依稀仿佛，有三股车轨，中间的称为“御道”，为皇帝专用，出城以后与驿道相连，辐辏四方。临近城市的驿道有许多已经铺上石料，即使在比较偏远的辽东郡襄平城郊（今辽宁省辽阳市）至今尚存有当时用鹅卵石铺砌的道路，厚度达35厘米，平坦坚实，车辙依稀。显然，当时的主要城市道路和周边的驿道已经用石材铺筑路面。

汉朝的道路修建技术已日趋成熟，不仅桥梁众多，甚至已经开凿隧道。在从长安到四川的栈道上就有一个“石门”，宽4.1米，高3.6米，长达15.7米，与栈道桥相连，可以通行马车，这应该是世界上最早的人工隧道。在还没有发明火药的公元前后，开凿这样大的隧道全靠用火烧岩石，再用冷水浇激，使山石龟裂、松散，然后锤凿而成。当时在山区修建道路，劈山开石用的都是这种方法。

汉朝在公元前后经历了一场政治动荡和战乱，这次改朝换代的战争不仅结束了两汉王朝的统治，也结束了自春秋战国以来中国古代思想文化、经济技术发展的一个黄金时代。虽然王室的远亲刘秀建立的政权仍沿用汉王室的旗号，重新建立汉帝国，宣称“汉室中兴”，但汉王朝的辉煌却一去不复返。西域丢失，疆土萎缩，战争中心长安地区人口锐减了58%，曾经商贾云集，辐辏四方的长安城凋敝得再也无法担当帝国都城的角色，刘秀不得不将首都东迁至洛阳。后世史家称之为“东汉”或“后汉”。

然而，东汉王朝在战乱以后得到了一个天赐的发展机遇，退至漠北的匈奴帝国由于连年干旱无力南顾，刘秀没有了来自北方的强大威胁才得以喘息。公元1世纪70年代，班固出使西域重新恢复了汉室在那里的统治，丝绸之路才又一次繁荣。

东汉的疆土和道路都没有重大拓展，在道路的管理上却有了很大进步。《后汉书·和帝纪》记载，“旧南海献龙眼、荔枝，十里一置，五里一堠”。“南海”是现在的珠江三角洲一带，“置”就是驿站，“堠”的本意是土堆。当时将土堆放置在路边，作为标记，以表明道路的里程，这是中国有确切记载最早的道路里程标记方式。当时将这种记数的里程称为“堠程”，并设立“堠吏”来管理道路。

东汉王朝在西汉王朝辉煌的余温下延续了200年，期间的几束光焰已无法重新燃起创造力的火炬，到王室的另一个远亲刘备企图重振汉室的时候已经无力回天，最后龟缩在四川盆地，目送着一个繁荣、辉煌时代的远去。

二、隋、唐、宋时期的道路

隋代历史虽短，但兴修道路卓有贡献。而唐代立国长达近300年，国家统一，经济繁荣，文化发达，道路建设自魏晋以来进入振兴时期。至于宋辽时期，战乱不已，无暇顾及道路的修筑，无法与隋唐时相比。所以，此节叙述以唐为主。

经过东汉末年的混战及晋朝的短暂统一，中国进入了一个大分裂时代，这一时期对中国经济、科技、文化上的贡献乏善可陈。数百年炼狱般的锻造，中国终于迎来了又一个国力强盛、科技文化繁荣的时代。公元589年，杨坚建立了统一的隋朝（隋朝建国为公元581年，于这一年消灭了南陈王朝统一了中国）。17年后，杨广继位改变了隋王朝的命运，也改变了中国的道路和经济的格局。

杨广历来被视为中国暴君的典型，但是他重修了足可以抵御北方突厥汗国袭扰的新长城，开通了一条贯通中原和江南粮仓的大运河，修葺了大兴（即长安）、洛阳两座比汉朝更加恢宏的都城，完善了他父亲设立的科举制度。他的所作所为不仅福荫唐王朝，也成为历代王朝的福祉。经过18年的战乱，唐朝于公元618年建立。唐朝继承了隋朝的疆土、大运河、运河御道、长安城以及全部道路网络。在建国初期的休养生息阶段，唐朝坐享杨广建立的交通基础设施，尤其是大运河和运河御道的开通，富庶的江南成为唐朝一个新的经济增长点，同时推动了中国古代道路的中心开始了划时代的东移。

经济重心的东移使唐王朝的道路网出现了长达500多公里的带状中心。这个带状中心的西端是传统的政治中心——长安城，向东延伸到隋朝大运河的起点——东都洛阳城，（距长安386公里，今河南省洛阳市）这是政治中心与经济中心的结合部，沿运河再向东至汴州城（距长安582公里，今河南省开封市）。虽然此时的汴州城还无法取代长安的经济中心地位，但是通往南方的扬州府（今江苏省扬州市）、苏州府（今江苏省苏州市）、洪州府（今江西省南昌市）和广州府（今广东省广州市）以及向北的魏州府（今河北省大名县）的干线驿道均汇集于此。

唐朝全国的中心——长安城，在大兴城的基础上，经过100多年的营建，其规模比隋朝修建的长安城墙范围大六七倍。城内南北大街11条，东西大街14条，棋盘格状排列，井然有序。一向为标明道路位置而栽种的行道树，移植到了长安城的街巷，街道两边的槐树、柳树浓荫密布，光影斑驳。四边各有3条道路通过城门连接城外道路，其中最大的城门为南城墙中间连接中轴线的明德门，宽55米，进深17米，有5个门洞和门道，几乎是现存的北京天安门的蓝本。门道各宽5米，中间门道为御道，供皇帝出入，两边四个门道的石板路面上，车辙至今清晰可辨，足见当年的繁忙。唐王朝时代的长安，各国使臣、留学生、富商巨贾云集，车毂相击，马首接踵，人流熙攘。据统计，当时长安城内人口达到200万，而在西汉末年，整个京兆地区（即当时的长安和所辖地域）人口还不到70万。长安城达到了有史以来繁荣的巅峰。随着中国的经济中心东移，长安的地位受到挑战。在大唐帝国寿终正寝之后，长安让位于更接近运河和黄河的洛阳和汴州，退出了中国政治、经济、文化、交通中心的舞台。

公元627年，唐太宗李世民在全国设10个道。“道”是唐朝地方行政区的名称，似乎暗喻着中央和地方以道路相维系的事实。公元733年，重振大唐雄风的唐玄宗李隆基在全国设15个道，其中一半距离长安在千公里以上，其中包括：淮南道府扬州1245公里，江南东道府苏州1377公里，江南西道府洪州1402公里，黔中道府（今重庆市彭水县）1168公里，岭南道府广州2367公里，关内道的安北都护府（今蒙古国哈尔和林）直线距离约1900公里。这15个道还不包括安西都护府。据《旧唐书·职官志》记载，唐帝国“凡三十里一驿，天下驿凡一千六百三十九”。其中水路驿站260所，陆路驿站接近1400所。驿道就是指长安和洛阳通往各道府的干线道路，按此计算当时的驿道应有4.2万里（唐朝一里合现在0.454公里），相当于近2万公里，这还不包括道府以下的支线道路。从唐代文学家柳宗元在“馆驿使壁记”的描绘中，我们可以清楚地了解当时道路发展的概貌和路网布局。“万国之会，四夷之来，天下之道途毕于邦畿之内”，“由四海之内，总而合之，以至于关；由关之内，束而会之，以至于王都”。意为各地道路会合到干线的关口，再通过干线的集束，连接到都城长安。如果真如柳宗元所述“道途毕于邦畿之内”，即遍布全国，按当时唐帝国的疆土计算，这样的干线驿道和支线道路里程的总和应在8万公里以上，相当于1949年全国公路的总里程。

西域在东汉王朝覆灭以后几百年的分裂时代飘零了，唐帝国建国初期就开始收复西域，重新打通了前往中亚和印度的丝绸之路。当时西域的几个王国中，最强盛的高昌王国（首都交河城，即今新疆自治区吐鲁番市）与西突厥汗国结盟，围堵唐帝国。公元640年，唐太宗李世民命大将侯君集西征高昌王国，高昌王国覆灭，其他几个王国纷纷归降。后来又经与西突厥汗国决战，唐帝国终于收复西域，并设立都护府，正式将西域纳入帝国版图。

公元7世纪初，在青藏高原崛起了吐蕃王国（都城逻些城，即今西藏自治区拉萨市），这个王国彪悍的骑兵经常越过祁连山袭扰河西走廊的商旅，甚至兵临长安城下，大肆劫掠后呼啸而去。唐王朝对吐蕃王国采取了与西突厥汗国完全不同的政策——和亲。公元641年，文成公主被送到吐蕃嫁与赞普（国王）松赞干布。此举不仅缓和了唐蕃关系，还开通了著名的唐蕃古道。唐蕃古道起于长安，经鄯城（今青海省西宁市）、莫离驿（今青海省共和县），渡牦牛河（今长江上游的通天河），翻越唐古拉山口到达逻些城。唐蕃古道的开通增进了汉藏民族的感情和经济、文化交流。文成公主、金城公主将汉族的农业、手工业技艺带入西藏，并努力普及佛教，使农牧业、手工业和佛教文化成为藏族文化的主要组成部分。

渤海王国是公元7世纪末靺鞨人（女真、满族的祖先）大祚荣在松花江、黑龙江流域建立的政权。公元713年大祚荣接受唐王朝“渤海郡王”的册封，开通了自上京龙泉府（今黑龙江省宁安市）经中京显得府（今吉林省和龙市）、长岭府（今辽宁省清原县）到达营州（今辽宁省朝阳市），入渝关（山海关）后，经河北道、河南道过潼关进入京畿道到达长安的道路。这是渤海王国至长安的惟一通道，成为使节、商旅和留学生前往长安的必经之路。唐朝的文化、制度和技术通过这里传到东北地区，成为靺鞨人脱离原始部落状态的起点。

西汉王朝曾在云南设立益州郡（今云南省晋宁市），东汉末年随着中原战乱而丢失。当地的6个少数民族部落各自为政，纷纷称“王”（当地发音“诏”）。公元738年，其中的南诏王国定都太和城（今云南省大理市），并请求唐朝册封。当时从长安到太和城有两条道路：一条是经四川西部雅安、汉源（古称清溪）、西昌、攀枝花进入云南的清溪道；另一条是从四川东部，经贵州西部，过云南昭通豆沙关（古称石门）到滇池、大理的石门道。在南诏王国内部，也模仿唐朝的道路体系，建立了以太和城为中心的道路，并设立驿站。至此，西南丝绸之路得以重新开通。

从唐朝的国内道路体系和对外道路通道可以看出，这个时期的道路，对帝国的作用已经从维持有效统治、集结调动军队的政治军事目的为主，转变为以国际、国内经济、文化交流的目的为主。由于农业、手工业，尤其是商业的发展，唐王朝时期中国的国力远远超出了秦汉时期，抵御自然灾害能力和战乱以后经济复苏的速度也明显超过以往。唐朝后期也出现了像东汉末年那样的军阀割据局面，继而也出现了“五代十国”的分裂时代，这种割据和分裂的局面维持了200多年。但是，在宋朝建立伊始，经济就迅速复苏，工商业、文化、科技更加繁荣。拜唐朝非凡国力的厚赐，经济发展、技术进步的势头并没有因为分裂战乱而结束，也没有出现一个像隋朝那样匆匆过客般的王朝，而是迸发出更耀眼的光束。

公元979年，后周政权的将军赵匡胤消灭了林林总总的分裂王朝，重新统一了中国。但这种统一只是相对的，并没有恢复唐帝国的疆土，长城以北的契丹民族已经早在公元907年建立辽帝国，并且不断向中原蚕食。辽宋之间几经南征北伐，终于势均力敌。公元1004年，以宋王朝向辽帝国进贡为代价，签订了“澶渊之盟”，结束了战争状态。因此，宋朝的统一缺少了秦、汉、隋、唐的底气和霸气，疆域也仅限于中原、川陕、江南、岭南等地。但是，军事上的虚弱并没有妨碍宋朝成为中国古代历史上经济、文化和技术最繁荣的时代之一，这和隋唐时期道路交通功能的转变和中心的东移有着非常重要的关系。得益于南北道路交通的发展，宋朝交通中心东移，权力中心更接近富庶的江南，经济的快速成长增强了宋朝的活力，特别是在文化和技术上的成就在中国历代无出其右：“宋词”的文学成就只有“唐诗”可与之媲美；中国“四大发明”中的火药、指南针和活字印刷术都产生于宋朝。

宋朝时代的道路基本继承了唐朝的家底，以东京汴梁（唐朝称汴州，今河南省开封市）为中心，拥有通往全国23个府州的驿道，这些道路成为支撑经济繁荣的基础。西域的丧失和西夏帝国的兴起（公元1038年李元昊在银川称帝），丝绸之路再度中断。幸而道路中心东移以后，与杭州、福州、泉州、广州这些港口贸易兴盛地区的交通更为近便，对外贸易开始转道海路。

宋朝是中国古代经济、文化和艺术的巨人，但却是一个军事侏儒，纵然有杨继业、岳鹏举这样驰骋沙场的悍将，但给后人留下最多的不是他们的赫赫军功，而是痛彻心肺的结局。其实行伍出身的宋太祖赵匡胤深知军队对社稷的作用，在他登上帝座的第二年就实施了一项变革：将驿道由平民管理改为士兵驻守。《燕翼贻谋录》记载：“诏诸道州府，以军卒代百姓为递夫。其后将置递卒，优其廪给，遂为定制”。不仅由士兵担任传递骑手，而且待遇优厚，并定为制度。这样做显然是为了加强道路的管理，虽然没有起到强大国防的作用，但是交通效率明显提高。《续资治通鉴·宋纪》记载，“诏定马铺以昼夜行四百里，急脚递五百里”。以这样的速度，从东京汴梁到最远的府州番禺（今广东省广州市）只需六七天时间，这在当时已相当快捷。军令、政令最多只需两昼夜就能从汴梁传递到宋辽边界最远的军事据点。此外，在干线道路上不仅有驿站，还设有馆、铺、站、亭，以便往来商旅歇宿饮食和道路管理，即使驿道以外的支线道路也设有馆、亭、站。军事化管理使道路设施比以往更为完善。

但是，军事化管理的道路并没有成就宋朝成为军力强盛的王朝，主要原因是政治和外交上的无能和幼稚。这种无能和幼稚直接让宋朝丧失了北方大片领土，不得不迁都临安（今浙江省杭州市），史称“南宋”。

北宋的覆灭让赵氏江山拱手让出半壁，盘踞淮河以南的南宋王朝再也担负不起隋唐以来辉煌繁荣时代的荣誉和职责，黄金般的唐宋盛世就这样屈辱地泯灭了光芒。

三、元、明、清时期的道路

南宋与女真人建立的金帝国南北对峙，造成经济中心的割裂，无法形成全国统一的道路网络和商业流通网络，道路建设处于相对停滞状态。公元13世纪，在金帝国的身后，匈奴汗国的故地崛起了一个蒙古帝国。成吉思汗统一了星散瀚海沙漠的蒙古部落，骁勇的骑兵马踏八方几乎征服了欧亚大陆。南宋急于一雪靖康之耻，而与蒙古帝国结盟，再度忘记了唇亡齿寒的古训。在金帝国灭亡后，南宋王朝苟延残喘了几十年便被蒙古帝国所灭。

蒙古帝国以迅雷不及掩耳之势，统一了包括东北、云南和西域在内的中国，把自己的故土也一并合而为一，建立了元朝。元帝国与其他中亚、西亚、东欧以及青藏高原的汗国、王国一起并称蒙古帝国。其疆域之辽阔亘古未有，仅元帝国的疆土就令中国过去的历代王朝难以望其项背。

元朝因为源自漠北的情结和统治北方辽阔土地的需要，将首都北移至大都（今北京市），以此为中心，连接起宋、金两国的道路网络，建立起全国一统的道路网络。这个以北京为中心的全国道路网，经过明、清两代的完善一直延续到公路的诞生，当代的北京依然占据着中国公路网中心的地位。

元王朝对中国道路的另一个贡献，就是开军队介入道路修筑之先河。军队以其高度的组织性和高效率，在突击修建战时道路和抢险救灾中具有不可替代的作用。公元1326年，元王朝派兵修筑长城要塞野狐岭（今河北省张北县南）的道路。这是大都通往蒙古高原的重要通道，历代为防止北方民族劫掠而修的长城，在元帝国时代显得不仅多余，而且影响南北交通。诸多要塞先后修建成道路，且大多由军队完成。以往为军事行动开辟通道时也由军队开路，但都杂有民夫，单纯以士卒修路并且修建非军事通道这是第一次。这支军队应该是现代工兵或工程兵的鼻祖。在元朝时期的主要干线还设有“巡防弓手”，以保护过往商旅和传递军政命令的驿夫。这可能也是现代公路巡警的最早形式。

元朝对中国道路的第三个贡献就是重新开启丝绸之路。此时的丝绸之路已经不再像一条国际通道，它的全路段都在蒙古帝国的范围内，更像一条沟通帝国东西的国内干线。马可·波罗能顺利地来到中国，也仰赖丝绸之路的便捷和安全。

元帝国无止境的疆土开拓在远征日本和东南亚的时候遭到挫折，草原民族面对海洋束手无策，数次远征不仅消磨了斗志也消耗了国力。同时蒙古征服者将人口占绝大多数、文化最先进的汉族人置于社会的最底层加以奴役，文化受到空前的鄙视。只有神骏的坐骑，没有昌明的文化，元帝国像它建立时一样，迅雷不及掩耳地崩溃了。从元世祖忽必烈定国号“元”，到蒙古骑士潮水般地退回塞北，仅不到100年。

明朝的疆域虽然小于汉、唐，却也超过了北宋王朝；虽然丧失了西域和丝绸之路，却建立了世界上最庞大的舰队并且七下西洋；虽然沉湎于泛黄的经史子集，却打造了中国古典小说的巅峰。然而，一个又一个缺少政治抱负的帝王，将权力交给生理、心理都极度扭曲，比自己更缺少政治抱负的宦官手里。政治的黑暗和血腥淹没了所有的光华，探索海洋的壮举戛然而止，使中国又一次失去了与欧洲在海上正面对话的机会。此时的欧洲已经走出中世纪的长夜，迎来文艺复兴的曙光，随之而来的工业革命使封闭的中国与世界渐行渐远，退出了世界强国的行列。

明王朝所做的一切都好像在为清王朝的建立作“准备”，包括复兴被蒙古铁蹄践踏了的传统文化，以备满族统治者拥有相对进步和完善的统治手段；迁都北京，使自己的政治中心偏离富饶的江南，而接近满族的发源地，这是中国历代罕有的定都方式；在北京兴建辉煌的皇宫并布局以北京为中心的全国道路网络；修建东北、西南和通往乌思藏（今西藏自治区）的道路，为清兵入关和统一中国清除了障碍。

努尔哈赤的子孙顺理成章地策马入关，挟带着久经磨砺的尚武精神，将曾经联手密谋夹击自己祖先的汉民族和蒙古民族的领地全部据为己有；顺着明王朝开辟的通道，将青藏高原永远正式地纳入版图；沿着古丝绸之路，重新夺回幅员辽阔的西域；渡过台湾海峡剿灭明朝最后的拥戴者，迎回了这座孤悬海外的宝岛。最后连同自己白山黑水间的故乡一起，建立了一个比元代更加辽阔、更加紧密的大清帝国。

自元朝以来，中国的道路系统已经相对完善。元帝国的疆土到了明朝虽然萎缩，但是原有的道路并没有完全湮灭，明朝建立的以北京为中心的道路网络恰好成为大清帝国连接全国的纽带。据《清史稿·地理志》记载，大清帝国在全国设27个省，其中的江苏、江西、湖北、湖南、浙江、安徽等主要粮食产区和满族的故乡——东北地区及外蒙，距北京都在1000至1500公里范围内，北京显然是大清帝国的经济和政治根基所在。福建、台湾、广东、广西这些沿海港口贸易发达的省份距离北京在3000公里左右，说明大清帝国并不刻意追求商业利益，特别是海外商业利益和海外交流，依旧固守农业为本的中国传统经济框架。云南、新疆、西藏这些距离4000公里以上的省份，被视为大清帝国的边疆，仅要求臣服，并不追求近期经济利益，如果出现分裂或独立的情况则坚决镇压，决不姑息。17世纪末到18世纪初的50年里，对吴三桂和准噶尔叛乱的血洗，说明大清帝国不仅有“犯强汉者，虽远必诛”的决心，也有强大的军事能力和交通基础条件维护国家的统一。在中国古代历史上，只有汉朝、唐朝和清朝实践了万里关山之外平息叛乱、维护统一的统治理念。

在清朝，全国的干线道路系统称为“官马大道”，不再沿用“驿道”的称谓，分为官马北路、官马西路和官马南路。北路三条：奉天官路经山海关、奉天府、吉林府到龙江府；呼伦贝尔路经承德、多伦到呼伦贝尔（今内蒙古自治区呼伦贝尔市）；恰克图路经张家口、库仑（今蒙古国首都乌兰巴托市）到恰克图（今俄罗斯和蒙古国边境）。西路两条：兰州官路经太原府、兰州府到迪化府（今新疆自治区乌鲁木齐市）和经西宁府到拉萨；四川官路经开封府、西安府、成都府到拉萨。南路有四条：其中的云南官路、桂林官路和广东官路在北京到长沙府之间为共用道路，到长沙后分别前往云南府（今云南省昆明市）、桂林府和广州府；另一条是福州官路，经济南府、江宁府（今江苏省南京市）、杭州府到福州府，并有支线连接安庆府、南昌府。此外，另有五条“贡道”连接内蒙古各地。这样一个覆盖全国的“官马大道”不仅是对自古以来中国道路交通的全面完善，使清代的道路建设成为封建时代的鼎盛时期，也为中国公路的兴起和公路网的形成奠定了基础。

第四章　中国古代道路经典

本章以时间先后为序，选取中国古代不同时期的代表性道路，从其修筑年代、线路走向谈起，介绍与路相关的自然环境、历史事件、历史人物，揭示了路在政治、经济、军事等方面的重要作用和蕴含的历史文化价值。

一、秦蜀栈道

秦蜀栈道是位于陕西、四川之间的古代驿道。公元前316年，位于四川盆地的巴蜀两国关系恶化，秦国趁机干预，大规模开凿和修建通往四川的道路。由于川陕之间被秦岭和大巴山的高山深谷隔绝，人们只能在悬崖绝壁上凿岩成道或凿孔架木，作栈而行，故称为栈道。当时开辟的秦蜀栈道包括褒斜道、故道和金牛道（见图4-1）。这是有确切记载的第一次大规模修建秦蜀栈道。

图4-1

褒斜道因沿渭水支流斜谷和汉水支流褒谷而得名。褒斜道南口叫“褒”，在今陕西汉中褒河北5公里处；北口叫“斜”，在今陕西眉县西南15公里处。其大致走向是：从今西安市的西南入山，溯斜水经鹦哥嘴，翻老爷岭进入桃川河谷；再经灵丹庙进入虢川盆地，过塘口镇至两河口进入红岩河谷；经关山、冠家关、拓梨园至西江口；再经下南河、马道镇越七盘岭出山，抵褒城和汉中，全长350多公里。据清代顾祖禹所著《读史方舆纪要》记载："褒斜之道，夏禹发之，汉始成之"，即始建于公元前22世纪左右，自古就是秦蜀两地征战、朝会、联盟的道路。图4-2为今修复的褒斜栈道一段。

图4-2 今修复的褒斜栈道一段

金牛道（见图4-3），也称石牛道。从汉中西行，过褒水，经勉县进入大巴山脉；西经青羊镇，转南入五丁峡，过滴水镇至宁强县，再转西南经黄坎驿、七盘关入四川广元的神宣驿，自西上朝天岭，折南沿嘉陵江东岸峭壁，过龙洞阁、千佛岩至广元；再折西南行，渡嘉陵江至昭化，然后经剑门、梓潼、绵阳达成都，全程600余公里。金牛道因"石牛粪金"的传说而得名。秦惠王进行灭蜀的准备时，为了大军顺利推进，特刻制五头石牛，放在褒谷道上，在五头石牛的牛尾下各放一堆黄金，谎称牛会粪金。蜀王贪财，信以为真，派士兵千人，整治和加固褒谷栈道，拓宽沿途路面，把石牛运回成都。结果为秦军伐蜀开辟了道路。

故道，亦名陈仓道，始建于西周。自雍（今陕西省凤翔县南）经陈仓（今陕西省宝鸡市东10公里汧水西侧）过大散关，越秦岭，经今凤县、略阳入汉中至四川的大道。因这条道路有很长一段沿故道水（嘉陵江）而行，并经过一个故道县，所以被称为故道。又因这条道路的北端入山

图4-3 古金牛道

之口在陈仓县境的缘故，又称陈仓道。

秦蜀栈道曾经多次在改变历史进程的事件中发挥作用。最重要的就是通过栈道，将四川盆地丰饶的物产和兵卒源源不断地输入秦国，使秦国国力大增，扫平六国，完成统一大业。

秦王朝“二世而亡”之后，在这条“兵家必争”之路上，又演出了一幕“明修栈道，暗渡陈仓”战争活剧，由此揭开了“楚汉相争”的序幕。

项羽和刘邦曾在反秦战争中约定，先攻入咸阳者为王。公元前207年，刘邦先入咸阳，但慑于项羽人多势众，只好封存秦的府库，退出咸阳，驻兵灞上。项羽入咸阳后，自封“西楚”霸王，封刘邦为汉王，又分别封秦降将章邯、司马欣、董翳为雍王、塞王、翟王（是为三秦），统治关中，以御刘邦入秦。刘邦入汉中时，为迷惑麻痹项羽，采用著名谋士张良的建议，烧毁了栈道。

公元前206年，刘邦手下的大将军韩信用“明修栈道，暗渡陈仓”之策开始军事行动。韩信先派樊哙、周勃率兵一万佯修已被刘邦进汉中时烧毁的栈道，摆出要从褒斜道出兵的架势。章邯闻讯立即加强斜谷防御。韩信却率大军西出勉县转折北上，顺陈仓小道入秦川，渡渭河于陈仓古渡口，倒攻大散关。章邯急忙率军赶到陈仓城，与韩信激战。此时，明修栈道的樊哙、周勃也出斜谷，与韩信会师。章邯兵败自杀，司马欣、董翳先后投降，刘邦遂定三秦。从此，关中成了刘邦打败项羽，统一天下的基地。

陈仓道上的战事多围绕大散关展开，据史料记载，大散关发生的战事最少在70次以上。《读史方舆纪要》说大散关“扼南北交通，北不得此，无以启梁（汉中）益（成都），南不得此，无以图关中。”

汉末军阀张鲁据守汉中，断褒斜道以拒汉军。建安二十年(215年)三月，曹操征张鲁通过陈仓道、大散关一线，消灭张鲁。曹操过大散关时写下了这样的诗句：“晨上散关山，此道当何难！晨上散关山，此道当何难！牛顿不起，车堕谷间。坐磐石之上，弹五弦之琴。作为清角韵，意中迷烦。歌以言志，晨上散关山。”（《秋胡行》其一）。

建兴六年（228年），魏军三路攻吴，关中空虚。诸葛亮第二次率十万大军北伐，出大散关。陈仓的魏国守军仅有一千人左右，诸葛亮派人劝降城内守军，没想到遭拒绝。蜀军围攻陈仓二十多日不克，粮尽而退。（《三国志》载:“亮复出散关，围陈仓，曹真拒之。”）

公元1131年、1132年，南宋扼守大散关的大将吴玠，两次大破金军。宋乾道、淳熙年间，主张抗金的诗人陆游先是在主战将领四川宣抚使王炎幕中襄理军务，后范成大镇蜀，又邀陆游至其幕中任参议官。陆游在川陕间度过了十一年铁马秋风、豪雄飞纵的疆场生活，他的不少诗写到了大散关，如："楼船夜雪瓜洲渡，铁马秋风大散关。"（《书愤》）"一日岁欲暮，扬鞭临散关。"（《怀昔》）"散关摩云俯贼垒，清渭如带陈军容。"（《夜观秦蜀地图》）"索虏尚凭三辅险，散关未下九天兵。"（《睡起》）等。

李白在《蜀道难》这首诗中描绘了这条道路的艰险和环境的险恶。诗篇一开始以"噫吁嚱，危乎高哉！蜀道之难难于上青天。"表达了诗人对蜀道之难的总体感觉。"蚕丛及鱼凫，开国何茫然！尔来四万八千岁，不与秦塞通人烟。西当太白有鸟道，可以横绝峨眉巅。地崩山摧壮士死，然后天梯石栈相钩连。"写秦蜀道路的开路之难。诗人还用"上有六龙回日之高标，下有冲波逆折之回川。黄鹤之飞尚不得过，猿猱欲度愁攀援。青泥何盘盘，百步九折萦岩峦。扪参历井仰胁息，以手抚膺坐长叹。问君西游何时还？畏途巉岩不可攀！但见悲鸟号古木，雄飞雌从绕林间。又闻子规啼夜月，愁空山。蜀道之难，难于上青天，使人听此凋朱颜。连峰去天不盈尺，枯松倒挂倚绝壁。飞湍瀑流争喧豗，砯崖转石万壑雷。其险也若此，嗟尔远道之人胡为乎来哉！剑阁峥嵘而崔嵬，一夫当关，万夫莫开"的描写，以浪漫主义的手法，展开丰富的想象，将蜀道险峻难行的情状展现在读者面前，令人惊心动魄，艺术地再现了蜀道峥嵘、突兀、崎岖和不可凌越的险阻。

在李白写《蜀道难》不久，唐玄宗李隆基在蜀道上抒发了对爱妃杨玉环的思恋和悼亡之情，奇丽惊险的蜀道被染上了一层哀怨凄绝的色彩。

公元756年，安史之乱的叛军攻陷了长安，唐玄宗李隆基带着宰相杨国忠和宠妃杨玉环，匆匆夺路往西南而逃。刚走出长安一百多里，饥饿疲困的禁军哗变，处死了人人痛恨的奸贼杨国忠，并逼玄宗赐杨玉环自缢，这就是历史上有名的"马嵬事变"。

杨贵妃死后，禁军队伍继续南行，由盘旋曲折、高入云端的秦蜀栈道进入斜谷，又遇细雨绵绵不断，路途艰难。在栈道最险处，有铁索供人攀扶，索上挂有铃铛，人走时手扶索链，铃声前后相应，以便相互照顾。玄宗在淅沥的夜雨中，听到断断续续的铃声，倍觉愁肠欲断。此情此景，勾起了他对杨贵妃的思念，为悼念杨玉环，他挥泪写了一首乐曲《雨霖铃》，寄托自己的无限遗恨。

《雨霖铃》曲调缠绵悱恻，到了宋元时，又受到失意文人喜爱，争相填词传唱，于是成为词牌《雨霖铃》的起源。北宋著名词人柳永填的《雨霖铃》“寒蝉凄切”，更使该曲广泛流传开来。

由于年代久远，秦蜀栈道遗迹、遗址尚存不多，沿线仅存栈道桩石洞，一些关隘名称还保留至今，其中石门是重要关隘之一。它是中国道路史上最早的行车隧道，被认为是世界交通史上的创举。石门隧道施工时火药尚未发明，“石坚不受斧凿”，近二十万的工匠用火烧这些岩石，然后用冷水浇，用酸醋激，利用热胀冷缩的原理，足足用了三年时间才凿开了这个只有16米长的隧洞。隧洞建成后，行人和车辆往来其中，对当时川、陕之间的交通运输发挥了重大作用。图4-4为石门隧道口。

石门隧洞吸引来此的政客文人触景生情，有的借题发挥，有的信手涂鸦，有的刻石铭志，以至石门洞内东西两壁和洞外南北数里的险坡、断崖以及褒河水中、沙滩大石上，留下了由汉及宋的40余种100余方摩崖石刻，价值不菲。然而在20世纪70年代，这个隧洞因为汉中市修筑石门水库，而被永久地埋葬在了水底。当时从隧道摩崖石刻中精选出十三方书法精品凿迁至汉中博物馆，这十三方摩崖遂被称为“汉魏十三品”或“石门十三品”。这些国内外久负盛名的汉魏摩崖刻石，被喻为“国之瑰宝”、“书法宝库”。其中有相传为曹操亲笔书写的“衮雪”；全国最早的道路交通法规，刻在石头上的《仪制令》；最负盛名的汉隶书法极品《石门颂》等。这些摩崖题刻，涉及中国古代社会的政治、经济、军事、文化、历史、地理等方面的问题，内容十分丰富。如北魏的《石门铭》，简要记述了北魏修治褒斜道的原因、经过与结果，赞美了梁秦二州刺史羊祉表求改道的事迹，歌颂了左校令贾三德在工程中的杰出才能，全文融记事、颂功、写景、抒情于一体，是中国石刻铭文中的佳作。汉《鄐君开褒斜道摩崖》，摩面广阔，大书深刻，笔阵森严,气势雄峻,是代表东汉书法的鸿篇巨制。这些具有浓郁的时代、地方与个人特色的重要书法标本，是中国书法艺术发展史上的里程碑。酷爱中国书法的日本书法界最流行的一句话，竟是“石门书法，日本之师”。这批摩崖刻石的文字内容对研究我国交通、水利、科技、书法艺术的发

图4-4　石门隧道口

展，尤其是研究汉隶演变，具有重大的意义。它弥补了史书的缺漏，校正了史书的讹传，堪称是一批重要的石刻文献，为国家一级文物。图4-5为保存下来的石门摩崖石刻。

先秦时期的古蜀道能够保留至今，还得益于古人开辟道路时在路的两边种植柏树使路基得以保护；后人在维护道路时也不断种植、维护柏树，所以现在遗留下来的古蜀道两旁还能看到高大、粗壮的千年柏树，成为古蜀道最大的景观。当代人行驶在现代的公路上，看到公路两旁偶现的森森古柏，便遥想起当年古蜀道的风韵，让人有时空错位的感觉！

图4-5 保存下来的石门摩崖石刻

二、秦驰道

秦始皇完成统一全国大业后，为了维护封建国家多民族的大一统局面，先后采取过许多重要措施：车同轨，书同文，以及统一货币，统一度量衡等。公元前220年，为了加强对全国各地的控制，实行有效的行政管理，便于巡游督察，传递号令文书，开始大规模地在全国范围内建立道路系统——驰道。前210年，又建成了北方戍边专用的军事通道——直道。

驰道以秦都咸阳为中心，连接起了战国时代诸侯列国的都城，后经完善和扩建，延伸到全国各地，从而构成了通向全国主要城市的干线道路网，包括前代所修道路在内，总里程达到12387公里。其中驰道约为7000多公里（不包括750公里的直道），占总里程54%以上。图4-6为秦驰道走向示意图。

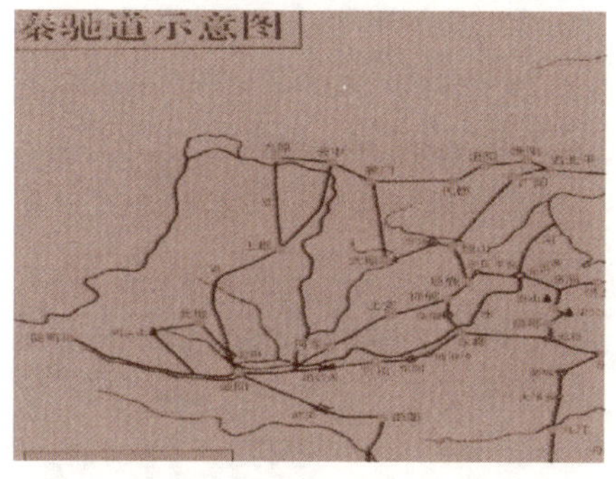

图4-6 秦驰道走向示意图

秦驰道连接了原六国（燕、韩、赵、魏、齐、楚）都城和全国主要城市及边防要塞，其中最主要的有三条，即：东方干道——咸阳·函谷道，直通韩、魏、齐故地；东北方干道——咸阳·临晋道，直达原燕、赵地区；东南方大道——武关道，直达原楚、越境内。

东方干道——咸阳·函谷道，是秦在西周初年武王伐纣、武王东征所行经路线的基础上扩展和延伸的。这条驰道由都城咸阳开始，南渡渭水，折东行，经芷阳（今陕西省西安市东郊灞桥附近）、丽邑（今陕西省西安市临潼区）、鸿门郑县（今陕西省华县）、宁秦（今陕西省华阴市东）桃林寨，出函谷关，再经陕县渑池至三川郡（今河南省洛阳市），由洛川分两支：一支沿当时的黄河东北行，达河内郡（今河南省武陟县西）、邯郸郡（今河北省邯郸市）、恒山郡（今河北省石家庄市）；一支沿济水东行，经阳武（今河南省阳原县境内）、大梁（今河南省开封市）、定陶，至临淄（今山东省淄博市临淄区）、黄县、睡县（今山东省福山县）和琅邪郡（今山东省胶南县南）。由大梁折东南行可直达扬州。秦始皇三次出巡走的是东方干道。

东北方干道——咸阳·临晋道，是由咸阳东出，沿渭水北侧，经高陵、栎阳、重泉、临晋等县地，在薄坂津渡黄河至河东郡治所安邑、上党郡治所长子（今山西省长治市子长县）和太原郡治所晋阳（今山西省太原市南）的道路。它是在春秋时期秦、晋结亲之路，也是战国时攻魏、灭赵、亡燕战争所走道路的基础上修治而成的。其作用主要在军事方面，由太原郡北至云中郡，与上郡（今陕西省榆林市南）的直道相连，形成一条环形国防通道。

东南方大道——武关道，是在秦、楚既相互攻伐又友好结盟的关系中开辟出来的，是连接咸阳至汉江地区的重要道路。由咸阳渡过渭水、灞水经蓝田入秦岭，过黑龙口（今陕西省商洛市黑龙口乡）、龙驹寨（今陕西省丹凤县）至武关、商南至河南南阳，然后南下至楚国故都郢（今湖北省江陵县北）。南行可经洞庭湖南下九嶷山祭祖，东行可至丹阳（今江苏省江宁县东南小丹阳）至钱塘（今浙江省杭州市），上会稽山（今浙江省绍兴市南）。秦始皇两次出巡途经武关道，武关道得到了很好的修治。图4-7为秦始皇出巡图。

图4-7 秦始皇出巡图

驰道宽广而壮丽。《汉书·贾山传》记载："道广五十步，三丈而树，厚筑其外，隐以金椎，树以青松"。道路中央宽50步（合今6.93米），是为满足皇仪所需；约隔三丈（合今7米）栽一棵树，是用来计算道路的里程。道路中央一般官属不准通行，只能走两边的旁道。诸使只有奉皇帝命令"得行驰道中者"，其余行人只能"行旁道，无得行中央三丈"（据《汉书·鲍宣传》如淳注）。驰道两边根据当地情况，种植杨、柳、槐、榆等树。驰道的路基加厚，呈"龟背形"，形成一个缓坡，有利于排水。同时规定车轨的统一宽度为6尺，以保证车辆畅通无阻。

驰道的整体设计、路线勘查科学严谨，施工严格，修筑得非常坚固。驰道宽阔平坦，在上面驾车，纵马速度很快。汉代人记录在驰道上驾车半日可以飞驰200里。驰道的修建，不仅有利于军队的快速调动，更促进了各地经济文化的交流。秦驰道的修建，作为巩固全国统一的战略措施，能有效地防止六国（燕、韩、赵、魏、齐、楚）贵族的复辟。同时六国"倚叠如山"的大量财富，均被新兴的秦王朝占有，并通过驰道运至秦都咸阳。另外，因大规模兴建阿房宫、骊山等宫殿700多处，所需工程材料极大。关东大量物资通过驰道运往关中，加之占领六国的兵马补给及修建长城等工程，也多经驰道运输了大量的资财。

秦以后，驰道仍为后世所用。驰道上官车和邮驿往来飞驰，民间商队络绎不绝，景象十分壮观。秦驰道沿途有许多汉代、北魏、西魏及唐、宋、金、元时期开凿的石窟、石雕等文物古迹，可知这些道路在魏晋南北朝后期，很大一部分仍可以维持通行。

秦直道是秦始皇于公元前212年至前210年，为了抵御北方匈奴的南下，命蒙恬监修的一条重要军事要道。南起秦都咸阳军事要地云阳林光宫（今淳化县梁武帝村），纵穿陕北黄土高原，沿海拔1600多米的子午岭东侧北上，然后向东北延伸，至九原郡（今内蒙古包头市西南孟家湾村）。据《史记》载："自九原抵甘泉，堑山堙谷，千八百里。"秦直道穿越14县、750多公里，沿途沟壑纵横，山高谷深，工程极为艰难。直道在经子午岭一段是名副其实的"沿脊线"路。进入毛乌素沙漠约70公里的直道，采用这一带特有的白垩泥、黑垆土修筑，是最早的沙漠道路。秦直道路面最宽处约60米，一般亦有20米，历经2000年风雨，大部分路面仍保存完好，多处坚硬的路基上只有杂草衍生，竟未长乔木。尤其是甘泉县境内的方家河秦直道遗迹，跨河引桥桥墩依然存在，夯土层十分清晰，可见其工程的艰巨、宏伟。秦直道在当时的条件下仅用两年的时间建成，充分体现了秦王朝的组织能力和施工技术的不同凡响。秦直道贯通中原和北方，加强了中原与北疆边陲之间的联系，巩固了国家边境，促进了民族融合。秦直道蕴涵着古代劳动人民的坚强意志和聪明智慧，是农耕文明和草原文明碰撞的见证、联系的纽带，也是先人留给我们后代的具有独特内涵的历史文化遗产。如今，部分完整的秦直道已被列为陕西省重点文物保护单位。

三、丝绸之路

丝绸之路严格意义上不是一条人工修筑的道路，而是因政治、经济、军事的需要由商队、探险家和军队走出来的一条国际经济、文化和军事通道。因非人工筑建，其起止点、行经线路和里程都随着政治、经济等因素的变化在各个时期有所不同。其开通年代也无法确定。丝绸之路起始时间史学界尚无定论，但至迟在公元前5世纪中国丝绸已从陆路传入波斯，再转贩至罗马帝国。只是这些丝绸贸易仅是零星的商队行为。一般认为，丝绸之路的开通以公元前138年汉武帝派张骞出使西域为标志，起点在西汉的都城长安，东汉时延伸至东都洛阳，陆路终点在黑海或地中海沿岸港口。图4-8为古丝绸之路走向示意图。

自从张骞通西域以后，中国和中亚及欧洲的商业往来迅速增加。通过这条贯穿亚欧的大道，中国的丝、绸、绫、缎、绢等丝织品，源源不断地输向中亚和欧洲。由于希腊、罗马人不知丝

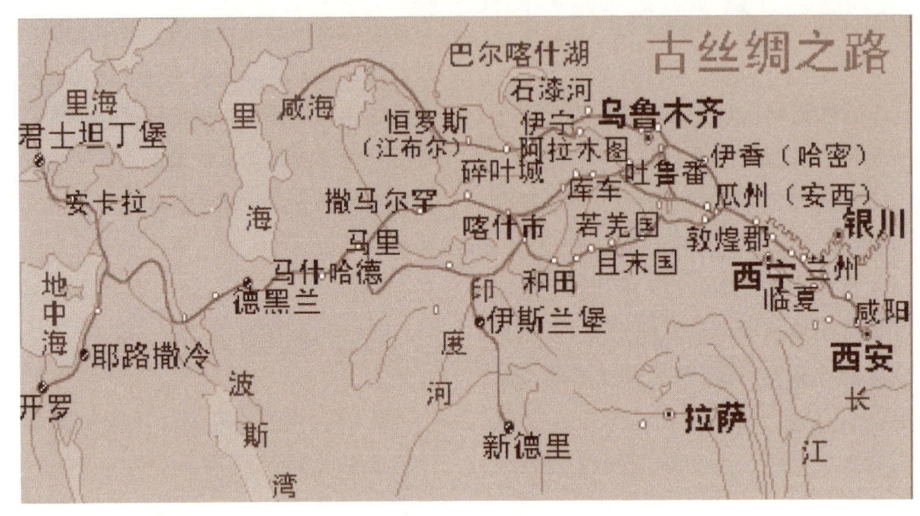

图4-8 古丝绸之路走向示意图

绸的来历，称之为 “赛里斯（Seres）国的纱”；19世纪末，德国地理学家裴迪南·冯·李希霍芬（Ferdlinand von Richthofen）将张骞开辟的这条东西大道称为“Seidon Strassen”，后被英国转译为“Silk Road”，从此，“丝绸之路”这一称谓得到世界的公认。

丝绸之路大致可分为东中西三段，而每一段又都可分为北中南三条线路。

东段：从长安到玉门关、阳关（汉代开辟）。东段各线路的选择，多考虑翻越六盘山以及渡黄河的安全性与便捷性。三线均从长安出发，到武威、张掖汇合，再沿河西走廊至敦煌。北线：从泾川、固原、靖远至武威，路线最短，但沿途缺水、补给不易。中线：从泾川转往平凉、会宁、兰州至武威，距离和补给均属适中。南线：从凤翔、天水、陇西、临夏、乐都、西宁至张掖，但路途漫长。

中段：从玉门关、阳关以西至葱岭（汉代开辟）。中段主要是西域境内的诸线路，它们随绿洲、沙漠的变化而时有变迁。三线在中途尤其是安西四镇[唐代设在西域的四个军事重镇，为龟兹、疏勒、于阗、焉耆(一作碎叶)。始设于贞观二十二年(649年)]多有分岔和支路。北线：起自安西（瓜州），经哈密（伊吾）、吉木萨尔（庭州）、伊宁（伊犁），直到碎叶。中线：起自玉门关，沿塔克拉玛干沙漠北缘，经罗布泊（楼兰）、吐鲁番（车师、高昌）、焉耆（尉犁）、库车（龟兹）、阿克苏（姑墨）、喀什（疏勒）到费尔干纳盆地（大宛）。南线（又称于阗道）：东起阳关，沿塔克拉玛干沙漠南缘，经若羌（鄯善）、和田（于阗）、莎车等至葱岭。

西段：从葱岭往西经过中亚、西亚直到欧洲（唐代开辟）。葱岭以西直到欧洲都是丝绸之路的西段。它的北中南三线分别与中段的三线相接对应。其中经里海到君士坦丁堡的路线是在唐朝中期开辟。北线：沿咸海、里海、黑海的北岸，经过碎叶、怛罗斯、阿斯特拉罕（伊蒂尔）等地到伊斯坦布尔（君士坦丁堡）。中线：自喀什起，走费尔干纳盆地、撒马尔罕、布哈拉等到马什哈德（伊朗），与南线汇合。南线：起自帕米尔山，可由克什米尔进入巴基斯坦和印度，也可从白沙瓦、喀布尔、马什哈德、巴格达、大马士革等前往欧洲。

公元10世纪时期北宋政府为绕开西夏的领土，开辟了从天水经青海至西域的“青海道”，成为宋以后一条新的商路。

丝绸之路开通后，天山南北地区与内地开始连为一体，由国家在京城长安与西域之间修筑驿站，设置驿舍，提供食宿，且派军队保护行旅安全。经过两汉的开拓经营，到唐代发展到鼎盛时期，成为东西方国际贸易的通道。例如，从西域向内地引进了葡萄、石榴、胡麻、胡桃等经济作物，还有各种良马、奇禽异兽和名贵毛织品等；而内地则向西域输送了大量丝织品及铁器等物。但是，在这条道路上进行的并不仅仅是经济、贸易，还有政治、文化、宗教等多方面的交往，留下了许多动人的、壮烈的故事。

丝绸之路的开通与伟大的探险家张骞的名字连在一起。

西汉前期，北方草原上强大的匈奴经常南下袭扰汉朝边境，对中原的安全构成极大的威胁，原来生活在敦煌一带的大月氏也因被匈奴战败而被迫西迁。汉朝日趋强盛后，计划积极地消除匈奴贵族对北方的威胁。武帝听到有关大月氏人不甘退缩，伺机报仇的传言，就想与大月氏联合夹击匈奴，又考虑西行的必经道路——河西走廊还处在匈奴的控制之下，于是公开征募能担当出使重任的人才。

汉武帝建元三年（公元前138年），皇帝的侍从官张骞率领应召的100多名勇士组成了西行的队伍，持节出征。张骞一行刚出陇西即与匈奴遭遇，因寡不敌众而被俘。张骞意志力极强，办事灵活而又胸怀坦荡，在失去自由的11年里，尽管被迫娶妻生子，也没有动摇他一定要完成任务的决心，始终保持着汉朝的特使符节。

张骞终于找到机会率领部属逃离了匈奴。他们向西急行几十天，越过葱岭，到了大宛(今乌兹别克斯坦境内)。由大宛介绍，又通过康居(今哈萨克斯坦东南)，到了大夏（今阿姆河流域），找到了大月氏。由于这里土地肥沃，生活富裕，大月氏人已无意东还，再与匈奴为敌。张骞在大月氏逗留了一年多，得不到结果，只好归国。回国途中，又被匈奴拘禁一年多。公元前126年，匈奴内乱，张骞趁机脱身回到长安。

张骞出使时带着100多人，历经13年后，只剩下他和堂邑父两个人回来。这次出使，虽然没有达到原来的目的，但对于西域的地理、物产、风俗习惯有了比较详细的了解，为汉朝开辟通往中亚的交通要道提供了宝贵的资料。班固据此完成了《汉书·西域传》。之后，由于张骞随卫青出征立功，“知水草处，军得以不乏”，被武帝封为“博望侯”。

元狩四年(公元前119年)，张骞第二次奉派出使西域。这时，汉朝业已牢牢控制了河西走廊。张骞率领300人组成的使团，每人备两匹马，带牛羊万头，金帛货物价值“数千巨万”，到了乌孙，游说乌孙王东返，以断匈奴右臂，没有成功。他又分遣副使持节到了大宛、康居、月氏、大夏等国。元鼎二年(公元前115年)张骞回国，乌孙派使者几十人随同张骞一起到了长安。此后，汉朝派出的使者还到过安息(波斯)、身毒(印度)、奄蔡(在咸海与里海间)、条支(安息属国)等，安息等国的使者也不断来长安访问和贸易。汉朝与西域的友好往来从此开始。

张骞出使西域历时30多年，为发展中外友好交流贡献了毕生精力，赢得了许多国家和兄弟民族的信任。由于长期艰苦跋涉，风餐露宿，严重损害了他的健康，回到长安一年多即因病去世。但是，张骞开拓的事业揭开了中外经济文化交流的新时代，史书称他“凿空”西域，是对他最恰当的评价。图4-9为张骞出使西域油画。

魏晋南北朝时期以降，来自印度的佛教由丝绸之路传入中国，中外佛教艺术的交流在丝绸之路的历史上掀开了新的、极其重要的一页。西域僧人来中国传播佛教，也诱发了中国僧人前往西域和印度取经的壮举。

唐僧取经是家喻户晓的民间故事。历史上的唐僧并不是小说《西游记》中全靠孙悟空扶持才度过81难的懦弱书呆子，而是一位不畏艰险、学识渊博的佛教徒，杰出的旅行家、探险家、翻译家，中外文化交流的友好使者。

唐僧，法名玄奘（602~？），汉传佛教历史上最伟大的译师。俗姓陈，本名袆，出生于河南洛阳洛州缑氏县（今河南省偃师市南境），幼年家贫，父母早丧。玄奘13岁出家，之后遍访各地佛教名师，造诣日深。因感各派学

图4-9 张骞出使西域油画 王可作

说分歧，难得定论，便决心至佛教的发源地印度（天竺）学习考察，取回真经。贞观元年（627年）玄奘结侣陈表，请允西行求法。因唐朝大乱甫定，唐太宗致力于巩固内政，下令紧闭关防，不许国人出境而未获批准。然而玄奘决心已定，于629年8月“冒越宪章，私往天竺”。一路上历经沙漠断水、高寒缺氧、爬冰卧雪等无数磨难，长途跋涉5万余里，终于到达了他心目中的佛教圣地——印度王舍城那烂陀寺（今印度比哈尔邦巴腊贡）。玄奘在那烂陀寺历时5年，精通了梵文、大乘经典和因明、声明诸论，以刻苦钻研的精神和渊博的学问备受尊敬，并被选为通晓三藏的十德之一。玄奘在印度期间，还广泛游历了主要城市和佛教圣迹，并详细记录了各地情况、风土人情。他的足迹几乎绕印度走了10圈。

642年，玄奘应戒日王邀请在曲女城（今印度联合邦坎诺吉）召开佛学辩论大会，有五印18个国王、3000个大小乘佛教学者和外道2000人参加。当时玄奘讲论任人问难，但无一人能予诘难，一时名震五印，并被大乘尊为“大乘天”，被小乘尊为“解脱天”。戒日王又坚请玄奘参加5年一度、历时75天的无遮大会。会后玄奘因思念祖国，辞谢了戒日王的盛情挽留启程回国。

贞观十九年（645年）正月二十五日，玄奘返抵长安。史载当时“道俗奔迎，倾都罢市”。不久，唐太宗接见并劝其还俗出仕，玄奘婉言辞谢。唐太宗请他将沿途见闻详细写出，以述张骞之未到，《汉书》之不载。玄奘欣然从命，尔后留长安弘福寺一边译经，一边写作《大唐西域记》。书中翔实地记述了西域、中亚和印度130多个王国、城邦的地理、政治、经济、文化、宗教等情况，内容丰富且真实可靠，无论在广度和深度上都是前代著作无法比拟的。直到今天，《大唐西域记》还是研究印度、尼泊尔、巴基斯坦、孟加拉国以及中亚等地古代历史、地理、宗教的重要资料。为了纪念玄奘对中印两国人民友谊和文化交流所作的巨大贡献，20世纪50年代，中印双方在那烂陀寺附近合作修建了一座玄奘纪念堂。他的故事在民间广泛流传，如元吴昌龄《唐三藏西天取经》杂剧，明吴承恩《西游记》小说等，均由其事迹衍生。

丝绸之路上来往的中外佛教徒不仅交流了佛教经典，而且把佛教文化和艺术带到中国，著名的敦煌莫高窟、麦积山石窟以及内地的云冈、龙门石窟，是丝绸之路沿途许多精美的艺术奇迹中的瑰宝。这些宝贵的文化艺术遗产，作为历史的见证，至今放射着灿烂的光芒，吸引着慕名而来的游人。其中以莫高窟为主体的敦煌石窟是世界上现存规模最宏大、保存最完好的佛教艺术宝库，被誉为“东方艺术明珠”。图4-10为敦煌莫高窟远景。

图4-10　敦煌莫高窟远景

莫高窟位于甘肃省敦煌市东南25公里的鸣沙山东麓崖壁上，上下五层，南北长约1600米。始凿于366年，后经十六国至元十几个朝代的开凿，形成一座内容丰富、规模宏大的石窟群。现存洞窟492个，壁画45000平方米，彩塑2400余身，飞天4000余身，唐宋木结构建筑5座，莲花柱石和铺地花砖数千块，是一处由建筑、绘画、雕塑组成的博大精深的综合艺术殿堂。20世纪初又发现了藏经洞，洞内藏有从4~10世纪的写经、文书和文物五六万件，手写本文献及各种文物，其中有上千件绢画、板画、刺绣和大量书法作品。如果把所有艺术作品一件件陈列起来，便是一座超过25公里长的世界大画廊。

敦煌石窟艺术中数量最大，内容最丰富的部分是壁画，题材广泛。有尊像画，即人们供奉的各种佛、菩萨、天王及其说法相等；有佛经故事画，以佛经中各种故事完成的连环画；有经变画，是隋唐时期兴起的综合表现一部经的整体内容，宣扬想象中的极乐世界；有佛教史迹画，表现佛教在印度、中亚、中国的传说故事和历史人物相结合的题材；有供养人画像，即开窟造像功德主的肖像，是一部肖像史。在莫高窟各个时代的壁画中，也有反映当时的一些生产劳动场面、社会生活场景、衣冠服饰制度、古代建筑造型以及音乐、舞蹈、杂技的画面。另外还有民族传统神话题材及各种各样的装饰图案。从壁画中，可以看到各民族各阶层的各种社会活动，如帝王出行、农耕渔猎、冶铁酿酒、婚丧嫁娶、商旅往来、使者交会、弹琴奏乐、歌舞百戏……世间万象，林林总总。壁画中所绘的大量的亭台、楼阁、寺塔、宫殿、城池、桥梁和现存的五座唐宋窟檐木构建筑，是研究我国古代建筑的形象图样和宝贵资料。它们记录了中外文化交流的历史事实，为研究4~14世纪的中国古代社会提供了宝贵的资料。图4-11和图4-12为敦煌壁画。

莫高窟的历史也是一部丝绸之路的兴衰史。在经历了长达10年以上的安史之乱后唐帝国走向衰落，吐蕃人控制了西域和河西走廊，丝绸贸易和中外交流逐渐由陆地转移到海上。唐代以后丝绸之路衰落，这里的洞窟越来越少，艺术水平也大为降低，在明代一度荒废。荒凉的西部已渐渐被人遗忘。西方探险家则盯住了这块地方，当他们发现丝绸之路上的遗址、石窟寺、壁画时，丝绸之路重新震动了世界。光绪二十六年（1900年）道士王圆箓发现“藏经洞”，洞内藏有的大量写经、文书和文物，一场疯狂的盗宝活动开始了。英国人斯坦因、法国人伯希和多次从藏经洞中拣选文书中的精品，掠走约5000件。1910年藏经洞中的劫余写经，大部分运至北京，交京师图书馆收藏。此后，日本人吉川小一郎、俄国人奥尔登堡又陆续从敦煌拿走一批经卷写本，美国人华尔纳用特制的化学胶液，粘揭盗走莫高窟壁画26块。这些盗窃和破坏，使敦煌文物受到很大损失。这些流失海外的文物也引起国内外学者极大的注意，形成了著名的敦煌学。

中国从20世纪40年代起成立了莫高窟的学术研究和保护机构，60年代对石窟进行了全面的加固，80年代开

图4-11 敦煌壁画

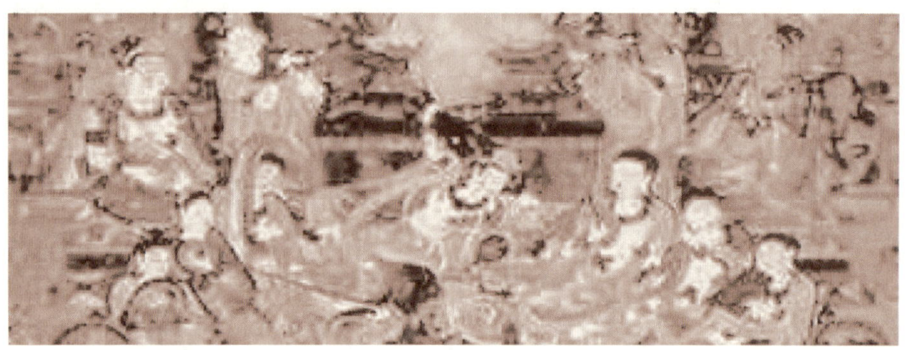

图4-12 敦煌壁画

始，莫高窟进入了现代科学保护时期。

今日的丝绸之路，已经发生了翻天覆地的变化，一座座新兴的城市拔地而起。酒泉以“航天城”的美誉享誉全球，我国第一颗人造地球卫星“东方红一号”，首次载人航天飞船“神舟五号”，第一次完成多人多天航天飞行的“神舟六号”、“神舟七号”都是在这里发射升空。新疆则成为中国西部的能源基地，大油田的开发，西气东输工程的建设，给祖国注入了新的动力。随着公路交通、铁路建设的发展，欧亚大陆桥全线贯通，乌鲁木齐、喀什等古老的城市成为国际商贸中心。今日的丝绸之路，以其悠久的历史、美丽的自然生态和独具特色的风光，已经成为一条旅游热线。当我们行走在这条古老的道路上，不仅能寻访汉唐时代的遗迹，游览西部的大好河山，而且也亲历现代化建设的巨变。丝绸之路不仅是一条历经沧桑的路，也是一条充满活力向着未来不断前行的康庄大道。

四、运河御道

运河御道是沿京杭大运河两岸完全由人工填筑的道路。开凿运河需要大量的人力物力，两岸运输的专用道路必不可少；运河建成以后，拉纤民夫也必须有道可行，河堤成为纤道；皇帝沿运河南巡，沿线保卫、保障的军士、民夫需沿运河两边的道路步行、骑马、行车。随着京杭大运河的开通，运河御道也在两岸筑成。

京杭大运河北起北京，南到杭州，流经北京、天津、河北、山东、江苏、浙江四省二市，沟通海河、黄河、淮河、长江和钱塘江五大水系，是世界上最长的人工运河，目前通航里程约900公里。

京杭大运河最早开凿于春秋时期。公元前486年，吴王夫差为北上争霸中原，引长江水经瓜洲（今江苏省邗江南）北入淮河，在今扬州南北，连接成串的天然湖泊，沟通了长江和淮河。因这条河流经吴国邗城(今江苏扬州)，所以称为邗沟。这是大运河最早的一段河道，也是运河御道最早成道的一段。

京杭大运河最大规模的开凿在隋代。仁寿四年（604年），隋炀帝杨广鉴于洛阳“水陆通，贡赋等”，地理位置居中，便于控制全国的政治、经济，下令营建东都洛阳。次年，为便于驾幸江都和输运贡赋，开始大规模修接这条中国历史上最著名的南北大运河，至610年开通。隋朝大运河是世界上的伟大工程之一，不仅长度居当时世界第一，而且河道的水深和宽度及通航能力也是最大的。图4-13为京杭大运河。

大运河分为通济渠、邗沟、永济渠和江南河4段。

通济渠。605年，隋炀帝征发“河南、淮北诸郡民前后百余万”开通济渠，沟通黄、淮两大水系。早在战国初期，魏国就开凿了鸿沟(引河水循汴水，折南循沙水入颍)，通济渠是在鸿沟和下游的汴河两水基础上，加以疏浚的。自洛阳城西引谷水、洛水入黄河，再自板渚口(今河南荥阳汜水镇东北黄河侧)引黄河入汴河，经今河南开封东南入淮河。通济渠又叫御河，两岸道路也称御道。

邗沟。605年，隋炀帝征发“淮南民十余万”开通邗沟。隋朝大运河的邗沟，是在春秋时期吴国邗沟的基础上疏浚的，充分利用原有的水道，省时省工。

永济渠。608年，隋炀帝再次征发河北各郡壮丁百余万人，开永济渠。男子不够，还征发了妇女。永济渠从洛阳的黄河北岸，引沁水东流入清河(卫河)，到今天的天津附近，经沽水(白河)和桑干河(永定河)到涿郡（今北京市）。

图4-13 京杭大运河在西方被称为“帝国运河”

江南河。610年，开江南河。从京口（今江苏省镇江市）到余杭（今浙江省杭州市），“八百余里，广十余丈”。

至此全长2000多公里的京杭大运河全部贯通，两岸御道也随之建成，御道两旁，栽种了柳树。由于沿河河堤、道路经过多次改造，所存原御道极少，京、津地区的部分遗迹尚能看出当年景象。大运河御道宽10米左右，路基培高，黄沙土平整路面。对路基低洼、泥泞积水路段的路基采用除尽淤泥，叠垫秫秸，上填干土的办法处理。据文献记载，御道有严格的养护管理，经常填补坑槽，清理杂物，扫去浮沙，以保持路面平整清洁。

大运河及运河御道的开通建成，不仅有利于维护中国统一和中央集权制的加强，而且连接起了黄河流域和长江流域，促进了南北方的经济、文化交流。方便快捷的水陆交通运输条件，使南方的物资能够顺利运达洛阳和长安，把富庶的江南变成了一个新的经济中心。此后，中国的政治、经济重心逐渐东移。当时运河上“商旅往返，船乘不绝”，将已成为全国经济中心的长江流域同仍是政治中心的北方连接起来。唐朝文学家皮日休说：运河“北通涿郡之渔商，南运江都之转输，其为利也博哉!”（《皮子文薮·汴河铭》)他还在

《汴河怀古》一诗里赞颂这条大运河说："尽道隋亡为此河，至今千里赖通波。若无水殿龙舟事，共禹论功不较多。"大运河的开通，还促进了运河两岸城市的发展，江都、余杭、涿郡等城市很快繁荣起来。特别是唐王朝，随着大运河及运河御道经济作用的发挥，长江以南膏腴之地的迅速开发，国力强盛超过以往任何王朝。

五代十国以后，经济出现衰退。黄河因多次改道，造成严重淤塞，淮河以北的运河已无法通航，两岸道路也随之废弃。

1267年，元朝定都大都（今北京市）后，要从江浙一带运粮到大都，为此，忽必烈下令重新大规模疏浚运河。在海河和淮河之间，为避免绕道洛阳，裁弯取直，修建了济州、会通、通惠等河，大运河才呈现出现在的走向，运河御道也随之改道和恢复。

元、明、清三代，运河的漕运极其重要，大量的粮食、木材、金帛盐布等物资由运河送往京城。朝廷专设漕运总督管理，鼎盛时期各省运军水手达10万人，有船万只。资料显示，京杭大运河元时年粮食运输量为10万石左右。明朝每年从江南的官窑向皇宫供应的瓷器，就达十几万件，这是一个庞大的数字。乾隆六下江南，都选择了运河交通，由此可见运河对于客货运输的重要地位。

大运河曾于1855年因黄河在河南省铜瓦厢决口北徙，在山东省夺大清河入海而全线南北断航。直到现在，大运河济宁以北河段，因水源不足，仍未能发挥航运效益。

京杭大运河在历史变迁过程中留下了许多自然景观和人文景观。两岸的御道自古以来栽种柳树，邗沟一带更是绿柳成行。碧波、垂柳、帆影、啼鸟组成了古运河的动人图景。每当寒尽春来，清晨雾霭缭绕，傍晚夕阳西下，万千垂绦临风摇曳，如烟如雾，故有"邗沟烟柳"之谓，引来古今文人骚客为之赋诗吟咏。白居易赞美曰："柳色如烟絮如雪，应将此树映龙舟。"高邮诗人贾国维《河堤新柳》写道：

官堤杨柳逢时发，半是黄匀半绿遮。
弱干未堪春系马，丛条且喜暮藏鸦。
鱼罾渡口沾微雨，茅屋溪门衬晚霞。
最是莺旗萦绕处，深林摇曳有人家。

因柳赋诗，贴切生动，题近旨远，意境优美。四大古典名著《红楼梦》、《三国演义》、《水浒》、《西游记》以及《金瓶梅》的内容或成书背景，莫不与运河及其商业文化有关。天津杨柳青年画、沧州铁狮子、吴桥杂技、名城临清、微山湖、淮扬菜、扬州八怪、枫桥夜泊、西湖烟雨，都是来自运河的记忆。附庸风雅的乾隆六下江南，更给运河留下许多故事，为后人所津津乐道。运河两岸名人辈出，韩信、枚乘、梁红玉、秦观、吴承恩、刘鹗、关天培、王瑶卿、蒲松龄、孔尚任都曾在运河边生活。 悠久的历史给运河沿岸留下许多古迹，古墩、古庙、古塔、古桥、老街、老店、老厂、老窑，犹如长长的画卷，让人们想见过去的岁月与风俗。

随着铁路、公路以及航空的发展，运河已不再是主要运输渠道，运河沿岸一些曾经繁荣的城市，也相对衰落了。虽然在南方，运河还发挥着重要的作用，在北方，则大多早已干涸。共和国成立后，于1950年和1957年结合兴修水利，开挖苏北灌溉总渠，兴建三河闸、淮安和皂河枢纽、江门船闸、杨柳青船闸及宿迁船闸，开始了对古老京杭大运河的部分恢复和扩建工作。1956年在古邗沟东岸重新开凿了一条27公里长的新河，形成了两河三堤的格局。现存的千米古邗沟已成为一条名副其实的“沟”了。渡过今运河，你会看到古邗沟一带小桥流水，桃花园、松竹园、梅桂园、银杏园一片醉人的浓绿，依然可见当年的余韵。

大运河和运河御道是中国经济与文化的长廊，其历史和文化底蕴更加值得品味。现在国内第一家以运河文化为主题的大型专题博物馆——中国京杭大运河博物馆已在杭州建成。运河博物馆（含运河文化广场）通过独特的开放式格局，将室内外融为一体，巧借运河及桥、船、埠为活的展物，旨在全方位、多角度地收藏、保护、研究运河文化资料，反映和展现大运河自然风貌与历史文化，成为具有多样功能和多种特性的综合性运河文化中心。

五、唐蕃古道

唐蕃古道是唐朝时开通的通往西藏的交通大道，也是唐代以来中原内地去往青海、西藏乃至尼泊尔、印度等国的必经之路。整个古道横贯中国西部，跨越举世闻名的世界屋脊，联通我国西南的友好邻邦，故亦有丝绸南路之称。藏族人民称其为“迎佛路”。著名的文成公主远嫁吐蕃王松赞干布走的就是这条大道，它像一条长虹，将藏汉人民紧紧连在一起。图4-14为唐蕃古道走向示意图。

唐蕃古道的大部分路段，是商旅、军队开拓的非人工建造的道路，岔道、支路和辅道众多，其起点为唐都长安（今陕西省西安市），终点为吐蕃王国都城逻些（今西藏自治区拉萨市），途经陕西、甘肃、青海和西藏4个省区，全长约3000公里，其中一半以上路段在青海境内。唐蕃古道开通年代无法考证，一般认为在公元7世纪初，吐蕃王松赞干布统一西藏前后。文成公主入藏和亲使唐蕃古道声名远扬。现在一般以文成公主和金城公主入藏线路为唐

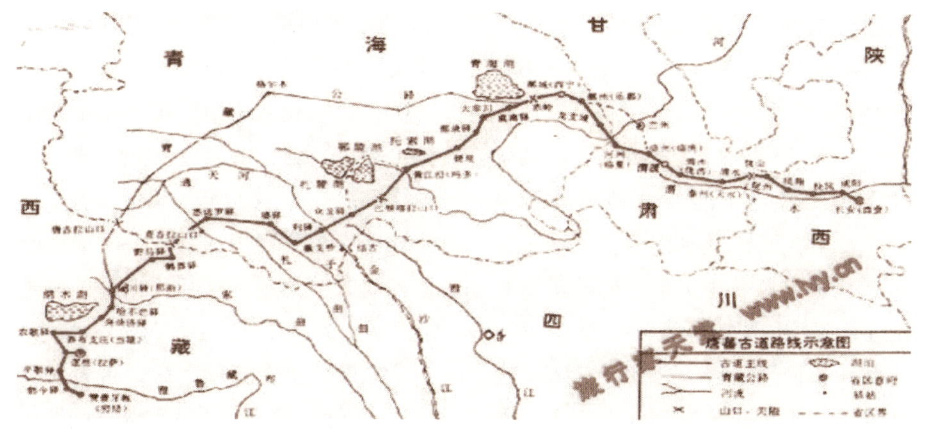

图4-14 唐蕃古道走向示意图

蕃古道的主线，并以文成公主入藏为唐蕃古道开通的标志。图4-15为有关文成公主入藏的壁画和唐卡。

唐蕃古道的大致走向是从长安出发，沿渭水北岸越过陕甘两省界山——陇山到达秦州（今甘肃天水），溯渭水继续西上越鸟鼠山到临州（甘肃临洮）。从临洮西北行，经河州（甘肃临夏），在炳灵寺或大河家附近渡黄河进入青海境内，再经龙支城（青海民和柴沟北古城）西北行到鄯州（青海乐都）。以上可以称古道东段，全在唐王朝境内。这是汉代以来从中原进入河湟地区的传统路线。它的历史甚至可以上

图4-15 文成公主入藏 壁画　　文成公主入藏 唐卡

溯到6000年前的新石器时代，我们民族的祖先正是沿着这样一条路线开拓前进的。

古道西段经鄯城（西宁）、临蕃城（湟中哆吧）至绥戎城（湟源县南），沿羌水（湟水南源药水河）经石堡城（湟源石城山）、赤岭（日月山）、尉迟川（倒淌河）至莫离驿（共和东巴），经大非川（共和切吉草原）、那录驿（兴海大河坝）、暖泉（温泉）、烈谟海（喀拉海）过海（玛多黄河沿），越紫山（巴颜喀拉山），渡牦牛河（通天河），经玉树地区，过当拉山（唐古拉山查吾拉山口）到藏北那曲（阁川驿），继续沿今青藏公路经羊八井(农歌驿)直抵逻些(拉萨)。在西段的古道线路中，从西宁到玉树、从那曲到拉萨这两段线路大体上是沿着今青康公路和青藏公路的走向。

公元7世纪初，在中原地区，李世民父子创立李唐王朝。几乎与此同时，吐蕃王国在赞普松赞干布的率领下也迅速崛起，统一了西藏地区的许多部落，建立了强大的奴隶主专制政权。吐蕃不断向北扩张，最后于663年攻灭吐谷浑，从而与唐王朝接壤。唐太宗贞观八年（634年），松赞干布派使臣前往唐朝首都长安，拜见唐太宗，并请求联姻和好。唐太宗也派出使臣前往吐蕃回访，但未答应联姻。640年，松赞干布再次派大相（宰相）禄东赞携带黄金、白银及其他珠宝数百件，前往长安求婚。唐太宗审时度势，答应将自己的宗室女儿文成公主嫁给松赞干布。641年，唐太宗派江夏王李道宗，专程护送文成公主远嫁吐蕃，双方结为甥舅之邦，揭开了唐蕃友好历史的新篇章。

文成公主受父皇之命，带着大批卫队、侍女、工匠、艺人和大量绸缎、典籍、医书、粮食等嫁妆，从长安迤逦西行，经甘肃，到青海，过日月山，经大河坝，到达黄河源头。为了保障公主一路顺风，唐太宗命沿途官府修路架桥，造船制筏，建筑佛堂，开辟通道。松赞干布则亲自率领满朝官员与大队人马迎亲于柏海（即今扎陵湖和鄂陵湖），并在此举行欢迎仪式。然后，松赞干布与文成公主结伴而行，前往逻些完婚。文成公主进藏途中不仅播撒下了汉藏友好的种子，也留下了众多的胜迹与美好的传说。

文成公主远嫁吐蕃，不仅揭开了唐蕃古道历史上影响深远的第一页，而且作为唐朝与吐蕃之间的重大事件而载入史册。704年，吐蕃第四代赞普赤德祖赞继位后，派官员到长安请求联姻，经过长期的努力，唐中宗终于答应将金城公主嫁给他。710年，金城公主又沿着文成公主进藏的道路嫁往吐蕃，成为唐蕃古道上的又一桩盛事。唐蕃古道正是在这种情况下逐渐开辟、迅速兴盛起来，并且很快成为一条站驿相连、使臣仆从、商贾云集的交通大道。

在此后的200多年间，唐蕃之间虽然也曾发生过误会、摩擦甚至一时失和的情况，但和睦相处、友好往来却一直是双方关系的主流。从吐蕃首次遣使来唐到两个王朝覆灭前夕，有据可查的使者往来就达19次之多，可见双方关系的密切和频繁往来的情况。

唐穆宗继位后，唐蕃双方为长期和解，决定“刻日月于巨石”，写甥舅会盟碑。据历史记载，从706年到822年，吐蕃和唐朝之间的会盟达8次之多。823年所立的唐蕃会盟碑，记载的是第八次会盟的盟文。

821年（唐穆宗长庆元年；吐蕃彝泰七年），唐朝和吐蕃双方派使节，先在唐京师长安盟誓，次年又在吐蕃逻些（拉萨）重盟，823年，将盟文刻石立碑，用汉藏两种文字对照，树于拉萨大昭寺门前。这就是历史上有名的甥舅和盟碑，又称唐蕃会盟碑或长庆会盟碑（见图4-16）。

碑文记载：“舅甥二主，商议社稷如一，结立大和盟约，永无渝替！神人俱以证知，世世代代，使其称赞。”碑文中强调了唐文成、金城公主出嫁吐蕃赞普，缔结了舅甥姻好之事；追溯唐蕃的历史和功业，检讨了过去某些“弃却友好，代以兵争”的不愉快的事件，

图4-16　拉萨大昭寺门前的唐蕃会盟碑

谴责了“开衅”的“边将”。碑文最后记载了这次会盟的经过、立石年月以及双方参加登坛会盟的官员名单。盟约的文字朴实无华，通俗流畅，结构细密严谨，反复强调“和叶社稷如一统”，表达了迫切的心情，真诚的意愿。无怪乎刻载盟文的石碑，千余年来在大昭寺前巍然矗立，受到人民的景仰，成为汉族与藏族人民团结、友好的历史见证。

在唐蕃会盟碑的两侧种有著名的“唐柳”，相传是文成公主将皇后在长安灞桥所赐的柳枝带来西藏，并亲手种植于大昭寺周围，所以也称“公主柳”。公主柳已有1300多年的历史，尽管它现已枯萎，却依然被人们珍视。

自从这次盟誓以后，唐朝与吐蕃之间的纠纷基本结束。它说明和盟适应

了唐蕃社会的发展需要，符合当时汉藏两大民族人民的愿望，体现了汉藏两大民族友好关系的进一步加强，顺应了历史的潮流。

唐蕃古道的开通，对于藏族经济和文化的发展起了一定的推动作用。文成公主、金城公主将汉族的农业种植、手工技艺带到西藏进行传播，同时积极推广佛教，使它们成为藏族文化的重要组成部分。吐蕃贵族子弟被派到唐朝长安学习，许多唐朝人则被聘到吐蕃掌管文书，传授建筑技术。同时还有养蚕、酿酒、造纸等各种匠人进入吐蕃，传授唐代先进的生产技术，促进了藏族手工业、农业发展和人民生活的改善。

千百年来，唐蕃古道作为祖国内地通往西南边陲的大道，像一条情意缠绵的纽带，联结着汉藏人民友好团结的感情。它曾给中原和边疆的政治、经济、文化带来过繁荣和兴旺，曾给汉藏人民及其他边疆少数民族带来过友谊和幸福，同时也给古道本身带来了众多的胜迹和传奇。至今，在古道经过的许多地方，仍然矗立着人们曾经建筑的驿站、城池、村舍和古寺，遗留着人们世代创造的灿烂的文化遗存，传颂着数不清的反映汉藏人民友好往来的动人佳话。

六、南诏古道

南诏古道是唐朝时期云南地区建立的地方道路系统，类似现在的省级干线公路网。

我国西南地区自史前时代起，就是中华各族系往返迁徙的区域，至今还居住着羌、彝、藏、回、白、傣、傈僳、景颇等十多个少数民族。西汉元封二年(公元前109年)，汉武帝建置益州郡，辖区相当今云南大部，把中央集权的郡县制度推行到了西南边疆。汉族移民和中原内地先进技术、文化的传播，使西南地区的经济发展达到了一个新的水平。东汉末年，因中原地区战乱而无法对这一地区实行有效管理，当地的六个少数民族部落各自称“王”（当地发音“诏”），史称“六诏”。唐玄宗开元二十六年(738年)，“六诏”之一“蒙舍诏”（因其在其他五诏之南，又称“南诏”)在唐廷支持下，逐渐吞并另外五诏，统一了洱海地区，建立南诏国，定都太和城（今云南省大理市南）。唐廷封蒙舍诏主皮逻阁为云南王、越国公、赐名蒙归义。南诏国作为一个与中原王朝相对独立的区域政治、经济、文化实体，前后共存在了254年。

南诏王国的疆域包括现在的云南省全境及老挝、泰国和缅甸的北部，东邻广西，北与贵州接壤，西北与四川、吐蕃相连，东南和西面分别与现在的越南、印度交界。南诏仿效唐制，使辖区内驿制初具规模，道路通达于境内外各地。

南诏古道中最重要的是经四川和贵州通往中原的道路。

通往四川的道路有两条，一条为石门道，也称朱提道；一条为灵关道，也称清溪道。

石门道是云贵高原通向四川盆地的重要道路，唐与南诏之间的交通，多经由此道，这条路即“西南丝绸之路”的东路。石门道自羊苴咩城（今云南大理古城 ）东行，经云南驿（今云南省祥云县东南云南驿村）、滇池（今云南省昆明市）、郎州（今云南省曲靖市）北上夜郎（今贵州省威宁县）、朱提（今云南省昭通市），出石门关（今云南省盐津县豆沙乡）抵达僰道（今四川省宜宾市）。僰道，是战国、秦汉之际修筑的一条通往僰族聚居地方的道路。秦国李冰为蜀守时（公元前256~公元前251年）沿岷江浚河修路，开通了蜀、僰之间的道路。秦始皇统一六国后，派将军常安接李冰所通之僰道，向西南延伸，直修筑至今云南曲靖，全长2000余里。因路修筑在僰族聚居地内，故称僰道；又因路宽五尺，史称“五尺道”。由此再通过川陕驿道抵唐都长安（今陕西省西安市）。

灵关道是 “西南丝绸之路”的北道。从羊苴咩城东行经云南驿，到龙川（今云南省南华县）北行，经姚安、大姚，渡金沙江到四川的会理、雅州（今四川省雅安市）、灵关（今四川省芦山县东）抵益州（今四川省成都市），再经剑南道直达长安。

“西南丝绸之路”全长2000多公里。这条丝路在汉代时称为“蜀身毒道”，蜀是四川，身毒是印度的古称，指从四川出发，经过云南、缅甸直至印度的商路。成都是“西南丝绸之路”的起点，腾冲是“西南丝绸之路”的最后驿站。从这里进入缅甸再到印度，进而远达中亚及欧洲。

西南丝绸之路形成于2000多年前的汉代，比我国西北丝绸之路的形成早200多年。它和西北丝绸之路一样，曾经对世界文明作出过伟大的贡献。据史书记载，公元前122年，张骞奉命出使西域（今阿富汗、伊朗等地），看到从印度输入的四川蜀布和筇竹杖，得知四川商人早已从云南经缅甸到印度去从事贸易活动了。张骞回朝将所见所闻上奏汉武帝，具有雄才大略而又好大喜功的汉武帝听后十分惊喜，决心不惜一切代价打通从西南到印度的官道，由官方参与商业贸易，扩大疆土。武帝即封张骞为博望侯，命其以蜀郡（治所在成都）、犍为郡（治所在宜宾西南）为据点，派遣四路秘密使者，分头探索通往印度的道路。由于封建统治者造成的民族隔阂太深，头人酋长为了垄断丰厚的过境贸易，组织拼死抵抗而未获成功。虽历经十余年，仅打通了从成都到洱海地区的道路，只能在大理至保山一带通过各部族作中介与印度商人间接贸易。直到东汉明帝永平十二年（69年），“始通博南山、渡澜沧水”，滇缅通道才算打通。

通过“西南丝绸之路”，中国的丝绸、蜀布、筇竹杖、工艺品、铁器等源源不断地输往印度、欧洲；国外的琉璃、宝石、翡翠、光珠等也输入中原。到了唐代，这条丝道更加兴旺发达，经久不衰。宋明以后，由于海上丝绸之路的勃兴，西南丝绸之路渐趋沉寂。然而，古道上的民族迁徙、商业贸易、宗教传播以及军事活动从未中断过，至今仍在对外交往中发挥作用。在第二次世界大战期间，沿古道干线修筑的中、缅、印公路，成为当时中国唯一的国际通道，在抗击法西斯的战争中发挥了极其重要的作用。

斗转星移，日月交替，西南丝路的绝大部分道路，已淹没在时间的风雨之中，但一些雄关险道、骡马蹄印、诗联题刻，至今仍留下深深的历史印痕。遗迹主要位于保山市的水寨、官坡及大理州永平的博南山等地。保山的水寨、官庄等路段，都是当年用人工凿岩开山而成的路基，至今仍保存完好。水寨一段自澜沧江边至长湾长约10余公里，尚存有平坡铺、山达铺、水寨铺等邮驿站点。由平坡西上罗阳山至水寨，山腰大石坎长三四公里的路段是在悬崖峭壁上开凿而成的，路径曲折陡峭，500余级台阶犹如天梯，史称“梯云路”。石阶上犹存骡马攀踏的累累蹄印，最深者达13厘米。

除此之外，还有两条通往贵州的道路，即纳川道和普安道。纳川道在羊苴咩城至夜郎段与石门道重合，然后折向东北至毕节和四川纳溪、泸州。西汉时初开，称夜郎道，隋唐时称纳川道。普安道在曲靖与纳川道分路，往东经贵州普安、安顺至贵阳。

通往广西的道路称邕州道，从昆明经宜良、邱北、广南、富宁、剥隘至广西百色、田林，有水陆两路去邕州（今广西壮族自治区南宁市）。

通往吐蕃的通道是著名的茶马古道。

南诏古道中还有几条通往印度、缅甸、老挝和越南的道路，其中通往缅甸、印度的道路称博南道。博南道穿越永昌（今云南保山）地段,又称为“永昌道”。博南道和灵关道连成一体，就是著名的“西南丝绸之路”。博南道从羊苴咩城往西南，过漾濞、博南（今云南省永平县）、永昌达畹町，进入苍望城（今缅甸八莫，当时属南诏），渡丽水（今伊洛瓦底江），穿金宝城（今缅甸密支那，当时属南诏），再北行即达大秦婆罗门（今印度那加兰邦）或南折抵小婆罗门国（今印度阿萨密南部）。

通往越南的道路称为步头道，从滇池南行，经步头（今云南省建水县南）至贾步勇（今云南省河口县）。

从西双版纳通往老挝、缅甸南部的道路称女王道。

南诏是一个开放的民族政权，兼收并蓄使南诏文化在一派开放的氛围中不断丰富着自身，拥有了来自不同地域的文化特点，如中原文化的沉厚、西蜀文化的质朴、吐蕃文化的豪放、东南亚文化的细腻等。在汲取不同文化养分的基础上，南诏文化逐渐形成了多样性的风格。

当时，唐文化对南诏的影响巨大。《南诏德化碑》在“跋”中对立碑因由的阐释：“有国而致理，君主之美也。有美而无扬，臣子之过也。夫德以立功，功以建业。业成不纪，后世何观。可以刊石勒碑，志功颂德，用传不朽，俾达将来。”昭示尊崇儒家，崇尚和学习汉文化是南诏王公贵族子弟的要务。南诏时期的音乐舞蹈，已经形成自己的民族风格，但在旋律、器乐、形体语言、创意和思想表达方面都融有浓厚的唐文化的色彩。

唐朝中期佛教经古道传入南诏，逐渐盛行并成为南诏统治者推崇的国教，建有许多寺塔和佛像，有“大寺八百，小寺三千”之说。但南诏时期建造的佛塔大都采用了当时中原地区最为流行的一种唐塔造型——四方型密檐塔，大理崇圣寺三塔中间那座挺拔俊秀的千寻塔是其典型代表。在大理古城北面100多公里处的剑川县石钟山和金华山上，至今仍保留着一批举世闻名的石窟造像。这些精美的造像内容丰富，造型各异，栩栩如生，被誉为“南天瑰宝”。

南诏王国以及后来的大理国都很重视道路的扩修和驿制的不断健全，为加强大理及云南与中原和东南亚国家的经济文化交往提供了较好的条件，促进了中国西南地区乃至东南亚地区的经济发展和文化交流。正是各种文化的交汇，才使大理古城成为“亚洲文化十字路口的古都”。

七、茶马古道

贯穿川、滇、藏的茶马古道是一条起于唐代、兴于明代的多民族物质、文化交流和传播中外文明的大通道。它由中国大西南横断山脉东侧的云南和四川的茶叶产地出发，以人背马驮这种最原始的运载方式，穿越横断山脉以及金沙江、澜沧江、怒江、雅砻江等大江大河向西延伸，最后通向喜马拉雅山南部的南亚次大陆。随着茶文化和藏传佛教的兴起和传播，随着茶马互市的开展，这条道路成了名副其实的茶马古道。图4-17为茶马古道走向示意图。

一般所说的茶马古道有两条：川

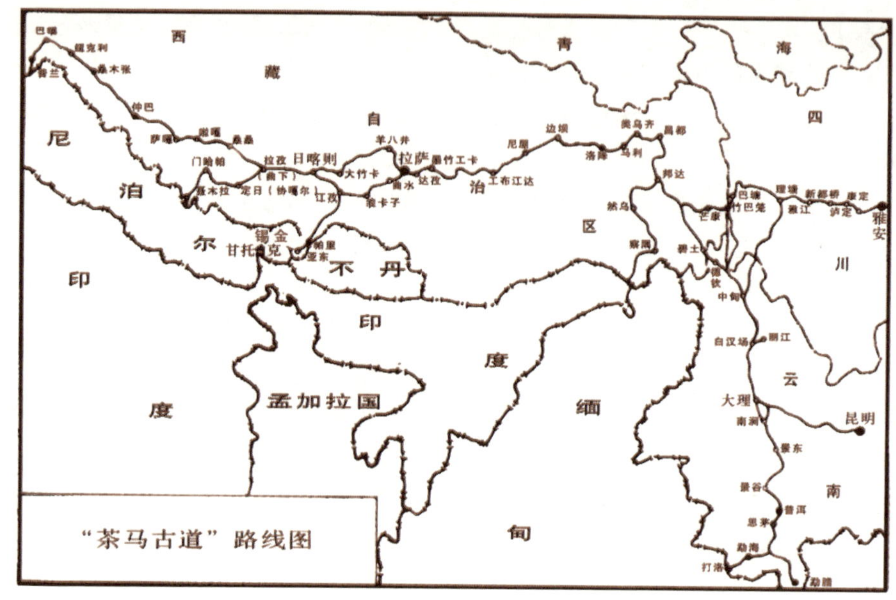

图4-17　茶马古道走向示意图

藏线从四川雅安出发，经泸定、康定、巴塘、昌都到西藏拉萨，再到尼泊尔、印度，国内路线全长3100多公里；滇藏线从云南普洱茶原产地（今西双版纳、思茅等地）出发，经大理、丽江、德钦，到西藏邦达、察隅、昌都、洛隆、工布江达、拉萨，然后再经江孜、亚东，分别到缅甸、尼泊尔、印度，国内路线全长3800多公里。滇藏线和川藏线都必须经过昌都。在两条主线的沿途，密布着无数大大小小的支线，将滇、藏、川“大三角”地区紧密联结在一起，形成了世界上地势最高、山路最险、距离最遥远的茶马古道。

茶马古道起源于古代的“茶马互市”，通过马帮的运输，川、滇的茶叶得以与西藏的马匹、药材交易。云南是茶树的主要原产地，世界上用于制茶的植物有23属380种，其中15属260种分布在云南。历史上，西双版纳生产的普洱茶不仅作为献给朝廷的贡品，还远销我国西藏地区和印度、尼泊尔、缅甸、泰国、老挝等国家。唐宋时期以后，云南和四川的茶叶开始销往西藏地区，受到了藏族同胞的喜爱，以至于到了“不可一日无茶”的地步。运往拉萨的货物主要有沱茶、红糖、宣威火腿以及地方干菜等；而拉萨运回云南、四川的大多数是印度进口的布匹、药品、百货等。宋代在四川名山等地还设置了专门管理茶马贸易的政府机构“茶马司”。到了清朝乾隆年间，每年跋涉在茶马古道上运茶的驮马已达5万匹之多。

在艰苦卓绝的抗日战争时期，尤其是1942年缅甸陷入日军的侵略魔爪，滇缅公路被截断后，茶马古道顿时成为中国西南惟一的一条陆路运输线。马帮驮队从印度运进大批的国际援助物资，有力地支持了中国的抗日战争。当时在丽江执行国际“中国工业合作协会”组织工作的俄国人顾彼得先生，在他的《被遗忘的王国》一书中，记载了这些马帮的艰辛和功绩：“据估计，战争期间所有进入中国的路线被阻时，这场‘马帮运输’曾使用了8000匹驮马和20000头牦牛……它将作为人类的一个伟大而永远铭记在我的心中。”

茶马古道既是一条经济线，也是一条政治线、国防线。它把我国内地同西藏地区更加紧密地连结在一起，使近代的外国帝国主义势力无力把西藏从我国分离出去。 鸦片战争以后，英帝国主义为了侵略西藏，就力图使印度茶取代华茶在西藏行销。他们认为一旦印度茶能取代四川省边茶的地位，英国即可垄断西藏之政治与经济。为此，英帝国主义甚至用武力入侵拉萨，强迫印度茶输藏。从此，四川茶又成为反对英国侵略西藏的武器。反对印度茶销藏，保护川茶销藏，成了反对英国侵略西藏的重要内容。当时西藏人民为了国家利益，宁愿以高出印度茶十来倍的价格购买四川茶，而拒食印度茶。西藏地方政府面临印度茶销藏带来的政治经济危机，更是竭力主张禁止印度茶入藏。十三世达赖喇嘛还亲自出面向清廷呼吁，要求清朝政府配合行动，制止印度茶销藏。四川茶叶成为汉藏民族共同反对英帝国主义侵略西藏、倾销印度茶的斗争武器。

茶马贸易作为内地汉族地区与边疆少数民族地区经济往来的一种重要方式，在沟通各族人民之间的经济文化联系方面发挥了十分巨大的作用。千百年来，无数的马帮在这条道路上默默行走，日复一日、年复一年，在风餐露宿的艰难行程中，用清悠的铃声和奔波的马蹄声打破了千百年山林深谷的宁静，开辟了一条通往域外的经贸之路。在雪域高原奔波谋生的特殊经历，造就了他们讲信用、重义气的性格；锻炼了他们明辨是非的勇气和能力。他们既是贸易经商的生意人，也是开辟茶马古道的探险家。他们凭借自己的刚毅、勇敢和智慧，用心血和汗水浇灌了一条通往茶马古道的生存之路、探险之路和人生之路。悠远的马铃声，串起了山谷、平坝和村寨，也串起了众多民族的相互交融。它不仅是连接汉藏等多民族的经济文化纽带，也成了人类为生存所激发的非凡勇气和所作出的超常努力的象征。如今，古道石板上的马蹄印仍历历在目，跨越江河的铁索吊桥也已几经沧桑，古老的茶马古道，正日益吸引着人们的目光。

茶马古道上有数不清的自然界奇观、人类文化遗产、古代民族风俗痕迹，三江并流、高山峡谷、神山圣水、地热温泉，野花遍地的牧场、炊烟袅袅的帐篷，香格里拉、乡城、芒康、昌都等像一颗颗璀璨的明珠,镶嵌在这条通道上。这些高原明珠风光旖旎，民俗浓郁。每到秋天，这里树黄草红，雪山与河流相互映衬，构成了一幅美轮美奂的动人图画。

这条遥远而无比艰险的道路也是宗教文化以及沿途20多个少数民族文化传播交流的走廊。在这条古道上，分布着藏传佛教的寺庙塔林，蕴藏着年代久远的摩崖石刻、古色古香的巨型壁画，流传着许多缠绵悱恻的故事。它们是历史的积淀，彰显着人们千百年来的活动痕迹和执着的向往。作为一条文化的“传输道”，从云南泸沽湖远走西藏的喇嘛们追求的是精神的食粮。他们认为，一个没有到过拉萨三大寺的喇嘛不算一个好喇嘛，所以他们一生的愿望就是到圣城去接受佛光的沐浴。无论付出多大代价，无论途中多么凶险，高山峡谷和漫漫长途都难以阻挡他们毅然踏上那条朝圣之路。而行进在古道上的赶马客们也不仅仅是寻求物质的生活，驮去藏民须臾不离的茶叶、红糖等食品，也从藏地驮来了氆氇、珠宝和经书。于是，在那条马匹踏出来的山道上，随处可见喇嘛与赶马人络绎不绝并肩而行的景观（见图4-18）。

图4-18 茶马古道情绵长

历经岁月沧桑1000余年，茶马古道就像一条大走廊，连接着沿途各个民族，促进了边贸地区农业、畜牧业的发展。与此同时，沿途地区的艺术、宗教、风俗文化、意识形态也得到空前的繁荣和发展。如伴随茶马古道而生的马帮文化、藏茶文化、商贸文化，因茶马古道得以相互交融的民族文化等……

抗日战争胜利后，内地其他道路得以迅速恢复，大量来自印度的物资交流，不再需要用马帮这种世界上最昂贵、最缓慢的交通运输方式来进行，茶马古道一下子衰落下来。共和国成立后修筑的滇藏公路和川藏公路，大多地段则是以茶马古道为基础。时光荏苒，随着现代化交通手段的日益发达，汽车代替了驮马，茶马古道也早已被214、317、318国道所代替。茶马古道虽已丧失了昔日的地位与功能，但它作为中华民族形成过程的一个历史见证，作为今天中华多民族大家庭的一份珍贵的历史文化遗产却依然熠熠生辉，并随着时间的流逝而日益凸显其意义和价值。

八、官马大道

官马大道是清王朝建立起来的遍及全国各地的干线道路系统。我国古代国家干线道路的传统称谓是驿道，是由国家修筑的主要道路，因此也称作“官路”或“官道”。文天祥“彭城古官道，日中十马驰”描述的就是行走在这种道路上的感受。驿道最早用于军事通讯和行政文书的传递，通达边情，宣布号令，朝令夕至，声闻必达，为官家专用，所以，清代就直呼为“官马大道”。

官马大道以秦朝建立的驰道网络为基础，经过历代的开拓、补充、养护，自元朝已经相对完善。明朝迁都北京后，建立起以北京为中心通往全国13个布政使司首府的国家道路网络。清代国土辽阔，东濒大海，西至葱岭（今帕米尔），南至南海，北至外兴安岭和库页岛。由北京通达全国各省城和至边疆地区的官马大道，在联络的幅面和通行的效率等方面，体现出超过前代的优势，达到了中国古代国家道路网络的巅峰。

官马大道分为官马北路、官马西路和官马南路，共9条干线。

官马北路包括奉天官路、恰克图路和呼伦贝尔路。奉天官路经山海关、奉天府（今辽宁省沈阳市）、吉林府（今吉林省吉林市）到龙江府（今黑龙江省齐齐哈尔市）；恰克图路经张家口、库伦（今蒙古国乌兰巴托市）到恰克图（今俄罗斯和蒙古边境）；呼伦贝尔路经热河（今河北省承德市）、多伦到呼伦贝尔（今内蒙古自治区呼伦贝尔市）。

官马西路包括兰州官路和四川官

路。兰州官路也称皋兰官路，是由北京经直隶省保定府（今河北省保定市）和正定府（今河北省正定县），向西至太原府（今山西省太原市）后，南下平阳府（今山西省临汾市），过潼关，西达西安府至兰州府；再由兰州起，西至吐鲁番后，向西北去迪化府（今新疆维吾尔自治区乌鲁木齐市）和伊犁。由伊犁向西，可到达波斯（今伊朗）；西南则沿天山南路经库尔勒、库车等地至葱岭。其中支线从兰州府经西宁府可到拉萨。四川官路由北京起，取道兰州官路一部分，经开封府、西安府到成都府；再由成都府经雅州府（今四川省雅安县）直至拉萨。

官马南路包括云南官路、桂林官路、广东官路和福州官路。云南官路和桂林官路均从北京至太原，南下过黄河到洛阳。在洛阳分道，经襄阳（今湖北襄樊）、荆州（今湖北江陵）、常德，西行沅州（今湖南芷江）、贵阳，通往曲靖、昆明；或由开封南下信阳、武昌、长沙，通往桂林，并延伸到印度支那半岛。广东官路从北京经涿州、雄县、德州、济南、徐州、合肥、南昌、赣州通往韶关、广州。这是元、明以来北京到广州纵贯中国南北的主要官道，而终点广州又曾是清代对外通商的唯一口岸，所以清政府对这条干线十分重视。福州官路从北京经天津南下，沿途经过济南、徐州、南京、苏州、上海、杭州，通往福州，并有支线连接安庆、南昌等重要城市。

官马大道三条北路长度均在1500公里左右；西路兰州官路长约4100公里，从兰州府至拉萨的支路长约2000公里；四川官路长约6700公里。南路到长沙府1720公里；长沙府至昆明府2200公里，至桂林府1800公里，至广东府1900公里；福州官路长2900公里；安庆府、南昌府支路500多公里。因此官马大道的全长超过2.8万公里。这些还不包括蒙古的5条贡路和长江官路。清王朝的国家干线道路长度超过了3.5万公里，是清政府经济上赖以生存的重要通路。官马大道将全国各省城及边疆地区连通起来，各条干线又分别有支线连接重要的州府县城，通过这些干线道路，清政府有效地实现了对全国各地的政治控制和经济发展。全国各地各族人民通过这个庞大的道路交通网络，实现了经济、文化等方面的交流，覆盖全国的道路网也为中国公路的兴起和公路网的形成奠定了基础。

官马大道在平定三藩，捍卫、开发边疆，维护国家统一的斗争中发挥过重要的战略作用。

康熙亲政后清王朝渐渐强盛起来。当时，南明政权虽然已经灭亡，但是南方的3个藩王却叫康熙帝十分担心。这3个藩王原为投降清朝的明军将领，因为助清消灭南明，镇压农民军有功，被封为异姓王。平西王吴三桂驻防云南、贵州；平南王尚可喜，驻防广东；靖南王耿精忠，驻防福建，称“三藩”。三藩掌握地方兵权，还控制财政，自派官吏，形同独立王国。康熙要统一政令，三藩是很大的障碍。1673年，吴三桂在云南起兵，联络广东的尚之信和福建的耿精忠，一起叛清。面对三藩之乱，康熙一面调兵遣将，集中兵力讨伐吴三桂；一面稳住尚之信、耿精忠。1681年，清军分三路由官马南路攻进云南昆明，最后平定了叛乱势力，统一了南方。

明末清初，蒙古分裂为三部，先后归服清朝。生活在伊犁河流域漠西的厄鲁特蒙古准噶尔部噶尔丹叛乱，得到沙俄支持。1690年、1696年，康熙两次由官马西路率军亲征，平定噶尔丹叛乱，控制了漠北蒙古和天山南北。

1865年1月，浩罕国（位于今乌兹别克斯坦的浩罕市一带）军官阿古柏入侵新疆。1875年，左宗棠被任命为钦差大臣，督办新疆军务，次年4月率军从兰州出发。左宗棠坐镇甘肃酒泉，指挥多路清军讨伐阿古柏，收复除伊犁地区外的新疆全部领土。1877年，阿古柏在绝望中服毒自杀。左宗棠在新疆期间，为保证军粮供给，发展地方经济，曾大力兴办屯垦业，其功绩遗泽至今。

官马大道不如秦驰道那般恢弘，而是根据地势、交通量的不同而建，更趋向于实用而不是奢华。在平原地区和京畿之地，车马往来频繁，路面就相对宽阔。西路兰州官路的陕西境内，路基宽度在10米到30米不等。同治年间左宗棠西进，为了保证军队和物资的转运，曾经调集大量民力修治这条道路。当时修筑的路基，依地形条件而异，宽度为3丈至10丈，最宽处为30丈，大车往来可以通行无阻。官路两旁，5里筑一小墩，10里筑一大墩，作为里程标记。为了保证运输安全，从陕西直抵兰州府，“五里一卡，十里一哨，百里一营。”隆无誉《西笑日觚》中记载，“夹道种柳，连绵数千里，绿如帷幄”，时人称之为“左公柳”。光绪五年（1879年），杨昌濬往西北时，看到路旁林带茂盛，犹如木城，于是即景赋诗：“大将筹边尚未还，湖湘子弟满天山。新栽杨柳三千里，引得春风度玉关。”而南路云南官路，因地势险峻，人口稀少，大都以马代车，路面宽度仅1米左右。个别陡峭路段，马匹落蹄位置都无法选择，必须落入以前马匹踏出的马蹄窝，久而久之，马蹄在石头上留下了许多深浅不一的蹄印，至今可辨。

官马大道既是驿道，驿站是必不可少的设施之一。官马大道北路的奉天官路从北京至奉天府约575公里，在直隶（今河北省）境内辖约335公里，设有驿站11处和行宫10处。平均30公里就有一个驿站。北京到热河的道路，因承担皇家避暑的重任，225公里路段设有14处行宫，8处驿站，不仅设施齐全，而且直属工部设官专管。其他官道一般也在60公里左右就设立一个驿站。驿站都配备驿卒、驿马、驿船等设施，提供易换马匹和食宿。清代的官马大路具有比较好的通行条件。法国人佩雷菲特《停滞的帝国：两个世界的撞击》一书记录了1792年英国使团由北京前往承德清帝行宫的行途经历。书中写道："北京到热河的大路中央为御道，10尺宽，1尺高，由砂土和粘土混合而成，经浇水，夯实后具有磨光大理石的硬度。像弹子台那样平坦的路中央只供皇帝陛下通行。一般行人走御道两侧的两条道路，它们修建得也十分好，树木成荫翳，每隔二百步，就有一个总是盛满水的池子用来喷洒以免尘土飞扬。"

在"北通省会，南抵泉漳"的古官马大道上有一个小镇——泉州市泉港区涂岭古街，如今依然保存着一条横贯南北的明清古街。一家紧挨着一家的店铺，仿佛在诉说着当年的繁华，鹅卵石铺就的街道、砌成的房屋，依稀可见明清时期的风情民俗。小街长约1000多米，曲直有序，街道宽约2.5米，保存完整的排水沟和全部用鹅卵石铺砌的街道，五颜六色、圆圆滑滑，别具特色。尽管时代变迁，新的国道324线东移修筑，古官道上已失去了昔日车水马龙的繁忙景象，但徜徉古街，驿站的快马、上京的举子、官差的大轿、商铺的吆喝声、熙熙攘攘的人流，仿佛仍在眼前忙忙碌碌着……

官马大道不仅使大清帝国平定了三藩之乱和准噶尔叛乱，维护了国家统一，并且在200多年中实现了有效统治和经济发展，覆盖全国的道路网也为中国公路的兴起和公路网的形成奠定了基础。

第五章　中国现代道路的特点和分类

中国现代道路以20世纪汽车进入我国和公路的出现为标志。现代道路为汽车及其他机动车辆提供了驶行的物质载体。相对于其他运输方式，道路运输具有机动性、灵活性和广泛性的特点，与社会政治、经济、文化以及普通百姓的衣、食、住、行密切相关，在社会生活中发挥着十分重要的作用。道路建设越来越受到社会的关注和重视。

一、现代道路的特点及功能

（一）现代道路的特点

近百年来，汽车运输之所以能得以迅速发展，是和道路及其运输所具有的一系列特点分不开的。与其他交通运输相比，道路运输具有以下属性及特征。

1. 道路的基本属性

一是公益性。道路分布广、涉及面宽，能使全社会受益，同时也受到社会各方面的关注和支持。特别是近些年来，由于道路运输在促进经济发展方面发挥了巨大的作用，社会越来越重视道路的建设。

二是超前性。道路的超前性主要是指道路的先行作用。道路是为国民经济和社会发展服务的，它作为国家连接工农业生产的链条和经济腾飞的跑道，其发展速度应高于其他部门的发展速度。这就是通常所说的“先行官”作用。

三是储备性。道路运输是资金密集型和技术密集型的产业，属于国家基本建设项目，道路的建设不仅要满足其现行通行能力的要求，还要考虑今后一段时间内通行能力增长的要求，即要有一定的储备能力。这就要求建设之前，必须要有统一的规划、可行性论证、周密的经济和交通调查、加强交通预测以及精心设计等工作，以满足远景发展的需要。

2. 道路的经济特征

道路作为一种特殊的物质产品，它还具有一些经济特征，主要有：

一是道路产品是固定在广阔地域上的线形建筑物，不能移动。这不同于一般的工业生产和建筑业。工业生产一般是生产设备固定，而产品从原材料到成品在生产过程中流动，而道路与此相反。建筑业虽然也是这样，但其产品分布在各点上，而不是线形工程。因此，道路建设的流动空间更大，工作地点更不固定，受社会和自然环境影响大，具有更强的专业性。

二是道路的生产周期和使用周期长。通常一条上百公里的道路建成要花两三年的时间，高等级道路还要更长，在实施过程中需耗用大量的人力、物力和财力。投入使用后一般使用年限为10~20年。在使用过程中还需进行经常性的养护、维修和管理工作。

三是道路虽是物质产品，但不具有商品的形式。在商品经济中，一般的产品，都采取商品交换形式，出售后进入消费。而道路建成后，不能作为商品出售，也不存在等价交换的买卖形式，只提供给社会使用。其投资费用以收费（使用道路的收费和养护管理费）和运输运营中收费形式来补偿。

四是具有特殊的消费过程和消费方式。一般的商品生产与消费在时间和空间上都是分离的，即商品必须成型后，才能运送到市场进行交换和消费。而道路则可边建设、边使用，并在使用过程中边养护、维修与改造。道路在消费形式上，不是一次性，而是多次消费。这就对道路的质量提出了特别高的要求，以确保其多次重复性使用（消费）中车辆行驶的安全、快速、经济和舒适。

五是道路作为一个完整的系统，应充分发挥其作用，为社会和经济服务。一条道路由路线、路基、路面、桥涵等各部分组成完整的系统。而一个区域的道路网，则是由许多条道路组成一个有机的网络系统，这个系统又成为交通运输系统中的一个子系统。这就要求各条道路的修建要统筹规划，相互协调，密切配合，从整体的角度为社会和经济服务。

另外，道路运输与其他运输方式相比，也存在一些弱点，如运量小、运输成本高、油耗和环境污染较大等。

（二）现代道路的功能

道路具有交通运输、城乡骨架、公共空间、抵御灾害和发展经济的功能。

道路的功能首先表现在交通运输方面。道路是人们工作、学习、生活、旅游出行的通道，它具有实现城乡旅客、货物交通中转、集散的功能。社会中的一切活动要求必须有一个安全、通畅、方便、快速和舒适的道路交通运输体系。

道路是城乡结构的骨架。城市道路是城市建设的基础，城市建筑是按照道路网的布局走向进行布置的，因此，城市道路成为城市结构的骨架，并确定城市的格局。同样，地方道路是城镇布局的骨架，乡镇依靠主干道路网与各个城市连接起来，使主干道路网成为整个国土结构的骨架。

道路本身又是公共空间。它不仅是公共交通体系的空间，而且也是保证日照、通风，提供绿化、排水管线布置的空间。

道路又是抵御灾害的通道。在发生火害、水灾、地震等自然灾害和战争时，能迅速疏散、避险和集结军队。

道路是经济和社会发展的基础设施。“要想富，先修路”已成为全社会的共识。工农业生产、商品流通、国土开发、国防建设、旅游事业等均依赖道路先行来实现，道路建设在国家战略布局和经济发展中起着举足轻重的作用。

二、现代道路的分类

道路按其所处位置、使用特点可分为公路、城市道路、厂矿专用道路和旅游道路等，其中公路是道路运输的主体。

（一）公路

公路是指连接城市、乡村、厂矿、港口、机场等，主要供汽车行驶的具备一定技术条件和设施的道路。公路按其重要性和行政管理等级，分为国家干线公路（简称国道）、省级干线公路（简称省道）、县级公路（简称县道）和乡级公路（简称乡道）。

1. 国道

国道是在国家干线网中，具有全国性的政治、经济、国防意义的国家级干线公路，主要包括连接首都与各省（自治区）首府和直辖市的公路、通向各大港口和铁路干线枢纽以及重要工农业基地的干线公路、具有重要国防意义的干线公路，是全国公路网最重要的组成部分。

国家公路网早在孙中山提出的《建国方略》中已经有了宏伟的蓝图，当时提出要在全国兴建干线公路160多万公里，但是没有明确的公路的行政等级。“国道”与“省道”、“县道”等概念在中国最早出现都是在1919年北洋政府公布的《修治道路条例》中，此后还拟定过更具体的《国道网方案》、《拟修国道一览表》和《四经五纬国道网》。这些规划、方案都由于政治、军事原因没有得以实施。

共和国成立后，虽然没有及时规划国家干线公路，但结合各个时期的国防、经济建设修建了大量的干线公路，特别是“第一个五年计划”开始实施以后，随着大型厂矿建设，干线公路逐段兴建。20世纪60年代的“三线建设”对干线公路发展起到了重要的推动作用。交通部根据国家“第三个五年计划”的总体要求，提出了公路和汽车运输发展以国防和后方基地为中心的干线公路网络建设计划。

克服了“文革”的巨大干扰，国家干线公路在20世纪70年代末初步呈现雏形。1978年交通部拟订了《1978年~1985年十万公里国道网规划（讨论稿）》，1979年《1981年~1990年十万公里国道网规划》初步方案形成。1981年国务院批准了交通部《关于划定国家干线公路网的报告》，确定了国道70条，其中以首都北京为中心的放射线11条，北京环线1条，编号为1字头三位数；南北纵向线28条，编号为2字头三位数；东西横向线30条，编号为3字头3位数。编号之前标以“国道”拼音字头G，在公路里程碑上用红字标明。

20世纪80年代初开始，将以前逐段修建的干线公路连接、打通，到20世纪80年代末初步建成了国道网络。1989年随着改革开放和经济发展，交通部提出“三主一支持”的设想，提出“公路主骨架”方案并将此定名为“国道主干线系统”，确定8条纵向线，9条横向线为国道主干线。1990年又对方案进一步研究确定为5条纵向线，7条横向线，即“五纵七横”国道主干线方案，并确定国道主干线以高速公路和一、二级高等级公路为主，分步骤实施，首先完成同江到三亚、北京到珠海、上海到成都和连云港到霍尔果斯的“两纵两横”。1998年在加快公路建设的形势下，交通部再次提出加快“两纵两横”和“三条重要路段”的建设。“三条重要路段”即北京至上海、北京至沈阳高速公路和成都至北海西南出海通道。截至2005年底，“两纵两横”国道主干线和“三条重要路段”基本建成，成为中国陆路交通的大动脉。

自加快基础设施建设以来，高等级化、高速化、网络化提高了公路对国家经济和人民出行的服务能力，为经济持续健康发展起到了先行作用。

国家高速公路是国道的重要组成部分，是一个现代化国家所必备的、最重要的基础设施之一，它对国民经济的持续健康发展，提高运输效率的安全性，巩固国防都具有极大的作用。高速公路不仅是交通现代化的重要标志，也是国家现代化的重要标志。

国家高速公路的概念提出于2005年，这年1月交通部制定的《国家高速公路网规划》获得国务院批准。这个宏伟的规划提出了在未来的30年内，建成8.5万公里国家高速公路，形成一个覆盖全国的、比较完善的干线高速公路网。

早在国家高速公路概念提出前的27年，即1978年，台湾省建成了中国第一条高速公路——台湾南北高速公路。1984年中国大陆最早的两条高速公路——沈大高速公路和沪嘉高速公路先后开工，揭开了中国高速公路建设的序幕。

1989年“三主一支持”的设想出台以后，“公路主骨架”即定名为“国道主干线系统”，同时明确了这一系统以高速公路和高等级公路为主的思路。此后在“五纵七横”的建设中逐段实施高速公路建设。至2004年全国共建高速公路3.4万公里，其中“国道主干线系统”2.6万公里，在建1.9万公里。在此基础上提出了“国家高速公路网规划”。

国家高速公路网规划以北京为中心建设7条放射线，9条南北纵向线、18条东西横向线和5个地区环线，以及联络线。这一规划用高速公路连接了包括台、港、澳在内的中国所有省会城市和现状人口超过20万以上的城市，覆盖全国过10亿人口和GDP总量85%以上的地区；实现东部、中部和西部分别在平均半小时、一小时和两小时之内抵达高速公路；连接国内主要4A级旅游城市、主要国家一类公路口岸和交通枢纽城市。

这一规划截至2005年底已建成3.5万公里，占总数的40%以上，其中京沪高速公路、京哈高速公路已全线建成通车，京港澳高速公路、沈海高速公路除基础越江跨海工程外也全线建成，2007年已建成“五纵七横”规划中的4.2万公里。

国家高速公路部分路段与原国道重合，建成以后将与原国道网一起成为全国公路网中最重要的组成部分。

2. 省道

省级干线是全国各省、自治区和直辖市内部的干线公路系统公路网，也称为“省道”。省道是全国公路网的重要组成部分，是国家干线公路网的重要补充，也是国家干线公路和农村公路之间的最重要的一环。

“省道”的概念在中国最早提出可以追溯到1919年，当时的北洋政府发布了中国第一部公路法规——《修治道路条例》，条例参考欧美国家公路分类方式，将全国的公路分成国道、省道、县道和里道（乡村道路）。“省道”就是省政府所在地通往各县的道路，也包括县与县之间以及省内重要矿山、工厂、城镇和军事据点之间的道路。但是由于军阀混战，这个条例成为一纸空文。国民党政府也由于内战和抗战始终没有建立起国家道路网，省级干线就更无从谈起。新中国成立后，百废待兴，国家关注的重点是对国防和经济建设具有突出地位的干线公路，以及对农业发展至关重要的农村公路，省级干线介于两者之间，没有引起足够的重视，也没有明确的“省道”概念和相关的责权部门。直到1981年11月《关于划定国家干线公路网（试行方案）的通知》发布以后，在明确了“国道”之后，各省、自治区和直辖市才陆续分别制定了省干线公路网的规划，省道才成为区别于“国道”和农村公路的地方公路网络。

“省道”以各地省会、自治区首府和直辖市城区为中心，连接各地区所在地城市、州府、盟府以及重要的工矿企业、港航、城镇，同时也是省内各地互相联通的干线公路。从省会、自治区首府和直辖市城市向各地干线为放射线，编号为1字头3位数；南北干线为纵线，编号为2字头3位数；东西干线为横线，编号为3字头3位数。在编号之前标以字母“S”（“省道”的拼音缩写）。另外一些直辖市的环城省道编号为0字头，如北京五环路为“S001”。在公路里程碑上，省道编号及里程数字的颜色为蓝色，以区别于县乡道路的黑色和国道的红色。

自20世纪80年代初“省道”确立之后，省道的里程开始有据可依，管理和统计更为便捷，省道得到迅速发展，等级不断提高，成为地方公路交通不可替代的组成部分。据2002年公布的第二次全国公路普查的结果显示，当时全国省道总路程为21.245万公里，占全国国、省、县、乡四个行政等级公路总里程的12%以上，其中高级、次高级路面19.7838公里，占全国高级、次高级路面的1/4，许多地区省道已建成高速公路。

随着技术等级的不断提高，养护管理的持续加强，省道在各地交通基础设施中的服务能力以及在全国公路网中的地位将日趋重要。

3. 县道和乡道

在20世纪前半叶，中国的产业工人仅以百万计，中国作为一个传统农业大国的性质并没有改变，86%的人口集中在农村。但是无论是北洋政府还是国民政府都没有将农业、农民和广袤的农村纳入视野。共和国成立以后，这个以工农联盟为基础的国家，将农民的利益和农村的发展放在重要位置，在国家干线公路建设的同时，始终关注农村公路建设。

农村公路包括县道公路、乡道公路和村道公路。其中县道、乡道与省道、国道共同组成了全国的公路网络。村道是各个行政村、自然村（屯）连接公路网络的支线公路，对农民的出行和农副产品的运输具有重要意义。县道、乡道编号之前分别用字母X和Y表示。从20世纪50年代开始，中国先后经历了3次大规模的农村公路建设高潮。

20世纪50年代中期，随着农业合作化的进程，农村公路建设出现了第一次高潮。在“第一个五年计划”的最后两年，全国共修建7万多公里的农村简易公路和5万多公里大车道、驮运道。

1958年开始的“第二个五年计划”农村公路的建设进一步加快，但是由于片面追求速度，3年内修建的20多万公里农村公路大部分由于质量不高，养护管理不配套而逐渐荒弃。

农村公路建设的第二个高潮始于20世纪70年代中期。这次农村公路建设高潮发端于“备战、备荒”的国际、国内形势，遭受“文革”挫折的农村公路建设此时面临一个保障国家粮食供应安全的问题。结合“农业学大寨”运动，将农村公路建设提上了日程。这次农村公路建设吸取了第一次的经验、教训，制定了“山、水、田、林、路”的统一规划，明确技术标准和质量要求。从1975年到1978年，共修建县社（人民公社）公路58.6万公里，基本解决了县级城镇通公路的问题，全国不通公路的县从20世纪50年代中期的336个减少到当时的两个。农村公路中县社公路的养护管理也进一步明确和规范。

随着改革开放的进程，在国家和省级干线公路飞速发展的同时，农村公路中的县乡公路也得到长足发展，中东部地区甚至出现了很多高等级县乡公路，全国基本实现了县县通公路。但是，随着农村经济的发展，农民出行要求的提高，村道的便捷程度、公路等级已经不能满足需要。按照党的十六届五中全会建设新农村的要求，交通部于2003年初提出了“让农民兄弟走上油路和水泥路”的口号，科学地规划了建设里程、技术标准，掀起了第三次农村公路建设高潮。

截至2005年底，全国农村公路总里程达到300多万公里，其中村道里程154万公里，乡镇通公路率达到99.8%，其中75%为沥青水泥路面；行政村通公路率达到94.2%，其中54%为沥青水泥路面。2005年，《全国农村公路建设规划》公布。根据这个规划，到2010年，全国农村公路达到310万公里；2020年达到370万公里，确保全国具备条件的所有乡镇和行政村通沥青水泥公路。这次建设高潮建立在科学规划的基础上，不仅解决了建设资金来源，同时也探索出一套农村公路，特别是村道管理养护的长效机制，使中国农村公路网形成较高的服务水平，为社会主义新农村建设打下了良好的基础。

4. 公路技术等级的划分

我国公路根据其使用功能和适应的交通量，按2004年交通部颁发的《公路工程技术标准》（JTGB01-2003）（以下简称《标准》）中，把公路分为高速公路、一级公路、二级公路、三级公路和四级公路5个等级。

（1）高速公路为具有特别重要的政治、经济意义，专供汽车分向、分车行驶并应全部控制出入的多车道公路。根据其适应的交通量不同，可分为下述3种：

四车道高速公路应能适应将各种汽车折合成小客车的年平均日交通量为25000～55000辆。

六车道高速公路应能适应将各种汽车折合成小客车的年平均日交通量为45000～80000辆。

八车道高速公路应能适应将各种汽车折合成小客车的年平均日交通量为60000～100000辆。

（2）一级公路是为供汽车分向、分车道行驶的多车道公路。根据我国国情，存在两种功能，当作为干线公路时，为保证运行速度、交通安全和服务水平，应根据需要采取控制出入措施；而作为集散公路时，纵横向干扰较大，为保证汽车分道、分向行驶，可设慢车道，供非汽车交通行驶。根据其适应交通量不同可分为：

四车道一级公路应能适应将各种汽车折合成小客车的年平均日交通量15000～30000辆。

六车道一级公路应能适应将各种汽车折合成小客车的年平均日交通量25000～55000辆。

（3）二级公路是供汽车行驶的双车道公路。

双车道二级公路应能适应将各种汽车折合成小客车的年平均日交通量5000～15000辆。

为保证汽车的行驶速度和交通安全，在混合交通量大的路段，可设置慢车道供非汽车交通行驶。

（4）三级公路是主要供汽车行驶的双车道公路。

双车道三级公路应能适应将各种车辆折合成小客车的年平均日交通量2000～6000辆。

（5）四级公路是主要供汽车行驶的双车道或单车道公路。

双车道四级公路应能适应将各种车辆折合成小客车的年平均日交通量2000辆以下。

单车道四级公路应能适应将各种车辆折合成小客车的年平均日交通量400辆以下。

公路等级的选用，应根据公路网的规划，从全局出发，按照公路的使用任务、功能和预测交通量，再结合地形、交通组成等论证后综合确定。

对于不符合标准规定的已有公路，应根据需要与可能的原则，按照公路网发展规划及当地的实际情况，有计划地进行改建，提高其通行能力及使用质量，以达到相关等级公路标准的规定。

（二）城市道路

在全国的公路网中，除国家干线公路、省级干线公路和农村公路以外还有一些专用道路和大量城市道路，这些道路共同组成了全国的陆路汽车运输的道路网络。

城市道路是指城市内部的道路，是城市组织生产、安排生活、搞活经济、物资流通所必须的车辆、行人交通往来的道路，是联结城市各个功能分区和对外交通的纽带。城市道路也为城市通风、采光以及保持城市生活环境提供所需要的空间，并为城市防火、绿化提供通道和场地。

我国城市道路根据其在道路系统中的地位、交通功能以及对沿线建筑物的服务功能及车辆、行人进出频度，国家建设部在1991年颁发的行业标准《城市道路设计规范》（CJJ 37-90），把城市道路分为4类。

1. 快速路

在特大城市或大城市中设置，主要为城市中大量、长距离的快速交通服务；是联系城市各主要功能分区及为过境交通服务。快速路由于车速高、流量大，故采用分向、分车道，全立交和控制进、出口。

2. 主干路

是联系城市中各功能分区（工业区、生活区、文化区等）的干路，以交通功能为主，负担城市的主要客、货运交通，是城市内部的大动脉。

3. 次干路

是城市中数量较多的一般交通道路。它与主干路组合成道路系统，承担局部区域的交通运输任务，起集散交通的作用，兼有服务功能。

4.支路

是城市中数量较多的一般交通道路。支路应为次干路与街坊路的连接线，解决局部地区交通，以服务功能为主。

城市道路是中国最早得到现代道路技术浸染的道路，尤其是东部沿海地区大城市的道路，其路面、桥梁的现代化都走在公路之前。上海南京路早在1853年就已经铺设煤渣路面，20世纪20年代又铺设了高级木砖路面。哈尔滨重要大街的花岗石路面也于1928年铺砌。北京长安街更是在1921年就铺设了沥青路面。可以说中国道路的现代化和桥梁一样首先发端于城市道路。现代城市道路在技术、工艺上与公路相辅相成，特别是高架路、城市快速干线在许多方面领先国内道路桥梁技术。智能化交通控制管理技术也在大中城市普遍运用，并取得了成熟的经验和显著效果。

（三）专用公路

专用公路是指大型工矿企业、空港码头和国营农场、林场内部或与全国公路网连接的公路系统，这些公路是全国公路网的重要补充。专用公路、特别是大型工矿企业的专用公路，由于要承担超大型、超重、超宽车辆的运输，在其路面、桥梁荷载标准上往往高于国家公路技术标准，许多新技术的运用对公路建设的技术进步起到了关键作用。新疆塔里木油田的沙漠公路建设中对沙漠的治理技术，在西部公路建设中就具有特别现实的意义。

（四）旅游公路

旅游公路严格意义上也是专用公路的一种，但是它与其他专用公路不同，旅游公路在荷载、复杂地质处理等技术上没有工矿专用公路那么高的要求。但是旅游公路所行进的地区大部分是国家自然保护区和世界自然遗产，公路建设与环保的矛盾更显突出，在勘测、设计、施工中与环境的协调，对环境的保护要求远远高于其他公路。四川九寨沟旅游公路连接两个世界自然遗产——九寨沟和黄龙，一条二级公路成为全国关注的示范工程。在当今世界可持续发展的浪潮中，旅游公路建设中的环保理念，给整个公路建设和基础设施建设起到了示范作用，也积累了宝贵的经验。

这些在中国道路史上成就斐然的道路，与其他公路一起成为中国公路建设的里程碑，为国民经济和社会发展奠定了良好的基础。

第六章　中国现代道路的建设和成就

相对于几千年中国古代道路的历史，中国现代道路的历史还很短暂，但从1911年辛亥革命至今的近百年，却是中国有史以来道路建设最快最好的时期。建国后，特别是1978年改革开放30年来，我国道路建设进入快速发展时期。日新月异的城市道路建设带动了我国工业化、城市化的历史进程；纵横连贯的国道、省道、县道、乡道，将祖国大地山河紧密联系在了一起，有力地促进了民族团结、经济繁荣和社会和谐。新时期我国道路的发展进程，正在实现着我们民族复兴崛起的梦想。

一、民国时期的道路

1911年辛亥革命结束了中国数千年的封建集权统治。孙中山先生不仅缔造了中华民国，更雄心勃勃地提出了《建国方略》。中华民族梦寐以求的复兴愿望有了一线曙光。

但是，由于孙中山先生无力迅速填补清政府瓦解后留下的权力真空，各地拥有重兵的武装集团趁势各自为政，形成军阀割据，中央政府形同虚设，甚至被保守势力颠覆。盘踞北方的军阀集团组成了北洋政府，并向全国发号施令，其中也包括兴修公路和其他交通设施的政令和条例。

1919年北洋政府发布《修治道路条例》，这是中国第一个公路法规，其中借鉴欧美国家公路分类方法，结合中国历代驿道、官道的建制，首次明确了全国公路分为国道、省道、县道和里道（即村、里道路）。其中，“国道”就是由京师（首都，即北洋政府所在的北京）通往各省府所在地的道路，也包括省府之间以及通往重要城市、港口、军事要塞和与军事有关的重要道路；“省道”就是省府通往各县的道路，也包括县与县之间以及省内重要矿山、工厂、城镇和军事据点之间的道路；“县道”是县府到达各乡镇、地方码头、渡口之间以及乡镇之间的道路；“里道”是指乡镇通往村、里以及村、里之间的道路。其中还规定了国道、省道、县道的宽度技术标准和设计、施工的审核权限。这是一个以军事目的为重的公路条例。

在条例公布的同时，内务部工程司还拟订了一个全国《国道网方案》。该方案将全国分为三个区域，即长城及其延长线（即山海关到伊犁）以北的北区，长城以南长江以北的中区和长江以南的南区。总计51条国道，4.032万公里，分10年完成。这个方案提出了利用原有官道，减少征地，节约经费的意见，并规定国道路基宽度不小于15.24米（50英尺）。继《国道网方案》之后，当时的工程界人士还提出了《拟修国道一览表》、《四经五纬国道网》等方案。《拟修国道一览表》基本就是改造原有官道，共计21条线路，4.071万公里，虽然简单易行，但缺少适应工业化的发展规划。《四经五纬国道网》则以兰州为中心，以8条放射线和4个环线连接全国的各大城市，这是一个既不适用于国防军事目的，更无视中国东部经济中心的方案。虽然所有方案都存在缺陷，但是都有可借鉴之处，无奈被北洋政府束之高阁，终成一纸空文。处于半分裂状态的中国，全国统一的道路交通网络难以形成。孙中山的《建国方略》也只能成为理想和蓝图。

直到20世纪20年代后期，中国的产业工人还不到100万人，而农业、农民和广袤的农村始终无法进入民国临时政府和北洋政府的视野。割据状态下的工业发展缓慢，与之相适应的公路网络更无法形成。从1913年湖南修建的第一条公路——长（沙）（湘）潭公路开始，直到1927年的15年中，全国仅兴建公路2.9万多公里，其中许多公路是在官马大道的基础上改建的。公路里程超过1000公里的省只有奉天省（今辽宁省）、安徽省、河南省、直隶省（今河北省）、山东省、山西省和广东省等7个省，而这7个省除了国民革命的大本营广东之外都在长江以北，这些省份几乎都是奉系军阀、直系军阀和皖系军阀的所在地或势力范围，修建公路并不是因为这里的经济发达，或工业化程度高于其他地区。缺少政治理想和经济计划的军阀集团修建公路最重要的目的就是战争，就是通过战争获得更多的地盘和现实利益，获得在背后操纵他们的列强的赞许和支持。国民政府迁都南京之前的江苏省只有公路714公里，而这里不但是自隋唐以来中国的主要粮仓，还临近新兴的工商业大都会上海。可见在当时，公路的经济意义显得极为苍白。

1925年孙中山逝世。1927年4月12日，蒋介石发动政变，国共两党的第一次合作就此破裂，两党开始武装对立。共产党领导了一系列起义并转入江西、湖南、湖北、四川、福建、河南和陕西等省的边界，建立了武装割据的苏维埃政权。为了围剿苏区的红军，国民政府在上述省份之间的崇山峻岭中大兴土木，修建战时公路和军用通道。

在江西省的6167. 5公里公路中，有5958.7公里是“围剿公路”。从1930年到1934年，国民党军队对共产党中央苏区进行了五次围剿，国民政府命令江西省政府推行“交通清共”政策，强制民工筑路，授权江西省公路处拟订《赣粤、赣湘、赣闽、赣浙四路计划》，各县成立筑路委员会负责筹款和征集民工。同时，国民政府军事委员会的南昌行营命令各驻赣部队每月必须修建公路50公里。战略物资、军队沿着这些临时建成的简易公路源源不断地补给到前线，给中央苏区在军事上造成巨大压力。1934年10月，中央红军撤离赣南根据地，实行战略转移，开始了著名的“两万五千里长征”。

红军从江西向湖南行军，在一个月时间里突破数条封锁线，进入云贵高原。蒋介石不明红军意图，紧急电令西南诸省修建公路，围堵红军。1935年4月，国民政府军事委员会先遣参谋团进驻重庆行营，成立行营公路监理处，督建“剿共公路”。四川省、贵州省、云南省以及湖南省、湖北省火速赶建公路。红军到达贵州省遵义之后，举行了著名的“遵义会议”，确立了毛泽东对红军的指挥权。此后，红军转战贵州、云南，又挥师北上，渡过金沙江进入川西高原。1934年冬，蒋介石电令陕西省政府：“汉白公路急应加工赶筑，限期完成”。汉白公路是西起陕西省汉中市，经湖北省竹溪县（今竹山县）再返回陕西境内的白河县，是陕南、鄂西北和川东北交界的重要干线，这条公路的修通可以有效地切断鄂豫陕根据地和川陕根据地的联系，阻止红军从川东北进入陕南。1935年8月，陕西省建设厅受命加速建设汉宁公路，汉宁公路东起汉中市，经沔县（今勉县）向南到宁羌县（今宁强县），最后到达川陕交界的棋盘关，这是汉白公路向西的延长线，不仅可以阻止红军出川，更利于向四川增兵，达到把红军消灭在四川的目的。1935年7月，四川省政府接到命令，限期修通甘川公路，防止红军通过甘肃北上，8月，四川省公路局派出测量队勘测线路，10月接到重庆行营命令：“暂停施测”。惟一的原因就是这时红军早已离开四川，通过甘肃进入了陕甘宁边区，完成了战略转移，一切围堵都成为徒劳，再修建甘川“剿共公路”已成多余。据1937年的统计，在这期间修建的“剿共公路”有2696.41公里。此外，甘（肃）青（海）公路、甘（肃）新（疆）公路等干线在此期间加速修建，都有对红军作战的企图。

从国民政府定都南京到抗日战争全面爆发的10年中，全国公路从不到3万公里增加到11.3万公里，超过4000公里的有河北省、辽宁省、山东省、江苏省、湖北省、安徽省、广东省、河南省、四川省、福建省和江西省等11个省。其中，江苏省、湖北省、四川省、福建省和江西省5个省10年前公路里程不到1000公里，除江苏省是首都南京的所在省和全国的经济、政治中心外，其他4个省均是共产党苏区的所在省份。特别是中央苏区所在的江西省，10年前只有公路14.4公里，1937年却猛增到6167.5公里，增加了近430倍，总里程从全国倒数第二（不包括没有公路的西藏和日本占领的台湾省）跃居全国第四。

从1937年到1945年，是中华民族近百年历史上最危难、最血腥、最壮烈、最英勇、最刻骨铭心的8年，也是中国公路事业最艰苦卓绝的8年。

1937年7月7日，日军在北京西南郊的卢沟桥袭击中国守军，发动了全面的侵华战争。8月13日，日军在上海登陆，侵略战争升级。面对日军的入侵，中国各党派、各阶层、各民族表现了空前的团结，红军以八路军和新四军的番号，与国民党友军并肩作战。在战略防御和战略相持阶段，国共两党军队共同组织发动对华北、华东和华南的公路、铁路及桥梁进行大规模的破坏，以阻止日军的进攻。

上海沦陷后，江苏省军政当局受命破坏北京到上海、上海到杭州的14条重要公路和桥梁，以防止战火蔓延。南京保卫战期间，又破坏了苏北的沿江公路、徐州到南京的公路和淮北大部分公路，以阻断日军对南京的压力。

1937年，日军从上海进攻南京，分兵南下杭州，茅以升毅然炸毁了刚刚亲手建成的钱塘江大桥。浙江守军在3年间破坏沿海地区公路1600多公里。

1937年11月，日军占领河南省彰德县（今安阳市），仅两个月，河南黄河以北地区全部沦陷，中国守军炸断黄河铁路大桥并破坏豫北公路295公里。1938年5月，日军绕道河南濮阳并渡过黄河，守军西撤的同时将豫东的9条公路，计1153公里全部破坏。6月，日军占领开封，攻击郑州，国民政府急电守军炸开花园口黄河大堤，河南全省41.42%的公路被冲毁，总里程1512公里。

1938年4月，日军在厦门登陆，福建省军政当局立即破坏厦门周边公路90余公里。5月份以后又分期组织破坏公路1000公里。到1942年，一共破坏公路2529.6公里，占全省公路的60%，有效地阻止了日军利用台湾作为基地向东南沿海入侵。

江西省组成军事工程队，从1938年到1944年共计破坏公路5661公里，占全省公路的73.3%。

1938年10月，日军同时在广州、汕头、海口登陆，广东守军且守且退，两次下令破坏公路12554.6公里，占全省公路的84. 5%。

广西省政府在广州失陷后，先行将通往广东的公路破坏。由于广西是扼守中国和印度支那半岛的要道，因此敌我双方反复争夺，许多城市反复易手，公路的破坏也空前惨烈。到1944年9月，全省90.8%的公路被破坏，合计里程4733公里。

1938年10月，国民政府的临时首都武汉失陷，首都迁往重庆，凭借着黄土高原、四川盆地、云贵高原等一系列从南到北的天然屏障，日军的进攻被阻止在这个天然防线以东。由于日军开始进攻西太平洋和东南亚地区，中国战场的大规模进攻和防御作战结束，抗战进入战略相持阶段。

在华北和华东，八路军、新四军会同其他中央和地方友军展开敌后攻势，牵制了上百万日军，减轻了西南地区的军事压力。八路军、新四军展开机动灵活的游击战术，包括地道战、地雷战、麻雀战（即骚扰战术）和破袭战。破袭战就是对公路、铁路、通讯、机场这些现代战争赖以生存的设施实施破坏。1940年8月到12月，八路军出动100多个团，在华北展开“百团大战”。这场战役中的破袭战是抗日战争中最有组织、最集中的一次。在河北保定一带的冀中地区，破袭公路1180公里；在唐山为中心的冀东地区，公路几乎全部瘫痪；邯郸、邢台所在的冀南地区，京汉铁路和境内公路被摧毁6000多公里。华东新四军在反扫荡中也大量破袭公路等交通设施。据统计，8年抗战中，敌后破袭战所破坏的公路在2万公里以上，加上正面战场因防守作战需要破坏的公路里程不少于5万公里，极大地削弱了日军的机动性，牵制了其在整个亚洲战场的兵力。

与东部敌后战场破坏公路相反，天然屏障保护下的西部，一场因战略物资运输需要的公路建设正在展开。在西北地区，一度因阻止红军西进而抢修的公路，因战局的改变而放缓。国民政府退守西南以后，通过西北通道获得从苏联入境的国际军事援助成为当时最迫切的任务。当时在中国的这一地区几乎没有铁路，全部物资只能仰赖公路运输。国民政府动员各省，迅速打通、连接和修整川陕、西（安）兰（州）、甘新和迪化（今乌鲁木齐市）至霍尔果斯公路。这条干线全长4733公里，沿途有高山峡谷、戈壁荒原、流沙沼泽，地质条件复杂。经过沿线省份的努力，这条干线很快于1940年前后全线贯通。一些路段的桥梁、弯道和纵坡改造在1942年也都全部完成。但是，1941年6月22日深夜，德国法西斯密谋的“巴巴罗萨计划”开始实施，苏联应战，西线战事惨烈，无暇东顾，中国的西北战略通道没有起到作用。

中国的后方只剩下最后一个对外通道，就是从重庆经贵州到云南，然后进入缅甸或印度的中缅公路和中印公路。中缅公路分为川黔公路、黔滇公路和滇缅公路。其中前两条公路为原有旧路，标准低、桥涵少，从1937年到1941年间，对这两条路上的渡口、弯道、陡坡进行了大规模改造和兴建，使其适应战时的运输需要。滇缅公路的东段也是原有道路，称滇西干线，这是一条从昆明经楚雄到大理下关的公路，全长411.6公里。早在1937年10月，南京沦陷前夕，中国政府就已经与缅甸政府商讨建设滇缅公路，以防战局不测。两国商定，各自修建境内路段。中国境内路段是从下关经保山至畹町的中缅边界，全长547.4公里。缅甸境内分为向南到腊戍和向西北到八莫的两条公路，腊戍有铁路通往仰光，八莫是伊洛瓦底江上游的港口，可以沿江到达仰光。这条穿越澜沧江、怒江峡谷绝壁和热带雨林的公路，仅用9个月的时间就于1938年8月底打通。据统计，从1939年到1941年的3年间，通过中缅公路运往中国的战略物资达36万余吨，有力地支援了抗日战争。

1940年冬，中缅公路上的几座重要桥梁屡遭日军轰炸，这条国际通道随时有被中断的危险。另据情报，日军有从印度支那半岛向缅甸进攻意图。为了确保国际援助不被中断，中国政府拟建第二条国际通道——中印公路。1941年12月8日，日军偷袭美国太平洋舰队基地珍珠港，发动太平洋战争，美、英对日宣战。中、美、英三国在亚洲南部联合作战，必须确保中国通往那里的公路。

1942年2月，中印公路方案确定：第一方案利用中缅公路缅甸境内到八莫的路段，沿伊洛瓦底江往北到密支那，再由密支那往西北到达印度列多，连接印度铁路；第二方案是北线，直接从保山向西经腾冲进入缅甸，再向西连接密支那到列多的公路。3月，仰光沦陷；5月，日军从缅甸进攻云南，保山南边的龙陵失守，中缅公路和中国远征军的退路被截断。同年底，西撤到印度的中国远征军工兵团和美军工兵部队开始共同修建列多到密支那的公路。1944年秋，这条434公里的列多公路竣工。1945年初，保山经龙陵到腾冲向西连接密支那的保密公路建成。中印公路经过3年多的艰苦施工才得以全线贯通。中国远征军西撤印度的部队沿途反攻缅甸，数以万吨计的军用物资源源不断地运到中国。

由于日军在太平洋战争中的节节败退，海上运输线被盟军截断，入侵东南亚的日军成为一支孤军，于是急于打通从中国东北到达越南的大陆交通线。1944年4月，日军发动了豫湘桂战役（即打通大陆交通线战役），这是战略相持阶段中日双方最后一次较量。在这次战役中，日军为贯通和保障南北铁路、公路畅通的作战意图没有达成，反将战线拉得更长，兵力更分散，为中国军队的战略反攻创造了条件。

反攻首先由驻扎湘西的中国军队发动，获得国际援助的中国军队在装备上已经大为改善。盟军在亚洲的第二大空军基地——湘西芷江机场也发挥了重要作用。中、外空军协同作战，6月，中国军队围歼日军2.3万人，取得了抗战以来最大的一场胜利，直接导致了日军最终在芷江向中国军队投降。此后，国共两党的军队展开了全线反攻。苏联红军依照雅尔塔协定，在结束对德作战之后出兵中国东北。日军在东北苦心经营的公路网络成为苏军长驱直入的军事通道，百万日本关东军迅速瓦解。中国以巨大的生命、财产和领土的损失取得了抗战的胜利。

抗战胜利之后，以蒋介石为首的国民党高层，发动了旨在消灭共产党的内战。但是人心向背从一开始就决定了内战的结局。一个全新的中华人民共和国诞生了。

二、共和国前三十年的道路建设

20世纪是中国历史上最翻天覆地的世纪，是中国由数千年的农业文明向工业文明转变的世纪。由此引起的思想、观念、信仰和社会结构的巨变是中国有史以来所有沧海桑田的变化所无法比拟的。1949年10月1日，当中华民族最终义无返顾地选择了社会主义的时候，共产党人面对的是一个满目疮痍、贫穷落后的农业大国，工业仅仅星散在几个沿海、沿江城市和其他殖民地化地区。1949年，中国工业在国民经济中所占的比例仅为25.2%，相反，农业却占了58.5%。低工业化条件下本来就不发达的公路设施，经过战火的反复破坏仅存8.07万公里。

在这8万多公里的公路中，60%的公路没有铺设路面，在铺设路面的公路中只有300公里铺设了沥青或者水泥路面，其他都是砂石路面。共和国定都北京，这个800年古都所在的河北省，94%的公路是没有路面的土路；国民党政治中心南京所在的江苏省，拥有全国最多的铺装路面的公路，也只有1472公里，占全省公路里程的45%；扼守南北交通咽喉的中原大省河南，没有一条公路能保证晴雨通车。抗战中的战略通道滇缅公路是当时中国路面铺装率最高的公路，达到90%以上，但是随着抗战胜利，国民政府返迁南京，这条公路的作用淡化。这就是1949年中国的公路。

新政权建立之初的公路建设还在围绕战争这个主要目的。当时还有一些省区及沿海岛屿尚未解放，战斗还在继续，解放军正在向这些地方进军。战事需要公路的支撑，公路随着战事不断延伸，尤其是进军西藏这样还没有公路的地区。除此之外，抗美援朝战争使东北地区的公路建设也在围绕战事修筑。

1949年蒋介石逃往台湾，福建及东南沿海地区成为最后的前线，公路建设围绕着解放台湾和防止蒋介石反攻大陆等军事需要展开。1950年4月，政务院（后改称国务院）财经委员会发布《关于修建华东支前公路之决定》，批准修建以福州为中心的12条公路，全长3464公里。这12条公路分布在地形极为复杂的东南丘陵地区，它们的建成打破了自古以来福建相对封闭的自然环境，至今仍是福建通往浙江、江西、广东的重要干线。

1950年10月，抗美援朝战争打响，东北地区成为这场战争的后方基地，公路抢修迫在眉睫。辽东省（今辽宁省）、吉林省两省积极抢修大连至安东（今辽宁省丹东市）、沈阳至安东、通化至安东、通化至临江、吉林至延吉等数条通往中朝边境的干线公路，以及中朝边境沿线公路，共计里程为3359公里。此外，为了保证从苏联购买的军事装备能更快地投入战场，哈尔滨到满洲里的公路在零下30多摄氏度的严寒中，仅3个月就全线打通，并修复了5座大桥。这些公路为抗美援朝的胜利作出了不可磨灭的贡献。

蒋介石大部分军队撤往台湾的同时，有部分残余部队退到西南偏远山区和缅甸等周边国家，一部分军队在失去了统一指挥以后占山为王，沦为土匪和制毒、贩毒团伙。解放军进军西南以后，开始了剿匪作战。为肃清残匪，保障边疆各族人民的安定生活和巩固国防，1951年开始修建昆明至打洛（中缅边境）这条866公里的公路。昆洛公路自玉溪以南754公里基本是道路的空白，不仅要跨越山势奇险的横断山脉，还要飞渡元江、澜沧江。1954年底建成了除勐海至打洛段（80公里）的路段，形成了连接20余条支线和澜沧江航道的区域交通网络。现在已经成为昆明至西双版纳和连接东南亚各国的重要国际通道。

西藏从唐朝开始有道路通往长安，清朝设有两条连接拉萨的官道，民国政府无暇顾及西藏的公路建设，整个青藏高原还是以牦牛为主要运输工具。随着解放军进军西藏的步伐，公路建设被提上日程。这是建国初期公路建设者面临的最艰巨的公路工程。康藏公路起点为西康省（1955年撤销，并入四川省）金鸡关，经雅安、康定、甘孜、马尼干戈、昌都、邦达、林芝到拉萨，全长2271公里，其中只有西康省境内金鸡关至马尼干戈的699公里曾经修过公路，但从未修通，其余路段全部地处地质条件极为复杂、人烟稀少、空气稀薄的“世界屋脊”。原始森林、沼泽、冰川、泥石流、地震带密布，沿线海拔在

3000米到5000米的山口14处。从第一台阶流向第二台阶的金沙江、怒江、澜沧江水流极为湍急，工程难度之大在世界公路史上都是罕见的。1950年，毛泽东主席发布“一面进军，一面修路”的命令，同时号召全体进藏官兵、工程技术人员和筑路工人“为帮助各兄弟民族，不怕困难，努力筑路”。仅仅4年时间，第一辆汽车沿着这条用3000多名解放军战士、技术人员、工人和民工的生命筑成的公路，开进了雪域高原。由于康藏公路地质复杂，病害严重，修建另一条入藏公路确有必要。从西宁到格尔木的简易公路于1952年修复通车后，格尔木到拉萨的公路也于1954年5月开始修建，这就是青藏公路。青藏公路是世界上平均海拔最高的公路，它绕过了除长江以外的发源于青藏高原的所有的江河源头，跨越了一向出现在中国神话中的昆仑山，翻越了连神话都难以想像到的唐古拉山。从格尔木往南到昆仑山口，海拔从2800米迅速上升到4600米，此后整条公路都在海拔4000米以上的高原向南推进。1954年11月，一条从西宁直抵拉萨的简易公路全线贯通。由于这条公路途经地区比川藏公路平直一些，地质灾害相对较少，经过几十年不断地修建、改造至今成为西藏对外交通的主干线，全藏90%以上的物资运输都仰赖这条“天路”。

建国初期为军事用途修建的公路随着战事的平息渐渐让位于经济建设，其标志就是“第一个五年计划”的开始实施。

“第一个五年计划”的实施，是中国近百年来有识之士实现工业化梦想的首次实践。到1952年为止，虽然经过一段时间的战后恢复，中国工业在国民经济中的比例仍只占到34.4%，农业依然是中国的经济支柱。要想成为世界强国，工业化势在必行。中国工业化的步伐就在当时的12.67万公里公路的基础上起步了，随后的中国公路建设随着工业化的进程不断向前延伸。

“第一个五年计划”首先要保障工业化所急需的能源、建筑木材和粮食生产的运输通道。建国以后最初的一批等级公路建设首先出现在大型油田、煤矿等工矿企业。到1957年，新疆克拉玛依油田共修建三级干线公路286公里，六级支线公路248公里；青海冷湖油田的支线公路经改造基本达到六级、五级标准。同年，武汉长江大桥建成通车，北京到广州的公路、铁路连成一体，成为中国南北交通的大动脉。此外，煤炭、有色金属、盐类矿区、水利工程和大型国营工厂的公路建设都和厂矿建设工程同步进行。工业化对建筑木材的需求使林业生产和林区公路建设得到长足发展，到1957年，全国新增林区专用公路1391公里。工业化初步向人们展示了它对公路建设的带动和依赖。

新疆和黑龙江的国营农场都是建立在荒无人烟的沼泽、湿地和戈壁荒漠之上，公路建设是农场建设的基础。到1957年，在新疆天山南北的两大农场建设中，修建场内外简易公路294公里，基本满足了农场生产和生活需要。黑龙江的大小兴安岭、松江平原、三江平原等农场利用日伪时期的警备道、开拓道、大车道和新建的专用公路、机耕道初步形成了农场道路网络。大型国营农场的建设，保证了工业化过程中非农业人口增加的粮食供应安全。

在实现工业化的过程中，共产党人更清楚中国是一个农业大国，农村人口占到总人口的86%以上，探索农业现代化的道路是新政权最重要的任务之一。因此，从建国初期，县乡公路建设一直是农村公路建设的重点。1955年10月，中共中央通过了《关于农村合作化问题的决议》，全国范围的农业合作化、集体化的步伐加快了。1956年4月，交通部发出《关于加速地方交通建设的指示（修正草案）》，同时公布了农村简易公路、大车道、驮运道的建设标准，推动了农村公路建设高潮。仅两年时间，全国修建农村简易公路71366公里，大车道49305公里，驮运道近9000公里。仅甘肃省就修建了简易公路9309公里，黑龙江省、四川省分别达到5065公里和4835公里。边远少数民族地区简易公路修建里程占全国的83%。不通公路的县从1955年的336个减少到1957年的151个。全国公路里程增加到25万公里，比5年前翻了一番。

1953年到1957年的“第一个五年计划”，建成了一大批重要的工矿企业、水利、交通工程，595个大中型工程建成投产，5年内完成基本建设投资总额550亿元，新增固定资产460.5亿元，相当于1952年底全国拥有的固定资产总值的1.9倍。工业总产值在工农业总产值中首次超过农业总产值，1957年达到56.6%，初步确定了工业布局的框架，为日后中国工业、现代化农业尤其是重工业的高速发展提供了一个良好的开端，也为公路建设提供了发展契机。

一个良好的开端，使人们产生了盲目乐观情绪，这种情绪的滋生和蔓延使中国在“第二个五年计划”期间遭受了重大挫折。在1958年5月中共第八届全国代表大会第二次会议上提出了“鼓足干劲，力争上游，多快好省地建设社会主义”的总路线，轻率地发动了“大跃进”运动和农村人民公社化运动，使得高指标、瞎指挥、浮夸风泛滥开来。这个时期的全国交通在曲折中发展。交通部提出了“依靠地方、依靠群众，普及与提高相结合，以普及为主”的建设地方公路的方针，简称为“地群普”方针。1958年到1960年的3年时间，全国修建了26万公里公路，比1957年全国公路的总和还要多，但是绝大部分是县社（人民公社）公路。在建设过程中，随意打破被视为“清规戒律”的施工规范和制度，片面追求数量，公路里程虽然增加很快，但质量普遍不高。不适当地削弱了国家干线公路建设，下放了公路测设、施工队伍，废除了一些行业行之有效的规章制度，降低了公路技术标准，造成了当时公路标准低、质量差、通不过、连不上的尴尬局面。不久，“地群普”方针被逐渐放弃。

大跃进、大锅饭（人民公社）酿成了经济的整体衰退，进入60年代以后，严峻的国内经济形势又遭遇到了国际风云变幻和国内敌对势力的冲击。

1962年10月爆发的中印边境自卫反击战和东南沿海的紧急备战，使人们再度领悟公路对于国防安全的重要，尤其在西藏等交通不便的边疆地区，战略公路建设的任务更为迫切。从1961年开始建设的中尼公路这时加快了施工进度。中尼公路全长488.87公里，东端在日喀则连接川藏公路的延伸线拉萨至日喀则段，向西经拉孜县翻越喜马拉雅山的数座4000米以上的山口，到达南坡的聂拉木，直抵中国、尼泊尔边境的樟木镇。这既是一条中尼友好之路，也是当时中国通往喜马拉雅山南麓的惟一通道，其战略意义不言而喻。与此同时，败退到台湾的国民党军队不断扬言反攻大陆。根据中央部署，1962年交通部从全国几个省抽调建设队伍，到福建抢修公路，一两年时间修建了水口至漳平、宁化至五里亭等几条重要国防公路。之后，国务院批准在国民经济计划中列入国防公路建设。交通部以此为契机，将在“地群普”方针下下放的测设、施工队伍重新组建，为国家干线公路建设做好了技术准备。

除了边疆地区的国防公路，这一时期干线公路的重点仍然是石油、煤炭、钢铁这些战略物资基地的公路建设。比较著名的如：连接冷湖油田至兰新铁路红柳园站的红冷公路，连接徐州煤矿至连云港的徐连公路，连接成都、攀枝花钢铁基地和昆明的川滇西路。这些公路在技术上为后来修建沥青路面公路和山区等级公路提供了宝贵经验。

为了应对国际形势的变幻，1964年，中共中央在讨论“第三个五年计划”的同时，决定开始以“备战”为中心，以国防工业、工业交通为主的“三线建设”。所谓“三线建设”，即是从沿海、边疆地区向中国腹地划分为三个区域，沿海和边境地区称为一线；四川、贵州、山西、甘肃、湖南、湖北等地区称为三线；一、三线之间的中部地区称为二线。同时，也把西南、西北地区称为“大三线”，把中部及沿海地区的腹地称为“小三线”。许多公路干线项目随着工业基地从沿海、沿江向中西部转移，中西部地区的公路建设也得到了较大的发展。与此同时，“小三线”公路建设也在河南、黑龙江、广东、河北、辽宁等地展开，两年共修建“小三线”公路8178公里。

“第二个五年计划”期间，中国的经济由于“大跃进”和“三年自然灾害”，出现了大起大落的剧烈波动。工业总产值从1957年的704亿元猛增到1960年的1637亿元，几乎在同一时间，公路里程也从25万公里猛增到51万公里，同步翻了一番多。从1961年开始，工业总产值下滑到920亿元，到1965年随着“三线建设”的开始，工业总产值开始回升，但是还没有恢复到1959年1483亿元的水平。公路里程在“三年自然灾害”期间基本没有增加，在后来的调整、恢复时期，各地将投资方向调整到公路养护、改造和支农方面，虽然在“三线建设”中修建了一些干线公路，但由于“大跃进”期间一些低质量的公路被废弃，有些不实的里程在统计中被核减。直到1965年底，全国公路里程依旧只有51.45万公里，其中干线公路17.14万公里。

经过3年的调整，“第三个五年计划”从1966年开始实施，同年5月，交通部确定了公路与汽车运输“三五”（1966年到1970年）计划，制定了“以国防和后方基地（即三线建设）为中心加速公路网建设，积极改善现有公路技术状况，以适应国防和经济发展需要”的方针。

1966年开始的“文化大革命”给中国造成了空前的灾难。包括公路建设在内的所有经济活动受到巨大的干扰和破坏。1969年3月，中苏关系因为珍宝岛流血冲突急剧恶化。在这种严峻的国际矛盾形势的冲击下，以国防工业、基础工业为核心的“三线建设”才得以恢复，“备战、备荒、为人民”的思想才在经济领域得到真正的执行。

1966年，全国工业总产值因为三年调整的惯性而继续增长，达到了1624亿元，超过了1960年的水平。由于“文化大革命”的干扰，1967年、1968年工业生产连续下滑，“珍宝岛事件”以后才开始增长，工业总产值当年达到了1665亿元。公路建设，特别是与国防有关的公路建设，随着工业生产的恢复和发展得到了相应的发展。

围绕“三线建设”和“小三线建设”修建的干线公路，在1966年到1978年的12年里增加了6.62万公里，使全国的干线公路增加到23.76万公里，为改革开放以后干线公路网的形成奠定了基础。这一时期建设的著名干线公路有：北京至山西省原平的京原公路；云南省楚雄至勐棒的楚勐公路；黑龙江省嫩江至漠河的嫩漠公路；河南省洛阳至灵宝的洛灵公路；新疆自治区境内的中巴公路、青新公路的芒崖至和田段、天山公路；沈阳至抚顺的沈抚（南线）一级公路；云南省到西藏的滇藏公路；陕西省宜川至甘肃省兰州的宜兰公路；江西省南昌至井冈山的昌井公路以及川滇西路的改扩建工程、青藏公路的二级公路改造。其中除京原公路以外，都是在1966年以后开工建设的，有的项目直到80年代才竣工通车。其中，天山公路独山子至库车段是当时一次性投资最大的公路建设项目；沈抚一级公路是中国的第一条一级公路，路面宽度达25米，设计时速为100公里。其他公路的技术标准大部分也都在三级以上，个别路段按照二级公路标准建设。因此，这部分公路可以说是中国高等级公路的发端。

在以“备战”为中心的干线公路兴建的同时，以“备荒”为目的的县社（人民公社）公路建设又掀起一个新的高潮。1975年9月，国务院召开的全国农业学大寨会议上，要求各地综合治理，统一规划“山、水、田、林、路”。这一次县社公路建设与“大跃进”时代不同的是，在建设前都制定了规划，明确了公路技术标准和质量要求。到1978年，全国县社公路达到58.6万公里，仅剩两个县不通公路。

至此，中国工业化的“第三个五年计划”、“第四个五年计划”已经艰难地实现，“第五个五年计划”已经过去了3年，“文化大革命”的噩梦已经结束了两年。“拨乱反正”的两年，中国经济和中国公路开始步入正轨，1978年底工农业总产值达到5634亿元，其中工业总产值4327亿元，比1966年增长了3.46倍，比1949年增长了30.9倍。同期，全国干线公路、县社公路及其他专用公路总里程达到89.02万公里，比1966年增长了1.6倍，比1949年增长了11倍。

从1949年到1978年，共和国从无到有，初步建立起航空、航天、原子能、冶金、矿产、机械制造等门类比较齐全的军事工业和基础工业体系，干线公路呈现出网络化的雏形。国民党政权留下的一个工业近乎空白、科学技术落后的中国，经过共产党人30年艰苦卓绝的奋斗、挫折和磨难，在世界上已经成为一个独立于美国和苏联两大军事、经济集团之外的一支不可忽视的力量，先后三次挫败了他们在周边的军事挑衅，并成为第三世界国家中惟一拥有核打击、核威慑力量和航天技术的国家。为20世纪最后20年中国经济的腾飞奠定了坚实的工业、科技和国防基础。

三、改革开放以来道路建设的成就

一个具有门类比较齐全，工业产值在国民经济中占主导地位的国家，并非就是工业化国家。与工业化相适应的市场观念、运输体系、道路网络，才能最终形成一个高效率、高速度、健康有序发展的经济体系。中国期待着深层次的变革。

1978年12月，中国共产党第十一届三中全会召开，针对当时国民经济比例失调，生产效率低下造成的经济发展困难，提出了“调整、改革、整顿、提高”的八字方针。改革开放和经济建设成为中国20世纪最后20年的主旋律。同时，在和平共处的国际关系准则推动下，中国国际环境得到了逐步改善。公路建设也从长期以国防公路、“三线建设”公路为重点转移到以经济建设和改革开放为重点的轨道上来，提出了“普及与提高相结合，以提高为主”的公路建设方针。

工业化的进程对中国的公路提出了更高的要求，其中最迫切的就是国家干线公路网（即国道网）的建设。1978年10月，由交通部组织编制的《1978～1985年十万公里国道网规划（讨论稿）》完成，根据各方面意见和“远近结合，平战结合，需要与可能相结合”的原则，于1979年4月形成了《1981～1990年十万公里国道网规划》的初步方案。这个方案经过有关各方的反复论证，于1981年11月经国务院授权，由国家计委、国家经委和交通部联合发布《关于划定国家干线公路网（试行方案）的通知》，批准了《关于划定国家干线公路网的报告》。通知强调“必须尽快在全国建立一个以国家干线公路为骨架的四通八达的公路网”，并且指出要“统一规划，统一技术标准”。根据这一规划，各省、自治区和直辖市的交通主管部门分别制订了省干线公路网（即省道网）规划。这一方案是中国公路进入新的发展时期的重要标志。

《国家干线公路网（试行方案）》规划了70条国道。其中以北京为中心的放射线12条，分别到达沈阳、哈尔滨、塘沽、福州、珠海、广州、深圳、昆明、拉萨、银川和加格达奇，以及位于河北、天津的一条北京环线，另外有28条连接南北重要城市的纵向线路，30条连接东西重要城市的横向线路，共计11万公里，连接直辖市、省会城市、地级市、沿海港口和工业基地200个，连接县城和重要集镇250多个，占全国公路总里程的10.4%（1990年统计）。其中里程最长的是上海到西藏聂拉木的318国道，东起上海，经武汉、成都，连接川藏公路（原康藏公路）至拉萨、日喀则，再连接中尼公路翻越喜马拉雅山脉，到达聂拉木县，全程5221.07公里。在规划的国道中，有5019公里公路并不存在，被称之为“断头路”。从1982年开始，在以后的8年中，共修建、连接国道“断头路”3439公里。到20世纪80年代末，在整个国道网中，有2.6万公里高等级公路（二级以上公路），占全部国道的1/4，而且还包括了2044公里高速公路，其中有1581公里在当时被称为“一级汽车专用线”。

在20世纪80年代，沿海经济特区得改革开放风气之先，经济开始高速发展，带动了整个沿海地区的经济增长。国家干线公路网由各地分散建设的方式，已经不能适应全方位经济发展的需要，必须集中中央和各地的财力、物力，有计划地进行纵贯南北、横贯东西的长大干线公路建设。1989年，交通部经过多年的论证和考察，提出“建设公路主骨架、水运主通道、港站主枢纽”和“交通支持系统”（简称“三主一支持”）的基本设想，并将“公路主骨架”定名为“国道主干线系统”。

这个方案将以高速公路，一级、二级汽车专用公路为主，规划8条南北纵向线路和9条东西横向线路的17条国道主干线。这一系统将连接中国当时的45%的城市，包括全部百万人口以上的特大城市，缓解全国的交通运输紧张局面。1990年，交通部对方案进行了进一步优化，确定为5条纵线，7条横线共12条线路，即“五纵七横”国道主干线方案，总里程3. 5万公里，预期30年完成。其中，“五纵”包括：同三线，北起黑龙江省东北部的同江县，经哈尔滨、长春、沈阳、大连穿越渤海抵达烟台，经青岛、连云港、无锡、上海、过杭州湾到温州、福州、厦门、汕头、广州、湛江，跨越琼州海峡到海口，终点为海南岛最南端的城市三亚，全长5700公里。这是12条线路中最长的一条，也是中国经济最发达的沿海地区的主干线，因此也被称作“沿海大通道”。其次还有北京到福州、北京到珠海、二连浩特到云南河口、重庆到湛江等纵线。“七横”中以丹东到拉萨为最长，全程4590公里。上海到成都的线路因为基本沿长江上行，也被称为“沿江大通道”，全长2970公里，东起上海，经苏州、无锡、南京到合肥，经湖北黄石到武汉、宜昌至重庆、成都，并在万县（今重庆市万州区）分出支线经南充到成都。“七横”中的另外5条线路分别是绥芬河到满洲里、青岛到银川、连云港到霍尔果斯、上海到瑞丽、衡阳到昆明等线路。在“五纵七横”的规划中，以“沿海大通道”和“沿江大通道”的技术难度为最，前者需要跨越渤海海峡、长江、杭州湾和琼州海峡；后者要先后在南京、黄石、武汉、宜昌、万县等地数次跨越长江。这些跨江、跨海工程的技术难度，在世界上位列前茅。

高速公路是工业化和城市化国家公路交通的必然选择。早在20世纪30年代末，日本关东军就提出要模仿德国的高速公路，修建南起大连，经沈阳、长春到哈尔滨，再连接通往中苏边界的哈大公路，设计双向四车道，中央分隔带宽4米。目的是为了关东军的迅速集结，应对可能发生的与苏联的战争，所以也称“国防道路”。到1945年日本投降，这条路仅完成哈尔滨到吉林九台和沈阳到鞍山的部分路基。当时中国东北的工业化、城市化程度还完全没有必要修建高速公路，另外以当时的技术、财力，也根本无法完成此项工程。解放以后，由于工业化程度相对较低，农业和农业人口占的比例极大，城市化程度不高，因此城际交通进展缓慢，高速公路的建设就更提不上日程了。

中国现代高速公路源起对外贸易的发展，港口的日益繁忙与普通公路疏港能力不足的矛盾加剧。1972年，交通部公路组就组织过对北京经天津到塘沽新港的疏港公路的调查，1974年，提出了修建一级公路的调查报告。在1975年和1978年，当时的公路局领导和公路研究所、公路设计院的专家赴日本、荷兰考察高速公路，曾经设想用三年时间修建京津塘高速公路。由于资金、技术等各方面的问题，这一设想被搁置。

从1979年开始，随着改革开放和经济发展的进程，人口向城市流动的规模越来越大，城市在整个国民经济和文化教育中所发挥的作用也越来越大。城镇人口的比例开始节节攀升，从1965年到1978年，中国的城镇人口比例一直徘徊在18%以内，1985年达到了23.71%。城市化和旅游经济的发展，使出行率大幅度上升。普通公路已经开始呈现不堪重负的迹象，高速公路建设势在必行。但是对于高速公路的认识，还存在着相当大的差异。

中国高速公路在资金短缺、技术力量不足和不利的社会舆论的困境中，艰难地迈出了第一步。1984年成为中国大陆高速公路的“元年”（此前，台湾省于1978年建成高雄至基隆的南北高速公路，全长373.3公里）。6月27日，沈阳至大连高速公路按一级公路标准破土动工。12月21日，上海至嘉定高速公路奠基开工。这是中国大陆最早建设的两条高速公路。1988年10月，沪嘉高速公路成为最先通车的高速公路，全长16公里，加上两端入城连接线总长20.5公里。1990年8月，沈大高速公路建成，全长375公里，超过了台湾的南北高速公路，成为当时中国里程最长的高速公路，被誉为“神州第一路”。在这期间，广东省于1989年8月建成了广州至佛山高速公路，全长15.7公里，并开创了利用“港资”建设基础设施的先河。1990年12月，西安至临潼高速公路建成，全长23.89公里，是中国中西部地区第一条高速公路。1990年9月，北京经天津至塘沽高速公路北京至天津杨村段建成通车，全长72公里，这不仅是中国第一条省际高速公路，也是第一个利用世界银行贷款，并按国际惯例实行监理工程师制度，执行菲迪克土木工程施工合同条款（FIDIC）的工程。

由于当时社会上对高速公路的认识尚不统一，高速公路建设项目难以获得批准，交通部于1988年颁布了一级、二级汽车专用公路标准，其中一级汽车专用公路的技术指标基本上和双向四车道高速公路相同，二级汽车专用公路相当于半幅四车道高速公路。济青、京石、合宁、武黄等高速公路都是以一级汽车专用公路立项建设的。1989年，交通部在沈阳召开了全国高等级公路建设经验交流现场会，当时的国务院副总理邹家华同志到会，并且明确指出：高速公路不是要不要发展的问题，而是必须要发展。来自16个省市的领导参加了这次对中国高速公路具有里程碑意义的会议，会上统一了对高速公路的认识，对高速公路的发展起到了积极的推动作用。

到1990年底，全国共建成高速公路640公里，其中双向四车道全幅高速公路522公里，半幅高速公路118公里。

进入20世纪90年代以后，中国经济进入快速发展的轨道，工业总产值和城市化进程明显加快。到1990年工业生产总值达到2.39万亿元，城镇人口占总人口比例超过了30%。工业化和城市化的趋势，对中国公路发展起到了巨大的推动作用。1990年全国公路里程为102.83万公里，其中高速公路（全幅）522公里，一级汽车专用公路2617公里，二级汽车专用公路和普通二级、三级、四级公路73.78万公里。

1991年初夏，江苏、浙江、安徽等省遭受洪水袭击。在受灾最严重的安徽省，通往合肥市的公路、铁路全部中断，合肥骆岗机场虽因地势较高没有被淹没，但通往外界的道路全部中断，合肥市成为孤岛，数百万人被围困在这个孤岛上。刚刚建成还没有举行通车典礼的合（肥）宁（南京）高速公路（合肥至全椒段）成为合肥市通往外界的唯一通道。这条高速公路在建设期间，坚持按百年一遇的洪水水位高标准设计，刚刚建成就发挥了巨大的作用。一篇题为《安徽有条救命路》的报道，被《人民日报》转载。从此，社会舆论对高速公路的不利局面基本扭转，修建高速公路成为全社会的共识。

改革开放不仅加快了工业化进程，也为公路建设资金来源的多元化提供了可能，改变了公路建设依靠国家投资的局面。1985年国务院又出台了开征车辆购置附加费的政策，将这项资金用于公路建设。同时出台征收过路过桥费政策，贷款修路，收费还贷，拓宽了公路建设的资金渠道。广佛高速公路、京津塘高速公路利用外资（港资）的成功经验，使公路建设，特别是高速公路建设资金来源出现了多元化、市场化的格局。公路建设资金从国内商业银行贷款到世界银行、亚洲银行贷款，从转让经营权到市场融资，各种渠道的充分利用，保证了公路建设的持续快速发展。继80年代后半期开工的高速公路之后，90年代先后建成了首都机场、济（南）青（岛）、广（州）深（圳）、（北）京石（家庄）、成（都）渝（重庆）、宜（昌）黄（石）、西（安）宝（鸡）、（南）昌九（江）、石（家庄）太（原）、沪（上海）宁（南京）、长（春）四（平）、长（沙）（湘）潭、郑（州）许（昌）、桂（林）柳（州）、厦（门）漳（州）、哈（尔滨）大（庆）、贵（阳）遵（义）、泉（州）厦（门）、吐（鲁番）乌（鲁木齐）大（黄山）、八达岭、原（平）太（原）、沪（上海）杭（州）甬（宁波）、楚（雄）大（理）、深圳机场、海南环岛、天（水）北（道）、呼（和浩特）包（头）等数十条高速公路。

在高速公路兴建的同时，国道、省道普通公路的建设、改造和养护在90年代也上了一个新的台阶。80年代大规模改造、完善国道网，打通国道“断头路”之后，如何提高国道的等级、增强国道的通行能力成为交通部公路管理部门的重大课题。1987年，当时的交通部公路局召集全国14个省、自治区、直辖市的公路局长和专家开会座谈，研讨国道绿化、标准化、美化的问题，并着重对南北大动脉107国道进行了专项研讨，提出国、省道路网标准化、美化的思路，简称GBM工程，即公路标准化、美化的汉语拼音字头的缩写（GONGLU BIAOZHUNHUA MEIHUA）。这是一项集公路建设、管理、养护于一体的系统工程，在原有公路上提高等级，改造弯道、坡道，硬化路肩，完善安全防护设施，不仅投资少，也减少了对耕地的占用；车速提高以后，节省了燃油，也大幅度减少了尾气的排放；同时行车的安全性、噪声污染也能得到一定程度的控制。

1994年，经过3年的努力，107国道以全线完成GBM工程和无公路“三乱”通过交通部验收，成为全国第一条“文明样板路”。此后，以GBM工程为基础的“文明样板路”建设全面开展，每年验收一条国道。到2005年底先后通过“文明样板路”验收的有北京到福州的104国道、北京到哈尔滨的102国道、福州到昆明的324国道、黄骅到银川的307国道、厦门到成都的319国道、上海到霍尔果斯的312国道、上海到瑞丽的320国道、烟台到上海的204国道、包头到南宁的210国道和黑河到旅顺的202国道。其中里程最长的是2000年通过验收的312国道，全程4708公里。全国国道通过部级验收的“文明样板路”总里程已经达到2.56万公里。

“文明样板路”的创建，带动了全国GBM工程，各地在当地的国、省道干线上，分段实施GBM工程，有效地保障了国、省道干线的畅通、安全，提高了公路建设、养护中的环保意识。

1997年，对于中国公路是划时代的年份，《中华人民共和国公路法》正式颁布。这是一部在1987年颁布的《公路管理条例》的基础上，经过10年的调研、修改、补充和实践形成的中国第一部公路的法律。《公路法》在公路规划、建设、养护、管理、经营和使用等方面确立了一系列重要的法律制度。其中包括公路发展的基本方针和原则；各级政府在公路建设、管理中的职责；交通主管部门和公路管理部门的建设、养护、管理职责；公路建设资金的筹集方式和公路的经营方式；公路建设和养护的制度和程序；公路管理和使用者的权利、责任、义务；公路监督检查的规范等。《公路法》的实施，公路事业的更快发展，加速推动了国民经济持续、健康、稳定的发展，对于加强民族团结，保障国土安全，都具有十分重要的意义。

在《公路法》颁布的同年，泰国发生了严重的金融危机，危机迅速蔓延到整个东南亚、东北亚以及刚刚回归祖国的香港和隔海相望的我国台湾省。作为亚洲一个在经济上迅速崛起的国家，中国如何面对和遏制金融风暴对自身的影响成为决策者的当务之急。为了避免金融风暴的冲击和不利影响。国务院作出加快基础设施建设，扩大内需，确保国民经济快速增长的重大决策。交通部认真贯彻这一决策，于1998年6月在福州召开全国加快公路建设工作会议，制订具体措施，明确了在今后几年加快“五纵七横”国道主干线、路网改造、县乡公路建设的目标。其近期目标就是加快“两纵两横”和“三个重要路段”的建设。早在1992年交通部就提出了“两纵两横”和“三个重要路段”的建设设想，“两纵两横”即“五纵七横”中的同三线、京珠线和沪蓉线、连霍线；“三条重要路段”即北京到上海高速公路、北京到沈阳高速公路和成都到北海的西南出海大通道。1993年交通部在济南召开的全国公路建设会议上明确提出了“两纵两横”和“三个重要路段”的蓝图，并且制定了落实措施和时间表。济南会议将沈阳会议上对高速公路的统一认识，变成了具体的实施方案。在新的国际、国内经济形势下，福州会议在前两次会议对高速公路认知的基础上，加速行动，明确提出“三条重要路段”要在2000年底以前建成，同时“两纵两横”的建设时间表也大大提前，并将年初制定的全年完成公路建设总投资1200亿元的目标增加到1600

亿元。8月，在积极财政政策支持下，又增加到1800亿元。在“加快”政策的扶持和全体公路干部职工的努力下，当年实际完成总投资2168亿元，新增公路5.2万公里，包括1741公里高速公路。由于公路等基础设施建设带动了国内钢铁、水泥、石化、机械等行业的发展，当年在对外贸易比上年下降0.4%，长江、嫩江、松花江流域遭受特大洪涝灾害的情况下，国民经济迅速扭转了上半年增幅回落的状况，保持了较快增长的态势。全年国内生产总值达79553亿元，比1997年增长7.8%。显然，公路在国民经济中扮演的角色已经不仅仅是服务于工业化和城市化，公路的高速发展，已经成为国家经济中带动工业企业增长和增加劳动就业的重要手段。

1999年，中华人民共和国成立50周年，公路人为这个伟大的年份献上了一份厚礼——全国公路里程达到135.17万公里，其中高速公路突破1万公里，达到11605公里，位居世界第三，一级公路17716公里，二级、三级、四级公路112.74万公里。高速公路和一级汽车专用公路，分别增长了22倍和6.7倍。全年完成公路建设投资2189.2亿元，继续保持2000亿元以上的高速发展势头，公路运输的紧张状况得到缓解，对国民经济的制约状况得到缓解，实现了跨越式的发展。在周边国家依然为金融危机所困，经济停滞不前甚至衰退的时候，中国加快基础设施的举措有效地防止了危机蔓延到国内，继续保持稳定增长，到年底，国内生产总值82054亿元，比上年增长7.1%。

21世纪的最初5年，中国的工业增加值年平均增长近4.9万亿元，平均增长率为10.62%。随着工业连续5年的两位数增长，城市化的进程进一步加快。1999年，全国城镇人口突破总人口的30%以后，到2004年达到41.8%，总人口达到5.4亿，并形成了长江三角洲、珠江三角洲和环渤海都市圈。

工业化、城市化与公路交通的发展在世界各国都是一个互动的过程。在这个互动过程中，交通的适度超前才能促进整个国民经济的良性循环和快速发展。工业化和城市化的速度推动着中国公路的发展，与此同时，公路的发展也加快了工业化和城市化的步伐。中国三大都市圈的形成和这三个地区的公路发展密不可分。中国最早的高速公路就出现在这里，环渤海都市圈的沈大高速公路、京津塘高速公路、济青高速公路；长江三角洲都市圈的沪嘉高速公路、沪宁高速公路；珠江三角洲都市圈的广佛高速公路、广深高速公路，这些公路的建成时间基本都在20世纪90年代中期以前，比都市圈概念的提出和形成早了8到10年，而且在最初还顶着十分不利的舆论压力。在这三大都市圈还没有形成之前的1998年，交通部规划的“三个重要路段”中的京沪高速公路和京沈高速公路就是连接其中两个都市圈的，有些路段在90年代中期就已经建成。2000年，京沪高速公路和京沈高速公路全线贯通，使环渤海地区和长江三角洲地区形成了一条南北纵贯的高速公路大通道。

2000年，国家实施西部大开发战略，这一战略设想源自邓小平在20世纪90年代提出的“两个大局”的构想：“沿海地区要加快对外开放，使这个拥有2亿人口的广大地带较快地先发展起来，从而带动内地更好地发展，这是一个事关大局的问题。内地要顾全这个大局。反过来，发展到一定的时候，又要求沿海拿出更多力量来帮助内地发展，这也是个大局。那时沿海也要服从这个大局”。全国公路的发展规划与这个战略构想相吻合。1990年交通部就提出的“五纵七横”国道主干线的规划，规划中除了同三线、京福线和京珠线，其余的“两纵七横” 或者是西部地区的南北干线，或者是东西部的连接线。到西部大开发战略提出之际，“五纵七横”已经完成了1.8万公里，占全部规划里程的50%以上。2000年7月20日，在四川省成都市召开了西部大开发交通建设会议，确定了西部开发交通建设的规划目标，将“五纵七横”中涉及10个西部省份的干线公路列为西部公路建设的重点，并明确提出在2010年以前全部建成，总里程达1.26万公里；同时提出区域路网改造的目标，即建设8条西部省际通道，总规模达1.54万公里。乡村公路也成为这次会议的重点之一，总建设规模在15万公里，目标是使有条件的乡和行政村实现通公路。这次会议对西部公路建设起到了有力的推动作用。

在西部大开发实施的第二年，即2001年，“三个重要路段”中的西南出海通道的辅助通道全线贯通，成为国家西部大开发战略第一个完成的基本建设工程。在改革开放以后，尤其是在90年代以后，公路就一直较好地担当着国民经济发展“先行官”的角色。

从2001年到2005年底，全国共增加公路里程52万公里，平均每年10万多公里，全国公路总里程达到192万公里。建成高速公路2.47万公里，是20世纪最后10年建成高速公路总和的1.5倍，总里程达到4.1万公里。“两纵两横三个重要路段”全部建成，山东、广东两省的高速公路突破3000公里，江苏、河南、河北三省高速公路突破2000公里，有14个省区高速公路突破1000公里。据最新数字统计，截至2007年底我国公路通车总里程达357.3万公里，其中高速公路5.36万公里。有21个省区市高速公路里程超过1000公里，其中，河南、山东两省突破4000

公里。

高速公路成为经济社会和城市化发展的重要助推器，不仅提高了运输能力和效率，也降低了运输成本，增强了运输安全性。同时高速公路的建设集约土地资源，提高了有限土地资源的利用率。此外，高速公路对改善投资环境，优化产业布局，促进资源开发利用，提高国家经济的机动性，增强国家竞争力和保障国防安全都发挥了极为重要的作用。

在高速公路取得重大成就的同时，农村公路实现了历史性的突破。5年间完成农村公路建设投资4178亿元。2003年大规模农村公路建设启动以后，新改建农村沥青（水泥）公路30多万公里，总里程达到63万公里，比新中国成立以来53年的总和翻了一番。西部通县油路建成2.6万公里基本实现了县县通油路。全国乡镇、建制村通公路率分别达到99.8%和94.5%。10个省实现了乡乡通油路，3个省基本实现村村通油路。农村公路建设成为农民群众得益受惠的民心工程。

继20世纪90年代中国长大公路桥梁建设步入世界先进水平之后，到21世纪初，中国公路桥梁的建造已经达到世界先进水平。2003年建成的上海卢浦大桥是世界最大跨径的钢拱桥；在建的江苏苏通长江大桥，以其1088米的跨径，超过目前世界斜拉桥跨径纪录达200米；另外，重庆的菜园坝公铁两用桥、石板坡大桥也将分别成为中承式系杆拱桥和连续箱梁桥的世界跨径纪录。长江三角洲地区还有润扬长江大桥、南京长江三桥、杭州湾跨海大桥已经建成或正在建设中。珠江三角洲也在酝酿着深港大桥、港澳大桥等跨海大桥。两大经济热点，乃至整个中国的公路桥梁建设都成为全世界瞩目的焦点。

党的十六大提出，要抓紧21世纪头20年的重要战略机遇期，全面建设惠及十几亿人口的更高水平的小康社会，使经济更加发展、民主更加健全、科教更加进步、文化更加繁荣、社会更加和谐、人民生活更加殷实。这是一个包括城乡公路交通发展在内的经济、政治、文化、社会、生态和人的全面发展的系统集成的目标体系。在全面建设小康社会的历史阶段，深谋远虑、高屋建瓴的战略规划就显得更为重要。

2002年下半年，交通部连续召集了5次部分厅局长座谈会，同时在各地进行了充分调查研究。在2003年初的全国交通工作会议上，提出了到2020年公路交通建设新的跨越式发展的战略目标。这一战略目标分为两个阶段。第一阶段，到2010年，全国公路总里程达到210至230万公里，全面建成“五纵七横”国道主干线；基本建成8条西部省际通道；高速公路连接90%的20万以上人口的城市；全国高速公路总里程达到5万公里，东部地区形成高速公路网；二级以上公路达到40至45万公里，东中部地区县际之间和国家干线公路基本达到二级以上标准；基本实现行政村通公路；县到乡基本达到高级、次高级路面标准，乡到行政村消灭无路面状况。第二阶段，从2011年到2020年，全国公路总里程达260至300万公里；高速公路达7万公里以上，连接所有20万人口以上的城市，形成全国高速公路网；县际之间全部由二级以上公路连接，总里程达到60至65万公里；乡到行政村公路基本达到高级、次高级路面标准。在这次会议上提出了“让农民兄弟走上油路和水泥路”的口号，农村公路建设继20世纪50年代、70年代之后又掀起一个新的高潮，而这次的目标已经不仅仅是通达，而是锁定在提高路面水准。

2004年的全国交通工作会议上，交通部向全行业提出了要坚持以人为本，树立全面、协调、可持续发展的科学发展观。

科学的发展观成就了科学的规划和科学的决策。据预测，随着国民经济的持续高速发展，全社会人流、物流总量将进一步升级。2003年，中国的汽车保有量增加了400万辆。人均国内生产总值达到1000美元是汽车进入家庭的临界点，而这个临界点在21世纪初出现在中国。到2020年，中国的汽车保有量将达到1亿辆，是目前的5倍。此外，城市化的进程加快，2020年中国将有一半人口为城镇人口，比目前增加2.5亿，而城镇人口的出行率要高于农村人口的8倍以上。如果没有适度超前的发展规划，交通“瓶颈”将再度出现。交通基础设施建设投资大、周期长。根据国民经济和社会发展对公路交通运输需求的预测和适度超前的原则，交通部先后制定了《国家高速公路网规划》和《全国农村公路建设规划》。2005年1月，国务院批准了交通部的《国家高速公路网规划》。这个规划是对2003年提出的“全面建设小康社会公路水运发展目标”中高速公路部分的细化。国家高速公路网是中国公路网中最高层次的公路通道，服务于国家政治稳定、经济发展、社会进步和国防现代化，体现国家强国富民、安全稳定、科学发展，建立综合运输体系以及加快公路交通现代化的要求；主要连接大中城市，包括国家和区域性经济中心、交通枢纽、重要对外口岸；承担区域间、省际间以及大中城市间的快速客货运输，提供高效、便捷、安全、舒适、可持续的服务，为应付突发性事件提供快速交通保障。

国家高速公路网规划采用放射线与纵横网格相结合的布局方案，形成由中心城市向外放射以及横连东西、纵贯南北的大通道，由7条首都放射线、

9条南北纵向线和18条东西横向线组成，简称为“7918网”，总规模约8.5万公里，其中主线6.8万公里，地区环线、联络线等其他路线约1.7万公里。

首都放射线从北京分别通往上海、台北、港澳、昆明、拉萨、乌鲁木齐和哈尔滨。

9条南北纵向线分别为：鹤（岗）大（连）线、沈（阳）海（口）线、长（春）深（圳）线、济（南）广（州）线、大（庆）广（州）线、二（连浩特）广（州）线、包（头）茂（名）线、兰（州）海（口）线和渝（重庆）昆（明）线。

18条东西纵向线分别为：绥（芬河）满（洲里）线、珲（春）乌（兰浩特）线、丹（东）锡（林浩特）线、荣（成）乌（海）线、青（岛）银（川）线、青（岛）兰（州）线、连（云港）霍（尔果斯）线、宁（南京）洛（阳）线、沪（上海）西（安）线、沪蓉（成都）线、沪渝（重庆）线、杭（州）瑞（丽）线、沪昆（明）线、福（州）银（川）线、泉（州）南（宁）线、厦（门）蓉（成都）线、汕（头）昆（明）线和广（州）昆（明）线。

此外，规划方案还有辽中环线、成渝环线、海南环线、珠三角环线、杭州湾环线共5条地区性环线及2段并行线和30余段联络线。

由于“五纵七横”国道主干线的多年实施，这个规划中已建成2.9万公里，同时有1.6万公里在建，待建里程尚有4万公里。在待建的4万公里中，东部地区0.8万公里、中部地区1.1万公里、西部地区2.1万公里。自2005年以后，高速公路建设任务主要集中在中西部地区。计划到2005年末，建成3.5万公里，占总里程的40%以上；到2007年末，建成4.2万公里，提前3年完成“五纵七横”国道主干线系统的建设任务；到2010年末，完成西部开发的8条省际通道中的高速公路。实现“东网、中联、西通”的目标，建成高速公路5万公里以上。

农村公路是中国公路网的组成部分，是广大农村地区最主要甚至是唯一的运输方式，是农村社会经济发展的重要基础设施。到2004年底，中国还有占全国人口58.2%、总数高达7.6亿的农村人口，这相当于整个欧洲的人口。中国革命和改革开放都得益于农民的推动，在中国的工业化、城市化进程中，尤其是公路建设中，中国农民不仅提供了大量的劳动力，还贡献出了他们赖以生存的土地。一个负责任的政府，一个代表最广大人民利益的政党，其执政能力就体现在能否将对最广大人民群众的关怀变成他们的实际利益，不断改善他们的生活状况，达到全社会的和谐，以实现全面、协调和可持续的发展。基于这样一种理念，在《国家高速公路网规划》出台之后不久，《全国农村公路建设规划》也相继诞生。

1997年颁布的《公路法》把公路按照行政等级划分为国道、省道、县道、乡道和专用道路，对农村公路没有统一规范的界定。根据公路的功能和作用，农村公路应是直接服务于农业生产和农村经济社会发展的公路。根据现行的公路行政等级划分、公路的作用和功能，以及各地管理模式，《全国农村公路建设规划》所涉及的农村公路是指连接乡（镇）和行政村的公路，包括县道、乡道和村道。

《全国农村公路建设规划》建设目标是：到2010年，基本实现全国所有具备条件的乡镇通沥青（水泥）路；东、中部地区所有具备条件的行政村通沥青（水泥）路；西部地区基本实现具备条件的行政村通公路。全国农村公路里程达到310万公里。到2020年，确保全国所有具备条件的乡镇和行政村通沥青（水泥）路，基本形成较高服务水平的农村公路网络。全国农村公路里程达到370万公里。

《国家高速公路网规划》和《全国农村公路建设规划》是两个既宏伟又切实可行的规划，是全面、协调和可持续发展的科学发展观的具体体现和实施。

太平洋的洋流年复一年地催动着季风，21世纪的季风每一次来临都会发现，欧亚大陆东部这片广袤的土地上，道路在不断地延伸，生活在这里的民族已经不再沉湎于过去的辉煌，也不再为近代的沉沦而泣叹。一个跋涉了5000年的民族，一旦放下了耻辱和荣誉的重负，依旧朝气蓬勃，脚步轻盈，因为他们已经为自己迅疾的步伐铺就了金光大道。一个比以往任何时代都要辉煌的新时代正在焕发着无穷的能量，推动整个世界的脚步。

第七章　中国现代重要道路

现代道路百年的发展，见证了中国由半殖民地半封建社会到具有中国特色社会主义现代化国家巨大变化的历史进程。本章从现代道路中选取了不同时期对国计民生、社会进步具有重要影响的部分干线公路、高速公路、城市道路、专用公路、旅游公路，从其政治、经济作用和文化意义诸方面予以介绍。

一、张库公路

张库公路（见图7-1）是在清朝官马大道北路之一恰克图路的基础上修建的砂石公路，是中国最早的可以通行汽车的公路。张库公路于1918年（民国7年）4月5日正式开始通行汽车，起点为河北省张家口市，终点库伦（今蒙古国首都乌兰巴托），途经张家口、张家口岭（今张北）、大清沟、化德县、镶黄旗、苏尼特右旗，哀饮大北数（今二连浩特市），以及蒙古国的赛音山达、土拉河和乌兰巴托，全长约1110公里，现中国境内张家口至二连浩特487公里。

李桂仁著《明清时代我国北方的国际运输线——张库商道》中说："这条商道作为贸易之途，大约在汉唐时代已经开始。出现茶的贸易，大约不晚于宋元时代。"《河北省公路史志资料》载："张库大道历史悠久，早在元代，便辟为驿路，明清两代又辟为官马大道。"

1697年，康熙武力统一蒙古高原

图7-1　张库公路遗迹

后，就开辟了一条从北京经张家口至外蒙古库伦的驿道——“阿尔泰军台”，又称“张库大道”。雍正五年（1727年），中俄签订《恰克图条约》，此后恰克图成为双方贸易口岸，使这条建于元朝的官道成为商道。清朝末年，随着清政府对蒙、俄贸易的全面开放，以张家口为物流集散地的张库大道不断发展壮大。

近代以来，张库大道驼铃声声，牛马嘶鸣，票号云集，商队不绝，浩瀚荒凉的坝上草原出现了少有的生机和繁荣。当时运输货物的工具是骆驼和牛车。骆驼商队每年秋季开始出发，直到冬季返回；赶着牛车的老倌车队一般是春季出发，秋季返回。在漫漫的张库商道上，每年都有数以万计的骆驼和老倌车队在日夜不停地行走。其中有皇封御赐的八大皇商“山西帮”，有联手经营的束鹿、深州、饶阳、辛集“直隶帮”，有拿着国家俸禄的旗人组成的“京帮”，有小本经营的蔚县、阳原、怀安、涿鹿“本地帮”。这些商人初时统称“通事行”，清末改称旅蒙商。旅蒙商从内地采购绸缎、布匹、米面、纸张、砖茶、生烟、红糖、瓷器、铁器、蒙靴、鞍具、小百货等，与牧民交换回马、牛、羊、皮张、绒毛、药材等，与俄国人交换回毛呢、毛毯、天鹅绒、银器等。张库大道贸易的兴盛，促进了张家口的发展和繁荣，也促进了乌兰巴托这座草原城市的形成。

张库商道最繁华时期是清末民初，英、日、德、俄、法等44家外国洋行在张家口设点，年贸易额达1.5亿两白银。商道可延伸到俄罗斯的恰克图，被称为“北方丝绸之路”。

1907清政府组织民工夯实拓宽了张家口至库伦的道路。

为适应过境商旅的频繁往来和大宗贸易的需要，汽车运输兴起。1918年，中国旅蒙商人景学钤、张祖荫等人集股合办“大成张库汽车公司”，自购汽车10辆，开始经营张家口至库仑专线汽车客货运输，并于1917和1918年两次对张库路进行整修，将中、蒙、俄之间的民间贸易延伸到欧洲。1924年，张库公路上的汽车运输公司增至30余家，汽车150余辆。张库公路不仅成为当时通往蒙古和俄国的交通大动脉，而且也是当时中国连接欧洲的一条重要商道。

然而，风云变幻，岁月沧桑，1924年外蒙古宣布脱离中华民国独立，1929年国民政府与苏联断交，蒙古也关闭了中国的所有商号，张库汽车商业运输遂呈萧条。同年，外蒙古运输业由蒙古国国家垄断，中国私营商业运输受到冲击，张库公路运输基本停止。

张库公路全线大部位于蒙古高原，沿途为平坦的高原、沙漠和戈壁，既无高山屏障，又无大河阻隔，道路桥涵稀少，原有的官马大道基础良好，修建难度较低，遂成为中国最早可以通行汽车的公路。目前在河北张家口附近和内蒙古锡林浩特等地张库公路遗迹尚存。

二、西兰公路

西兰公路是中国西北地区的第一条干线公路，始建于1924年，起点为陕西省西安市，重点为甘肃省兰州市，全长719公里。

西兰公路自西安向北，途经咸阳、礼泉、乾县、永寿、彬县、长武，从密店进入甘肃境内，经泾川、平凉、隆德（位于宁夏自治区南部）、静宁、会宁、定西到达兰州。它是陕西连接甘肃、宁夏、青海、新疆的重要线路。

西兰公路的形成，最早可以追溯到秦驰道的西路和西汉张骞出使西域的丝绸之路。自西汉以后，这里就是通往中国西部的交通要道。清朝官马大道西路的兰州官道，确定了它的基本走向。清末陕甘总督左宗棠在任期间，对这条路着力整修，因此也被称作“左公大道”。

1924年，陕西督军刘镇华与甘肃督军陆洪涛磋商修路，当时准备修建南线，即西安、武功、扶风、凤翔、陇州（今陕西陇县）、清水、天水、陇西、狄道（今甘肃临洮）至兰州一线。1925年，北洋政府任命冯玉祥为西北边防督办，其部下刘郁芬代理甘肃督办，重新磋商修建西兰公路，并改线北路，征集民工和兵工在官马大道的基础上略加整修勉强通行汽车。

“九·一八”事变后，东北丧失，南京国民政府更加注重西北边疆开发，并强调要以西北为复兴基地，提出各种开发西北的系列计划和决议案。全国经济委员会1934年3月筹款直接兴筑西兰公路。在西安成立西兰公路工务所，组织西北公路勘察团对该路进行勘察，主要由十七路军负责修建，全线至1935年5月竣工，土路通车，共计耗资93万余元。

1937年，全面抗战爆发，一边勘测、一边改造的西兰公路，成为中国西北通向苏联的交通要道，勘测改造让位于战时需要的突击施工。改造后的西兰公路路基宽7.5米，平曲线最小半径25米，最大纵坡8%，永久式桥梁载重为12吨，半永久式为10吨，临时桥梁为7.5吨。路面为单车道，宽3米，结构为二级沙砾路面或三级泥结碎石路面。

西兰公路和甘青、甘新公路组成国际联运线，本来有可能成为支持抗战、获得国际援助的重要军事战略通道。但是，1941年6 月22日德军突袭苏联，使苏联自顾不暇，无力成为国际反法西斯同盟的后方基地，西兰公路的战略地位让位于后来的中缅、中印公路。但是西兰公路的建设给战后通往大西北的交通提供了良好的基础，并成为当代中国国家公路主干线312国道的一部分。

在西兰公路上，还留下了中国工农红军长征的历史足迹和卓越战功。

1935年8月14日，徐海东领导的红二十五军逼近秦安以北70多公里的静宁县城。部队从县城的西面穿过西兰公路，很快就越过甘肃省界进入宁夏，到达了一个叫兴隆的小镇。在兴隆镇，中共鄂豫陕省委和红二十五军领导召开会议。与会者综合了从各种渠道得到的情报和消息，认真分析了主力红军可能的走向，最后一致认为：主力红军如果北进一定会从这里经过，而且必然要跨越西安至兰州的公路。于是会议决定：红二十五军在西兰公路附近牵制敌人，并尽一切可能控制公路，等待党中央和主力红军的到来。

8月17日，红二十五军从兴隆镇向东，沿着西兰公路，占领了德隆县城。红军搜缴了县政府的文件，处决了几个被抓获的民团、甲长，张贴了宣传标语和布告，然后迅速撤离了县城，连夜翻越六盘山，绕过平凉城东面的四十里铺到达了白水镇附近。驻守平凉的国民党军第三十五师，是以凶悍著称的“马家军”中的一支，师长马鸿宾。为了平凉的安全，他立即命令驻扎在平凉以北固原的两个步兵营、两个迫击炮连追击红二十五军，自己乘坐汽车顺着西兰公路到达马莲铺设立指挥所。

在马莲铺东面的打虎沟，红二十五军占领了公路两侧的有利位置，与敌进行激战，手榴弹甚至扔进马鸿宾的指挥所。瓢泼大雨中，红军官兵趁势冲出阻击阵地，冲上了公路。军号声、枪声、手榴弹爆炸声和喊杀声与大雨倾泻的声音混杂在一起，敌军顿时陷入了混乱，马鸿宾险些成了俘虏，在警卫的保护下狼狈溃逃。

经历了激烈战斗的红二十五军决定继续沿着西兰公路向东。连日的暴雨使公路北侧的泾河河水猛涨，部队要渡过泾河几乎是不可能了。而公路的南面是一道数十里宽的高塬台地，回旋的余地很小。于是，红二十五军决定暂时离开公路，南渡泾河的支流汭河，佯攻灵台县城摆出进入陕西的态势。而实际上部队主力回击崇信县城，切断西兰公路，顺着公路再往回走，并派出多批联络人员，探听中央的消息，随时等待迎接主力红军。

1935年10月，毛泽东、周恩来、张闻天等中央领导人率领中央红军翻越了长征途中最后一座高山——六盘山。望着晴空下随风飘扬的红旗，毛泽东目穷千里，心潮澎湃，激情满怀，不禁吟道：“天高云淡，望断南归雁，不到长城非好汉！同志们，屈指行程已二万！同志们，屈指行程已二万！六盘山呀山高峰，赤旗漫卷西风。今日得着长缨，同志们，何时缚住苍龙？同志们，何时缚住苍龙？” 正是这首气吞山河的《长征谣》（见图7-2），后来经毛泽东先后8次修改，成为他诗词中的得意之作——《清平乐·六盘山》：“天高云淡，望断南飞雁。不到长城非好汉，屈指行程二万。 六盘山上高峰，红旗漫卷西风。今日长缨在手，何时缚住苍龙？”

11月6日，在甘泉南边的象鼻子湾，中央红军和徐海东领导的二十五军，刘志丹领导的二十六军、二十七军胜利会师。次年10月，红二、四方面军亦先后路经六盘山地区，在甘肃静宁将台堡实现了三大主力红军大会师。

为了纪念红军长征胜利五十周年，1986年10月，在六盘山修建了红军长征纪念亭。红军长征纪念亭位于六盘山之巅，西兰公路左侧山顶，整体建筑由台阶、花坛、碑亭3部分组成，总高42米。廊折曲阿，计有台阶159级；花坛呈椭圆形，东西径宽12米，南北径长15米，植松柏花卉；碑亭建于八角形台墀上，台墀边长96米，面积约700平方米。正前方为毛泽东主席率工农红军翻越六盘山的浮雕石碑，碑长10米，高7.5米。纪念亭亭心为正方形，边长15米，大理石磨制地板，汉白玉护栏，亭顶为茶色琉璃瓦当，由12根灰白色花岗岩柱擎托。亭檐镶嵌胡耀邦题“长征纪念亭”汉白玉匾额。亭中矗立洛阳大青石碑，石碑正面镌刻毛泽东《清平乐·六盘山》词手迹，背面撰刻自治区党委、政府1986年10月的碑文。2005年9月，宁夏人民为纪念长征胜利69周年，将原来的“六盘山红军长征纪念亭”扩建为“六盘山红军长征纪念馆”。纪念馆里，珍藏着毛泽东4次改动的《清平乐·六盘山》的墨宝，旨在用长征精神激励后人。

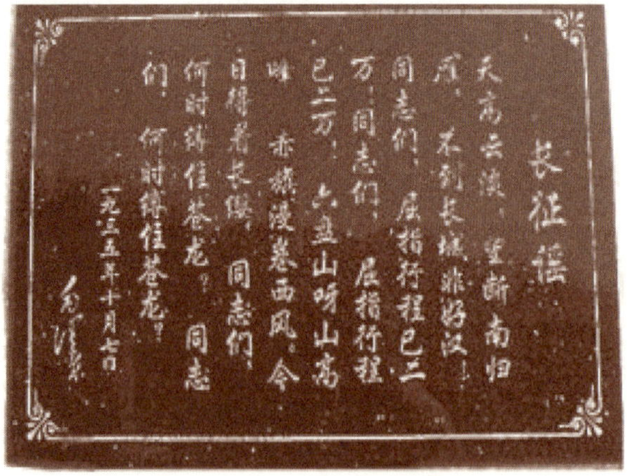

图7-2 镌刻在六盘山吟诗亭石碑上的《长征谣》

西兰公路旁至今仍稀疏挺立一些沧桑的老柳，相传是晚清陕甘总督左宗棠率部所植，人称左公柳。1935年，赴西北游历考察的张扬明，在其所著《到西北来》中写道，清水至天水途中，“路旁有很多古柳，名左公柳，为左文襄公开发新疆时所植。闻说这种柳树，一直到天水、定西、皋兰一带，绵亘数千里，共约60万株。因左公当时来到此地，看见地形复杂，恐怕后面继续来的人迷路，植柳作为标识。”著名记者范长江自1935年7月起对中国西北地区进行考察，其旅行记《塞上行》里，也有对平凉途中所见“左公柳”的描述：“下华家岭，至界石铺，又合昔日陕甘大车大道，左宗棠当年经营西北所植柳树，还有不少留于大路两旁”。“六盘山东西两面大路，还存着不少的夹道杨柳，皆为左宗棠时之遗留，以当时交通工具之简单，他的道路路面比现在国道路面为广，此公胸襟之远阔，实不同于当时凡俗之武夫。惟时至今日，左公柳已丧亡十九，长安至新疆之大道，仅若干处略存左柳，以引对前人辛苦经边之回想，其实用的价值，实已渺无可称述。”

“左公柳”不单是一种自然景物，还具有独特的历史价值和文化内涵。正因如此，作为历代诗人吟咏的对象，它也成为审美的象征。最著名的应推杨昌濬那首吟颂左宗棠的诗：“上相筹边未肯还，湖湘子弟满天山。新栽杨柳三千里，引得春风度玉关。”诗歌气势豪迈，高唱入云，影响颇广。

当代诗人吟颂“左公柳”的诗词更是不少。著名词人张伯驹在其《杨柳枝》中这样写到：“征西大将凯歌还，种树秦川连陇川。绿荫多于冢上草，春风一路到天山。”著名诗人袁第锐，在其《边塞新咏》组诗中称颂到：“众口谁言可铄金，左公杨柳尚成阴。一从弭却硝烟后，坦荡通途直到今。”

上述诗章，或借史抒感，评论人物；或托物寄兴，关注生态，各具风格，从不同侧面展示出一幅幅“左公柳”的生动画卷。透过前人留下的真切记载和生动描绘，我们深感保护植被、保护古树名木的急迫性。它启示我们在西部大开发、加快交通建设的同时，更应注重生态保护——只有这样才能真正“引得春风度玉关”！

三、滇缅公路

在中国人民艰苦卓绝的八年抗战中，滇缅公路、驼峰航线以及中印公路组成的运输大通道，支撑着中国抗日战场全部战备物资以及大后方的经济供应，而滇缅公路又是抗战关键时期最重要的物资运输线。这条穿过了中国最坚硬的山区，跨越了中国最湍急的河流，蜿蜒上千公里的运输干道，对于中华民族的生存是一条不折不扣的生命线。

1937年七七事变，中国的抗日战争全面爆发。战争初期日军迅速占领了中国北方的京津地区以及华中、华东和华南的广大地区，中国军队被压迫到黄土高原、四川盆地和云贵高原这一天然屏障以西。中国主要的大城市、95%的工业、50%的人口沦为日军占领区。更为严重的是，中国沿海几乎所有的港口都落入了日本人的手中。武汉会战以后，中日双方进入战争的相持阶段，战争变成了消耗战。对于中国来说，物资供应问题此时显得异常严峻起来。当时，西北通往苏联的通道在苏德战争爆发后，因苏联自顾不暇而形同虚设，中国的后方只剩下最后一个对外通道，就是从重庆经贵州到云南，然后进入缅甸或印度的中缅公路。

中缅公路分为川黔公路、黔滇公路和滇缅公路。其中前两条公路为原有旧路，从1937年到1941年间，对这两条路上的渡口、弯道、陡坡进行了大规模的改造和兴建，使其适应战时的大载重、高效率的运输需要。

早在1937年10月，中国政府就开始与缅甸政府商讨建设滇缅公路。滇缅公路中国境内分东、西两段，其东段为原有道路，称滇西干线，这是一条从昆明经楚雄到大理下关的公路，全长411.6公里。新修路段为西段，是从下关经保山至畹町的中缅边界，全长547.4公里。缅甸境内分为向南到腊戌和向西北到八莫的两条公路。腊戌有铁路通往仰光，八莫是伊洛瓦底江上游的港口，可以沿江到达仰光。这条穿越澜沧江、怒江峡谷绝壁和热带雨林的公路，仅用9个月的时间于1938年8月建成。

滇缅公路东段昆明至下关段于1924 年开始筹建，1935年12月建成通车。但大都是土路，路基宽度不足，桥涵多为临时性，不堪使用。因此，东段与西段基本上是全线铺开，紧急赶修。由于战局日益紧迫，工期一再提前，施工中采取“先求通，后求好”的方针，先开出半幅路基，宽4～5米，然后逐步加宽。路面铺筑泥结碎石，掺用30%黏土作填充物，用人力拉动长约1.2米的石碾进行滚压。

1938年1月，在保山设立了滇缅公路西段总工程处，开始建设滇缅公路西段。沿线约20万各族劳工被征集到公路建筑工地上，劳工中的绝大部分是老人、妇女和孩子，因为青壮年大都已开赴中原参加抗战。

滇缅公路西段地处西南高原，海拔为1400～3000米。路线翻越天子庙坡以及雪山、怒山和高黎贡山三大横断山脉，跨越澜沧江、怒江等大河，悬崖绝壁、高山大河连续不断，无论测试、施工都无比困难艰险。当时仅有的测量工具是普通的酒精水准仪。由于时间紧迫，勘测人员白天工作完后晚上加班，测绘图常常在老百姓的茅舍里、在菜油灯微弱的光线下完成。滇缅公路修建之难，主要难在公路经过的80%路段是崇山峻岭，而这其中有一半要通过坚硬的岩石地段。在这些地方，筑路者只能通过爆破来开山劈石，为滇缅公路强行开辟出道路。由于极度缺乏施工机械，他们只能用双手来修筑这条世界上最崎岖的长达近千公里的公路。数百公里的岩石地段，就是用蚂蚁啃骨头的办法一点点硬啃出来的。滇缅公路的建成不能不说是一个奇迹。在民族存亡的紧急关头，20万各族劳工除了一双双创造奇迹的手，还有无私的奉献和巨大的牺牲。据不完全统计，有两三千人将生命永久地留在了这条公路上。写于1938年的《滇缅公路歌》依然历历如新："滇人不惜糜身躯，但愿辚辚驶汽车；抗战源源济军需，誓覆河山歼倭奴。"他们的血性和精神，挺直了国家的脊梁；他们的血肉，是奠定国家的基石。

1938年8月31日滇缅公路通车后，交通部在昆明设滇缅公路运输管理局，负责对全线进行养护、改造和抢修。1941年3月底，开始铺筑畹町至保山段柏油路面，在一些急陡坡处还铺筑有3～5米厚的弹石路面。但1942年3月铺设至龙陵824公里处时，因日寇进犯而停工。

1940年7月，日本威迫英国与之签订了"封闭滇缅公路3个月"的协定，禁止军械、弹药、汽油、载重汽车等重要物资经缅甸运入中国。禁运期满后，虽经中英会谈恢复交通，但日军从"复运"之日起，便以越南河内机场为基地，大规模轰炸滇缅公路的重要桥梁惠通桥、昌淦桥和功果桥，在不到6个月的时间里，日军共出动飞机400多架次。每次轰炸之后，驻守在桥边的工程抢修队就及时对大桥进行抢修，有时炸弹仍然在爆炸、空袭还没有结束，他们就开始抢修工作。由于中国工程技术人员采取稳妥可靠的钢索吊运、浮筏、浮船3种办法渡运物资车辆和部队来往，始终保持了桥断路不断的良好效果，被誉为"炸不断的滇缅公路"。

滇缅公路修通后，国内最缺的就是一大批汽车司机和修理人员。这时，旅居东南亚的华侨向祖国伸出了救援之手。抗战爆发后，华侨领袖陈嘉庚多次捐出巨资为抗战购买物资。他还利用自己在东南亚侨界的影响力，为抗战募得大量钱款和物资，并组织大批华侨青年回祖国参战。在得知滇缅公路急需大量汽车司机和修理工之后，陈嘉庚先生号召华侨中的年轻司机和技工回国服务，与祖国同胞并肩抗战，先后有3192人响应号召志愿回国服务。他们被称为"南侨机工归国服务团"。云南的路难走，以前在南洋各地就很有名。过去这些司机大都是在城市里开车，来到云南以后，华侨司机几乎要从头开始学习如何在崎岖的滇缅公路上开车。南侨机工平均每天承担的军事物资输入量保持在300吨以上。据统计，1938年至1941年，经滇缅公路腊戍至昆明输送的各种物资共计369161吨，彻底粉碎了日寇封锁中国的图谋。南侨机工被誉为抗战运输线上的“神行太保”、“模范机工”。在滇缅公路上开车，像闯地雷阵，不仅需要高超的驾驶技巧，还需要一颗勇敢的心，险情关、泥泞关、瘴疟关、轰炸关时时考验着他们，有上千名南洋华侨机工在这条道路上为国捐躯。为纪念这些机工的历史功绩，1989年7月在位于昆明市西山森林公园太华寺以南约一公里的公路上方，矗立起一座“南洋华侨机工抗日纪念碑”，让子孙后代永远缅怀和牢记爱国华侨的这一段光荣历史。

1942年5月4日，日机连日大肆轰炸保山城。5日凌晨，日军入侵至惠通桥西岸，守桥工兵奉命炸毁惠通桥，与日军形成隔江对峙的局面。13日，昆明行营国防工程处组织了一个“滇缅破路工程处”，对保山至惠通桥这段公路不同程度地实施紧急强行破坏。1942年5月至1944年11月，日本侵略军盘踞松山。松山雄踞怒江西岸，扼惠通桥，是滇缅公路的咽喉要道。日军在此修筑纵深达数十公里的强大防御体系，扬言凭着这座精心打造的“东方马其诺防线”，中国军队不死10万休想攻取。至此，这条中国当时唯一的陆地国际通道中断。

1943年8月，为反攻需要，滇缅公路工务局组成抢修总段，随反攻战局进展对滇缅公路进行逐段抢修。1944年5月11日，中国远征军强渡怒江，包围松山，进攻镇安、龙陵、腾冲，打响滇西反攻战役。6月18日至20日，在惠通桥首先架设轻便吊桥，6月28日完成汽油桶渡船及西岸码头并开始渡运。8月1日至18日惠通桥比计划提前13天修复通车，满载远征军的军车经惠通桥不断开往怒江西岸前沿阵地。中国远征军在龙陵民众的通力协作下，先后强攻松山，与日军展开了惨烈卓绝的血肉搏杀，持续3个月之久，9月7日终于全歼了松山守军。是役全歼日军113联队及56师团野炮部队3000余人，俘获日军近30人。远征军在这次战役中共伤亡失踪7600余人，仅阵亡军官就达157人，是中国抗日战场上局部战役中战死军官最多的一役，如此喋血捐躯，如此悲惨壮烈，在中外战争史上实属罕见。

1945年1月4日，公路抢修到里山门前沿，日军利用地势负隅顽抗，企图阻止远征军进入畹町。1月20日，远征军突破里山门防线，收复畹町。从此中印公路与滇缅公路衔接，战时交通运输得以恢复，中断了两年零九个月的滇缅公路又重新担负起抗战物资运输的重任。

正是这些在滇缅公路上不畏牺牲英勇战斗的修路工、南侨机工、远征军、路边的各族百姓，用自己的生命和热血谱写了一章可歌可泣的壮丽诗篇。滇缅公路，这条凝聚着中华民族奉献牺牲伟大精神的路，似一座丰碑将永远耸立在人们的心中。

四、川藏公路

川藏公路是沪聂公路（上海至西藏聂拉木县，编号G318）成都至拉萨段。川藏公路原称康藏公路，东起西康（1955年撤销，并入四川省）金鸡关，西至西藏拉萨，经雅安、康定，在新都桥分为南北两线。北线经甘孜、德格，进入西藏昌都、邦达；南线经雅安、理塘、巴塘，进入西藏芒康，后在邦达与北线会合，再经巴宿、波密、林芝到拉萨。北线全长2412公里，沿途最高点是海拔4916米的雀儿山。南线总长为2149公里，途经海拔4700米的理塘。南北线间有昌都到邦达的公路（169公里）相联。南线因路途短且海拔低，所以由川藏公路进藏多行南线。图7-3，图7-4为川藏公路的一部分。

1950年初，人民解放军奉命进军西藏，完成祖国大陆统一的历史使命，毛泽东指示进藏部队："一面进军，一面修路"。11万解放军、工程技术人员和各族民工以高度的革命热情和顽强的战斗意志，用铁锤、钢钎、铁锹和镐头，劈开悬崖峭壁，降服险川大河。川藏公路北线于1950年4月从今四川雅安金鸡关开始破土动工，历经3年多的苦战，1954年12月25日通车拉萨。川藏公路北线通车后，筑路队伍又继续修建东俄洛—竹巴笼—邦达的南线区段，1954年至1969年分段建成。

1300年前，文成公主和亲沿唐蕃古道用了近3年才抵达拉萨。1949年之前，整个西藏仅有一公里多便道可以行驶汽车，水上交通工具只是溜索桥、牛皮船和独木舟。西藏和平解放后，国家曾动用4000多匹骆驼组成大型驮队运输货物进藏，平均每行进一公里就要留下12具骆驼的尸体。有一首老歌《歌

图7-3 川藏公路-盘旋的山路（剪子湾山）

图7-4 川藏公路－卡子拉山段

唱二郎山》唱道："二郎山，高万丈。古树荒草遍山野，巨石满山岗。羊肠小道难行走，康藏交通被它挡。解放军铁打的汉，下决心，坚如钢，要把那公路修到西藏。"西藏和平解放仅3年，解放军就把川藏公路修到了拉萨。图7-5为二郎山盘山路段。

川藏公路穿越整个横断山脉的二郎山、折多山、雀儿山、色齐拉等14座大山；横跨岷江、大渡河、金沙江、怒江、澜沧江、雅砻江、拉萨河等众多江河；横穿龙门山、青尼洞、通麦等8条大断裂带，以及沼泽、冻土区、地震区、碎石塌方区、原始森林和宿瓦卡大冰川，工程的巨大和艰险，在世界公路修筑史上是前所未有的。在整个川藏公路的修筑过程中，3000多名干部、战士和工人英勇捐躯，一代业绩永垂青史。川藏公路建成通车以后，为西藏经济发展，社会稳定，巩固祖国西南边防发挥了重要作用，成为西藏连结西南各省区的纽带，大大促进了西藏经济建设的发展和人民生活的改善，改变了西藏长期封闭的状况，对于西藏经济建设和国防建设都具有极为重要的作用。从此"世界屋脊"的大门敞开，为在现代社会中展示高原自然风光和古老的雪域文明，为把古老的青藏高原引向现代文明，架起一座"金桥"，被藏族人民称之为"幸福路""光明路"。图7-6为川藏公路一段。

图7-5 川藏公路二郎山盘山路段

川藏公路迂回于高山巨壑和湖泽谷地之间，穿过莽莽原始森林和无数险峻地段，以里程之长，跨越高山大河之众，修筑及维护之艰为世所共知，沿途景观瑰丽壮美，有独特的民俗风情。

二郎山是成都西进康藏必经之路，地势险峻，气候恶劣。其山在天全县境内，距成都172公里，是青衣江、大渡河的分水岭，为自然地理的分界线。二郎山峰峦叠翠，林海茫茫，峡谷幽深。冬季银妆素裹，冰条垂挂。春末夏初，盛开的杜鹃花团锦簇，珙桐花如鸽翔林海。珍稀动物牛羚、水鹿在动物种群中极占优势。站在二郎山顶，远眺四面的群山，秦长城遗址上一座座烽火台巍峨耸立。这里的康巴文化有着悠久的历史渊源，积沉下丰富的土司文化、边茶文化、藏汉佛教文化，遗留有古碉门茶马互市、二郎山茶马古道、紫石关旧城墙、红灵山庙群、慈郎寺等文物遗址。红军长征遗迹有红军大学、红军总医院、红四方面军总部、大岗山战场等遗址。

图7-6 川藏公路上海拔4618米的业拉山公路，坡陡路险，人称“九十九道回头弯”

国家“九五“重点建设项目二郎山隧道工程，是我国地质条件最复杂、高原隧道岩爆最长的隧道，先后攻克了“大断层、大变形、瓦斯爆炸、岩爆、暗河、高承压水“等20多道科研难题，于2003年12月28日完工，为我国高寒地区公路隧道建设积累了成功经验。它的建成通车，标志着川藏公路“单日进双日出“和冬季“封山断道“的交通管制历史结束。

驶过至今仍悠悠摇晃于波涛翻涌的大渡河上的泸定桥，沿河而上经瓦斯沟，很快就到达古城康定，耳熟能详的《康定情歌》早已使康定名扬天下。作为甘孜藏族自治州的首府，康定城有不少新兴的建筑，但最吸引人的还是那些依山而建揉杂着藏、汉建筑风格的老城区民居。著名的跑马山位于城东南隅，海拔3000米，各色花草沿缓坡向上漫生，风景秀丽。这里自古以来便是康定人“耍坝子”的好地方。风和日丽之时，许许多多陌生然而热情健康的人们，手牵手跳起欢快的踢踏舞，尽情享受着欢乐和幸福。

位于大雪山中段的折多山是重要的地理分界线。这里的山口海拔4250米，路面极窄，塌方常见，冬季雨雪不断，真正的藏区便在此山以西。折多山一线的地理地貌由于受岷江、大渡河等水系的强烈切割，地形高差大，沟壑密布，山岭纵横，且林木茂密、气候温润，带有典型的亚热带温湿谷地特征。以往，不过折多山不知川藏公路之难，如今，改建后的川藏公路已不复往日的艰险。

川藏公路从新都桥处分为南北两线，往南经剪刀弯子山可进入理塘大草原。它是一个四面环山的大盆地，平均海拔4000米。8月绿草茵茵野花遍地时，一年一度的理塘赛马盛会是康藏地区最大的民间活动。届时，草原上的牧民们带着帐篷，身着艳丽的民族服装，佩戴各式玲珑精致的饰品从四面八方汇集赛马场，热闹非凡，盛况空前。

越海子山口(4995米)，入巴塘河

谷。巴塘盛产苹果，地茂物丰，农业基础较好。作为历代进藏重镇，巴塘的古迹甚多。巴塘金沙江大桥对岸便是辽阔苍茫的神秘藏地。巴塘河谷一带位于川、藏、滇的交界处，川藏南线和滇藏线便在芒康会合。发源于青藏高原唐古拉山脉的金沙江、澜沧江、怒江，在此区域近300公里的范围内呈平行竞流之势，构成所谓“两山夹一江，两江夹一山”的三江地区。这里层峦叠嶂，沟壑深布，驻足谷底仰望，突兀险峻，自古有“十里不同天”之说，其地理特征足令人感叹大自然的鬼斧神工。

由于受到当时社会历史条件和复杂的自然因素等制约，川藏公路抗灾能力较弱，地质灾害频发。为进一步提高川藏公路通行能力，从“七五”开始，国家投入大量资金对其进行保通、整治、改建，形成了现在的川藏南线西藏境内段1285公里。目前林芝—拉萨段以及各县城过境路段累计612公里路段已铺了沥青路面，行车条件有了明显改善。现国家已制定并实施全面整治川藏公路计划，新建、改建成都至拉萨的2165公里路段，分两个五年计划完成，届时川藏线将真正成为祖国大西南东西向的彩带和虹桥。

五、青藏公路

青藏公路起自青海省西宁市，经倒淌河、格尔木、唐古拉山口、黑河，止于西藏首府拉萨市，全长1937公里，是京拉公路（编号G109）的一段。它翻越日月山、旺尕秀山、昆仑山、风火山、唐古拉山等崇山峻岭，跨越西川河、察汉乌苏河、香日德河、血水河和长江源头的楚玛尔河、沱沱河等河流，通过峡谷、草原、盆地、戈壁、沼泽和冰川及多年冻土地带。全线修建在被称为“世界屋脊”的青藏高原上，平均海拔4000米以上，其中昆仑山口和唐古拉山口海拔高达4600米和5300米，是目前世界上海拔最高、里程最长的高原公路，人称“天路”（见图7-7）。

青藏公路全线分东段和南段两大段，东段西宁至格尔木长782公里，解放前已建有简易公路，但大部早已不能通车；南段格尔木至拉萨，长1155公里全为新建。

青藏公路在艰难中开始起步。1950年春天，为和平解放西藏，中国人民解放军分别从四川、西北、新疆和云南4个方向进军拉萨。当时，帝国主义势力胁迫西藏上层企图把解放军挤出西藏。由于买不到粮食、盐巴和燃料，西藏驻军和党政机关的3万多人面临着断粮的危险。为了解决进藏部队的生存问题，中央决定不惜一切代价从西北运粮。在中央统一部署下，根据恢复旧路，抢修新路，以尽快保障运输，支援

图7-7 青藏公路一段

进军西藏的原则，青藏公路动工修建。东段从1950年4月至1954年修复；南段于1951年8月对线路进行踏勘，因不具备筑路条件，且沿途大部分地段又无人烟而被放弃。

1953年春末，西北军区运输总队骆驼队往西藏运粮，从青海香日德出发，经格尔木向藏北高原挺进，通过了平均海拔4000米以上，昼夜温差大，最低温度-39℃，年平均温度-5℃，被外国探险家称之为“死神主宰的生命禁区”的青藏高原。1953年11月15日，运输总队政委慕生忠将军派出一支由50峰骆驼、3匹马、2辆木轮大车及20名警卫、驼工和两名地图绘制员组成的探路队，载运了1000多斤粮食及医疗物资，在总队副政委任启明率领下，历时64天，历尽千辛万苦，终于在1954年1月24日到达藏北重镇那曲。探路队发回了这样的电文：青藏高原远看是山，近看是川。山多坡度平，河多水不深，一般不用架桥。1000多人，半年左右时间，修一条简易公路是可能的。此后又一支探路队也到达聂荣宗。事实证明，在这所谓的“生命禁区”是能够修建一条公路的。为此，慕生忠晋京向中央有关部门领导作了汇报，并呈送中共西藏工委领导署名的筑路报告，得到周恩来总理的批准。

南段工程在彭德怀司令员的支持下，由慕生忠率领唯一的工程师邓郁清和19名干部、1200多名民工、10名工兵，于1954年5月11日在格尔木的艾芨里沟破土动工。除中央拨款的30万元以外，慕生忠只得到了从西北军区拨来的1500公斤炸药、3000件工兵铁铲、1辆军用吉普车、10辆美制十轮大卡车的筑路家当。公路打通到昆仑桥后，彭德怀又增派1000名复员战士，拨款200万元，进一步加快了施工进度。在如此困难的条件下，筑路员工开始了一场人与自然的殊死决战。他们尽量利用较平坦的地形，披荆斩棘，战胜了艰难险阻和高山反应，于同年12月5日把公路抢修粗通到了拉萨。

青藏公路是一条奇迹路。在不肯接纳一切生命足迹的地方，筑路者用自己的血肉之躯在这旷世原野留下了深深的震撼。遇到凹地，就用挖坑埋石的办法铺平道路；遇到遮天的芦苇，就用仅有的十几把铁锹在泥沼中砍路前进；路修筑到距格尔木70公里的地方，闻名世界的察尔汗盐湖就横在了面前。当时古今中外还没有在盐湖上筑路的历史，人们对盐湖的认识也是知之甚少。人们不知道盐能不能作为筑路的材料，更不知道厚达数米的盐盖能不能经得住汽车的碾轧。可可西里转运站长齐天然发现盐盖坚硬平整，但却布满溶洞，凸凹不平。他想到了制作豆腐的原理，用卤水当“粘合剂”去填补溶洞，整修道路。不想这无奈中的发明，竟使公路顺利地通过了31公里的盐湖湖面。通车半个世纪以来，盐湖路面经受住了数百万车轮的考验；第二年，青海西部的第一座飞机场在盐湖上建成；70年代，青藏铁路西宁至格尔木段也顺利通过了百里盐湖。直到21世纪的今天，万丈盐桥依旧是青海一绝。齐天然发明的盐盖填溶洞和卤水补裂缝的方式，仍然是盐湖路段用来修补路面的唯一方法。

这条盘桓在世界屋脊上的公路，除了它的战略地位和军事意义外，其开凿史和使用过程，无疑是人类有史以来的一次伟大的创举。而在和严酷的大自然的搏斗中，中国军人身上迸发出的爱国主义、英雄主义和集体荣誉感，以不可思议的神奇力量，支撑和驱动着一个生理学家无法解释的现象：在人类无法生存的环境中，他们创造了一项令世人瞩目的伟大壮举。1984年12月25日，在青藏公路通车30年之际，青海省政府在格尔木市郊出口处，竖起一座象征跨越昆仑唐古拉的大理石纪念碑。西藏自治区在青藏公路的终点拉萨市郊，竖起一座高耸入云的“川藏青藏公路纪念碑”，碑文称：高原公路，亘古奇迹，四海闻名，五洲赞叹。

今天的青藏公路是一条巨资铺成的路。青藏公路限于当时的条件，修建标准低，加之沿线地处高原，空气稀薄，气候恶劣，地质复杂，公路病害多且频繁，通车后损坏严重，路况远远不能满足沿线的运输需求。为此，半个世纪以来国家共投资33.68亿元，对该路段先后进行了五次大规模的改建和整治。一是青藏公路改建，总里程由初通时的2 100公里缩短为1937公里。从1975年开始，历时10年多，由国家投资约8亿元，对青藏公路西宁至拉萨段1937公里进行第一次重点整治并加铺黑色路面。80年代末，青藏公路大部分路段由于冻土作用，路面损破严重，已经危及青藏公路的正常通行。为此，

1990年国务院决定投资8.5亿元对格尔木至拉萨段西藏管养的1146公里范围内的部分路段，共计339公里，进行了重点整治。工程于1991年全面开工，1996年7月竣工。1996年，国家又投资5.48亿元，对前期整治工程路段之外的48段共203.6公里病害路段进行重点整治与改建，1999年9月完成。2002年4月，国家投资11.7亿元对青藏公路又进行了整治改建，目前已经竣工。

这次大规模的整治改建工程在青藏公路格尔木至羊八井段进行，累计整治改建长度779.06公里。多年冻土、高寒缺氧、生态脆弱，这是在“世界屋脊”建设青藏公路面临的三大世界性技术难题。施工路段穿越被誉为“高原野生动物乐园”的可可西里国家自然保护区。这里广泛分布着高寒厚层地下冰多年冻土地质生态，一旦被破坏和扰动就很难恢复，是青藏高原生态环境比较脆弱和特殊的地区。从2003年6月份开始,青藏公路改造工程施工单位利用热棒技术，解决可可西里自然保护区冻土地带路基沉降变形与纵向裂缝等难题。这一公路科研项目共使用热棒1700多根,投资达3000多万元。整齐排列的热棒形似“林带”（见图7-8），给这条雪域“天路”增添了一道别致的风景。

经过多次大规模的改扩建和病害整治，青藏公路西藏境内路段全部改为沥青路面，技术标准全面提高，行车条件大为改善，服务水准大幅提高，已能基本保持全年畅通。由于这条公路途经地区比川藏公路平直一些，地质灾难也较少，成为西藏对外交通的主干线，全藏90%以上的物资运输都仰赖这条“天路”。

川藏和青藏公路的建成通车，促进了西藏与祖国内地政治、经济、文化上的交流，增进了西藏各族人民的团结，加快了旧西藏政教合一的封建农奴制度的灭亡，推动了西藏社会制度的历史性跨越，开辟了西藏从落后走向进步、从贫穷走向富裕、从封闭走向开放的新时代，对于维护国家统一和领土完整，对于保持西藏乃至整个西南地区的政治稳定和边防稳定，对于促进经济发展和社会进步，都发挥了极为重要的作用，成为名副其实的西藏各民族的团结之路，社会文明进步之路，迈上富裕生活的幸福之路。

50多年来，经过几代人的艰苦努

图7-8 整齐排列的热棒

力，西藏交通从无到有，从点到线，从线到网。特别是改革开放20年来，西藏交通建设步伐全面加快，取得了新的成绩。全区公路总里程41302公里，一个以拉萨为中心，以青藏、川藏、滇藏、新藏、中尼等5条国道为主骨架，地市相通，县乡连接的公路网络，已基本形成。四通八达的公路网像血管一样，将人流、物流、信息流等源源不断地输送到藏区各地，还带来了蜂拥而至的国内外游客。近几年内地及海外的"自驾车游客"、单车探险和徒步旅行的人成倍增长。从"戈壁明珠"格尔木沿青藏线向昆仑山脉蜿蜒南行，经多次整修的青藏公路平坦如砥，犹如一条横卧的黑色蛟龙，飞越苍穹，纵游云端，公路沿线已成为文化传播、信息交流最活跃的地区。

青藏公路开拓、发展的历史，充分体现了党中央、国务院乃至全国人民对西藏地区和藏族同胞的重视和关心。全线通车50多年来，路况水平不断提高，技术等级已达二级以上标准，成为快捷、通畅的交通干线。目前西宁至拉萨公路已列入国家高速公路网规划，未来的青藏公路将成为推进西藏更加现代化的高速通道。

六、京沈公路

京沈公路是中国国道网中编号第一的首都放射线（编号G101），南起北京，北至沈阳，全长855公里，是辽宁西部和河北北部地区主要进京通道，也是通往著名度假胜地——承德避暑山庄的旅游干线（见图7-9）。

京沈公路途经北京、河北、辽宁三省市，沿线主要城市有北京、承德、朝阳、阜新、沈阳，沿途分别与112、306、305、304四条国道相交。

图7-9 青翠欲滴的京沈公路（G101）

京沈公路北京段由东直门至古北口，长123公里，其中城区段16公里。原路是在清朝御路基础上修建的，是北京通往古北口长城塞外的道路，通称京古路，向北延伸到承德即京承公路。忆往昔，这是一条古道。秦始皇时，渔阳（今北京怀柔、密云一带）是边塞重镇，始皇东临碣石，返回咸阳途中，就经过渔阳。汉朝时，即形成了这条路的雏形。北魏孝文帝时，古北口之路是北方各部族的贸易通途。唐时则已成为驿道。唐人有诗云："北风号蓟门，杀气日夜兴，咸阳三千里，驿马如饥鹰。"生动描写了边关驿传的紧张状况。后来辽宋互派使节也多经此路。金建都燕京，它便成为自燕京去会宁（老金都，今黑龙江阿城县南之白城）的重要通道。元代于古北口设驿，此路是自元大都至上都的重要道路之一。明朝时更形成了由京师到古北口的驿站干路。到了清朝，京承驿站道路又成为御道，是清帝赴热河行宫（今承德避暑山庄）之路。这条路沿途坎坷，行路甚艰，有的路段真如古人苏辙描写的"乱石环合疑无路，山径萦回长傍溪"；到了古北口，则正如欧阳修诗云："古关衰柳聚寒鸦，驻马城头日欲斜"。北洋政府统治下的1921年，按简易公路标准修建该路的安定门至古北口段，时称京热公路。此后该路段历经多次大修改造，目前均为一级公路。其中姚圈至密云县沙峪沟道口段1977年按一级公路标准改建，1980年竣工，为中国大陆最早建成的一级公路之一。

河北段由古北口至平泉县许杖子，长212公里，沿燕山山脉布线，全线均按山岭重丘区标准设计，除4公里一级公路外，其余路段均为二级公路。其中京承旅游公路段（古北口—承德市区）1991年10月建成，是河北段最晚通车的路段。

从2002年开始，河北段全线实施"红花绿叶"工程。

辽宁段由朝阳市五道梁子至沈阳市于洪区铁匠炉子，长520公里（不包括复线）。该路段自古以来就是辽西和辽东经济往来和文化交流的主要通道，解放前，北京到沈阳大都走此线路。这段线路曾在三国时期，隋、唐、清代以及民国时期进行过大规模整修。建国后，由地方交通投资，按交通部拟定的技术标准经多次整修，目前技术等级均达到三级以上，其中朝阳至北票段2001年改建为一级公路。

京沈公路的起点北京是一座有着3000多年建城史、850多年建都史的世界历史文化名城和古都。1949年10月1日，中华人民共和国成立，北京成为共和国的首都，古城的历史揭开了新的一页。北京是古老的，但同时又是一座焕发美丽青春的古城。今天的北京是中国政治、经济和科学文化的中心，是中国与国际交往的中心之一，是中国最大的陆空交通枢纽。

承德处于华北和东北两个地区的连接过渡地带,是京沈公路途经的重要城市，历史上也称热河，有着特定的地域文化和深厚的底蕴。清朝迁都北京后，热河的地理位置日益重要。这里毗邻京、津，西顾张家口，东接辽宁，北倚内蒙古，南邻秦皇岛、唐山，是燕山腹地、渤海之滨重要的区域性城市。由于这里的气候、物产等自然条件得天独厚，既可消夏避暑，又可联络蒙古，巩固边防，于是从康熙四十二年（1703年）开始兴建避暑山庄，历经康熙、雍正、乾隆三朝，耗时89年方告建成。

避暑山庄是清朝皇帝为了实现安抚、团结中国边疆少数民族，巩固国家统一的政治目的而兴建的，清帝每年都有大量时间在此处理军政要事，接见外国使节和边疆少数民族政教首领。这里的重要遗迹、重要文物和所发生过的一系列重要事件记载着清朝统一和团结的历史，成为中国多民族统一国家最后形成的历史见证。乾隆在这里接见并宴赏过厄鲁特蒙古杜尔伯特台吉三车凌、土尔扈特台吉渥巴锡，以及西藏政教首领六世班禅等重要人物，还在此接见过以特使马戛尔尼为首的第一个英国访华使团。影响中国历史进程的“辛酉政变”亦发端于此，慈禧太后自此开始掌握清政府最高权力近半个世纪。

由于存在众多群体的历史文化遗产，使避暑山庄及周围寺庙成为全国重点文物保护单位、全国十大名胜和44处风景名胜保护区之一，承德成为全国首批24座历史文化名城之一。2007年5月8日，承德避暑山庄及周围寺庙景区经国家旅游局正式批准为国家5A级旅游景区，京承公路成为一条极为繁忙的旅游热线。

京沈公路是首都经承德与东北老工业基地连接的重要纽带，其终点沈阳是辽宁省的省会。经过几十年的建设，沈阳经济和社会步入了快速发展的新时期。在经济全球化迅猛发展的今天，面对全面实施振兴东北老工业基地的重要战略机遇，沈阳市政府正式确定，到2010年把沈阳建成全国装备制造、东北地区商贸物流和金融三大中心，成为辽宁乃至东北地区全面振兴的重要增长极。在沈阳乃至东北全面振兴的历史进程中，京沈公路在交通运输方面正发挥着越来越重要的作用。

七、京深公路

京深公路是国道网中连接北京和广东省深圳市的首都放射线（编号G107），其中北京至广州段是“五纵七横”国道主干线中“京珠线”的一段。路线全长2 501公里，是贯穿我国南北的重要交通干线之一，对促进中部地区经济发展作用重大。1993年，107国道全线通过交通部组织的验收，成为第一条部级文明样板路。

107国道途经北京、河北、河南、湖北、湖南、广东等6个省、直辖市，沿线主要城市有北京、保定、石家庄、邢台、邯郸、安阳、鹤壁、郑州、许昌、驻马店、信阳、武汉、长沙、衡阳、郴州、清远、广州、东莞、深圳等，沿途分别与112、307、309、310、311、312、316、318、319、320、322、323、324等国道相交。

107国道北京段长48.2公里，其中城区段23.7公里，郊区段24.5公里。全线技术等级为一级，沥青混凝土路面。1919年，该路即被列为当时的“国道”之一。

河北段长475公里，技术等级为二级至一级，是联系北京和河南的重要通道。该路线1964年开始修建，至1976年全部铺筑沥青路面，建成二级、三级公路。1986年至2004年，分段改建为沥青混凝土、水泥混凝土路面。

河南段长550公里，全线为平原微丘二级公路。原路段在秦汉之后是驿道，清朝时北段是北京至开封官马大路的一段，南段是开封至信阳官马大路的一段，史称桂林官路。民国时期北段为河南省道路计划大纲中的南北干线。1976年之前，河南段公路技术标准均为三级以下，路况较差。1978年至2004年，全段实施较大的改造多达48次，使公路面貌大为改观。

湖北段长324公里，是在原京汉公路的基础上改扩建而成。截至2004年底，全线均达二级公路标准。其中，咸宁段1991年获交通部GBM工程优胜奖。

湖南段长626公里，技术等级为二级。该路段发端于长（沙）湘（潭）军路，始建于1931年。从1984年开始，全线陆续分期进行改扩建，路面为水泥混凝土。其中，衡阳段1992年获交通部GBM工程优胜奖。

广东段长478公里，技术等级为二级至高速，路面多为水泥混凝土。其中广（州）清（远）高速公路长46.16公里，1999年10月建成通车；清（远）连（州）一级公路是由于原107国道旧路不堪重负而新建的，走向基本与旧路平行，1997年11月建成，由中外合资兴建。

京深公路是交通部选定列入亚洲公路网的中国第一条公路，也是作为全线实施GBM工程的试验路。

GBM工程是中国公路养护工作在新时期的新发展，是交通部为改善和提高现有公路技术状况，提高公路通过能力和科学管理水平，推进公路（G）标准化（B）、美化（M）建设进程的一项综合性的重大举措，被称为我国公路继增加里程、提高质量之后的“第三次飞跃”。

GBM工程是集公路工程学、交通工程学、建筑艺术学、公路美学、园林学、管理学和交通心理学于一体的系统工程。在工程方面，推行精心设计、施工、养护与规范化管理，突出公路自身的线形美、造型美、路面清洁、交通流畅等特点。在沿线设施方面，强调标志、标线、防护等设施的安全。在公路绿化方面，突出地方特点，因地制宜、因路制宜地采用多种绿化方式，使人工造景和自然景观浑然结合，给人以美和舒畅感，最大可能地将人、车、路三者与大自然紧密结合， 使公路运输的使用功能和景观环境符合标准化和美化的要求。

1987年，交通部首次提出在107国道上实施GBM工程，工程的实施让107国道面貌焕然一新，产生了显著的效益。主要表现在：全线达到二级公路以上标准，防护、排水设施等齐全配套，标志、路桩等鲜明齐全，平均好路率达90%以上，公路的整体技术水平大为提高。行车时速一般由实施前的30～40公里，提高到50～60公里；油耗降低18%左右，运输成本降低约20%；公路通行和抗灾能力大为提高。突出了公路特有的建筑美和景观、绿化美，路容、路貌得到较大改观。公路路政管理进一步加强，沿线以拆除违章建筑为重点治理脏、乱、差，有效制止了公路街道化的蔓延。提高了公路的规范化管理，基层养路单位得到加强，职工的思想教育和技术培训工作进一步抓出了成效。到“七五”期末进行验收时，107国道基本达到宽、平、顺、直和畅、洁、绿、美的标准。图7-10为京深公路（G107）河南郑州段一瞥。

一项工程的竣工并不代表着结束，它可以是一项新工程的开始。1994年，交通部又决定在107国道实施GBM工程的基础上，创建文明样板路，彻底改善该公路行车环境，树立全新的公路交通形象。经过努力，1994年年底，107国道全面建成文明样板路，全线线形流畅、标号标志齐全，公路“三乱”得到有效整治，极大地改善了交通环境，提高了公路通行能力，促进了沿线经济发展，推进了沿线乡镇的精神文明建设。

随着时代的发展，文明样板路创建标准被赋予了安保工程、治理车辆超限超载等新的内涵。“以人为本”、“创建和谐公路交通环境”等概念的提出，进一步完善和深化了文明样板路的创建内涵，公路交通也更加与时代发展

图7-10　京深公路（G107）河南郑州段一瞥

和社会进步紧密地联系在一起。打造一项文明样板路工程就是一次公路文化的创新，保障一条文明样板路的畅通就是保障一条经济大动脉的畅通，提高行车舒适性就是充分考虑“以人为本、以车为本”，优化公路环境就是让公路和自然融为一体……路与自然的和谐、路与车的和谐、路与人的和谐成为当今文明样板路的创建目标，也成为当今公路养护工作的最高追求。随着时间的推移，107国道文明样板路的榜样作用将日渐凸显，我国干线公路管养水平也将进一步提高。

八、京拉公路

京拉公路是国道网中连接北京和西藏首府拉萨的首都放射线（编号G109），路线全长3 744公里，是从北京出发的最长的国道。

109国道途经北京、河北、山西、内蒙古、宁夏、甘肃、青海、西藏等8个省、直辖市、自治区，沿线主要城市有北京、大同、鄂尔多斯、银川、白银、兰州、西宁、格尔木、那曲、拉萨等，沿途分别与110、112、207、208、209、210、312、227、214、315、317、318等国道相交或重合。

109国道北京段长119公里，其中城区段23公里，郊区段96公里。技术等级为三级至二级，路面材料为沥青混凝土。该路段1967年初次建成，原称京兰（州）公路；1981年，颁布《国道公路网规划表》，将原京兰公路改称京拉公路（109国道）。

河北段长189公里，是晋煤外运的主要通道，技术等级为二级。该路段于2003年实施安保工程及文明样板路建设，全线建成绿色通道22公里，完善绿色通道144公里。

山西段长94公里，技术等级为二级，路面材料为沥青混凝土和水泥混凝土。其中，云西—右玉界为全国文明样板路标准路段。

内蒙古段长595公里，该路段在规划为国道之前，是根据当地经济发展需要分段修建的简易公路或低等级公路，经过改造，现技术等级为一级至三级。路线所经地区东段为黄土丘陵地区，沟壑纵横。西段位于毛乌素沙漠和库布齐沙漠之间，部分路段存在沙害。

宁夏段长341公里，技术等级为二级，面层为沥青上拌下贯或沥青混凝土，路面基层为石灰稳定土、水泥稳定砂砾、干压碎石。该路线起源于唐朝，至明清时初具规模，时称兰宁、宁绥大车路。1925年由西北军整修包头至宁夏城和宁夏城至兰州的大车道以通行汽车。1929～1934年，宁夏建设厅修筑了被称作“三大干线”之一的宁包、宁兰汽车路，解放后已经过6次较大规模的改造。

甘肃段长374公里，技术等级为二级至高速，由兰包公路（原称兰宁公路）、甘青公路以及白(银)兰(州)、尹(家庄)中(川)、兰(州)海(石湾)高速公路组成。新中国成立后，对该段路线不断改建提高，1977～1990年被列为重点项目进行大规模改扩建，投资1.75亿元；1991～1995年又投资9 094万元进行改造，使甘肃段全线达到二级以上标准。

青海段长1486公里（包括西藏管养路段593公里）。该路段由甘青公路青海段和青藏公路青海段组成。1987年，“青藏公路多年冻土地区黑色路面修筑技术”获国家科技进步一等奖。

西藏段长546公里，技术等级为二级，是青藏公路的一段。全程属高原性地貌，沿线翻越昆仑山、风火山、开心岭、唐古拉、申格里贡山，跨越楚玛尔河、沱沱河、通天河、布曲河、扎加藏布河、那曲河。该路段1954年通车时是一条简易公路，1955～1958年按1954年部颁四级公路标准进行第一次改建；20世纪六七十年代实施桥梁永久化；1973～1985年按1972年部颁二级公路标准进行全面改建，路面结构为原砂砾层上铺干压碎石基层和沥青碎石面层；1991～1999年进行第二次大规模整治；2002～2004年由于铁路建设的需要，又对部分路段进行了整治。

京拉公路连通华北、西北、西南8个省、自治区和直辖市，沿途不同民族的文化各具浓郁特色，下面让我们从北京出发沿着109国道做一次中国文化的巡礼。

我们首先触摸到的是太行山水和北方山村文化。弯弯曲曲还有些险峻的山路西行100多公里就到了北京通往陕、晋和口外的要塞——爨底下村。“爨“原意有灶的意思，当年在建这个山村时，主人为其取名“爨底下”，意为躲避严寒，或许有避难之意。观景寓意，让人大有世外桃源之感。爨底下村距今已有400多年历史，是我国首次发现保留比较完整的山村古建筑群。民居坐落在山谷北侧的缓坡上，坐北朝南，占地约1公顷，存院落74个，689间房，一条街道将村落分为上下两部分。结构严谨、错落有致的四合院整体精良，布局合理，建筑风格既有江南水乡窗、楼、室等细节、局部处理上的风韵，又有北方高宅大院恢弘整体的气势。石墙山路、门楼院落、影壁花墙，仍能看出当年的精工细作，砖雕、石雕、木雕蕴育着古老的民族文化。灰瓦飞檐、石垒的院墙凝重厚实中透着威严，恬淡平和中积淀着深厚的文化，被称为“京西的布达拉宫”。

沿109国道继续西行，就从中原燕赵文化区跨到了三晋文化区。晋北地区以大同为重心的佛教文化，从北魏开始已在中华历史上闪光。拓跋珪建立北魏，公元398年迁都今天的大同，开始开凿云冈石窟，佛教文化扎根大同。郦道元在《水经注》中记载云冈石窟："武州川水又东南流，水侧有石洹舍，并诸窟室，比邱尼所居也。其水又东转径灵岩，凿石开山，因岩结构，真容巨壮，世法所希。山堂水殿，烟寺相望，林渊锦镜，缀自新眺。"这是大同，佛光的大同。而《水经注》也提到："山有石炭，火之，热同樵炭也。"这也是大同，乌黑的大同。综合起来，大同就是一座闪着佛光的乌黑的城市。如此特别的城市，恐怕全世界难以找到第二个。紧贴着109国道的云冈石窟是佛教文化中的一朵奇葩，粗放的运煤车呼啸着从云冈佛像面前穿梭，工业文明与佛教文化生硬地擦着肩，无时无刻。

在109国道向西藏延伸的路上循着大同去往恒山的方向，会看到一条朴实的河流缓缓流淌，河坝的间距很宽，河流很细很缓。从公路上下到河坝，有一对石碑，题："引洪提水治碱地，修渠打埂造粮田"，这就是丁玲笔下的桑干河了。午后的阳光照耀着，河床上的野草正在苏醒，坝后的土地刚刚被耕过，远处的恒山北麓还残留着冬天的积雪。待到野草泛青，山麓上的积雪融化了的时候，春忙的景象会刻录在欢快的河流中，一路欢腾地向着东北方向流，流到官厅水库，也流到北京。

伴随着皲裂的黄土高原丘壑，黄河来了。过了黄河，道路两侧无论是地理状态还是村庄都与山西大不一样了。高低起伏的峡谷和山丘犹如冬天被冻裂的人的皮肤，修造在这些伤口上的109国道传承出"北人之风"。地理环境能够决定人的生存状态和民风民俗，内蒙古109国道沿线带有明显的游牧民族的特征，建筑稀疏、松散、独立，已经由中原文化区跨进了蒙古文化区。来到鄂尔多斯，那些跟草原文化相关联的词汇：羊毛、牛奶、羊肉，成为这座城市的高频词汇。大名鼎鼎的鄂尔多斯羊绒衫、蒙牛乳业是这座城市当代工商业文明的一部分，草原文明和工业文明在这座城市碰撞出鲜亮的火花。2006年，它的人均GDP已经超过6600美元，居西部地区首位。

成吉思汗的王陵在鄂尔多斯郊外。这里是成吉思汗一生驰骋疆场最后一个指挥中心的驻地。一代天骄率领大军驻扎鄂尔多斯攻打西夏，大批蒙古文化艺术精英跟随驻军留驻鄂尔多斯，从此为鄂尔多斯带来了五颜六色的文化。成吉思汗在率军攻打西夏的途中突然病逝，这里也成为成吉思汗最终的灵魂归宿。这片土地，右手牵连着三晋燕赵，左手牵连着西夏，更因为成吉思汗这个名字使得这片土地在中华文化长河中熠熠生辉。

进入宁夏，二过黄河，穿过毛乌素沙漠就是绿洲。绿洲的一头是贺兰山，一头是黄河，绿洲内阡陌纵横，被称作“塞上江南”。这里跟中原相似，没有鄂尔多斯丘壑、荒漠上的孤寂，一个个村庄被乡间的道路纵横交错地编织在一张被黄河灌溉着的绿色原野上。实际上，这里也是中原，是秦陇文化区的组成部分。街道的两边，汇集了各地的方言，陕西人的面馆，甘肃的面馆伙计，新疆的羊肉串，河南来的少林僧人，使宁夏成为109国道沿线最能代表中国北方传统文化的地区。

从银川再次经过黄河，经过青铜峡、中宁和白银，驶向兰州。进入甘肃，道路两侧的工厂似乎多了起来，那些工厂大都跟当地的资源有关系，正努力将西北的资源转化成市场价值，资源开发贯穿着当地的经济发展。兰州城建在黄河的谷地上，沿着弯曲的黄河狭长地布局在两岸，是黄河上唯一一座跨河而建的城市。兰州也是109国道沿线北京之外最大规模的城市。这座城市的文化符号很多：兰州拉面、中山铁桥、敦煌研究院、读者出版社、白塔山、兰州水车、漂亮的羊皮筏子、粗犷的西北汉子、黄河漂流……兰州是个十字路口，如果将109国道看作短轴，贯穿狭长甘肃的312国道是长轴，短轴连接着青藏高原和北京，长轴贯穿着丝绸之路和上海。两条沟通中国东部最重要城市和西域的国道，在兰州形成了一个华丽、大气的十字结。

从兰州出发，就来到西宁。一路上处处可见工厂和蔬菜大棚。西北的这三座城市：银川、兰州、西宁共同影响组成109国道中段的经济、文化隆起区，三地在经济文化上越来越紧密地交流与合作。西宁城外的塔尔寺坐落在青海省湟中县鲁沙尔镇西南隅的莲花山坳中,距省会西宁市仅26公里,是我国藏传佛教格鲁派(俗称黄教)创始人宗喀巴大师的诞生地和藏区黄教六大寺院之一。

109国道出西宁市区，直到青海湖，是环青海湖自行车赛的主要路线。这段公路的等级很高，与环青海湖自行车赛不无关系。2001年开始，青海每年的7～8月都会举办环青海湖自行车赛。这是一项亚洲最高级别自行车赛事，也是世界自行车赛事中海拔最高的国际赛事。体育文化、青海历史文化与各种文化背景的人通过赛事进行交流，109国道参与在环青海湖自行车赛事中，成为最具有国际风范的国道之一。

由西宁到格尔木，汽车在望不到边际的青藏高原上奔驰，扑入视野的是黄绿错综的一条大毡子。黄的是土，未开垦的荒地，几十万年前由伟大的自然力堆积成功的黄土高原的外壳；绿的是麦田，是人类的伟力战胜自然的成果。格尔木是作为青藏铁路一期的终点站而繁荣起来的城市，是内地进入西藏的主要通道之一，同时也是我国西北重要的工业和资源型城市，钾、钠、镁、锂总储量占全国第一位。格尔木是109国道上的一个聚宝盆，更是一颗璀璨的明珠。109国道不断延伸到更前方，远处闪入眼帘的是一排排傲然耸立像哨兵似的树木，那就是茅盾赞美的白杨树。这是西北极普通的一种树，然而实在是不平凡的一种树。茅盾写这篇散文是在1941年的延安，对白杨的礼赞实则是对延安和西北人民精神的礼赞。后来，人们也把这象征西北人民坚韧不屈精神的杨树种到了格尔木，白杨树代表着当年青藏公路筑路队不畏艰险的精神。

离开格尔木向西藏进发，穿过南山口渐渐接近了昆仑山。昆仑山就像青藏高原的大门，进了这道门就是曾经的生命禁区。老兵站的鲜艳红旗随风飘扬，那些守卫着这座大门的军人，在艰苦环境中，精神更崇高。昆仑山垭口矗立着英雄索南达杰纪念碑，在这座山和这名英雄的引导下，进入可可西里无人区。不知不觉地，眼前出现一片漫滩，那就是长江源头沱沱河了。漫滩非常宽，桥很长。一路绕着黄河驶过来，109国道在这里终于又沾上了长江的精气神儿。穿过沱沱河，高原大地在变幻莫测的晚霞作用下丰富地变化着光影和色彩，翻上海拔5231米的唐古拉山口，极目远眺，皑皑雪山、满天彩霞、红黄相间的群山、草原、快速流动的光影和深浅不一的云彩，傍晚的青藏高原美丽极了。唐古拉山口青藏官兵纪念雕塑，在晚霞中熠熠生辉，英雄的青藏线从格尔木延伸过来，在海拔最高的唐古拉山口激昂到了高潮。

翻过唐古拉，踏进西藏。如果以唐古拉山为界画一条线，属于青海的那部分天路，是自然的天路；属于西藏这部分的天路，则是宗教、精神意义上的天路了。

拉萨位于青藏高原的中部，海拔3650米，是世界上海拔最高的城市之一，地势北高南低，中南部为雅鲁藏布江支流拉萨河中游河谷平原，地势平坦。年日照时数3000小时，在全国各城市中名列前茅，故有“日光城“的美称。1951年5月23日，西藏和平解放，拉萨城进入了新的时代。1982年又将其定为首批公布的24座国家历史文化名城之一。晨曦中的布达拉宫点着光亮高高地耸立在城市最上空，主宰着城市的天际线。纵目眺望拉萨城，邮电大楼、新闻大楼、拉萨饭店、西藏宾馆及各色建筑物星罗棋布，互为参错，连连绵绵，一片新辉。站在布达拉宫顶上俯瞰拉萨全城，整个拉萨市区到处是一片片掩映在绿树中的新式楼房，唯八廓街一带飘扬着经幡，荡漾着桑烟。在这里，密布着颇具民族风格的房屋和街道，聚集着来自藏区各地的人们，他们中许多人仍然穿着本民族的传统服装，那仿佛从不离手的转经筒和念珠显然表明佛教实际上已成为一种生活方式。

从某种意义上说，109国道早已超越了它的经济、政治意义而成为圣洁的文化心路，吸引着越来越多的中外旅行家。

九、红格公路

红格公路是连接甘肃、青海两省的一条纵向国道（编号G215）。路线北起甘肃省安西县红柳园镇，经敦煌、阿克塞至青海省格尔木市，全长655公里。

215国道是纵贯柴达木盆地的经济干线，也是欧亚大陆桥的重要连接线。其北端与欧亚大陆桥连霍公路（G312）相接，青海省鱼卡至大柴旦43公里路段与315国道重合，南端与109国道相接。

215国道甘肃段长254公里，原称红（柳园）当（金山）公路，于1958年修建，并于1960年和1976年分别进行改建；1977年至1990年间先后投入改造资金902万元，建成二级公路130公里、三级公路124公里。红当公路是联系新疆、甘肃、青海、西藏的一条重要国道,也是通往驰名中外的敦煌莫高窟的一条重要旅游路线。路线穿过茫茫戈壁，跨越鸣沙山、大草滩和盐碱地段，直抵海拔3600米的当金山口，其改造工程的主攻对象是流沙、盐碱、水毁等公路病害。1980年开始采取栽“草方格”、“沙障墙”，铺卵石平台等方法拦沙、固沙，使全线技术状况和通车能力有了较大提高。1986年将线路由第一阶地改建提高到第二阶地，并对频繁水毁路段增设拦水坝、挑水坝等防护措施，基本建成“放心路”。该路段经改建后，提高了行车速度，为青海和西藏的物资运输提供了方便，同时对敦煌旅游事业的发展起到了积极的作用。

青海段长401公里，其中一级公路3.8公里，二级公路56公里，三级公路341公里。原路段1954年11月建成简易公路；1981年11月被列入国道，并改称柳格公路。2000年第二次全国公路普查时复名红格公路（2003年，甘肃、青海两省省界重新勘定，省界由原来的“当金山口”改为“花海子”，现甘肃阿克塞自治县境内当金山垭口至花海子约60公里路段仍由青海省管养）。

青海段花海子二道班至大鱼滩186.6公里路段纵穿柴达木盆地北部，以“万丈盐桥”而闻名于世。在约20万平方公里的柴达木盆地中，有一种独具特色的自然景观，这就是星罗棋布的盐湖。盐湖水中含有多种化学元素，蕴藏着巨大的无机盐矿产资源。“万丈盐桥”就悬浮在最大的盐湖——察尔汗盐湖之上。半个多世纪以来，它承担着繁重的交通运输任务，为青海乃至西部各省、自治区的经济发展做出了突出贡献。

万丈盐桥的诞生实属偶然。50多年前，柴达木盆地还是一片荒原，被阿尔金山、祁连山、昆仑山等著名山脉环抱着，在大片大片的戈壁、瀚海、盐渍土下面，蕴藏着丰富的石油、天然气、钾盐等矿藏。这片区域分布着20多个大小不等的盐湖，由于盐湖地区土壤含盐量高，植物、动物均不能生存，因而被称为“生命禁区”。1954年，“筑路将军”慕生忠率领筑路大军修建青藏公路。由于从甘肃的峡东火车站南下格尔木运油至西藏，比经兰州、西宁近1000多公里，于是决定勘察和试修敦煌至格尔木公路。当公路翻越当金山，进入5800多平方公里的察尔汗盐湖时，只见一片白茫茫盐泽。如何把公路修过盐泽，成为一大难题。盐泽湖面干涸，表面是一层30厘米至1米多厚的坚硬盐盖，胀裂隆起，呈鳞片锯齿状的波浪起伏。在盐盖下面是深达10~20米不等的结晶盐和卤水，并且散布着无数大小和形状各异的窟窿、孔洞。当时没有任何国内外文献资料记述过有关这种盐泽筑路的科学方法。在此困境中，筑路员工在仔细观察盐湖时，掀开了硬盐盖，发现冒出的卤水竟把孔洞填住了。于是，他们在窟窿最小和孔洞最小的区间选定了线路。随后工人们冒着风雪，抡锤砸碎盐盖的隆起部分，填平孔洞。就这样一米一米地向前延伸，填筑了一段实验性盐盖路基数公里后，先让空载卡车缓缓地在上面行驶，发现完全经得起这种荷载，而后又满载试行，获得成功。公路就这样逐段向南推进，终于在1954年12月22日从敦煌方面来的满载货物的卡车顺利驶过这段盐路，开进了格尔木。因为这段盐路长32公里，约合10400丈，像一座架在盐湖上的浮桥，因而被称为“万丈盐桥”（见图7-11）。

图7-11　万丈盐桥

这座盐桥的修建是通过实践—认识—再实践，寓偶然性与必然性之中建成的，是中国，也是世界筑路史中创造出来的一个伟大奇迹。万丈盐桥初“长成”，实际上是一条在盐盖上铺就的便道，要保证常年通车，就必须下大力气养护。于是，交通部门在沿线每隔10公里处设置一个道班，悉心照料万丈盐桥。随着车流量的增加和劳动条件的改善，道班又合并改建成了工区，配备了抽水机、洒水车、装载机、翻斗车等机械设备，坚持全年养护、四季保通。

万丈盐桥的养护方法很特别：通常是就地取材，将盐盖砸成碎块，将碎块灌注于大盐块之间的缝隙中，再浇洒卤水使其结晶凝固，形成坚硬密实的外壳，汽车就能在上面行驶了。盐盖路面使用一段时间后，因磨损会造成面层松散或不平，这时就得添补新料和洒浇卤水，以恢复应有的强度和平整度。这种用含盐量达20%至95%的盐盖凝固而成的路面，抗压强度可达每平方厘米7公斤至20公斤。 经过精心养护的路面，气候干燥时表面呈灰白色，如水泥混凝土路面一般坚硬；空气湿润时，路面呈黑褐色，状如沥青路面，而且没有尘土。万丈盐桥可维持昼夜1000车次的交通量，行车时速可达80公里。其缺点是雨天行车容易打滑，使用久了会松散不平。在长期的养路生涯中，养路工们总结出了一套“平整盐盖、填塞溶洞、铺筑盐块、晶盐路基、浇洒卤水”的作业程序，并因地制宜，在公路两侧每隔几百米就凿透盐盖挖一个卤水坑，用抽水机抽出卤水 “滋润”路面。在几代养路工的精心养护下，万丈盐桥经历了半个多世纪的风霜雪雨，仍历久弥新、平坦如砥。“桥”上路面光滑平坦，山色湖光相映，景致很美，堪称“举世无双”。玉带似的盐桥，旁无护栏，下无桥墩，更无流水。整个路面平滑光洁，坦荡笔直。盐桥将盐湖从中间劈成两半，在风和日丽的时候，盐湖的地平线上有时还会出现如梦似幻的海市蜃楼。所以，当你俯瞰“万丈盐桥”的奇观时，定会对筑路工人的聪明和智慧惊叹不已。

青海境内215国道大柴旦至察尔汗盐湖段沿线为戈壁荒漠及盐渍土沼泽，气候干燥，年大风天气在80天以上，给养路职工的生命和行车安全带来严重威胁。20世纪80年代中期至1993年因行车扬起的沙尘影响视线，致使正在养护作业的职工被汽车撞死6人，撞伤10余人次。青海省职业病防治医院的普查结果表明，该路段养路职工患粉尘性硅肺病的比例高达21.88%。该路段改建工程于1994年4月开工，总投资0.34亿元，按二级公路技术标准设计，1996年8月竣工。其中，加尔苏至盐桥北堤段33公里路段为10~15厘米盐渍土路面，以保留“万丈盐桥”这一世界筑路史上的奇迹。1999年，当金山至鱼卡段改建工程荣获交通部“三优”工程二等奖。

国道215线大柴旦至察尔汗道路是

青海省“十一五”重点公路改扩建项目。此次改建的公路工程，位于青海省海西蒙古族藏族自治州大柴旦镇和格尔木市境内，起点位于大柴旦镇西侧（K462＋250），终点到格尔木市北出口油路（K595＋105.988）处，全长133公里，总投资7.9亿元，建设期为3年，计划2008年9月底完成路面工程，实现全线通车。该工程第一阶段施工全部按照二级公路标准建设，计算行车速度每小时80公里。其中，世界闻名的万丈盐桥路基首次采用了土工布防水工艺，这种施工方法具有隔离盐湖路面因卤水反潮而损坏路基的优点。为保护沿线生态环境，还专门设置了野生动物横穿公路通道21处。这条路不久将建成国家高速公路网的组成路段之一，并成为青海省矿产资源富集区柴达木盆地腹地的格尔木市通往西藏、甘肃和新疆等省区的重要公路，为西部地区的经济发展创造更多的机遇。

十、天山公路

天山公路又名独库公路，纵贯天山中段，是217国道的一段。北起石油新城独山子，南至龟兹古国库车，途经乌苏、尼勒克、新源、和静、库车等5个县市，总里程531公里（未含隧道明线32公里），技术等级为三级。全线基层配15~25厘米砂砾，路面结构为3厘米沥青表处，海拔3000米以上共4段总长为138公里的路段不铺沥青面层。

巍巍天山，绵延千里，横亘在新疆中部，把新疆分为南疆、北疆两个部分。因为天山阻隔，南北交通不便，严重影响了全疆的物资、文化技术交流和国防稳定，各族人民早就盼望穿越天山修一条通衢大道。天山公路是1964年在“巩固边防，加强战备，搞活天山，独立作战”的思想指导下决定修建的。1966年开始测量设计，1969年开工，至1972年突击完成，耗资816万元，只能勉强通车。1973年新疆军区对原路线方案提出大的修改意见，并拟提高路线标准。1974年国家决定加快修建天山公路，并将其列入国家重点项目，直接归中央军委管辖。经过9年艰苦奋斗，工程于1983年9月完工。它的建成通车，极大地缩短了从南疆到北疆的距离，从此结束了南北疆人民往来绕行几千里和商旅交往靠驼队马帮的历史。

天山公路超过一半以上的地段都在崇山峻岭、深山峡谷中通过，很多地方要面临“猿猱欲度愁攀援”的艰险地段，要翻越哈希勒根、玉希莫勒盖、拉尔墩、铁力买提4座海拔在3000米以上的冰达坂（达坂：意为冰雪簇拥的高山），跨过奎屯河、喀什河、巩乃斯河、巴音郭楞河、库车河5条天山主要河流，其中280多公里的路段都是在海拔2000米至3500米的高寒山区通过，气候恶劣，地形、地质极为复杂，人们用雄、奇、险、峻来形容天山公路。

天山公路填补了我国公路建设史上的4项空白：哈希勒根（意为此路不通）隧道，海拔3400米，是我国海拔最高的公路隧道；铁力买提（意为不可逾越）隧道，长1897米，是我国高寒地区最长的公路隧道；玉希莫勒盖（意为黄羊岭）隧道，地质构造之复杂是我国公路史上前所未有；两道防雪走廊是我国高寒地区防雪工程之首创。但是，冻土、雪崩、坍塌、泥石流，罕见的地理与气候条件，又使天山公路成为“中国公路病害博物馆”。一是雪害严重，一般在每年12月大雪封山，次年5月消融，只能半年通车。雪害包括雪崩和风吹雪，已修的防雪设施远远不能满足需要。如一号隧道北洞口修建了258米的防雪走廊，但隧道两端严重积雪路段达20公里，无异杯水车薪；且走廊两端向内吹雪，给养路工作带来困难。海拔3000米以上的高山积雪路段一般积雪深度在70厘米以上，拉尔墩达坂处背风积雪，路旁电线杆被雪埋没，可见雪害之严重。二是泥石流频繁阻断交通。全线较大的泥石流多发地有5处，总长约2000米。泥石流来时声音轰隆巨响，气势磅礴，山谷为之震动；泥石流过后，堆积物阻塞道路，中断交通。三是碎石坠落塌方严重。傍山路线因为气候干燥，崖面不生草木，岩石严重风化。为保证路基宽度，全线修建各种挡土墙723处，总长41.8公里，多数为干砌片石，因为碎落不断增加，挡土墙不得不持续提高，有的墙顶又加铅丝笼，有的笼上又砌石，但仍有碎落石块跳出挡土墙影响行车安全。

天山公路又是一条英雄路。在筑路过程中，中国人民解放军和新疆维吾尔自治区桥工队克服了常人难以想象的艰难困苦，在科技落伍、物资匮乏的20世纪70年代，筑路大军不得不拼人力、拼体力、拼意志。由于缺少机械车辆，官兵们常常肩挑手扛搬运石料。冬天的清晨，官兵的大头鞋常常被冻得“长“在地上，只能用钢钎撬下来。艰难困苦和流血牺牲并没有挫伤他们的热情和斗志，在栉风沐雪、英勇拼搏的十个春秋中，筑路大军与塌方、雪崩、泥石流顽强搏斗，成功穿越只有雄鹰才能飞越的天山山脉。这种身在苦中不言苦的奋斗精神，感天动地，创造了中国公路建设史的奇迹。图7-12为天山公路雪路行车。

为开辟天山坦途，上万名官兵受伤或致残，148名官兵壮烈牺牲，其中最大的31岁，最小的年仅16岁。他们中，有的在悬崖峭壁开路时英勇献身，有的在空气稀薄的冰峰以身殉职，有的在暴风雪中成为永恒的雕塑，有的被突如其来的雪崩吞噬了生命，有的积劳成疾留下了残疾。“碧血洒满天山，捐

图7-12 阻不断的运输线［电影《天山行》拍摄现场］（提供／陈邦贤）

躯为谁？为国威军威振奋！夫妻分居十年，幸福何在？在千家万户团圆。“电影《天山行》中的对联生动地描绘出筑路大军的钢铁意志和英雄气概。

为了永远铭记这些筑路官兵，1983年10月，天山南麓的乔尔玛，一座高20米的纪念碑树立起来了。纪念碑位于尼勒克县城东面153公里的乔尔玛大桥南面，纪念碑碑身用大理石贴面，正面是“为独库公路工程献出生命的同志永垂不朽”18个大字，碑顶部一颗巨大的红五星像一团升腾不息的生命之火燃烧在蓝天白云之间，背面是用汉、维两种文字刻写的碑文和128名烈士的英名。还有20位同志是在纪念碑落成以后，担负隧道后期施工时牺牲的，他们的名字没有能够刻在纪念碑上，他们的忠魂却永远的留在了天山深处。

天山公路同时也是一条闻名遐迩的探险旅游线路。它横跨天山中部，年降雨量在400毫升左右，除高寒地带外，在乔尔玛和巩乃斯河谷间，山花烂漫，杉木参天，景色宜人。沿线经过大龙池、小龙池风景区，天山神秘大峡谷，美丽的巩乃斯原始森林公园，翠柏、山峦、溪涧，自然风光优雅，无人工雕凿痕迹。巴音布鲁克草原绿草如茵，牛羊遍野，天鹅嬉戏于湖面，是著名的旅游胜地。高山湖泊大涝坝湖水如镜，与雪山相映，景致万千。独一无二的自然景观，贯通天山南北的便捷通道，吸引来无数中外游客，极大地带动了当地旅游业和对外文化交流，成为新疆经济发展的致富之路。图7-13为天山公路风光。

图7-13 险峻的天山公路蜿蜒曲折，沿途风光美不胜收

新疆是中国交界邻国最多、陆路国境线最长的省区，是沟通中亚、西亚、南亚和欧洲的咽喉要道，发展对外贸易具有得天独厚的资源优势。自2002年以来，这条使用多年的国防公路随着交通流量的增大，加之超期服役，已无法满足现有的通行能力。“十一五”期间，为全面贯彻科学发展观，推进公路事业又好又快发展，改善国道217线公路通行密度和公路通行环境，构建安全、便捷、舒适、高效的现代化公路通行网络，国家投资29.6亿元，对天山公路进行全面改造，改扩建工程已于2006年6月正式启动。这是国家又一次对新疆在政策、资金等方面予以大力倾斜和支持，为新疆经济发展提供了根本保障。这条公路改造工程的完工，将会对新疆的和谐发展、经济繁荣、社会稳定、国防军事起到不可估量的作用。

十一、绥满公路

绥满公路是中国东北的一条横向国道（编号G301），也是“五纵七横”国道主干线系统中的“第一横”。路线东起黑龙江边境城市绥芬河，西至内蒙古自治区满洲里口岸，全长1487公里，是内蒙古自治区东部、东北三省乃至全国与俄罗斯贸易的公路运输干线。

该线穿越黑龙江、内蒙古两省区，途经绥芬河、牡丹江、哈尔滨、大庆、齐齐哈尔、牙克石、呼伦贝尔、满洲里等城市，沿途分别于201、221、222、202、102、203、111等7条国道相交，对开发沿线资源，发展边疆贸易，繁荣区域经济意义重大。

301国道黑龙江段长876公里，技术等级为二级至高速。其中哈尔滨至大庆段133公里、哈尔滨至阿城段30公里、刘秀屯至尚志段93公里分别于1996年、1997年、2002年改造为高速公路。

内蒙古段长611公里，技术等级全部达到三级至一级。其中，尖山至牙克石段为穿越大兴安岭领主脉的路段，建设难度最大，于1978年建成三级公路。牙克石至呼伦贝尔段改建项目2005年建成一级公路，大大改善了大兴安岭林区、大雁矿区、扎赉诺尔矿区及满洲里市的公路运输条件。

301国道沿线属北温带大陆性气候，季节性差异大，春季多风少雨，夏季降雨量大，冬季漫长，施工难度较大。黑龙江大庆至绥芬河段建设中采用暖沟排水对冰湖进行了有效处理。大庆至齐齐哈尔段建设中首次采用垂直切除、多层土工网加固等技术，减少了新旧路基不均匀沉降的问题。绥满公路海林至亚布力段雾凇岭公路隧道是黑龙江省第一条公路隧道，其所处纬度及海拔使隧道在冬季衬砌内外温差较大。如不采取必要的保温措施，将导致隧道围岩外水体冻结，产生冻胀破坏，影响隧道结构的整体稳定性。2007年7月建设部门在经过多次试验取得成效后，对公路隧道进行了冬季整体保温施工。这项工程相当于为隧道穿上了保温的“棉衣”，将确保隧道安全过冬。

绥芬河至满洲里公路是国家高速公路规划网主干线之一，其中卧里屯至黄牛场段是绥满公路连接哈尔滨、大庆、齐齐哈尔三市的主要通道，旧路为二级公路标准。随着经济的发展和交通量的增加，2004年10月至2006年9月，根据国家工程建设计划进行了改扩建。建设标准为四车道一级公路，沥青混凝土路面结构。该路的建成通车，不仅为大庆增添了一道新的魅力景观，而且成为加快哈、大、齐“工业走廊”建设，促进大庆区域经济发展的“助推器”。绥满公路卧里屯至黄牛场段工程自开工建设以来，参建各方以强烈的事业心和高度的责任感，克服时间紧、任务重、气候影响大等诸多不利因素，发扬团结奋斗、迎难而上、顽强拼搏、勇打胜仗的精神，精心组织，严格管理，高质量、高标准完成了工程各项建设任务。

在常人眼里，修路就是修路，只要按照设计组织施工，符合设计标准就行。但是绥满公路卧林段工程建设指挥部，却定下更高的目标：修筑一条高质量的公路，培养一支有专业素养的公路管理、监理、施工队伍，留下一片和谐的自然环境。在这里，保证质量只是最基本的目标，不仅要使公路与自然环境、与城市建设相和谐，还要帮助从业人员树立职业意识，培养职业精神，定位职业目标，强化职业素养，秉持职业道德，修一条路，树一座碑。

在建设高标准公路的过程中，他们还总结创造了公路文化。他们有明确的工程建设指导思想：程序合法、质量第一、工期科学、加强环保、注重安全、强化廉政；有科学的管理原则：合理的低造价、科学的短工期、实在的高质量、和谐的靓景观；形成了独特的管理精神：尊重科学的求实精神、敢为人先的创新精神、追求卓越的进取精神、回归自然的人本精神；塑造了踏实的工作作风：团结协作、勤政廉洁、公道正派、真抓实干。对此，交通部和全国交通工程建设专家给予了高度评价。目前，这条路已成为黑龙江省样板公路。301国道哈尔滨至大庆高速公路被评为“全国十大公路明星工程”，并被授予“文明样板路”称号。大庆至齐齐哈尔一级公路被交通部评为2003年度“优质工程奖”。

由于301国道连接着大庆、满洲里这样的重要工业和口岸城市，使它具有特别重要的交通地位。

大庆，是中国重要的石油石化生产基地，犹如一颗璀璨的明珠镶嵌在松嫩平原。在近半个世纪的开发建设中，英雄的大庆人，一次创业，在一片荒原上开发建成了世界级的特大油田，使中国一举甩掉了“贫油国”的帽子，为民族争了光，为国家做出了重要贡献；二次创业，在这片神奇的土地上，又崛起了一座繁荣美丽、文明和谐的现代化城市，续写着一个又一个新的辉煌，荣获“CCTV2006年度中国魅力城市”和“全国金融生态城市”称号，并进入2006年度全国“完美假期”十佳精品旅游线路。大庆还是全国重要的乳业基地、畜牧强市、水产品大市，绿色食品产量达到70万吨，获得国家和欧盟认证的绿色食品标识60个，是全国著名的绿色食品生产基地。

301国道绕行线和哈大高速公路相连，更使大庆的交通日益完善。夏季由省城方向进入市区，首先映入眼帘的是“湿地初夏皆绿妆，跌宕芦苇鸟深藏，小舟轻漾惊白鹭，菱叶浮水见鱼翔“的全国最大的城市湿地景观，使人顿觉心旷神怡。市区内百湖相拥，湖在城中、城在绿中，围湖建城、依水而居，环境清新怡人。大庆城市绿化覆盖率达到36.5%，超过国家园林城市标准，是中国内陆首家“国家环境保护模范城市“，先后获得联合国迪拜改善居住环境良好范例奖和中国人居环境范例奖。作为全国优秀旅游城市之一，大庆以其独特的旅游资源，特别是被列为国际旅游景点的中国最大的石油科技博物馆、全国爱国主义教育基地铁人王进喜纪念馆、标志大庆油田诞生的松基三井等景点，使游人能够真切直观地感受到厚重的石油文化。草原赛马、水上狩猎、扎龙自然保护区观光、野生动物观赏等旅游项目，可以使人们尽领神奇的湿地景观，成为国内外游客向往的地方。

绥满公路终点城市满洲里，是连接欧亚最重要、最便捷的陆路通道之一，在中国全方位对外开放格局中，占有举足轻重的战略地位。满洲里位于东北亚几何位置的关键处，对内背靠中国东北三省，经济腹地辽阔；对外西接俄罗斯西伯利亚大铁路，所经沿线是俄罗斯人口最多、资源最富集的地区，发展外经外贸的地缘优势得天独厚；东连海参崴、纳霍德卡等天然良港，与东北亚各国相望，具有延伸和辐射范围广的特点。由于满洲里口岸在参与和推动东北亚区域经济合作中具有其他几个亚欧陆桥通道和口岸无法比拟的、独特的优越条件，因此，满洲里既是内蒙古乃至国家向北开放的前沿阵地，又是日本沿海以及亚太地区国家进入亚欧大陆桥的理想门户；既是东北亚区域经济合作的战略支点，又是对内、对外两种资源、两个市场的交汇点。这种地理位置使绥满公路在满洲里国际口岸大通道格局中起到了十分重要的作用。

301国道还穿越大兴安岭和呼伦贝尔草原，使这条东北大通道在开发旅游资源方面也发挥了作用。

大兴安岭是我国最大的林区，被称作绿色的宝库，有久享盛名的兴安落叶松、樟子松、白桦、云杉、杨树等多种针、阔叶林木。在葱葱郁郁的森林中，古松参天，幼林茁壮，真可谓：无边林海莽苍苍，拔地松桦亿万章。大兴安岭还是黑龙江和嫩江的分水岭，向东、向西共有许多条大大小小的河流和湖泊。由大兴安岭形成的松辽平原和呼伦贝尔、乌珠穆沁草原，都是肥沃神奇的土地。301国道进入大兴安岭连绵起伏的山峦之中，一路上坡，且全是盘山路，单向只有一条车道，路面狭窄，一边是悬崖，一边是开凿的大山，山上随时有石块脱落，弯路多，坡很陡，行车安全非常重要。驾车穿行在大兴安岭的山路里感受到的是一种大自然的无边无尽：无边无尽的峦峰，无边无尽的松绿，无边无尽的河流，无边无尽的山路……

呼伦贝尔是我国最高纬度地区之一，寒温带和中温带大陆气候特点显著，拥有额尔古纳河、嫩江两大水系。西部、西南部与蒙古国交界，北部、西北部以额尔古纳河为界与俄罗斯相望。呼伦贝尔历史悠久，是我国北方游猎、游牧民族的发祥地之一。这片丰沃的土地，在多年以前就是鲜卑、契丹、女真等部族奋力争夺的地方。各个部族逐渐发展壮大，此消彼长之间不断融合，也繁荣了草原文化。那里有大自然赐予的朴素与纯真的美丽，还有粗放与温柔并存的灵气。从呼伦湖出来继续行驶，在301国道1486路标处进入绿色草原风景走廊。草场中间穿过的301国道部分道段被修建成分隔开来的两个车道，颇有美国加州莫哈维沙漠公路的风格，别具特色（见图7-14）。

图7-14 绥满公路穿过呼伦贝尔草原

十二、京沪高速公路

京沪高速公路是中国大陆第一条全线建成高速公路的国道主干线，是“八五”计划“五纵七横”中首先完成的“两纵两横”重要路段中的第一条南北大动脉，同时也是国家高速公路网(7918网)规划中一条纵向主干线。起点在首都北京，终点在大陆最大城市上海，全长1262公里。除天津北段京沪代用线的外环线28.5公里为一级公路标准，山东境内德州齐河至泰安金牛山76公里、江苏境内江阴长江大桥南北接线51公里为六车道高速公路外，其余均为四车道高速公路。图7-15为京沪高速公路天津段。

图7-15　京沪高速公路天津段

京沪高速公路沿途穿越华北平原和江淮平原，跨越黄河、淮河、长江三大水系，为全封闭，全立交，工程量巨大，施工难度很高，尤其以河北沧州近海地区和江淮平原的软基路段施工难度为最大。全线路面基层以石灰稳定土、石灰粉煤灰、水泥稳定碎石为主，厚度在40厘米至65厘米之间。面层主要采用沥青混凝土，厚度为15厘米至25厘米不等。山东泰安约30多公里路段曾采用15厘米厚的水泥混凝土路面，由于路基沉降和超限运输造成大面积破损、断板，从2002年开始大修改造成沥青混凝土路面。全线设有90处互通式立交，桥梁985座，分离式立交186座，通道1572座，涵洞2142道，服务区20个，收费站11处，总投资约393亿元。

作为国家重点建设项目，京沪高速公路分20个路段分期建设，整个工程建设历时13年。其中最早开工的京津塘高速公路1987年12月开工建设，1991年12月竣工。此后，其他各路段先后开工，2000年12月18日全线贯通。京沪高速公路建设进度快、质量好、科技含量高，许多路段达到了国际先进水平，是20世纪末我国建设完成的重大工程之一。它的设计时速为120公里，北京到上海小轿车全程只要12小时。

京沪高速公路北京至山东泰安段与京台高速公路（现称京福高速公路）重合，在江苏、上海分别与沪陕高速公路（现称广靖高速公路）、沪蓉高速公路（现称沪宁高速公路）的部分路段重合。沿途与荣（成）乌（海）、青（岛）银（川）、青（岛）兰（州）、连（云港）霍（尔果斯）、长（春）深（圳）等多条国家高速公路干线相交。

济南黄河第二公路大桥、江阴长江大桥是京沪高速公路上最大的两座大桥。济南黄河第二公路大桥全长5750米，主桥长947.66米，引桥长4152.98米，主桥最大跨径210米。大桥建设者利用先进的桥梁计算机辅助设计和先进的挂篮悬臂施工技术，控制精度大大提高，大桥合拢时误差仅有1.6公分，达到了世界先进水平。该桥是目前黄河上设计标准最高、建筑规模最大、桥面最宽、桥身最长的公路桥梁。江阴长江大桥是京沪高速公路跨越长江的“咽喉”工程，也是我国首座跨径超千米的特大型钢箱梁悬索桥梁，跨径达1385米，在20世纪位居“中国第一、世界第四”。江阴大桥堪称京沪高速公路高科技水平的集中体现：高达196米的南北主桥塔，基础采用大直径长桩，是全国罕见的密集群桩；两根主缆各长2200米，每根都重达8400吨，其钢丝首尾相连可绕地球两圈半；为了承受大桥悬索的巨大拉力，北岸建造了世界上最大的沉井，面积近9个半篮球场，高度相当于22层楼。江阴大桥设计合理，管理科学，工程质量优良，代表我国20世纪90年代造桥最高水平，作为20世纪我国桥梁工程建设新的里程碑，跻身世界桥梁先进行列。

京沪高速公路“京津塘高速公路”路段，1993年被交通部授予改革开放以来“全国十大公路工程”，1994年被建设部评为改革开放以来对国内外有重大影响的“全国最佳工程设计特奖”，1995年被交通部评为“公路优质工程一等奖”，1996年获“中国建筑工程鲁班奖”和“交通部技术进步特等奖”，1997年获“国家科学技术进步一等奖”，1998年获首届詹天佑土木工程大奖。江阴长江大桥先后荣获国际桥梁最高奖“尤金·菲格”奖和“中国建筑工程鲁班奖”、第三届詹天佑土木工程大奖。“沪宁高速公路”路段1998年获“中国建筑工程鲁班奖”，1999年获“国家科学技术进步一等奖”、第二届詹天佑土木工程大奖。

京沪高速公路沟通京、津、沪三个直辖市，横跨海河、黄河、淮河和长江，串连德州、济南、淮阴、扬州、无锡等一大批城市，对促进京沪两市的经济交往和发展，推动渤海湾经济区，淮海经济圈和长江三角洲的合作和发展，将产生深远的影响。京沪高速公路的建成使华北和华东之间形成一条快速、经济和便捷的公路运输大道，对缓解京沪两个特大城市之间交通运输的紧张状况，进一步增强沿线地区大中城市、工业中心、交通枢纽、沿海港口之间的沟通和联系，改善投资环境，促进经济、文化等各方面的发展，都将起到积极的促进作用。

十三、京港澳高速公路

京港澳高速公路是中国国家高速公路网中全线贯通的一条高速公路，除广州到深圳路段现名为“广深高速公路”外，其他路段现名为“京珠高速公路”。“京珠高速公路”广州至珠海段为京港澳高速公路的并行线。京港澳高速公路北京段（当时称京石高速公路）第一、二期（六里桥至赵辛店）工程于1987年告竣通车，是这条高速公路最先竣工的路段。京石高速公路连接北京和石家庄，是京港澳高速公路的龙头路，1993年全线贯通，是中国大陆第一条完工的高速公路，也是中国第一条全封闭全立交式高速公路。2004年，郑州黄河高速公路大桥建成，标志着京港澳高速公路全线贯通，历时14年。

京港澳高速公路起点为北京环城高速（五环路）与京港澳高速公路的交叉点——杜家坎，途经北京、河北、河南、湖北、湖南、广东，终点分别为香港、澳门口岸，全长2285公里，是连接华北、华中、华南及港澳地区的南北交通大动脉，也是交通部规划的“五纵七横”中的一纵。沿线经过的主要城市有北京、保定、石家庄、邯郸、新乡、郑州、漯河、信阳、武汉、咸宁、岳阳、长沙、株洲、衡阳、郴州、韶关、广州、香港和澳门。

京港澳高速公路沿途与荣（成）乌（海）、青（岛）银（川）、青（岛）兰（州）、连（云港）霍（尔果斯）、宁洛（阳）、沪陕（西安）、沪蓉、沪渝、福（州）银（川）、沪昆（明）、杭（州）瑞（丽）、泉（州）南（宁）、厦（门）蓉、汕（头）昆（明）、广（州）昆（明）和沈（阳）海（口）等多条国家高速公路干线相交。全线大部分路段为双向四车道，武汉、广州等城市绕城段为双向六车道，“广深高速公路”为双向六车道，郑州黄河高速公路大桥为双向八车道。

京港澳高速公路沿途穿越华北平原、江汉平原、湘中平原、南岭和珠江三角洲平原，跨越黄河、淮河、长江和珠江四大水系，以湘粤交界的南岭山区重丘区的石灰岩地貌施工难度为最大。全线路面由于建设年代的差异较大，结构比较复杂。建成较早的北京至石家庄段基层为18~40厘米的石灰、粉煤灰稳定砂砾，面层为12~15厘米的沥青混凝土。同期建成的广州到深圳段基层为23厘米水泥稳定砂砾，23厘米级配碎砾石，32厘米未筛分碎石，面层为32厘米沥青混凝土。20世纪90年代中期以后建成的路段基层一般为20~56厘米石灰、粉煤灰稳定砂砾和水泥稳定砂砾，面层为16厘米沥青混凝土，广东段部分路段为26厘米水泥混凝土。京港澳高速公路并行线“京珠高速公路”广州至珠海段基层为40~60厘米的水泥稳定砂砾，面层分为三种：即10~20厘米的沥青混凝土、水泥混凝土和钢纤维水泥混凝土。

京港澳高速公路作为贯穿华北、华中、华南和西南物资运输的南北大通道，是一项浩大工程，从开建至今，跨越了我国高速公路发展的主要时段，建设与环境相协调的理念也一直在不断丰富，呈现出交通建设部门的环境意识和人文关注逐步提升的轨迹。从这个角度观察这条公路的建设，可以看到许多闪亮之处：设计上的科技创新理念、建设中的生态环保意识、公路美化中的文化特色和品位……这些使京港澳高速公路不仅成为交通大动脉，也成为展现科技创新、环境保护和人文精神的长廊。

河南段在建设初期就明确提出要建成生态路、环保路、景观路、旅游路。由于筑路初期连绵的座座山头被爆破开挖，形成裸露的石坡，河南省交通厅经过调查分析，决定根据不同的地形和条件采取护坡、护面墙、挡土墙、喷锚等传统的工程防护方式，还结合山体稳定情况采用了深孔预应力锚索防护和生态防护，并在河南省率先采用了新型的客土喷播技术。客土喷播技术恢复了因工程建设开发而破坏的生态系统，形成了可粗放管理的优美植物群落。如今，被爆破过的山头已经绿意盎然，恢复了自然生态，加上公路中心隔离带大量种植的四季桂与紫薇，出现了“十月车行京珠路，送君一路桂花香”的美妙景致。为使自然景观和人文景观达到协调统一，河南省交通部门邀请中央工艺美术学院的教授进行设计、策划，沿路增添了“刘邓大军挺进大别山”等雕塑群和壁画，既美化了高速公路，又提升了文化品位。交通部门还根据施工实际环境，对原绿化设计进行了优化。比如，在中央分隔带种植适应力强、低养护且常绿的大叶黄杨和低矮绿篱，在路肩边坡采用常绿和开花灌木间隔种植，在护坡平台及隔离栅内侧种植乔木，在路堑采用刚性防护的一级坡面上种植爬墙虎等，高速公路处处被绿色包围，成为中原大地上一条令人沉醉的靓丽风景线（见图7-16）。

翻浆是高速公路一种常见的病

图7-16　京港澳高速公路河南段

害。以往处治翻浆的方式是沿裂缝将路面洗刨，逐层找到翻浆的位置，再清理干净。几道工序下来，不仅施工时间长，影响道路正常安全行车，投入人力、物力多，而且对路面损害也较大。2008年6月，湖北京珠引进“注浆”新工艺提高养护质量和效益，处治道路翻浆病害。它通过在路面裂缝两侧钻孔，将一种高聚物材料注入，利用材料本身可形成的强大体积和压力，将路基层内的翻浆通过钻孔挤压上来即刻进行清理，具有施工时间短（15分钟即可恢复道路通行），成本低、对道路无结构病害，材料环保、对环境无污染等多种特点。目前，“注浆”技术正在湖北京珠高速公路全线试点推广。

京港澳高速公路粤境北段北起湘粤交界的韶关市小塘镇,南至广州市白云区太和镇,长309公里，是京珠高速的交通瓶颈，被世界银行专家称为“中国最具挑战性的公路项目”。该路段由于地理险峻，全线位于海拔180米到805米的粤北山区，地势陡峭，山峦起伏，大量工程被迫置于崇山峻岭、悬崖峭壁和纵横沟壑之中。地质复杂，溶洞、滑坡、断层破碎带、错落体、塌方、软弱夹层、煤系地层、高液限土等不良工程地质俱备，被专家称为“地质博物馆”。这里的地理位置虽属“岭南”，但冬天严寒，最低气温-10℃；夏天酷热，最高气温超过40℃，常年多雨、多雾，气候十分恶劣，因此工程施工难度相当大。由于是世界银行贷款项目，必须遵循世行制订的“游戏规则“操作，其中包括最低价中标规则，致使施工单位中标的平均合同价仅为概算的70%左右。建设的高难度与合同的低标价形成了尖锐矛盾，施工单位普遍资金困难、投入不足，给质量和进度管理造成很大的难度。广东省的公路建设者勇于攻关，突破了一个又一个艰难险阻，先后攻克了6项科研课题，解决了大量工程技术难题，有的填补了国内空白，其中隧道课题成果已通过国家鉴定，达到国际先进水平。这6项科研成果在工程施工中及时得到应用，形成一套在异常艰难恶劣环境下的科学施工规范，为工程创优质、保安全、降造价发挥了重大作用。不仅使工程造价控制在原概算范围内，且有节余，而且工程质量评分93.5分，是迄今为止工程质量得分最高的公路项目，获得了多项荣誉。2000年被评为省交通厅“优秀管理项目”，2002年被省交通厅评为“广东省高速公路提高质量降低造价先进单位”，同年被团中央评为“全国保护母亲河行动先进集体”等。图7-17为京港澳高速公路粤境北段山外山特大桥。

武汉军山长江大桥和郑州黄河高速公路大桥是京港澳高速公路最大的两座桥梁。2001建成的武汉军山长江大桥为双向六车道的高速公路斜拉桥，

图7-17 京港澳高速公路粤境北段山外山特大桥

桥宽38米，是当时中国最宽的大型公路桥梁，2005年获詹天佑土木工程大奖。2004年建成的郑州黄河高速公路大桥，是一座全长9848.16米的特大型桥梁，其主桥长800米，为8孔跨径100米的钢管混凝土系杆拱桥，桥宽48.16米，是黄河上最长、最宽的桥梁。

广深高速公路是联系广州、深圳特区、香港的重要通道，皇岗口岸是连通深圳和香港的中国第一个最大的公路出入境口岸。

深圳建市前，原来已有了两条连接深港两地的通道。一条是罗湖口岸，还有一条是文锦渡口岸，这两个口岸规模都比较小。由于深圳和珠江三角洲的经济迅速发展，来往深、港两地的人员、车辆急剧增加，原有的口岸已经远远不能满足需要。因此深、港两地政府于1982年4月30日达成开辟“深圳皇岗——香港落马州”过境通道的协议。皇岗口岸既是国家对外开放口岸（包括海关、武警边防检查站、国家的商品检验、卫生检验、动植物检验都要在这里设机构，且都有不同的要求），又是高速公路的过境通道，也是深圳市区整体规划的一部分，要和市政道路衔接好，各方面的需要都得到满足才能够保证车辆和旅客畅通，只有这样，深圳才能跟香港密切联系推动经济发展。由广东省公路建设公司与香港合和中国发展高速公路有限公司联合组成的广深珠高速公路有限公司，决定将皇岗口岸作为其兴建的广深珠高速公路的起点。1991年8月8日皇岗口岸全面开通，从此又多了一条连结深港两地的通途。这是当时中国甚至亚洲和世界上最大的公路口岸，也是目前唯一与香港实行“24小时”通关的口岸。

通过皇岗口岸匆匆来往于深、港两地的过客，很少有人留意这个沾点皇气的地名是怎么来的。相传南宋末年，宋朝皇帝为了躲避元军的进逼，从首都临安（即杭州）退到广东的潮州，但那也不是久居之地，便想退到琼崖（即海南）。中途经过深圳河边的一个小山岗，停下来休息，当地官员在对岸下马拜见皇帝，后来对岸就叫落马州，这边的山头便叫皇岗。皇帝看到对面有八座山头便说像八条龙，大臣凑趣地说，加上天子就是九条龙了，因此那块地方就叫做九龙。后来元军赶来，南宋战败，丞相陆秀夫背着宋帝昺投海自杀。文天祥被捕，在押解途中，创作了《过伶仃洋》、在囚居中又吟出了《正气歌》等千古绝唱。至今皇岗附近还有很多姓文的居民，据说就是文天祥的族裔。

皇岗口岸全面开通后，使深港两地的交通极大地畅通了起来，但是由于中国的经济迅速发展，深港之间的经济关系越来越密切，人车来往越来越频繁，货柜车在皇岗口岸附近经常排起长龙。广深之间第二条高速公路——广深沿江高速将承担起香港至深圳、东莞西部和广州方向的过境货运交通，以缓解深港两地过界交通的拥挤状况。目前，该项目已经动工，计划2010年完成。届时广州到深圳只需1小时，广州到香港也只要一个半小时。

1999年12月6日，京珠高速公路广珠段在澳门回到祖国怀抱前夕竣工通车。广珠段起于广州市番禺区，止于珠海市金鼎，经拱北口岸连接澳门，距澳门只有30公里。2002年4月，澳门行政特区专程派员到京表达了渴望早日与首都北京直接通车的意向，中央对京珠高速公路澳门连接段规划表示积极支持。2008年5月，与澳门直接相连的西部沿海高速公路珠海段支线（中山月环至珠海南屏段）建成通车，南下车辆赴澳门可经莲花大桥直达横琴口岸，为特区下一阶段的发展，为澳门未来优质社会的建设，提供了可靠的政治保证和经济、社会保证。

京港澳高速公路的全线贯通对于构筑一个优势互补、资源共享、市场广阔、充满活力的区域经济体系，带动和提升周边地区及中西部地区经济发展水平，促进香港、澳门特别行政区社会经济进步和繁荣稳定，实现我国继续推进西部大开发、促进中部地区崛起、鼓励东部地区率先发展等区域协调发展战略，加快全面建设小康社会，具有重要的战略意义和现实意义。

十四、连霍高速公路

连霍高速公路是中国国家高速公路网中一条连接华东、华中和西北的东西横向干线，横贯中国全境，是著名的欧亚大陆桥高速通道，连接了众多重要城市、交通枢纽和集装箱中转站，是中国最长的横向高速公路干线，也是交通部规划的“五纵七横”国道主干线最重要的横线之一。起点为江苏省连云港市，终点为中国和哈萨克斯坦边界的霍尔果斯口岸，全长4280公里。

连霍高速公路途经江苏、安徽、河南、陕西、甘肃和新疆等6省区，沿线主要城市有连云港、徐州、商丘、开封、郑州、洛阳、西安、宝鸡、天水、兰州、武威、嘉峪关、哈密、吐鲁番、乌鲁木齐、奎屯和霍尔果斯。目前尚未建成路段有甘肃天水至陕甘省界、嘉峪关至新疆吐鲁番、奎屯至霍尔果斯计1620公里，仅占全路段的37%；江苏、安徽、河南、陕西境内已全部建成。其中陕西境内的西安至临潼段（原名西临高速公路）建成于1990年，是中国最早建成的高速公路之一，也是西北地区的第一条高速公路。全线建成路段自东向西现名分别为“徐连高速公路”（江苏连云港至徐州段）、“洛开高速公路”（河南洛阳至开封段）、“西潼高速公路”（陕西西安至潼关段）、“西宝高速公路”（陕西西安至宝鸡段）、“宝天高速公路”（陕西宝鸡至陕甘省界）、“吐乌高速公路”（新疆吐鲁番至乌鲁木齐段）、“乌奎高速公路”（新疆乌鲁木齐至奎屯段），其他路段均称为“连霍高速公路”。图7-18为连霍高速公路安徽段一部。

连霍高速公路与沈海（长深）、京沪、京台、济广、大广、京港澳、二广、京昆、包茂、沪陕、福（州）银（川）、京藏和兰海等13条国家高速公路干线相交，并在定西至兰州段与青兰高速公路重合。此外，连霍高速公路有5条联络线，是联络线最多的一条国家干线高速公路。第一条是甘肃境内的柳园经敦煌至青海格尔木的柳格高速公路（M401），连接连霍和京藏高速公路，既是敦煌的旅游干线，又是柴达木盆地矿产资源的外运通道，全长约640公里。其他4条均位于新疆境内，分别是吐鲁番至中国和吉尔吉斯斯坦边境的伊尔克什坦的吐伊高速公路（M403）、奎屯经克拉玛依至阿勒泰德奎阿高速公路（M405）、奎屯经克拉玛依、塔城至中国和哈萨克斯坦边境巴克图的奎巴高速公路（M407）、清水河至伊宁的清伊高速公路（M409）。其中的奎阿、奎巴高速公路在奎屯至克拉玛依段重合。吐伊高速公路包括喀什至和田支线是中国国家高速公路网中最长的联络线，总里程近2000公里。这4条联络线连接了新疆

图7-18　连霍高速公路安徽段鸟瞰

各个地区所在地和主要边境口岸，对新疆的经济发展、对外交流和巩固国防有极其重要的作用。连霍高速公路的5条联络线目前只有吐伊高速公路的吐鲁番至库尔勒线在建，其他路线尚未进入建设阶段。

连霍高速公路自连云港向西穿行黄淮平原，通过安徽北部至河南兰考沿黄河南岸西行，过潼关进入秦川谷地至宝鸡，翻越陇东山区抵达兰州，沿河西走廊至星星峡进入天山南麓草原到达吐鲁番，穿越天山至乌鲁木齐，沿天山北麓牧场西行至霍尔果斯口岸。全线除个别关隘、山地外，大部分路段都处在平原、河谷和草原沙漠结合部，地势平坦。但是软基、砂土段较多，个别路段处于流沙地区，基础处理难度较大。已建成路段中除新疆部分路段为25厘米水泥混凝土面层，其他路段均为10~17厘米沥青混凝土面层，基层以水泥稳定碎石和石灰、粉煤灰稳定碎石为主。

实施西部开发战略，是党中央在世纪之交作出的重大战略决策，是使我国区域经济协调发展、实现我国现代化建设第三步战略目标的必然要求。在经济全球化的国际背景下，抓住“五纵七横”建设的有利机遇，利用亚欧大陆桥推进西部地区融入经济全球化的进程，进而将亚欧大陆桥作为推进中国经济全球化进程的黄金通道，是西部开发的现实选择。

新亚欧大陆桥东起我国连云港，以连霍高速公路和陇海、兰新铁路为骨架，向西经中亚、欧洲有关国家至荷兰鹿特丹港。大陆桥在中国境内全长4131公里，贯穿江苏、山东、安徽、河南、山西、陕西、甘肃、宁夏、青海、新疆等10个省区的主要中心城市，这些地区人口约4亿，占全国的30%，面积360万平方公里，占全国的37%。大陆桥中国段沿线地区有丰富的战略性资源储备，是我国能源和原材料最重要的基地，以占全国总量的比例而言，煤炭达63.2%，石油近40%，天然气约50%，镍为76.9%，铅占63%，铜近30%，黄金约40%，化工、建材主要资源占40%~70%。光照、温差变化等农业自然条件良好，水利资源相当丰富。铁路和公路总长度都占全国的30%，航空运输也取得长足进展，拥有设施较完善的干线、次干线、支线机场30多个。从上海到新疆伊宁的通信光缆已经建成，成为亚欧光缆的一部分。沿线已建成一批在国民经济体系中具有重要位置的骨干企业，形成相当发达的若干工业和经济中心。对外开放也取得了较快的发展，就在“五纵七横”刚开工建设不久的1996年，沿线工业企业中的外商投资就达到1760亿元。这些数据充分表明，新亚欧大陆桥经济带的生产力布局基本形成，具有很大的开发潜力。它的发展将对整个中西部地区的开发起到示范和带动作用，必然为扩大国内需求、建立统一的市场体系创造有利的条件，同时，对于加强民族团结、维护社会稳定、巩固边境和国防也都有重要意义。

新亚欧大陆桥是中国经济全球化的黄金通道，使中国内陆腹地与中亚、欧洲国家紧密连接起来，同时为日本、韩国、东南亚地区与东欧、西欧、西亚、中亚、南亚各国的贸易发展开辟了一条通道。在实现我国现代化建设第三步战略目标的过程中，广大中西部地区具有特殊重要的地位。传统观念认为中国西部地区是封闭的内陆地区，地理环境成为阻碍该地区对外开放的严重障碍。连霍高速公路建设给予人们的重要启示在于：中国西部地区由于新亚欧大陆桥的存在，使该地区成为西可通达西欧各国，东可通达东亚，南可通达南亚各国，全方位对外开放的前沿地区。

作为全面启动中西部区域开发的最佳轴线，连霍高速公路经济带开发是促使中西部地区经济社会发展到一个全新阶段应该采取的战略措施。这一战略的实施将使我国对外开放总格局发生重大演变，由总体上向东放开，转变为“东西进击”，促进中西部地区和东部地区联合发展优势产业和产品，使其成为中国经济全球化的坚实基地。连霍高速公路的建设，不仅为亚欧间经贸联系提供了便捷的运输通道，更预示着一条现代化的经济走廊和文明传播的纽带即将崛起。

十五、长安街

著名街道经常代表所在的城市。比如：纽约第五大道、巴黎香榭丽舍大道、柏林菩提树大道、上海南京路等等。北京有长安街。

长安街是北京市贯穿东西的一条重要的主干道。它以天安门为中心，向东至东单称东长安街，长1751米；向西至西单称西长安街，长1800米。车行道宽45~60米，两侧人行道各宽5米。明永乐年间，在元大都南城墙基址上改建成路，因承天门（今天安门）左侧有东长安门，右侧有西长安门，寓长治久安之意，故分别得名为东长安街、西长安街。明、清时为皇城禁区。

长安街修筑于明朝永乐四年至十八年（1406~1420年），与皇城同时建造，是明代兴建北京城总体规划的重要组成部分之一。东西平行走向的长安街，与纵横南北8公里长的御道中轴线，在天安门前正好垂直相交构成“十”字形经纬坐标中心点，从而形成了北京城坐北朝南、街巷纵横的总体布局。

1905年，将东长安街的御河桥（现正义路口）至崇文门内大街段修成碎石路；1907年又将西长安街的西长安牌楼（现府右街南口）至宣武门内大街段修成碎石路。1912年拆除长安左、右门，仅余门洞，俗称三座门，东、西长安街始得贯通。1921年和1928年，东西长安街改建成沥青路面。1949年辟建天安门广场时，修筑长安街林荫大道，两边的行道树栽种的是国槐。1952年拆除三座门，1954年又拆除东西长安牌楼，1959年扩建天安门广场后，东、西长安街拓宽为45~80米，并铺筑沥青混凝土路面，两侧修水泥砖人行道，成为平坦宽阔的通衢大道。

长安街的整修工程从未间断。1973年至今，对道路进行了多次加固、大修改造。两侧水泥道牙被花岗石道牙及平石替换，长安街目前除天安门广场段为厚20~80厘米花岗岩石板道外，其他路段均为11~15厘米沥青混凝土面层，基层为20~30厘米级配砂石加15厘米粗砂和天然级配砂砾。东西长安街的延伸线东达通州，西抵石景山，总长50公里，有百里长街的美称（见图7-19）。

长安街在北京，乃至全国的地位十分重要，在中国人心目中具有特殊的位置。中国的象征——天安门和天安门广场，就在长安街上。共和国成立后，随着北京成为全国的政治文化中心，长安街作为体现首都政治、文化和外事功能的国家大道日益焕发生机，记录了中国多年来的发展变迁。长安街两侧的主要建筑有人民大会堂、中南海和其他中央政府的机关；有众多文化设施，如中国革命博物馆和中国历史博物馆、故宫博物院、中国大剧院、北京音乐厅、中国军事博物馆等。长安街两侧也有许多重要的商业区，如CBD、东单、王府井、西单、金融街。中国的中央银行——中国人民银行也在长安街上。此外北京火车站和北京西客站也在长安街附近。

图7-19　长安街

坐车行驶在这条宽阔的大街上，短短几分钟内，不仅能看到古老皇宫紫禁城，感受北京饭店浓郁的法国气息，更能看到现代北美式写字楼……风格各异的建筑代表着中国对外开放的信心和对外国理念的日益接受和包容。

1949年共和国成立前，长安街上最耀眼的建筑恐怕非东长安街上的老北京饭店莫属，除了雄伟的天安门城楼和前门楼子，其余的都是清一色的四合院。这座米色外墙的法式饭店建成于1900年，是当时长安街上最高级别的涉外饭店。

共和国成立初期，中苏交流频繁。中国建筑师们在设计时，常常把传统的中国建筑元素与苏联建筑风格结合起来。倚着长安街南沿庄严雄伟的人民大会堂也许就是最典型也最成功的例子。大会堂宏伟的规模和架构深受苏式建筑的影响，而高大石柱上的装饰花纹和金灿灿的琉璃瓦则传承了中国古代建筑的特色。中苏建筑理念的完美结合使这一建筑至今仍常为人称道。喜爱建筑的人们可以在英国出版的《建筑史》中找到关于它的描述。

50年代在西长安街上建成的另一巨作——民族文化宫是最能代表中国传统风格的建筑精品。传统宫灯造型的大屋顶具有浓郁的民族气息，新型白色瓷砖的饰面则是当时最新颖的材料，可以说它是长安街上最有民族特色的一座现代建筑。在一次调查中，民族文化宫超越了许多80年代和90年代的新建建筑，被评为北京市民心中最具中国特色的建筑。

改革开放近30年来，一系列前卫时尚、富有现代气息的建筑相继在长安街两旁拔地而起。位于有北京商业“金街”之称的王府井和长安街交叉口的东方广场应该说是东长安街上最引人注目的建筑。13幢高低不一的楼宇覆盖着清一色的玻璃幕墙，在阳光照耀下闪闪发光。广场的投资者之一李嘉诚称：“这里的现代化程度与美国纽约的曼哈顿相比也毫不逊色。”美籍华裔建筑大师贝聿铭认为，北京的建筑应该有中国古代文化的表现。他在设计西长安街边的中国人民银行总部时，吸纳了北京最典型的建筑元素：四周为楼，中为庭园，犹如北京的传统民居四合院。

今天，这条街仍然以它永不衰减的魅力吸引着各国建筑师的目光。在国家大剧院的设计招标中，海内外共有36家建筑设计机构的44件设计精品参选，其中有20件出自海外设计师之手。经过公众评选和建筑业的专家学者及政府有关人士的审评，法国建筑师保罗·安德鲁凭借其大胆、创新的椭圆形建筑脱颖而出。2007年国庆前落成的国家大剧院犹如一枚银光闪闪的巨蛋环绕在一泓绿水中央，凭借其独特造型和宏伟外观成为长安街上一处新景观。

中国再没有一条街像长安街这样集历史与现代于一身，这样重要而知名，这样高度集中政治、经济、文化等宝贵资源。位居长安街中心点的天安门广场是当今世界上最大的城市广场。它不仅见证了中国人民一次次要民主、争自由，反抗外国侵略和反动统治的斗争，更是共和国举行重大庆典、盛大集会和外事迎宾的神圣重地。是中华民族凝聚力和祖国繁荣昌盛的象征。近600年的历史，长安街发生了无数的故事，记载了中华民族沉沦中的不屈，复兴中的辉煌。

1919年5月4日，这里聚集了大批的青年学生，他们高喊“外争国权，内惩国贼”的口号，掀起了一场彻底的反帝反封建的爱国运动，由此揭开中国新民主主义革命的序幕。1935年12月9日，北平(北京)学生数千人在中国共产党的领导下举行抗日救国示威游行。队伍由新华门出发，经西单、西四，然后奔向沙滩、东单，再到天安门举行学生大会。这次行动广泛地宣传了中国共产党停止内战、一致对外的抗日主张，掀起了全国抗日救亡运动的新高潮。1949年10月1日，举世瞩目的中华人民共和国开国大典在此隆重举行，受阅部队以两大排海军为前导，接着是步兵师、炮兵师、战车师、骑兵师，共16400人，沿长安街由东向西威武行进。空军17架飞机从天安门上空飞行受阅。1984年第十二次国庆阅兵，是建国以来规模最大、装备最新、机械化程度最高的一次大阅兵。受阅部队的武器装备全部是国产现代化兵器，压轴的海军导弹部队方队、空军地空导弹部队方队和战略导弹部队方队尤为引人注目。其中战略导弹部队是首次向全世界亮相。1999年第十三次国庆阅兵，参阅军种全，兵种多。这次参阅的陆、海、空、二炮、武警和地方武装，代表了我国武装力量构成的所有成分。长安街和天安门广场以其壮丽开阔、庄严宏伟的雄姿为受阅部队展现中国强大的军事力量提供了广阔的舞台。天安门广场每天都要举行隆重的升降旗典礼：配合每一天太阳升起于渤海的时刻升旗，在日落时降旗，都是吸引国内外游客的重要仪式。进入21世纪的长安街，以其日新月异的变化，时刻见证着中华民族开放进取走向复兴的每一个足迹。

十六、上海南京路

南京路是上海开埠后最早建立的一条商业街。广义的南京路包括南京东路和南京西路，狭义的南京路即1945年以前的南京路，专指今天的南京东路（南京路步行街）。南京路起点为黄浦江西岸的外滩（中山东一路），终点为静安寺，沿线穿越26条南北向马路，东西横贯上海市中心，全长5.5公里。

南京路以西藏路为界，分为东、西两段，南京东路的历史稍早于南京西路。1843年上海开埠后，这里被英国人强占为租界。1851年，殖民者为了扩大租界范围，借口修建跑马场，强占了约80多亩土地，建成了内是花园，外是跑马场的娱乐场所，同时搞了一条砂土面层、通往外滩的小路。因为国人经常看到一些外国人在这条路上骑马，故称此路为马路。它的正式名字为花园弄（Park Lang），上海人便根据其发音习惯称其为派克弄。1853年，路面加宽到6米多，铺设了煤渣路面；1854年延筑至浙江路，俗称英大马路；1862年再次西伸至西藏路。第二次鸦片战争之后，这里成为公共租界，1865年上海公共租界工部局正式定名为南京路。

南京西路原名静安寺路，辟筑于1862年，是上海的第一条西式马路。第二次鸦片战争结束后，中外反动势力开始联合镇压太平天国农民起义。租界当局以方便军队抵达太平军前线为由，强行越过租界修筑道路，将花园弄（现南京东路）向西延伸，直通静安寺，与同为越界筑路的徐家汇路（现华山路）接通。这段新开辟的道路以静安寺前著名的涌泉，取名涌泉路，又名静安寺路。1945年第二次世界大战结束，租界被废除，民国上海市政府将南京路更名为南京东路，静安寺路更名为南京西路，统称南京路。

1905年至1911年，犹太人哈同在南京路铺设硬木路面，1908年3月，开始通行有轨电车。20世纪二三十年代，在南京路上铺设400万块油渍火熏铁藜木，是当时上海最高级的木砖路面。此后，南京路以上海工商、金融业繁荣的标志闻名中外。1953年，南京东路拆除因有轨电车而铺设的铁藜木路面，改铺混凝土路面。

南京路是上海市内主要商业中心之一，东起外滩，西抵静安寺，全长10余里，过去曾被称作“十里洋场”。那时，沿路两边的商业网点都是为娱乐场所提供服务的。到了30年代，“十里洋场”南京路蜚声中外，是上海乃至全国最繁华的商业街和规模最大的商贸中心，先施（服装公司）、永安（华联商厦）、新新（食品公司）、大新（中百一店）四大公司是当时国内最摩登的大型商场，成为“中华商业第一街”。20世纪40年代末，南京路及两侧横街支路上有数千家批发字号，对整个上海商业的批发和零售业务有举足轻重的影响。

共和国建立后，经过全面改造、调整和重新布局的南京路成为上海闹市的中心。在这里汇集了数百家现代化商厦、中华老字号商店及名特产品商店，每天流向南京路的人流达到上百万人次，成为我国最大的零售商品集散地和商业信息总汇。入夜，整条南京路灯光闪亮五光十色。南京路以其华美的建筑、林立的商店、繁华的街市、辉煌的夜景而不负其“中华商业第一街”的美誉。随着改革开放的不断深入，南京西路和南京东路的商圈定位日渐分明。南京西路开始改变它以居住为主的风格，90年代初，梅隆镇广场先耸立起来，接着是恒隆广场、中信泰富广场，如今三座巨人并称为“金三角”，成为顶级品牌集散地，造就了南京西路特有的气势。比起南京西路，南京东路更是人们心目中的购物天堂，路旁遍布着各种上海老字号商店及商城，每到节假日这里总是人头攒动，一片热闹繁华之景。1998年8月20日，上海市政府决定建设南京路步行街，以适应日益富裕的人民群众和海内外宾客对都市旅游休闲购物的需求，营造市场新热点。1999年国庆50周年前夕，这条“中华商业第一街”改建成中国第一条集购物、旅游、商务、休闲、文化五大功能为一体的特色全天候步行街，使“百年南京路”焕然一新，更加物丰人旺、风姿绰约，成为上海又一处靓丽的城市新景观（见图7-20）。

南京路步行街从河南中路至西藏中路，全长1033米；路幅宽20~28米，总面积30000平方米；新铺设下水道、天然气、通讯光缆等各类地下管线39根，总长38公里；工程浇筑混凝土基层28000平方米，铺设彩色花岗石路面共32900平方米。步行街的东西两端均有一块暗红色大理石屏，上面是江泽民题写的“南京路步行街”6个大字。步行街充分体现“以人为本”的设计理念，在笔直的南京路的偏北面，有一条始终贯穿全街的4.2米宽的“金带”，金带所使用的材料是意大利进口的印度红花岗岩。“金带”上汇聚了各类现代化城市公共设施，其中有赏心悦目的花坛，可供查询商品、服务的电脑亭，造型别致、供游客小憩的椅子等。“金带”上还分布着37个用青铜浇铸的雨水窨井盖，37个盖面上分别刻有上海不同时期的优秀建筑图案。在“金带”的南侧，设置7米宽的观光车道和升降路障。全街还设有南北两条残疾人无障碍通道。步行街上不时驶过既有现代造型又不失古朴特色的观光车，力求处处为游客提供方便和舒适。在河南中路、浙江中路和西藏中路口分别摆有3座雕塑，分别

图7-20 南京路步行街

以“三口之家”、“少妇”、“母与女”体现天伦之乐的主题。步行街的中部是一座世纪广场，广场为演出需要设立了一个舞台，广场内还有重4.5吨的“东方宝鼎”和景观钟，周围是花团锦簇。南京路的灯光以大面积的“闪、亮、跳”和“声、光、电”组合，分别体现温馨、繁华、高雅的主题，展示了上海国际大都市夜晚的生机和魅力（见图7-21）。

步行街上还设有当年的“老闸捕房”、“劝工大楼”、“五卅运动”等遗址纪念碑，成为青少年爱国主义基地。

商业繁荣是南京路永恒的主题。步行街沿线商店可谓名特优的总汇：华联商厦、第一百货、新世界是老牌的百货王国，此外还有协大祥、老介福、亨达利、恒源祥、张小泉等专业特色店铺；友谊欧洲商品城尽显欧陆特色，伊都锦商厦日本服饰，置地广场和先施公司东南亚风情商品等装扮着人们的生活，使步行街成为万国商品博览街，让人们足不出“国”，便能购买到世界各地的商品。步行街上当然也少不了不同档次、风味各异的著名食品餐饮企业，第一食品、麦当劳、肯德基、哈根达斯、天使冰王、必胜客……使游客们在购物之余还能品尝到国内外各种风味的美食佳肴。

图7-21　南京路步行街夜景

旅游休闲是步行街与众不同之处。步行街上的人或走马观景，或信步从容，或闲坐休息，或饶有兴致地转进每一家商店。在购物之余，步行街最突出的便是日夜不同的美景。白天走在步行街上，游客们会赏心于满目的绿色。秉承“把大树引入大都市”的理念，步行街上共种植了70 余棵香樟树，金带和道路上也摆放着四季花草、常青植物，串成了步行街的绿色珠琏。位于步行街中心位置的世纪广场更是绿意盎然，草木葱茏，成为繁华闹市中心的“绿肺”。

夜晚的步行街则是一座不夜城。每当入夜，建筑物顶部和立面霓虹齐放，错落有致，流光溢彩，成了灯的海洋。而在世纪广场中，五光十色的彩灯、激光映射在体现古典气质、悠久文化的东方宝鼎和音乐喷泉上，动静相宜，遥相呼应，构筑了美轮美奂的浪漫场景，令游客流连忘返。

文化氛围是步行街又一道亮丽的风景。步行街沿线共有26 处文化设施；世纪广场上250 平方米的超大型屏幕24 小时向国内外游客提供时事、新闻报道；时尚美观的橱窗、店堂和别致的雕塑小品富有艺术性；街头茶吧、咖啡吧散发出浓郁异国情调；皇冠娱乐城和世纪广场的文艺演出，载歌载舞、五彩缤纷的巡街表演，以及有志于为民服务的艺术工作者、艺校师生和民间艺人街头小型演出、艺术交流，使人们在购物旅游之余，品尝到来自五湖四海的“文化快餐”，领略到世界各地的艺术风情，感受到文化的丰富内涵。

每当夜幕退去朝霞初现的清晨，步行街上呈现的是别样的热闹。虽然两边的商店尚未敞开迎宾的大门，但马路天使——清洁工早已在忙碌地进行路面的清洗工作。人们有的跳着交谊舞，有的打着太极拳，有的在溜滑板，有的在打羽毛球，真是玩儿什么的都有，不像是一条商业街，倒像是一座公园，与白天的熙熙攘攘和夜晚的流光溢彩共同形成步行街的鲜明特色。

这条经历了一个多世纪沧桑，传统与现代交织的百年老街，正以其独特的魅力成为名副其实的“中华商业第一街”。

十七、杭州环西湖路

杭州西湖位于浙江省杭州市西部，旧称武林水、钱塘湖、西子湖，宋代始称西湖。湖面南北长约3.2公里，东西宽约2.8公里，蓄水量约850~870万立方米，平均水深1.55米，现面积5.68平方公里，包括湖中岛屿为6.5平方公里，是中国最著名的城市湖泊风景区。苏堤和白堤将湖面分成里湖、外湖、岳湖、西里湖和小南湖5个部分。西湖与钱塘江沟通后，每天引入钱塘江水约30万立方米，西湖水由原来的一年一换变成每月一换，透明度由原来的不足60厘米提升到120厘米。西湖的美不仅在湖，也在于山，因此素有山水西湖之称。环绕西湖，西南有龙井山、理安山、南高峰、烟霞岭、大慈山、临石山、南屏山、凤凰山、吴山等，总称南山。北面有灵隐山、北高峰、仙姑山、栖霞岭、宝石山等，总称北山。山的高度都不超过400米，但峰奇石秀，林泉幽美。它们像众心拱月一样，捧出西湖这颗明珠。环湖路为环绕西湖而建的城市旅游公路，起点为解放路南山路口，顺时针依次经过南山路、西山路(杨公堤) 、北山路、湖滨路，全长15公里；此外还有苏堤和白堤两条步行旅游路，犹如一条绿色的项链将西湖著名景区基本串联在一起。

南山路位于西湖东南岸和南岸，北起解放路、湖滨路口，西南与西山路、虎跑路相接。清波门（今清波街）以北路段，民国时期初名涌金路、南山路，后改为膺白路，共和国成立后改称南山路。清波门以南路段，因处南屏山麓，故名南屏路。1964年两路合并，统称环湖南路，1981年始复称南山路。

清波门以北，以前是杭州西部的城垣。以南为通往净慈寺、六和塔的崎岖小道。1919年，拆旗营城墙，修筑自湖滨路至涌金门（今涌金路口）段道路。1925年，拆涌金门至清波门间城垣并向南延伸，建成涌金门至净慈寺段道路。1926年，杭州至富阳公路建成通车，净慈寺至虎跑路为杭富公路之首段。以上路段，初为碎石路面，只有湖滨路至清波门段为沥青路面。共和国成立后曾多次翻修改建。目前的南山路为沥青路面，宽24~26米，其中行车道宽14~18米，于2002年建成通车。沿路有“柳浪闻莺”、“雷峰夕照”、“南屏晚钟”、“花港观鱼”等西湖胜景和儿童公园、章太炎纪念馆等。

西山路位于西湖西岸，南起南山路西端，北至北山路西端，接曙光路。因南侧的南高峰、月桂峰统称西山，路以山名。明正德三年（1508年）郡守杨孟英疏浚西湖，并在西里湖筑起一条与苏堤平行的长堤，故也称为杨公堤。

西山路1929年开始修筑，1947年曾计划建成环湖路，但直到1949年3月仅完成一段碎石路面，1950年7月继续修建，次年完成，路宽6米，为泥结碎石路面。西山路经多次改扩建，到2003年9月建成全长3.4公里的沥青路面。 路宽20.5~22.5米。改建后的西山路，恢复了水堤相依的杨公堤，西山路现有平板桥全都改成拱桥，复原明代环碧、流金、卧龙、隐秀、景行和浚源六桥景观。沿线主要有杨孟英纪念广场、杜鹃花广场等景观。此外，还将依托茅家埠等地独特的植被、水体条件，建成“山台泽韵”、“花山霞鹃”、“茅乡水情”、“法巷探春”、“双峰插云”、“金沙醇浓”六大新景区。

北山路位于西湖北岸，东起湖滨路北端，接白沙路，西至曙光路南端，接灵隐路，长约3.1公里。

北山路原为车马小道，称北新路，1922年建成现湖滨路北端至断桥段（原属白沙路首段）和断桥沿北山至曙光路段，路幅宽12.8米，行车道宽9.6米。1928年后铺沥青路面，时称静江路、大闸路等路名。1949年5月以后统称北山街，1964年改称环湖北路，1981年更名为北山路。2003年底，对北山路历史文化街区实施保护、恢复和道路整治工程，按原主体建筑风格

图7-22 早期修建的弹石路

对穗庐、北山街95号别墅等建筑分别进行修缮和整饰，对北山街、葛岭路、栖霞岭路两侧建筑立面进行整治，对镜湖厅、曲院风荷御碑亭、断桥边“云水光中”亭等进行修缮和维护，在宝石山及北山路（街）实施夜景亮灯。沿路有“石涵精舍”、青少年宫、望湖楼、“断桥残雪”碑亭、“宝石流霞”和全国重点文物保护单位“岳飞墓”等。

湖滨路位于西湖东北岸，南起解放路，沿西湖东侧带状公园，北至北山路，全长1.32公里。路面一部分为沥青铺筑，一部分为块石结构，宽25.5~30米。其中单幅路的车行道宽16~18.5米，两侧人行道宽7米和3.5米；双幅路的中间绿化分隔带宽2米，两侧车行道各宽8米，人行道各宽6米。

民国时期钱塘门南段称湖滨路，北段称圣塘路，1959年两路合并，统称湖滨路。南段建于1916年，碎石路面，1929年改建成沥青路面。1964年对湖滨路进行大修，并修整了人行道。2003年5月开始实施新湖滨景区建设，将湖滨路机动车道移入地下隧道，路面改造成为综合性的休闲步行街。沿线有唐李泌引水纪念标志、风波亭（包括风波桥、孝女井）、清旗营和练兵场、圣塘路别墅建筑群、淞沪战役阵亡将士纪念碑、志愿军雕像、新泰饭店、惜别白公、马可·波罗与杭州纪念雕塑、圣塘闸等重要景点。

苏堤位于西湖西侧，南北两端衔接南山路和北山路，全长2.8公里。它是北宋诗人苏东坡于北宋元祐四年(1089年)任杭州知州时，疏浚西湖，用湖中的淤泥堆筑而成的。堤上有六座石拱桥，自南而北分别是映波桥、锁澜桥、望山桥、压堤桥、东浦桥、跨虹桥。苏堤是为纪念苏东坡而命名的，又名苏公堤，堤的南端建有“苏东坡纪念馆”。

白堤原称白沙堤，横亘在西湖东西向的湖面上，从断桥起，过锦带桥，止于平湖秋月，长1公里。宋时因此路是通往孤山的唯一的道路，故称孤山路。明朝修筑后，杂植花木，亦名什锦堂。唐代诗人白居易任杭州刺史时有《钱塘江春行》诗云：“孤山寺北贾亭西，水面初平云脚低。几处早莺争暖树，谁家新燕啄春泥？乱花渐欲迷人眼，浅草才能没马蹄。最爱湖东行不足，绿杨荫里白沙堤。”即指此堤。后人为纪念这位行政长官和诗人，称为白堤。堤上桃柳成行，芳草如茵，回望群山含翠，湖水涂碧，游人走在白堤上如在画中游。

2005年8月对白堤南北两侧主游步道支路进行铺装，并对白堤原路作旧维修，在白堤、孤山路段安砌高湖石侧石，断桥至锦带桥段摊铺沥青。苏堤段也完成沥青路面摊铺。

西湖是一首诗，一幅天然图画，一个美丽动人的故事，不论是多年居住在这里的人还是慕名而来的游人，无不为这天下无双的美景所倾倒。阳春三月，莺飞草长，苏白两堤，桃柳夹岸。两边是水波潋滟，游船点点，远处是山色空蒙，青黛含翠。此时走在堤上，你会被眼前的景色所惊叹，心醉神驰。西湖的美景不是春天独有，夏日里接天连碧的荷花，秋夜中浸透月光的三潭，冬雪后疏影横斜的红梅，更有那烟柳笼纱中的莺啼，细雨迷蒙中的楼台，无论你在何时来，都会领略到不同寻常的风采。正如北宋诗人苏东坡在他的名篇《饮湖上初晴后雨》诗中所咏：“水光潋滟晴方好，山色空蒙雨亦奇。欲把西湖比西子，浓妆淡抹总相宜。”南宋时，西湖出现了畸形的繁华艳丽，偏安江南的统治集团不思恢复故土，却沉湎于湖光山色、奢靡享乐之中，一掷万金，花天酒地，西湖于是又被人称为“销金锅”。南宋诗人林升在《题临安邸》一诗中直斥南宋当局忘了国恨家仇，把临时苟安的杭州简直当作了故都汴州：“山外青山楼外楼，西湖歌舞几时休。暖风熏得游人醉，直把杭州作汴州！”辛辣的讽刺中倾吐了郁结在广大人民心头的义愤，也表达了诗人对国家民族命运的深切忧虑。

西湖不但独擅山水秀丽之美，林壑幽深之胜，而且还有丰富的文物古迹、优美动人的神话传说，自然、人文、历史、艺术巧妙地融合在一起。西湖处处有胜景，在以西湖为中心的60平方公里的园林风景区内，分布着主要风景名胜40多处，重点文物古迹30多处。概括起来西湖风景主要以一湖、二峰、三泉、四寺、五山、六园、七洞、八墓、九溪、十景为胜。西湖古迹遍布，拥有国家重点文物保护单位5处、省级文物保护单位35 处、市级文物保护单位25处，还有39处文物保护点和各类专题博物馆点缀其中，为之增色，是我国著名的历史文化游览胜地。1982年西湖被确定为国家风景名胜区，1985年被评为“中国十大风景名胜”之一，2007年5月8日，杭州市西湖风景名胜区经国家旅游局正式批准为国家5A级旅游景区。

环湖路的修建完成，使西湖景区的交通得到了有效改善，对杭州市区路网的完善、旅游业的发展都具有重要作用。根据2007年10月开始公示的《杭州西湖风景名胜区综合交通规划》，今后西湖风景区内交通将以“公交优先、绿色环保”为原则，大力发展公共交通，提倡自行车、电瓶车、水上交通、步行等绿色交通方式。根据公交优先原则，规划将对进入由环西湖的北山路、杨公堤、南山路、湖滨路构成的主环路周边及其围合的西湖的车辆，采取分区分时段收费、颁发通行证的管理措施。景区实行机动车交通管理后，将为步行和自行车游览提供巨大的空间。环西湖步行系统路线包括：湖滨路、白堤、孤山、苏堤、杨公堤和南山路的西湖沿岸。环西湖自行车系统路线：除包括环西湖步行系统路线外，还有北山路、灵隐路、梅灵北路和梅灵隧道、龙井路、虎跑路、玉皇山路。这一规划的实施将使环西湖旅游公路发挥更好的经济效益和社会效益。

十八、塔里木沙漠公路

塔里木沙漠公路位于新疆维吾尔自治区南部的塔克拉玛干沙漠。这是中国最大的沙漠，也是仅次于阿拉伯半岛鲁卜哈利沙漠的世界第二大流动沙漠。塔克拉玛干沙漠位于塔里木盆地中心，东西长约1000公里，南北宽约400公里，面积约32.4万平方公里。“塔克拉玛干”维吾尔语意为“进去出不来”，自然环境极其恶劣，被称为“死亡之海”。20世纪80年代后期，在塔里木盆地发现了丰富的石油和天然气资源，其油气储量分别占全国总量的1/7和1/4，中国石油发展战略就此向西部转移。修建一条横贯南北的沙漠公路作为塔里木油田通往外界的专用通道，因此被列入国家重点建设项目。

塔里木沙漠公路纵贯塔克拉玛干沙漠，起点为巴音郭楞蒙古自治州轮台县东9公里（314国道626公里处），经轮南油田、塔里木河、肖塘、塔中4井，终点为和田地区民丰县东18公里（315国道2178公里处），全长565.66公里。沙漠公路于1991年2月动工兴建，同年建成连接轮台至轮南39公里三级公路；随后又建成轮南至塔里木河大桥39公里二级公路和塔里木河大桥至肖塘41公里三级公路。1994年中国最大的沙漠油气田——塔中油气田建成，6月塔里木沙漠公路修至塔中地区，铺筑沥青路面219公里。随后,这条公路在流沙中继续延伸,1995年9月又从塔中修至民丰，铺筑沥青路面227公里，至此，塔里木沙漠公路全部竣工。建成后的沙漠公路路基宽10~12米，路面宽7~9米；沥青表处、沥青混凝土面层厚2.5~4.5厘米，基层为10~30厘米级配砂砾。它采用了强基薄面路面结构，沙基振动干压实和土工布加固沙基的施工工艺及芦苇防栏和芦苇方格防沙体系。路面平整如镜，汽车时速一般都在100公里以上，最高可达150~180公里。其中流动沙漠段公路北起肖塘，南至民丰县城以东23公里的恰安，全长446公里，是目前世界上在流动沙漠中修建的最长的公路。联合国环境规划署高级顾问、美国国际干旱区研究中心主任屈林克教授考察了这条公路后说：“中国能在塔克拉玛干沙漠修建长达400多公里的公路是件了不起的事情，无论在施工规模上还是在研究深度上都是世界一流的。”由新疆塔里木石油勘探开发指挥部申报的“塔克拉玛干沙漠公路”，1999年9月29日获得了上海大世界吉尼斯总部颁发的“最长的贯穿流动性沙漠的等级公路”世界吉尼斯纪录证书。

塔里木沙漠公路为“八五”国家重点科技攻关项目，先后有17个科研单位、180多名专家和技术人员参加了科技攻关，攻克了流动沙漠中修筑上等级公路的一系列世界级难题，项目研究达到了国际领先水平。新疆石油勘察设计院72名平均年龄31岁的年轻人组成了勘测设计青年突击队，以“为石油饱尝戈壁黄沙虽苦犹荣，建四化受尽西域风霜其乐无穷”的精神，克服常人难以想象的困难，完成了选线、放线、水准、工程地质等一系列勘察测量工作。依靠他们的智慧和知识闯过了一道道技术难关，勘测、设计成果全部一次验收合格，优良率达95%。他们优质选线，使线路总长度缩短了38公里，节约修建费4066万元。由于采用“强基薄面”的路面结构，与塔里木河北部的常规公路相比，节约了材料、施工和运费5600 多万元。青年突击队为修筑塔克拉玛干沙漠公路做出了卓越的贡献，受到党和政府的表彰，1997年集体荣获由共青团中央、国家计委、建设部颁发的首批国家重点建设工程全国青年文明号的桂冠。

塔里木沙漠公路沿线为各种沙丘、沙链、沙垅、沙梁，绵延起伏、高大密集，最高沙山达200米以上。沙漠腹地及周边土质以风积沙为主，偶尔有零星粉性土和盐渍土，间断生长红柳、罗布麻等沙生植物。沙漠公路像一条游弋沙海的黑色长龙，顺着沙丘低地起伏延伸，全线穿越流动沙漠段长423公里，半沙漠段长41公里，盐碱土段长78公里，砂砾戈壁段长23公里。在如此恶劣的地质条件下建造等级公路本身就是一个世界奇迹，使人更为惊叹的是，科研人员和塔里木石油工人在世界最长的流动沙漠公路两侧建起了一道绿色长廊。为防沙固沙，沿公路全线形成阻、固、输、导、控相结合的完整的防沙体系，仅北段公路（共219公里）编扎的芦苇草方格面积就达2000万平方米。草方格外侧竖由尼龙网、芦苇排建造的阻沙栅栏长446公里，宽度在20～100米左右，阻沙栏高1.3米，厚8厘米。栅栏和草方格随沙丘起伏绵延，犹如一条千里锁链牢牢缚住了黄色沙龙，也为塔克拉玛干沙漠增添了一道独特的风景线。

但是，塔克拉玛干沙漠的沙害非常严重，应用在沙漠公路两边的芦苇“草方格”和“草栅栏”等机械防沙设施5年后有80%遭到不同程度的危害，而这一防沙体系的设计使用年限为7年。如何防止这条被称作“世界第一路”的公路被流沙吞没，成为科学家努力解决的一个重要课题。公路修建伊始，中国科学院新疆生物土壤沙漠研究所和兰州沙漠所的科研人员就开始在公路沿途进行防沙绿化的研究试验，分别在肖塘和塔中建立试验基地，加紧探索沙漠公路生态防护林的关键技术，开始防护林带引种驯化和利用太阳能提取地下咸水灌溉的试验，成功寻找到就地利用高矿化度地下水进行造林绿化的途径，并筛选出一批耐盐、耐旱、耐沙埋的造林树种。

2003年，沙漠公路绿化工程得到国家立项并开工建设，2005年完成了全长436公里、宽度为72~78米的绿化带建设。公路沿线利用沙漠地下水，栽种红柳、沙枣等耐旱沙生植物，并在公路两侧营造6条绿色林带。这项绿化工程的建成，不仅使沙漠公路的防沙体系更加完善，而且还会带来可观的生态效应。据称，在建成的公路绿化示范区里，已经有沙狐、赤狐以及十几种鸟类的踪迹。沿途绵延不尽的胡杨林带、红柳灌丛、芦苇、棘草群落中，间或也能看到鹅喉羚、马鹿、狐兔、鸟雀等闪现其中。如今，总面积达3128公顷的沙漠公路生态防护林带，如同一条绿龙横亘在沙漠瀚海中央，又像威严的护卫队保护着沙漠公路，用生命的绿色阻挡流沙的侵蚀，成为“死亡之海”中的希望之光、绿色通道，彰显出我国在沙漠治理工程措施上取得的巨大成就。

沙漠公路生态防护林体系建成以后，新的科学问题又摆在科研人员的面前，一是人工生态环境的持续性，二是防护林的区域环境效应。沙漠公路生态防护林绝大部分为沙拐枣、柽柳、梭梭3种植物，还有少量胡杨，其生物多样性十分简单，单一物种的病虫害就可能造成1/3的苗木遭受损失。因此，该所在塔中基地建成面积300亩的植物园，先后引种了200多种沙生植物，存活下来的占60%左右。一旦发现新的适应物种，就将其应用到生态防护林中，以提高防护林的生物多样性。

图7-23 沙漠公路建设成为公路史上一大奇迹

影响防护林可持续性的另一问题是生物在干旱、酷热和咸水灌溉条件下遭受多重胁迫，其耗水规律和生理变化的未确定性。最明显的是，虽然选种的植物都有避盐和泌盐的生理特性，但咸水灌溉后盐分在地表聚集，偶遇降水后盐分向植物根系分布区扩散，对植物造成很大伤害。防护林区域环境效应研究应着重在地下水的影响和土壤环境变化两个方面进行。

沙漠公路及其防护林将沙漠一剖为二，对沙漠的土壤环境产生了巨大影响。首先是沙漠完整性遭到破坏，人为扰动使沙丘沙颗粒的组成、沙丘运移方向和速度及自身形态发生变化，出现沙丘在上风堆积和下风缺失的现象，其后果需要研究。其次，咸水灌溉带来的土壤中水盐运移的驱动力在哪里，不仅关系到土壤化学成分的变化，还关系到影响防护林自身稳定性的盐害问题的解决途径。再次，种植灌溉对原来风沙土中酶生物的影响乃至微生物在土壤中积累与种群变化问题的研究，对揭示土壤的发育过程具有极高的参考价值。与沙漠公路相关的研究涵盖了许多领域，需要多学科的交叉研究，通过这些研究或许可以揭示更多的科学问题，获得极有价值的科研成果。

沙漠公路的贯通，解决了深入沙漠腹地勘探开发石油的交通运输问题，提高了生产效益，缩短了距离，节约了运输费用，大大降低了勘探开发成本，获得了很高的经济效益，对加快塔里木盆地油气勘探开发，促进新疆经济发展和政治稳定将发挥重要作用，同时对推动南疆经济建设、文化交流、民族团结、巩固国防和促进边疆稳定均具有重大的社会效益。

沙漠公路也为国内外游客深入塔克拉玛干沙漠腹地，开发沙漠探险旅游创造了良好的条件。如今在轮台南镇沙漠公路0千米和民丰县恰安沙漠公路的终点处都建有壮观的沙漠公路彩楼，门楼旁立有宏伟的沙漠公路简介纪念碑。彩楼两侧书写着“千古梦想沙海变油海”、“今朝奇迹大漠变通途”的巨幅对联（见图7-24）。当你驱车驶入这条

图7-24　塔里木沙漠公路彩楼

贯穿沙漠瀚海的 “希望之路”和“幸福之路”时，定会为人类征服自然的这一奇迹而思潮起伏，感慨万千。

十九、庐山旅游公路

庐山位于中国江西省北部，北濒一泻千里的长江，南襟烟波浩渺的鄱阳湖，大江、大湖、大山浑然一体，险峻与秀丽刚柔相济。庐山奇峰叠峙，云海弥漫，既有悬崖峭壁之险，又有清泉飞瀑之奇，最高的汉阳峰海拔1474米，素有“匡庐奇秀甲天下”之誉，是中外闻名的避暑胜地，1996年被列入世界地质公园，并以世界文化景观列入世界遗产名录。庐山旅游公路位于九江市庐山区境内，起点为威家镇，终点为通远镇，全长48.70公里。

庐山最早的上山道路是清光绪年间修筑的1116级石阶，称“好汉坡”，供马车行走。1922至1947年间，国民政府曾7次勘测，都因工程艰巨、资金无着而未修建。共和国建国伊始，政府就开始谋划修筑庐山登山公路。1951年10月，江西省人民政府成立庐山登山公路修建委员会，并立即进行施工的前期工作。1952年7月，登山公路正式开工，至1953年8月竣工通车。起点为威家镇，终点为庐山山顶，全长24公里，现称北山公路。该路盘旋于崇山峻岭之中，全线有弯道429处，毛泽东在《登庐山》一诗中，有“一山飞峙大江边，跃上葱茏四百旋”之句，这条公路庐山居民常称之为“毛泽东路线”。此线路布置的特点：一是避开了之字形的回头线，利用相连山峦傍山展线，逐渐升顶登山；二是沿线大部分视野开阔，游人时而可瞭望长江，时而又可远眺鄱阳湖；三是线路延展在20多公里的山峦之间，不是集中在一个坡面上，而是布线于阴阳坡面之间，不仅给人以变幻奇特的景观，而且路的本身就像一条逶迤蜿蜒的彩带，环绕于秀丽的山坡上，平添了无限情趣。

随着旅游业发展的需要，庐山旅游公路日益完善。1954年5月，在牯岭日照峰下开凿一条长88米，宽5.5米，高6.4米的隧道，使庐山南山、北山连通。同时在山顶修建环山公路，沟通了山上的旅游景点和南北交通。1970年10月，庐山南部登山公路开工，次年7月通车，至此庐山登山旅游公路全部建成。南山登山公路建成后，从南昌上庐山可不再绕道九江，缩短行车里程30余公里，为上庐山的国内外游客提供了更为便捷的条件。

2003年11月，作为江西旅游公路重点工程建设项目，由江西省政府立项投资5.2亿元、全长60公里的庐山环南山公路开始施工，2006年1月建成通车。这条公路采用一级公路标准，双向四车道，路基宽20米，路面宽15米，设计行车时速60公里。庐山山南既建有千年古刹、千年学府等历史文化景观，又分布着李白诗中描绘过的秀峰，陶渊明隐居的桃花源及著名的星子温泉等优美自然景观。但由于道路隔阻，这些分散在山下的景区常成为庐山游客心中的遗憾。新的环南山公路北起九江荷花垅，沿途经过威家镇、三叠泉、白鹿洞书院、观音桥、星子县城、秀峰、温泉、桃花源等景点，南到通远，与（南）昌九（江）高速公路相接，将庐山山上核心景区与山下众多的新景点联成一线，从而可以让庐山游客轻轻松松游遍庐山景点。图7-25为庐山旅游公路。

庐山旅游公路全线位于山岭重丘区，为第四纪冰川地质构造，以砂砾积土为主。经1990年至2000年数次大修改造，现路面宽6~8米，路面分沥青碎

图7-25 庐山旅游公路

石和水泥混凝土两种。沥青碎石面层厚7~10厘米，水泥混凝土面层厚20厘米；基层均为23厘米水泥稳定砂砾，技术等级四级至三级。沿线设置石砌安全护墩、安全柱和反光镜，标志标线齐全，路面平整，线形优美，绿化良好。特别是山南登山公路，法国梧桐、古柏、古杉参天，使公路成为庐山胜景的又一道风景。

二十、湖北神宜公路

神宜公路是湖北省首条生态旅游专线公路，是进入神农架核心风景区的唯一南北通道。神（农架）宜（昌）公路起于神农架林区的木鱼镇，止于宜昌市兴山县高阳镇昭君桥，邻近神农架自然保护区、神农坛植物园和三峡珍稀树木园等多个景点，是209国道及209国道复线的一段，路线全长52.96公里，2006年3月正式开工，2007年10月建成通车。

上世纪60年代，湖北省通过民工建勤，修建了首条通往神农架的公路。但受到地理环境和资金等方面的限制，虽几经改造，这条路平均宽度只有5～7米，是一条低等级公路。近年来，神农架旅游业得到快速发展，游客量年平均增长44.9%，原有道路条件已无法承担林区旅游经济开发功能。2004年12月，神农架林区政府提出了建设神宜高速公路的要求。

神宜公路是湖北省交通重点建设工程，项目从一开始就得到了各级领导的高度重视，全国政协主席贾庆林、交通部原部长张春贤、交通部部长李盛霖、省委书记罗清泉等领导多次批示或听取有关工程立项、建设等情况的汇报，并站在落实科学发展观的高度，要求将这条路建成为资源节约、环境友好的示范典型。

神农架是湖北境内长江与汉水的分水岭，是整个华中地区“肺”，是南水北调中线工程重要的水源涵养地，是三峡库区最大的天然绿色屏障，作为全球同纬度地区唯一的绿色奇迹而备受关注。1980年，神农架成立自然保护区，1986年经国务院批准为“国家森林及野生动物类型自然保护区”，1990年被联合国教科文组织接纳为人与生物圈计划“世界生物圈”保护网成员，受到全球环境基金（GEF）资助，成为“亚洲生物多样性保护示范区”。丰富多样的自然景观和封闭脆弱的生态环境，是神宜路最大的建设背景。出于生态保护、节约资源的考虑，按照“适用是最好的、自然是最美的”生态环保建设理念，湖北省交通厅将原设计调整为采用二级公路标准，设计时速40～60公里/小时，路宽最大10米。这样不仅使工程造价由原来的20多亿元调减到不足4亿元，而且避免了大填大挖对沿线生态资源的大量破坏，在建设“资源节约型、环境友好型”公路方面创造了新的宝贵经验。该公路的修建，对打造湖北“一江两山”（长江三峡、武当山、神农架）的旅游战略格局具有重大意义。

湖北省交通厅始终坚持将“保护好生态环境”作为设计的“第一追求”，将“恢复好生态环境” 作为施工的“第一原则”，将“科技创新促进生态环保”作为建设的“第一动力”，将实现“自然环境原生态”作为验收的“第一关口”，把“安全、节约、文化、自然”和塑造公路与自然和谐的典范作为建设宗旨，广泛学习和吸收国内山区公路建设经验，特别是按照交通部建设创新型交通行业的要求，在资源节约和环境友好方面做了许多有益的探索。工程设计建设人员坚持因地制宜，坚持科技创新，成功探索了宜路则路、宜桥则桥、宜隧则隧、半路半桥、悬挑帮衬、桥隧相连的公路建设新理念；路线布设合理，平、纵、横配合协调；线形顺适、连续，技术指标均衡；特别是创新采用了悬挑板加宽结构，具有结构轻盈、造价节省、施工方便等优点，丰富了山区公路加宽的技术手段。建设中采用柔性防护技术进行高边坡防护，第一次在隧道中采用半开口棚洞设计，第一次采用新型缆索护栏和太阳能隧道照明技术等，实现了“路景相融、自然神宜”的建设目标。神宜公路的建成通车，对促进神农架林区旅游资源的开发和湖北省经济的发展具有十分重要的意义。图7-26为神宜公路采用挑梁形式增加路宽的路段。

为了充分利用资源，湖北省交通厅提前开展环境影响调查和评价，从节约土地、保护水资源、避让重点动植物保护敏感点等方面提出咨询建议，公路为生态让路，并以此作为线路比选的必要条件之一。新路充分利用原有老路和溪滩，其中改建老路44.11公里，占路线里程的83%。环评的提前介入，改写了传统只有地质地形选线的历史。通

图7-26 神宜公路采用挑梁形式增加路宽的路段

过动态优化设计，全线平面调线1.8公里，纵断面调整10.5公里，横断面调整2.5公里，避开了老线紧邻的三峡珍稀树木园、易发山体滑坡带、生态敏感区和人口密集区。

为最大限度地保护生态，避免乱炸乱挖现象，工程指挥部对开山炸石、隧道开挖等工程，实行施工许可制度和限量、限时管理，对于没有落实挖方处理方案的不准许施工。工程设计将隧道开挖、山体切削和路基降坡等所产生的土石方，经过分类，全部用于挡墙砌筑和路基填筑。全线通过修建36公里下挡墙、11座半幅桥，减少山体开挖，避免向溪沟弃渣。据统计，优化设计方案使山体开挖减少32处、约15万立方米土石方，占设计总量的24.8%，基本上实现了挖填平衡的零弃方。

公路建设者还根据不同地形地质条件及地貌特征，采取了多种绿化方式相结合的施工方案，尽可能恢复生态。主要措施有：路肩式挡墙设绿化种植槽，碎落台和公路两侧喷播植草、栽植灌木或藤本植物，普通高边坡修建挡墙，逐级设置种植槽，种植藤本植物，工程防护与生态防护相结合，较陡岩石边坡悬挂罩面网喷撒泥土后播草籽等。全路段共建57处紧急停车带、2处停车休息区、8处观景台，以方便旅客下车观景。

“神宜”不仅是这条公路起始点地名的标志，还暗含“神怡”之意。神宜路沿途有美人王昭君、诗人屈原的故里，有圣人神农氏、传说中的野人活动留下的踪迹，还有自然天成的“橘香”、“茶韵”、“峡幽”、“石趣”、“木秀”、“水灵”等景观。建设者将公路与这些元素有机结合，使神宜路成为溯源香溪、探秘神农、寻梦百里画廊的公园式通道。采用“避、清、封、露、绣”等多种方法，充分展示旅游生态公路鲜明的特色。注重公路与自然景观的协调并与沿线的历史人文景观——“美、诗、圣、野”（美人王昭君、诗人屈原、圣人神农、传说中的野人）有机地联为一体，打造“路在林中展，溪在路边流，车在景中行，人在画中游”的神宜公路生态新景观，将公路建设与生态环境、历史文化背景巧妙结合，让旅游者在赏景中品出特色文化。

神农架全境蕴藏着丰富的自然资源，这里不仅有丰富的水能资源和矿物资源，更有稀世的生物资源。神农架可入药的动、植物达2013种，是名副其实的“物种基因库”、“天然动物园”、“绿色宝库”。神农架还具有独特的生态旅游资源。神农架保存完好的原始生态与亿万年来形成的亘古地貌，孕育了众多自然景观，境内奇山异石、奇洞异穴、奇花异草、奇兽异鸟无处不在，无所不包。这里山峰瑰丽，清泉甘冽，风景绝妙，是开展观光揽胜、度假休闲、探险猎奇、体育健身、科学考察、科普教育的理想场所和最佳去处。

神农架据传是华夏始祖、神农炎帝在此搭架采药、疗民疾矢的地方。他在此“架木为梯，以助攀援”，“架木为屋，以避风雨”，最后“架木为坛，跨鹤升天”。神农炎帝是华夏文明开创者之一，为缅怀祖先，颂其伟业，林区人民政府于1997年开始在神农架主峰南麓小当阳兴建神农祭坛一座，塑其雕像于群山之中。但见牛首人身的神农氏双目微闭，似思似眠，神农塑像与千年古树相拥而立，景致浑宏，气宇不凡，蔚为壮观（见图7-27）。

神农架的奇幻、神秘、引人入胜还在于它拥有一种传奇性动物——“野人”（亦称“雪人”或“大脚怪”）。50年代以来，神农架不时有“野人”存在的报告传来。1976年5月中国科学院组织了“鄂西北奇异动物考察队”深入神农架原始林区，探察“野人”足迹，收集到了“野人”的粪便、毛发等实物，测查了“野人”脚印。经初步鉴定，“野人”是一种接近于人类的高级灵长类动物。近几年来，又有多名考察队员和游人目睹了“野人”的存在。

图7-27 神农祭坛

但到目前为止，还没有捕获到一个活的“野人”，因此神农架“野人”仍是一个谜。

神农架的自然条件和人文背景共同构成了神农架绚丽多彩的画卷，隽秀如屏的群峰，茫茫苍苍的林海，完好的原始生态系统，丰富的生物多样性，宜人的气候，独特的内陆高山文化使神农架成为当今世界人与自然和谐共存的净土和乐园。观原始洪荒之貌，赏幽绿秀野之景，品神农文化之韵，探野人传世之谜，成为神农架旅游的精准概括。

秭归位于长江北岸的卧牛山麓，四周城墙环绕，形似一个倾斜的葫芦，具有浓厚的古典建筑风格，故有“葫芦城”之称；又因城墙均由石头叠砌而成，又叫“石头城”。汉代始设县，唐朝时曾设立归州，辖秭归、巴东、兴山三县。民国元年（1912年）改归州县，民国3年（1914年）改为秭归县，一直沿用至今，1992年属宜昌市。

秭归是我国战国时代伟大诗人屈原和汉代美女王昭君的故乡，传说秭归县名由屈原而来。屈原有个姐姐，屈原被流放前，她曾特地赶回来宽慰弟弟，其情其景，感人至深。后人为表示对这位贤惠的姐姐的敬意，将县名改为“姊归”，后演变为现在的“秭归”。秭归的名胜多与屈原有关，秭归县城东门外，矗立一高大的牌坊，上书“屈原故里”四字，系郭沫若手书。旁边还有两块石碑，分别刻“楚大夫屈原故里”和“汉昭君王嫱故里”。

王昭君公元前52年出生于南郡秭归县宝坪村（今湖北省兴山县昭君村）。其父王穰老来得女，视为掌上明珠，兄嫂也对其宠爱有加。王昭君天生丽质，聪慧异常，琴棋书画，无所不精，“娥眉绝世不可寻，能使花羞在上林”。昭君的绝世才貌，顺着香溪水传遍南郡，传至京城。公元前36年，汉元帝昭示天下，遍选秀女，王昭君以南郡首选进宫。后来肩负着汉匈和亲之重任，别长安、出潼关、渡黄河、过雁门，历时一年多，于第二年初夏到达漠北，受到匈奴人民的盛大欢迎，被封为“宁胡阏氏”，意为匈奴有了汉女作“阏氏”（王妻），安宁始得保障。昭君出塞后，汉匈两族团结和睦，国泰民安，“边城晏闭，牛马布野，三世无犬吠之警，黎庶忘干戈之役”，展现出欣欣向荣的和平景象。昭君出塞和亲，对胡汉两族人民和睦亲善与团结做出了巨大贡献，成为我国历史上流传不衰的民族团结的佳话。

秭归还是历史悠久的柑橘之乡，屈原在他的名篇《橘颂》中，曾对橘树的形象和性格作过深刻的描写。今天，秭归已成为我国七大柑橘生产基地之一。金秋时节，驱车行驶在 “美、诗、圣、野”荟萃的神宜路上，清澈的香溪河陪伴着公路向深山延伸，满目都是青枝绿叶红果的柑橘林，如诗如画的醉人景色美不胜收，令人心旷神怡。

第七章　中国现代重要道路

下　篇

第八章 大道之行，天下一统
——路与政治

路是衡量一个国家政治昌盛经济繁荣的重要尺度。自古以来，道路交通系统的完备与否，决定着国家的行政效能、军事能力和开放程度，也决定着国家经济、文化发展的速度，以及人们社会生活水平的高低。我国是一个历史悠久的文明古国，古代道路交通在几千年的进程中有着辉煌的成就。新中国成立后，伴随着新中国汽车工业和石油工业的建立和发展，公路交通事业取得了较快发展，特别是改革开放后的30年间，更是以前所未有的速度跃居世界前列。道路交通发展的进程，无不与时代政治的兴衰更迭息息相关，体现着路可观政的基本特征。

一、路与国家政令畅通

道路是随着人类社会的发展而同步发展的。随着国家的建立，扩张国土兴伐战争需要开路，传达政令维护王政需要通路，进行贸易往来沟通也需要辟路。

我国著名历史地理学家严耕望认为：中国古代“主要行政措施惟道路之维持与控制，以利政令之推行”，“这是因为中央政府在这一地区，真正实行控制的主要是道路。”可见，中央政府的政令，主要是通过道路来传递的，政令的通达与否，主要取决于道路的维持与控制程度。道路通则政令通，道路不通则政令不通。

我国所处的地理位置，由于受太平洋暖湿气流的影响，成为欧亚大陆东部的主要的季风区。受季风降雨的影响，这里水草丰茂，土地肥沃，成为世界几个主要的农业文明发祥地之一。中国的文化生长于内陆环境，古代的夏、商、周时代，人们主要活动于北方中原地区和西北地区，南部有秦岭作为天然屏障，北部和西部有辽阔的大沙漠和戈壁滩，西南部是青藏高原，耸立着世界屋脊的喜马拉雅山，形成了自然的、封闭的生存体系，农业文明十分发达。而农业文明必不可少的灌溉系统要求一个集中统一的、具有较强组织、动员能力的国家形态与之相适应。因此在中国古代，中央集权的国家形态占据了主导地位。

中央集权的国家形态需要有一个以都城所在地为中心的、全国的道路网络，以保证军政命令通达，贡赋往来顺畅，依此实行对全国的有效统治。因此，自公元前1400年的商朝中后期，一个覆盖黄河中下游、黄淮地区及江淮地区的全国道路网络已具雏形。公元前221年秦统一六国，建立了中国古代第一个中央集权的王朝，以都城咸阳为中心，全国统一的“驰道”网络也随之形成。此后的西汉、东汉和隋、唐等统一的中央王朝，都在“驰道”的基础上不断完善以长安（今陕西西安）、洛阳（今河南洛阳）为中心的覆盖全国的“驿道”网络，并且随着疆土的拓展而延伸。隋唐以后，随着大运河的贯通，江南的开发，中国的经济中心东移，政治中心也随之东移到南北大运河沿线，长安、洛阳淡出中国政治、经济中心。北宋王朝建立了以汴京（今河南开封）为中心的全国“驿道”网络。但是，由于宋、辽、金先后的南北对峙，全国统一的道路交通网络始终没有形成，直到公元1297年，元帝国再度统一中国全境，一个以南北大运河起点大都（今北京）为中心的全国“驿道”网络才告形成。公元1644年，清王朝定都北京，将元帝国建立起来的全国道路系统进一步完善，在空前辽阔的疆土上建成覆盖东北、蒙古、新疆、西藏、岭南、东南沿海和中原的全国的道路网络——官马大道。

官马大道分为官马北路、官马西路和官马南路。以北京为中心，在京师东华门外设皇华驿，作为全国交通的总枢纽，向全国各省区辐射。全长超过2.8万公里，加上蒙古的5条贡路和长江官路，清王朝的国家干线道路长度超过了3.5万公里。中国古代国家干线道路传统称为驿道，主要用于军事通讯和行政文书的传递，专为官家所用，所以，清代就直呼“官马大道”，民间则称之为马路。

官马大道既是清王朝建立起来的遍及全国的干线道路系统，也是中国古代农业文明道路系统的巅峰。官马大道不仅助大清帝国平定三藩之乱和准噶尔叛乱，维护了国家统一，而且在200多年中实现了有效统治和经济发展，覆盖全国的道路网也为中国公路的兴起和公路网的形成奠定了基础。

二、路与民族和睦团结

道路不仅在战争中发挥着积极的支持作用，同时在缓和与周边少数民族的关系，巩固中央集权方面发挥了重要作用。中国历史上，汉代的王昭君，唐代的文成公主、金城公主，明代的奢香夫人等几位杰出女性为了国家的安定，民族的团结做出了卓越的贡献，在她们的脚下，趟出了一条条象征着民族团结的悠悠古道。

（一）昭君出塞

汉朝建国之初，立国未稳，百废待兴，急需安定治国。可是，匈奴人却不时派士兵骚扰，北国边疆经常是兵戎相见，以致“百姓流离，田园丘墟，北方边陲迨无宁岁。” 到汉宣帝时，北方的匈奴由于内部相互争斗，逐渐衰落，最后分裂为五个单于势力。其中有一个单于，名叫呼韩邪。公元前54年，匈奴呼韩邪单于被其兄郅支单于打败，南迁至长城外的光禄塞下，同西汉结好。他曾亲自率部下进长安朝见汉宣帝。汉宣帝死后，元帝刘奭即位，呼韩邪于公元前33年再次亲赴长安，要求同汉朝和亲。为结束百余年来汉匈之间的战争局面，元帝派宫女王昭君和亲匈奴。

王昭君，名嫱，字昭君，当她听说单于求亲后主动请求出塞和亲。在汉朝和匈奴官员的护送下，昭君一行骑着马，历尽艰难，来到了千里之外的匈奴地域。到匈奴后，她被封为“宁胡阏氏”（阏氏，音焉支，意思是“王后”），象征着将给匈奴带来和平、安宁和兴旺之意。昭君慢慢地习惯了匈奴的生活，和匈奴人相处得很好，同时还把中原的文化传给匈奴。后来呼韩邪单于在西汉的支持下控制了匈奴全境，从而使匈奴同汉朝和好达半个世纪。自昭君和亲后，双方化干戈为玉帛，铸刀剑为犁锄，北方边陲出现了“边城晏闭，牛马布野，三世无犬吠之警，黎庶无干戈之役”的和平景象。

昭君死后葬在匈奴人控制的大青山，匈奴人民为她修了坟墓，并将她奉为神仙。在王昭君的“青冢”墓碑上刻有：“一身归朔漠，数代靖兵戎；若以功名论，几与卫霍同”的诗句，高度评价了昭君出塞和亲的意义。昭君出塞不但使边疆王朝置于中央王朝的领导之下，从而为祖国的统一打下了基础，同时，匈奴国因和亲，在许多方面受到了汉文化的浸润和影响。在生活习俗等方面，匈奴也刻意摹仿汉朝，加速了民族融合的进程。正是有鉴于此，老一辈革命家董必武才写出了“昭君自有千秋在，胡汉和亲见识高”的诗句。

昭君出塞时所经的路线，史无明文，但线索不难找出。史载呼韩邪单于在宣帝甘露三年（公元前51年)第一次从漠北入汉之时，汉朝派兵在他经过的七个郡境（五原、朔方、西河、上郡、北地、冯翊至国都长安）沿途护卫，并表示欢迎。若以当时各郡治所为准，则所经约今内蒙古的包头市、杭锦旗、东胜县、陕西榆林县、甘肃庆阳县，而至陕西西安市。呼韩邪从漠北第一次既经由这条路线而来，那么，他在公元前33年入汉及后来偕昭君返回漠北，也该是取道这条路线。

（二）唐蕃古道与汉藏和亲

唐蕃古道是我国古代历史上一条非常著名的交通大道，也是唐代以来中原内地去往青海、西藏乃至尼泊尔、印度等国的必经之路。它起于陕西西安（即长安），途经甘肃、青海，至西藏拉萨（即逻些），全长3000余公里。整个古道横贯中国西部，跨越举世闻名的世界屋脊，像一条情谊缠绵的纽带，联结着藏汉人民友好团结的感情。

早在汉朝时，中原通往青海、西藏的大道就已基本形成。到公元7世纪中期，吐蕃首领松赞干布十分敬慕唐王朝的强大兴盛与中原汉族的灿烂文化，为了加强吐蕃与唐王朝的关系，634年，松赞干布派使臣前往大唐国都长安，拜见唐太宗，并请求联姻和好。唐太宗审时度势，答应将自己的宗室女儿文成公主嫁给松赞干布。

641年，在江夏王李道宗的专程护送下，文成公主受父皇之命进藏。他们带着大批卫队、侍女、工匠、艺人和大量绸缎、典籍、医书、粮食等嫁妆，从长安迤逦西行，经甘肃，到青海，过日月山，经大河坝，到达黄河源头。为了保障公主一路顺风，唐太宗命沿途官府修路架桥，造船制筏，建筑佛堂，开辟通道。松赞干布则亲自率领满朝官员与大队人马迎亲于柏海（即今扎陵湖和鄂陵湖），并在此举行欢迎仪式。然后，松赞干布与文成公主结伴而行，前往逻些完婚。文成公主进藏途中不仅播撒下了汉藏友好的种子，也留下了众多的胜迹与美好的传说。文成公主远嫁吐蕃，不仅揭开了唐蕃古道历史上非常重要而又影响深远的第一页，而且作为唐朝与吐蕃之间的重大事件载入史册。

709年，即唐中宗景龙三年，应吐蕃之请，唐王朝又将金城公主许配给了赞普赤迭祖赞。金城公主沿着文成公主进藏的道路嫁往吐蕃，成为唐蕃古道上的又一桩盛事。从文成公主嫁往吐蕃起，唐朝与吐蕃间使臣不断，有据可查的使者往来就达19次之多。唐蕃古道也迅速兴盛起来，并很快成为一条站驿相连、使臣仆仆、商贾云集的交通大道。至今在古道经过的许多地方，仍然矗立着人们曾经修建的驿站、城池、村舍和古寺，遗留着人们世代创造的灿烂的文化遗存，传颂着数不清的反映藏汉人民友好往来的动人佳话。

唐蕃古道的开通，在当时乃至以后的漫长历史岁月里，起着维系、加深和强化藏汉两大兄弟民族友好的重要桥梁和纽带的作用，推动了藏族经济和文化的发展。吐蕃贵族子弟被派到唐朝长安学习，许多唐朝人则被聘到吐蕃掌管文书，传授建筑技术。现今拉萨市的一些宫殿建筑，便是唐代汉藏两族人民共同辛劳的产物。同时，还有养蚕、酿酒、造纸等各种匠人进入吐蕃，传授唐代先进的生产技术，促进了藏族手工业、农业发展和人民生活的改善，加强了汉藏两族人民的团结。

（三）奢香夫人与“龙场九驿”

1368年，朱元璋建立明朝。朱元璋认为，要消灭元朝的残余势力、完成统一大业和建立中央集权统治，首先必须把交通和通信体系恢复和建立起来，因此十分重视邮驿建设，称帝后的22天就颁布诏令设置“各处水马站及递运所、急递铺”。鉴于元朝末年驿站混乱的教训，一开始他就依法对某些特权者严加限制，规定不是国家与军事大事，一律不准滥用驿马或动用驿站的邮递设施。

明朝还重视边疆和少数民族地区的邮驿。洪武十四年（1381年）九月，朱元璋出兵两路进攻云南之前，先派员自岳州至贵州设置25驿，负责传递军情、运送粮草。次年二月攻克大理，他又“遣人置邮驿通云南，宜率土人随其疆界远迩开筑道路，准古法，以六十里为一驿”，这样就把云贵川驿路连接起来。可以看出，在朱元璋出兵征讨云南的军事行动中，邮驿发挥了“先行兵”的作用。

明朝开发邮驿事业中，有一个奢香夫人与龙场九驿的历史故事。奢香是明朝初年贵州彝族首领霭翠的妻子。洪武四年（1371）年，贵州土司霭翠接受明朝领导，任贵州宣慰使。10年后他去世，妻子奢香继任掌管彝族部落。明廷都督马烨为人专横跋扈，肆意凌辱和压迫彝民，有意侮辱奢香。各土司不堪忍受，欲起兵反抗。深明大义的奢香让另一首领刘氏奔走京师，向朱元璋申诉马烨暴行。洪武十七年（1384年）奢香被召进京师，朱元璋向她表示，可以除去作威作福的马烨，问如何报答朝廷？奢香表示愿教育子孙世世代代永不叛变明朝。朱元璋说这是应尽的义务，不能算是报答。奢香又表示，贵州东北方向有一条小路通四川，现已阻塞不通，愿意出资组织人力开山修路，以供驿差往来，以报答皇恩。朱元璋很是赞赏，立即把马烨捉拿进京，“数其罪，斩之”（《明史纪事本末》卷十九）。据清代田雯所著《奢香》一文记载，朱元璋“谓高皇后曰：‘吾知马烨忠，无他肠，然何惜一人，不以安一方也？’”说明朱元璋在处理这一事件时以大局为重的远大眼光。奢香返回后，组织人力，“开偏桥、水东，以达乌蒙、乌撒及容山诸境，立龙场九驿”（《贵州通志》），一共修了560多里山路，建立了9座驿站。九驿起自贵阳城西40里的威清，经龙场、陆广、谷里、水西、奢香、金鸡、阁雅驿到归化驿。因第一站到龙场（今贵州修文县境内），因此通称“龙场九驿”。

“鬼国山河改，皇华驿路存”，“九驿邮初置，三巴路已通”。奢香主持开辟的驿道，是明朝通往云南的两条驿路之一。纵横贵州以达云南、四川、湖南边境的交通要道，改变了贵州险阻闭塞“夜郎自大”的状况，沟通了边疆与中原内地在政治、经济和文化上的联系，增进了汉民族与西南各兄弟民族的交流，促进了贵州的经济开发和社会进步。“龙场九驿”成为民族团结的一座丰碑，明王朝亦把奢香当作巾帼功臣。明太祖朱元璋曾这样称道：“奢香归附，胜得十万雄兵！”

“九驿路开山失险”，“自是大道通而西南益辟”。此后奢香多次到金陵，通过朝觐、禀呈政务、输赋、进贡地方物产和马匹等活动，使贵州和明王朝中央政权的关系更加密切，“每岁贡献不绝，报施之隆亦非他土司所敢望”。通过广泛地接触汉族地区文化，奢香开阔了眼界，深感贵州远在边陲，贫困落后，决心“躬亲倡文明”。奢香摄职期间，多方结识中原内地的才人学士，聘迎汉儒到贵州兴办宣慰司学，传播汉文化；招来能工巧匠，传授先进的耕织技术，开置农田，发展生产；倡导彝汉融和，安居乐业。洪武二十三年(1390年)，奢香还将长大成人的独子阿期陇的派到金陵，请入京师学读书。经过奢香的勤政治理，苦心经营，莽莽黔山彝岭的水西地区，一时社会安定，民族和睦相处，经济得以发展，文明气象也日渐昌盛。

洪武二十九年(1396年)，年仅35岁的奢香不幸病逝。明太祖朱元璋特派使臣到水西，参加奢香的葬礼，加谥奢香为“大明顺德夫人”。

三、路与民族地区的发展

解放后，为加强少数民族地区与内地的联系，推动民族地区的繁荣和发展，加强各民族间的交流和团结，国家投入了巨大的人力和物力，修建了许多通往各少数民族聚居区的公路。少数民族地区大多都处在交通较为阻塞的偏远地区，公路的开通，有利于巩固民族团结，有利于少数民族的脱贫，也有利于社会稳定，有着重要的政治意义。

解放前青藏地区的交通运输长期处于极端落后状态，不仅没有民航和铁路，就是在交通运输中起着主要干线作用的公路，也是路线少，里程短，路面质量低劣，不能保证正常通车，特别是广大牧区，只有一条短短的简易公路。即使在拉萨，也仅有布达拉宫至罗布林卡的1.5公里便道，十三世达赖喇嘛1928年进口的两部组装汽车偶然在这条路上行驶。当时，旅客和货物的主要运输，全靠千百年来人畜自然走出的崎岖小道或略加修整的大车路，使用牦牛、骆驼、骡、驴、马，铁、木轮大车等驮载和人力搬运。解放后，党和国家对青藏地区公路交通的发展极为重视，使其有了翻天覆地的变化。

青藏、川藏公路的建设，凝结着党中央国务院对西藏人民的关怀和帮助，体现了广大汉藏军民团结一致，建设社会主义新西藏的决心和力量。1954年，在党中央的号召下，全国11万筑路大军，在极为艰苦的条件下，逢山开路，遇水架桥，战胜千难万险，历时5个春秋，依靠铁锹和双手，在平均海拔4000多米的世界屋脊，在荒无人烟的“生命禁区”，修建了青藏、川藏这两条世界上最艰苦、最复杂、最具挑战性的公路，结束了西藏“唐蕃古道人背畜驮，栈道溜索独木舟”的历史，开辟了西藏交通的新纪元。西藏和平解放50多年来，祖国内地通过川藏、青藏公路，运入西藏的物资共达2000余万吨，占进藏物资总量的90%。川藏、青藏公路由此被西藏各族人民称为“彩虹”，誉为“金桥”。

川藏和青藏公路的建成通车，促进了西藏与祖国内地政治、经济、文化上的交流，增进了西藏各族人民的团结，加快了旧西藏政教合一的封建农奴制度的灭亡，推动了西藏社会制度的历史性跨越，对于维护国家统一和领土完整，对于保持西藏乃至整个西南地区的政治稳定和边防稳固，都发挥了极为重要的作用。建成后的青藏、川藏公路，承担着西藏90%以上进藏物资和95%以上出藏物资运输任务，被誉为西藏的“生命线”。开辟了西藏从落后走向进步、从贫穷走向富裕、从封闭走向开放的新时代，成为名副其实的西藏各民族的团结之路，社会文明进步之路，迈上富裕生活的幸福之路。

西藏交通事业的发展，首先凝结着国家几代领导人的共同关怀。50多年来，以毛泽东、邓小平、江泽民同志为核心的三代中央领导集体和以胡锦涛同志为总书记的党中央，始终关怀西藏人民，重视西藏工作，特别关注西藏交通事业的发展。为进军西藏、解放西藏，以毛泽东同志为核心的第一代中央领导集体，做出修建川藏、青藏公路的重大决定。在修路过程中，毛泽东发出了“为了帮助各兄弟民族，不怕困难，努力筑路”的号召。青藏、川藏公路通车时，毛泽东又发来致辞：“庆贺康藏青藏两公路的通车，巩固各民族人民的团结，建设祖国。” 邓小平同志亲自指挥了川藏公路的勘察和修建工作，提出了“为巩固祖国的西陲国防而努力”的号召和指示。以江泽民同志为核心的中央第三代领导集体，高度重视西藏交通工作。1990年7月，江泽民同志视察西藏时，做出了“加强民族团结和军民团结，发展交通，开发边疆，建设西藏”，“公路运输是西藏经济的命脉”的重要指示。胡锦涛同志也十分重视西藏交通建设，并对西藏交通工作给予了高度评价。他赞扬“西藏交通运输战线的这支队伍确实是一支能吃苦耐劳，能打硬仗的队伍，是具有优良传统的队伍，是在革命和建设的每一个关键时候都作出突出贡献，发挥重大作用的队伍。”国家领导人的高度重视，为西藏交通事业的发展注入了强大的动力。

按照党中央的要求，为支援西藏公路建设，中央几乎承担了西藏公路建设和管理的全部资金，近50年来，累计投入220多亿元。随着西藏的经济社会发展，中央对西藏公路的投资力度逐年加大，已由过去每年的几千万元，增加到目前每年30亿元左右，为西藏交通的快速发展提供了有力支撑。

其次，是汉藏军民携手共建的结果。当年，中国人民解放军十八军的将士，一面进军西藏，一面修筑川藏青藏公路。来自全国其他省市的1000多名工程技术人员和近万名藏族同胞，也积极投身公路建设，形成十万汉藏军民携手并肩，共同修路架桥的浩大场面。50多年来，交通武警部队一直潜心于西藏公路的建设和养护管理，承担了大量公路建设和整治工程。1996年和2001年，武警交通一总队和二总队分别承接了川藏公路和新藏公路的养护保通工作，他们克服了常人难以想象的困难，形成了和平时期汉藏军民共同投身西藏公路事业的新局面。

同时，也是全国各地倾力支援的结果。改革开放以来，按照党中央的统一部署，国家有关部委和全国交通系统开展了大规模的对口援藏活动，派出大量援藏干部支援西藏公路事业。他们带来了资金、项目和技术设备，也传递了新思想、新观念、新技术、新作风。1995和1996年，全国各省交通部门，响应交通部发出的“为西藏养护工人援建道班”的倡议，为西藏养路工人援建了156座道班房，极大改善了西藏养护职工的生产生活条件。2001年，全国交通系统又组织开展了为西藏公路养护捐赠养护机械活动，推进了西藏公路养护工作的现代化和机械化。全国各地的大力支持，为西藏公路事业提供了必要的物质支援。

至2004年，西藏全区公路通车总里程已达4.1万公里，乡村公路也已达到2.2万公里，基本形成了“三纵两横、六个通道”的交通框架。区内公路一直承担着全区94%的货运量和85%的客运量。近年来，国家又不断加大对西藏公路建设的投资补贴力度，尤其是“十五”期间的总投资额达130亿元。预计到2010年，自治区内的国道、省道干线公路将成为纵横西藏、连接祖国内地、通向周边国家和地区的有力通道，县城以下的交通条件也将得到根本性改善，公路交通事业向现代化水平迈进。到2020年，区内国道和地方经济干线将达到高级、次高级路面标准，各地市到县的公路实现二级以上标准，乡镇到行政村修通等级公路，基本满足小康社会的需求。青藏铁路通车后，西藏公路依然承担着全区70%以上的运输任务，公路的社会作用仍然很重要。而且，火车运进来的大量物资，全靠区内公路分解到全西藏120多万平方公里的农村牧区，各地的农副产品也需要通过汽车运输集中到铁路沿线出藏，公路对西藏经济社会发展的积极作用更加凸显出来。

再如新疆的公路发展。自古以来，新疆就同中亚、西亚、南亚以及欧洲各国有着频繁、密切的经济、文化联系和商贸往来，是古“丝绸之路”最重要的路段。解放后，特别是改革开放以来，随着国民经济的快速发展，新疆的公路交通建设也实现快速发展。到2005年，新疆公路通车里程已达8.4万公里，高速公路和一级公路通车里程780多公里。新疆与周边国家开通了15个公路运输口岸，53条国际客货运输线路，已初步建成以首府乌鲁木齐为中心，国道、省道为骨架，县乡公路为支脉，连接甘肃、青海、西藏三省区及周边接壤国家，覆盖新疆的公路运输网络。在未来20年，新疆还将投入2000亿元人民币资金，全力打造“两纵三横两环八通道”为主骨架的公路网，届时，新疆与东部地区和中亚国家的距离将大大缩短，经贸联系将更加紧密。

内蒙古自治区到2005年，公路总里程达到7.9万公里。高速公路里程从零公里增加到1001公里，全区904个乡镇通油路，11282个行政村通公路，分别占全区乡、村总数的73.2%和92.6%。青海省藏区六个州公路总里程达近40000公里，占全区公路总里程的80%。从2000年西部大开发以来，公路建设总投资达160亿元，比当地解放以来财政收入的总和还多。

宁夏自治区截至2003年底，全区公路通车里程达11916公里，其中高速公路526公里。

广西至2006年，仅高速公路就达1411公里。

2007年，国务院出台的《少数民族事业“十一五”规划》提出，“十一五”期间国家将以解决少数民族地区经济社会发展中的突出问题和特殊困难为切入点，以实现基本公共服务均等化为目标，全面提升少数民族事业发展水平。重点建设对带动当地发展起重大作用的交通等公共基础设施项目，优先安排农村公路等中小型公益项目。将特困少数民族群众解困工程纳入重点工程，在2010年前基本实现所有具备条件的特困村的通路目标。

为此，交通部“十一五”期间继续采取倾斜措施，重点建设一批对少数民族地区发展起重大作用的交通项目，优先发展与少数民族群众生产生活密切相关的农村公路等中小型公益交通项目，推进少数民族地区社会主义新农村、新牧区建设。目前，交通部已安排专项计划，力争在2008年前基本解决人口较少民族地区146个建制村不通公路的问题。

为切实解决广大少数民族农民群众出行难问题，“十一五”期间，交通部在干线公路、农村公路、农村客运站点、口岸公路、红色旅游公路及内河航运建设等方面继续加大对少数民族地区的支持力度。据悉，少数民族地区境内的国道主干线2007年全部贯通，少数民族聚居的西部地区国家高速公路网建设进程也将加快推进。到2010年，西部大开发8条省际通道将基本建成，西部地区基本实现所有具备条件的乡通沥青（水泥）路。

口岸公路是加强少数民族地区对外交流、推进兴边富民行动的重要基础设施，目前我国已正式加入亚洲公路网。交通部根据少数民族地区经济社会发展及对外开放的需要，对国家兴边富民行动确定的135个边境县公路建设给予重点支持，加大边境口岸基础设施建设投入，提升边境地区对外经济合作水平。

少数民族地区旅游资源丰富，为此，交通部还制定了红色旅游公路专项建设计划，并结合国家干线公路及农村公路规划，支持服务民族地区精品旅游线路的有关公路项目建设，支持改造有关景区与主要干线公路的连接线。

国家不仅对少数民族交通事业的发展给予了特殊扶持，社会上的力量也对他们伸出了援手。从2002年至2007年，中国石油化工集团就先后投资1440万元用于基础设施建设、产业结构调整、文教卫生事业、扶贫建房、抗灾救灾、科技培训等。凤凰多山，因为多山，在凤凰一些苗族聚居的乡镇里，土地资源丰富，但老百姓致富的产业却因为交通闭塞而发展不起来，朴实的村民们就如同鸟儿想飞但却苦于没有翅膀一样无奈。“想要富先修路”，通过调研，中石化集团明确了扶贫的工作重点。从申报立项，选点划线到征地调田，在一任又一任扶贫队员的直接参与下，2005年10月，投资近600万元，全长30.88公里的千麻公路通车了。这条公路惠及千工坪乡、麻冲乡等3个乡镇的11个村、19个自然寨，覆盖1750个贫困户共7880人。之后，又先后修建了林峰乡、米良乡等公路。6年时间里，中石化集团共帮助村民改建维修村级公路37条151.88公里，为当地产业开发奠定了坚实的基础。走上致富路的老百姓，在修路纪念碑上，写下他们最朴实的语言：永世不忘中石化的恩情。

如今，沿着凤凰县千麻公路前行，一辆辆满载游客的大客车不时从身边闪过，公路两旁的山坡上成片的水果林不时映入眼帘。当地的干部群众高兴地说：是中石化集团援建的千麻公路让我们苗族同胞走上了致富路。现在，竹山村的爱宕梨成了凤凰县产业结构调整的一面旗帜，老洞村的乡村旅游不仅能让村民一个月多增加几百元收入，还让村里60岁以上的老人每月都能领到60元养老金。中石化集团对口扶贫凤凰县的行动就像一个缩影，折射着各族人们团结一致，共同进步的时代旋律。

四、路是国际友谊的桥梁

（一）亚洲的援建项目

中国与十多个国家接壤，由于大多数都是高山阻隔，一定程度上影响了与各国的交往，也不利于相邻的边民间的友好往来和贸易经济。共和国建立后，中国建设了通向这些国家的国际公路，也协助这些国家修建公路，并因此结下了友好的情谊。

1．喀喇昆仑公路

中巴合作修建的喀拉昆仑公路就是一条中国援建的友谊路，它的建成堪称世界公路建设史上的一个奇迹。据巴方资料记载，早在1959年，巴方就开始在北部山区筑路，试图把巴控克什米尔地区的吉尔吉特与巴其他地方联系起来。但由于地形险恶，直到1965年，也只是在崎岖的山路上开了条道，并未达到公路的标准。同年，巴基斯坦政府特使法鲁克访问北京，应巴方政府要求，中国政府和巴基斯坦政府在北京签订了《关于修筑中国~巴基斯坦公路的协议》。协议中的中巴公路总长将近1200公里，从巴基斯坦的塔科特一直到中国新疆的喀什，这条公路一旦建成将是丝绸古道上的一条交通大动脉。

随后，中国政府开始援助巴基斯坦修建巴北部公路，由于这条路要穿过喀喇昆仑山，所以被命名为喀喇昆仑公路。喀喇昆仑山被称为是“万山之祖”，从帕米尔高原的红其拉甫口岸往西，是古丝绸之路，沿途是千仞冰峰和峭壁峡谷，平均近6000米的海拔高度使得这里空气稀薄，气候恶劣。以前，中巴两国往来的唯一通道只有一条崎岖山路，还经常被泥石流、雪崩、洪水等各种各样的地质灾害阻断。从1966年工程建设开始，先后有一万多名中国的公路建设者离开祖国，来到这立壁千仞、悬崖峭壁的喀喇昆仑山中，硬是用自己的血肉之躯凿出了一条平坦的公路。统计表明，整条公路上共有主桥24座，小型桥梁70座，涵洞1700个，共用了8000吨炸药，8万吨水泥，运送土石3000万立方米。

1978年，喀喇昆仑公路在中巴两国建设者的努力下全部完工，两国陆路从此联系起来。到1986年5月，这条公路正式“对外开放”。在建设中，共有100多名中国建设者捐躯，314人身负重伤。可以说，这条路是由每一个中国援巴筑路人员用鲜血和汗水筑成的，因此，喀喇昆仑公路又称中巴友谊公路。

在这条道路的北部城镇吉尔吉特，有一座“中国烈士陵园”，是当年为修建喀喇昆仑公路而牺牲的中国工程人员的墓地。当年为修路而牺牲的中国工程人员除一小部分人的遗体运回国内安葬外，有88位烈士长眠在了吉尔吉特的中国烈士陵园里，每一个墓碑上都写着他们的名字。碑群中间靠左第一个是武治业同志的墓碑。他是在一次塌方中为保护巴基斯坦朋友而献身的，也是牺牲的人员中级别最高的中国人。据说，直到现在还有很多当地的巴基斯坦人把中国牺牲者墓碑的照片挂在家中，以纪念那些长眠在他们国土上的中国朋友。陵园原建于1978年6月，后中国驻巴基斯坦使馆在此建了一座纪念碑，2005年10月3日上午，举行了中国烈士纪念碑揭幕仪式。驻巴大使张春祥和巴方相关官员参加了揭幕仪式。纪念碑碑体采用鄯善红石材，底座采用黑色花岗岩贴面，上面用中、英、乌尔都文刻写了中巴联合修建喀喇昆仑公路的历史和先烈们的丰功伟绩。碑文是：

喀喇昆仑公路（中巴友谊公路）是中国援助巴基斯坦的重大建设工程，中方援助路段北起中巴边界红其拉甫山口，南至巴基斯坦塔科特大桥（现名“友谊桥”），全长613公里，1966年至1978年分两期建成。中巴两国建设者不畏艰险，在喀喇昆仑山的冰冻雪原、悬崖峭壁之间战天斗地，终使天堑变通途，架起了中巴两国之间的友谊之路，在世界公路建筑史上创造了奇迹。中国建设者共有数百人壮烈牺牲，以青春热血之躯，筑中巴友谊丰碑。80余人长眠于此，英灵永驻天宇，奇功长留人间。特勒石铭记，永志缅怀。——中华人民共和国驻巴基斯坦大使馆敬立。

曾在修建喀喇昆仑公路期间担任中方联络官长达六年之久的张春祥大使为纪念碑揭幕并怀着激动和沉痛的心情致辞。他回忆了当年筑路时发生的可歌可泣的英雄事迹，强调这条公路是中巴两国之间的“友谊之路”。张大使说，中巴两国筑路员工手挽手、肩并肩，他们的汗水和鲜血融汇在一起，共同完成了这个伟大工程。我馆在烈士陵园内树立这座纪念碑，既是对牺牲中国筑路员工的永恒纪念，表达后人对他们的崇高敬意和真诚感谢；也是希望大家缅怀历史，不忘英烈，更好地继承和发扬中巴两国筑路员工的优良传统，从这座丰碑的历史内涵和精神价值中吸取营养与动力，继续书写中巴友谊的新篇章。

令人感动的还有烈士陵园的巴基斯坦守墓人。陵园里一直被打扫得干干净净，每块墓碑都得到了精心的护理，每天清晨，两位守墓老人都会准时来到陵园里开始一天的劳作，30年过去了，当年种下的树苗已经长成参天大树，而这两位守墓人却都已经老了。他们为这座陵园付出了毕生的心血。他们说：中国政府和人民对巴基斯坦非常友好，中国兄弟来到我的国家，在那么偏僻的地方开山辟路，为我们流血牺牲，我们非常敬佩和感谢。我们愿为这些中国勇士守灵。在这30年里，两位老人并不寂寞，因为每年有很多人来中国烈士陵园里祭奠，有的是来自中国的代表团，有从这里路过的中国人，还有当地的巴基斯坦人，人们永远不会忘记长眠在异国土地上优秀的儿子，因为是他们用鲜血和生命浇灌了中巴友谊之花。2008年 5月12日，中国四川汶川发生地震灾害，巴基斯坦向中国提供的援助物资帐篷等也是通过这条喀喇昆仑公路运往四川的。

2. 中尼公路

中尼公路是1961年中尼两国政府签约合建沟通西藏与尼泊尔之间的国际公路，由首府拉萨市至尼泊尔首都加德满都，也是西藏唯一一条国际通道。中尼公路于1962年动工，1965年建成通车。路线翻越喜马拉雅山，蜿蜒在崇山峻岭之中，工程十分艰巨。公路北起西藏当雄县的羊八井，经日喀则、拉孜、定日、聂拉木，经樟木口岸过友谊桥进入尼泊尔，终点是尼泊尔首都加德满都，全长850公里。其中，中国路段(羊八井~友谊桥)长736公里，平均海拔4000米；尼泊尔路段(友谊桥~加德满都)长约114公里，又名阿尼哥公路，海拔只有1500米左右。由于公路沿线环境恶劣，国家“七五”以来先后投资3.7亿元，新建改建了曲水至日喀则、日喀则以西柳中段和吉定、萨迦、曲夏等7座危桥，全线304公里已铺筑沥青路面。2007年7月，总投资8.3亿元的西藏“十五”交通建设重点项目之一的中尼公路曲水至大竹卡段建成通车。曲大段公路全长119.02公里，是国道318线的重要组成部分，是贯穿西藏东西交通的主动脉。建成后，拉萨至日喀则原来6个多小时的路程缩短了一半。

中尼公路沿线可以观光藏传佛教著名寺庙扎什伦布寺和珠峰自然保护区风光，领略世界第一峰珠穆朗玛峰的雄姿。中尼公路是西藏目前通往国外唯一出境公路，是西藏对外交流的重要通道，对促进中尼两国人民的友好往来，加强两国经济、贸易、文化交流和带动后藏区经济和社会发展，特别是对巩固祖国边防发挥着重大作用。近年来，随着中尼边境贸易的不断扩大和发展，随着西藏旅游业的持续升温，这条公路不仅成为两国间物资交流的重要通道，也成为中国游客前往尼泊尔观光旅游，以及通往珠穆朗玛峰的国际黄金路线。目前，中尼两国还每两年举办一次“中国西藏－尼泊尔经贸洽谈会”，拉萨至加德满都的客运班线也恢复通车，为西藏与尼泊尔的经贸发展搭建了一个良好的合作平台，相信中尼公路也会发挥越来越重要的作用。

3. 援建柬埔寨的项目

2004年11月，由中国政府援建的柬埔寨7号公路桔井至上丁路段项目开工典礼在柬埔寨桔井省隆重举行，这是迄今为止中国援助柬埔寨的最大项目。柬埔寨总理洪森亲自驾驶推土机破土，并主持了开工典礼。洪森感谢中国政府和人民长期以来给予柬埔寨政府和人民的宝贵支持和援助，以及为维护柬埔寨政局稳定和促进柬埔寨经济发展做出的重要贡献。他还重申，柬埔寨将坚定不移地奉行一个中国政策，支持中国统一大业，并坚信中国的繁荣昌盛将使柬埔寨从中受益。

7号公路桔井至上丁路段是泛亚公路网的重要组成部分，全长187公里，含14座桥梁，其中规模最大的西公河大桥，全长1057米，被命名为“柬中友谊大桥”。7号公路修复后，将大大改变柬埔寨东北地区的交通落后状况，同时将有力促进柬埔寨、老挝、越南以及大湄公河次区域所有国家间的交流与合作。

2007年2月，由中国进出口银行向柬埔寨提供大约2亿美元优惠信贷协议签字，根据该协议，这些贷款将用于修建柬埔寨8号公路、76号公路和两座桥梁等项目。2007年3月，柬埔寨8号公路项目破土动工。目前，中国是援柬道路、桥梁建设最多的国家，包括：从桔井至柬老边界的7号公路长198公里、从仕伦至蒙多基里省的76号公路长100公里、从百德玛至柬越边界的8号公路长109公里、从马德望至柬泰边界的10号公路长103公里以及上丁省西贡河桥、百德玛桥、百德当桥总长约2000米。此外，还有中国无偿援助的数公里长的贝雷钢桥等。中国提供的无偿援助、无息贷款、优惠贷款正在参与并促进柬埔寨国家的社会经济发展，并对世界与地区的安全、和平与稳定扮演着重要角色。

4. 援建老挝的项目

2004年5月，由中国政府提供贷款修建的昆(明)曼(谷)公路老挝境内80公里的路段动工修建。该路段以云南省西双版纳傣族自治州勐腊县的国家级口岸磨憨为起点，至老挝境内的南塔省南伦桥为终点，工程建设期为26个月，由云南路桥股份有限公司负责承建。云南省将按照协定，优质高效地建好昆曼公路老挝段中方承建地段。昆(明)曼(谷)公路老挝段的正式开工建设，将极大地推动中、老、泰三国的友好合作与经济发展。

5. 援建蒙古的项目

2005年11月10日，中国援建蒙古国扎门乌德至二连浩特公路改造项目建成通车。该项目是2003年胡锦涛主席访问蒙古国期间与蒙古国政府签署的重要项目，路段长5.67公里，投资2560万人民币。该项目施工任务由中国建筑工程总公司承担，所需要费用由我国向蒙古国提供的援助款项中支付。为了按时、保质、保量地完成这项援蒙施工任务，中国建筑工程总公司认真准备，严格施工，外派劳务人员260人次，工程所需的设备、物资及技术及劳务人员均经由二连浩特口岸出口。这条公路的改造成功，增强了中蒙两口岸间的通关能力，也为进一步增强中蒙两国贸易交往和友好往来提供更好、更快捷的通道。

6. 援建斯里兰卡的项目

2007年5月，由中国援建的斯里兰卡首座公路隧道顺利贯通。这是斯里兰卡首座高等级公路隧道，是经过中国港湾集团总公司、中铁五局集团两家单位，中国和斯里兰卡两国100余名工人艰苦努力和顽强拼搏建成的。该隧道的施工在当地引起了广泛关注，来现场参观的单位及个人持续不断，报刊和电台接连对隧道项目进行了采访和报导，树立了中国公司隧道施工先进水平的良好形象。

（二）非州的援建项目

不仅在亚洲，中国政府还在非洲援建了许多公路。中国对非洲国家的援助始于1956年。半个世纪以来，中国在自身经济困难的情况下，给予了非洲各国人民以宝贵的支持和力所能及的援助。50年来，中国向非洲提供的各方面的援助有444亿元人民币，实施了约900个基础设施和社会公益项目。近年来，中国又减免了非洲31个重债穷国的债务156笔，共计105亿元人民币；并为非洲培训了1万名各类人才。

近年来，中国与非洲的经济贸易合作越来越多，还通过经济援助、优惠贷款等方式，与非洲国家在基础设施建设方面进行了很好的合作。这些合作项目大部分是当地老百姓急需的一些公共福利设施，如医院、体育场馆、公路，甚至铁路等，这些中国援建的标志性建筑还成为了城市乃至整个国家的建筑“名片”。如坦赞铁路、肯尼亚国家体育中心、喀麦隆会议大厦、加纳国家剧院等。在公路桥梁建设上，也可谓成效卓著。如中国公路桥梁建设总公司从1999到2005年的6年时间里，为埃塞俄比亚建设了5条公路，总长达300多英里。2002年，中国援建了肯尼亚横穿国内重要农业区的公路。这条公路东起裂谷省的基普西凯克，途经塞里木，最后止于西部省的沙马霍霍，全长54公里，对推动当地的社会和经济发展，造福当地人民起着重要的作用。自20世纪80年代以来，中国公司在肯尼亚已承建了数百公里的等级公路，其建设质量受到了肯尼亚各界的高度评价，既体现着中肯两国和两国人民之间的传统友谊，也预示着两国间的合作与交流前景广阔。

2003年5月9日，中国援建赤道几内亚的涅方~恩圭公路通车，赤道几内亚总统奥比昂出席了庆典，并在通车典礼上高度赞扬了中国对赤道几内亚的援助。他说，长期以来，友好的中国政府向赤道几内亚提供了大量和真诚的帮助，中国是赤道几内亚人民的真正朋友。全长33．2公里的涅方~恩圭公路，是赤道几内亚使用中国政府无息贷款兴建的一个合作项目，由中国路桥（集团）公司承建。中国项目组全体人员克服气候条件恶劣等种种困难，使工程于2003年1月全面竣工。它的建成，使赤道几内亚大陆地区的南北交通大动脉全线贯通，对赤道几内亚的经济建设和社会发展有着十分重要的意义。

2006年5月，由中国政府提供资金，中国公司设计、施工的公路工程又在肯尼亚开工建设。这是根据之前中国国家主席胡锦涛访肯时两国签署的一系列合作协议进行的。协议中，中国政府将向肯方提供总额为12亿肯尼亚先令(约1700万美元)的资金，翻修肯首都内罗毕市内一条道路，同时修建一条从内罗毕市中心通往联合国驻内罗毕办事处所在的吉吉里地区的公路。

2006年6月19日，中国政府援建加纳的阿克拉至库马西公路改扩建项目竣工仪式举行，正在加纳进行正式访问的中国总理温家宝与加纳总统库福尔一同出席，并共同为公路竣工移交剪彩。阿克拉至库马西公路改扩建项目由中国铁路工程总公司承建，于2004年5月正式开工。该段公路总长18公里，是连接加纳首都与中部地区以及加纳内陆邻国与加纳特马海港的重要交通干线。公路竣工通车后将使加纳乃至西非地区沿线各地人民从中受益。温家宝总理在致词中代表中国政府和人民，热烈祝贺该项目顺利竣工。他指出，这条公路是两国友好合作的又一象征，也增加了一条联系中加传统友谊的新纽带。中加两国政府高度重视该项目，两国工程技术人员克服困难，密切配合，用汗水和智慧筑成了这条宽阔而平坦的道路。温家宝总理表示，中国政府在力所能及的范围内向加纳提供了真诚友好的帮助，中国政府将一如既往地支持加纳的国家建设事业，并与加方一道，共同探索两国互利合作的新方式和新途径，为两国合作不断注入新活力，实现共同进步和发展。

加纳总统库福尔在讲话中感谢中国政府援建公路工程，并赞扬了中方承建单位的辛勤工作。

2007年4月12日，在卢旺达大屠杀13周年之际，由中国政府援建的大屠杀纪念中心道路举行了竣工移交仪式。这条道路由中国路桥公司具体负责承建。这条道路把位于卢旺达首都基加利市郊区的大屠杀纪念中心与附近的干线公路连接起来，给参观者和附近居民带来极大的便利，也表达了中国政府和人民对在那场大屠杀中死难者的深切哀悼。

2007年11月5日，中国在尼日尔援建的第二座大桥奠基仪式在尼日尔首都尼亚美举行。尼日尔总统马马杜·坦贾主持了奠基仪式，正在尼日尔访问的中国外交部部长助理翟隽出席了仪式。尼亚美大区区长塔伊鲁·阿马杜在奠基仪式的讲话中说，“这是一个幸福的时刻。”他赞扬中国和尼日尔之间的合作，并列举了各项合作成果。这座长600米、宽23米的大桥是中国在西非援建的最重要项目之一，预计将在3年内建成。建成后大桥将拥有双向4车道，同时大桥两边各有2.5米宽的人行道。大桥建成后将减少中国援建的第一座大桥的拥堵情况，使跨越尼日尔河变得更加方便。

2007年12月，中国上海建工集团接受了在埃塞俄比亚承建立交桥的项目。这座立交桥建在埃塞俄比亚首都亚的斯亚贝巴，是该国第一座互通式立交桥工程，也是非洲第一座互通式立交桥。它的建设既展示了中国公路建设的最新技术和水平，也对加深中埃两国友

谊意义重大。

中国在非洲受到欢迎并赢得非洲国家的信任，很大程度上源于中国几十年来对非洲不变的“诚意和友谊”。20世纪六七十年代，中国自己正遭受经济困难，但中国工程技术人员仍在努力为非洲人民铺路架桥、建医院、修场馆。20世纪80年代，当非洲大陆被西方忽视的时候，中国依然重视发展对非关系。目前，中国除了在力所能及的范围内对非洲援助外，在合作领域也取得了极大的进展。2001年以来，中非贸易额每年以接近40%的速度递增，2005年达到了397.4亿美元，充分显示出中非贸易巨大的发展潜力和广阔的发展空间。

不仅如此，中国还为亚洲、非洲的许多国家培养了大量公路建设方面的专业人才。仅长安大学（原西安公路学院）从20世纪50年代以来先后为亚非国家培养公路方面的留学生就有几百人，他们在各自的国家都成为交通行业的专家、官员，有的还成为了驻华大使。

作为一个发展中国家，中国对亚洲和非洲提供的公路桥梁援助，充分体现了中国与这些国家结下的深厚国际友谊，体现了中国为世界的和平、合作和发展事业所作出的不懈努力。中国的援助不仅支持了这些国家的政治独立、经济发展和社会进步，而且推动了中国与这些国家之间的经贸关系乃至整个双边关系的发展，拓展了中国的外交空间和国际影响。

第九章 战略要道，兵家必争
——路与军事

战争时期的道路，是集结军队、运输物资的重要通道。谁能取得道路交通的控制权，谁就能在战场上处于有利地位。在封建社会，路是统治者开阔疆土的先行工程，也是强者征伐敌人的踏板。在这些道路上，留下了历史的刀光剑影，见证了朝代的兴替盛衰，也留下了发生在路上的许多悲壮故事。现代公路出现后，也同样上演着战争的残酷和将士们为道路而战的英勇事迹。

一、古代道路与王朝兴替

道路作为军事工程，它与城堡、关隘一样自古就是兵家必争之地。所不同的是，城堡、关隘等只是一个控制点，突破控制点就意味着一个回合的胜利，或者说是一个战斗的胜利。道路交通则不一样，它可能是一个点，也可能是一条线，甚至可能是一个面。我们常说的控制交通要冲，控制战略要道，就是把道路交通上升到战略的高度，其重要程度不言而喻。

我国历史上最早发生的黄帝与蚩尤之间的涿鹿之战，就是双方为争夺中原地区适于牧放、浅耕的土地和交通控制权而进行的战争。距今约4600余年前，黄帝部族联合炎帝部族，与蚩尤部族在今河北省涿县一带进行了一场大战。它是我国历史上见于记载的最早的“战争”，对于古代华夏族由野蛮时代向文明时代的转变产生过重大的影响。

涿鹿之战的结果，有力地奠定了华夏民族据有广大中原地区的基础，并起到了进一步融合各氏族部落的催化作用。取得这场战争胜利的部族首领黄帝从此成为中华民族的共同祖先。涿鹿之战为日后中华民族的形成奠定了基础。

商朝末年，商纣王帝辛荒淫暴虐，致使众叛亲离，政权摇摇欲坠。地处渭水、泾水流域的姬姓周族国家迅速崛起，拥有一支车、步兵数万人的精锐军队。公元前1122年，周文王之子姬发率领5万人马渡过黄河，在盟津（今河南孟津县）和各路诸侯会师后东进，与商王朝的70万大军在牧野（今河南省卫辉市）决战。据《史记·周本记》记载，姬发的军队有“戎车三百乘，虎贲三千人，甲士四万五千人”，其中战车就有300辆。在盟津与众诸侯军队汇合后，“诸侯兵会者车四千乘，陈师牧野”。4000辆战车对阵商王朝的70万军队，可以想见商朝的战车亦不在少数。数千辆战车在牧野会战，可称得上是当时车战之最。如此众多的战车，如此大规模的兵力调动，说明当时道路的通行能力已颇具规模。据史料记载，商王朝后期，商都朝歌和各部落之间已经有了至少7米宽的道路。但得道路发展优势而盛极一时的商王朝，偏偏又毁灭于空前规模的车战。

春秋战国时期还有一条著名的道路——褒斜栈道。这是中国历史上最古老的道路之一，在中国交通史上占有重要的地位。据《国语·晋语》记载：“周幽王伐有褒”，这里的“褒”即指褒斜道南口。它沿褒斜古道北上，经留坝越分水岭再沿斜水直至眉县西南，全长470里。虽然褒斜道早已通行，但直到春秋战国时期，才对它进行了较大规模的修筑，并使之成为中国历史上重要的通道。战国中期，秦惠王为了伐蜀，将之开凿成可以通军队车马的栈道。“栈道千里，通于蜀汉”，即是对当时栈道的生动写照。

秦在战国时就非常重视道路建设，长平之战即能说明。长平之战是《史记》中惟一一场记载比较详细的战役。公元前260年，秦军和赵军在长平决战，战争持续了整整两年时间。根据司马迁的记载，就在这个山谷，秦军投入了60万左右的兵力。长平离秦国的都城咸阳将近500公里。2000多年前，一支60万人的军队远离国土，连续作战长达两年之久，要保障源源不断的后勤供应，可以证明，秦国当时的道路交通状况已相当发达。

秦始皇三十五年（公元前212年），为了加强北方地区的屯戍，修建了长达1800里（合今752公里）的直道，以加强军事管理。直道由于道路较直而得名。这是一条军事通道，自当具有适应大规模军事行动通行辎重车辆军用物资的条件，要求坚实、宽阔、平坦、顺直。秦将蒙恬任总指挥。所谓“道九原，抵云阳，堑山堙谷，直通之”，就是这条直道工程的真实情况。

直道起点为秦都咸阳以北的云阳（在今陕西省淳化县梁武帝村），当时是秦始皇军事指挥中心所在地；北至终点九原（今内蒙古自治区包头市西南）。工程艰巨，仅用两年半时间就完成了这一巨大工程，当然也耗费了极大的人力物力。所以司马迁亲自视察了秦直道后，以同情古代劳动人民的感情，对这条道路提出了尖锐批评。他认为，在秦灭六国之后，天下人心未定，经过战乱之后的社会经济所受的极大损伤未得到恢复。而作为当时秦国的名将蒙恬，看不到百姓的痛苦，不去“养老存孤，务修众庶之和”，却一味奉承秦始皇，大兴土木，去“堑山堙谷，通直道，固轻百姓力矣。”因此，他愤慨地指出：“蒙恬之罪宜诛”。然而，作为中国古代一项巨大的军事道路工程来论，确实是古代劳动人民智慧和勤劳的结晶。

中国在历史上作为国家与国际间的大规模交往，是从汉代对匈奴的大规模征战开始的。汉代对匈奴的战争，奠定了丝绸之路——古代国际大通道的形成。在对匈奴进行大规模用兵之前，汉武帝曾派张骞出使西域，一方面是为了说服大月氏等国，结成反匈奴同盟；另一方面就是为了了解西域的交通情况，为作战进行准备。第一次出使西域，张骞未能达到策动西域各国反对匈奴，“断匈奴右臂”的目的，但对西域的地理、交通等情况却有了详细的了解，为战胜匈奴收集了大量有价值的情报。继卫青在河套地区大破匈奴白羊王军队之后，霍去病又在张骞的指引下，率兵出陇西，越过焉支山西进匈奴境内一千余里，出其不意，大获全胜。两次战役，使匈奴元气大伤，霍去病趁机扩大战果，挥师西指，再次击败匈奴。在此基础上，汉王朝设置了武威、酒泉、张掖、敦煌四郡，史称“河西四郡”，就此打开了西汉通往西域的道路。

元狩四年（公元前119年），汉对匈奴再次发动决定性打击。大汉铁骑十万、步兵及辎重数十万，兵分两路，由卫青和霍去病分别率领，东西并进，横渡大漠。卫青一路过大漠千里，在今蒙古中北部与匈奴大单于直属主力部队相遇。汉军以车结阵，出精骑与匈奴主力正面对冲，卫青借机派万余精骑左右包抄，乘风而进，一举将匈奴包围，歼敌无数。卫青、霍去病取得对匈奴的决定性胜利，造成“匈奴远遁，而幕南无王庭”的大好局面。期间，汉武帝为彻底打败匈奴，曾向张骞问计，张骞还是建议汉武帝联合西域各国，以“断匈奴右臂”的办法来达到消灭匈奴的目的。汉武帝采纳了他的意见，派他再次出使西域。张骞两次出使西域，前后长达十余年，最大的贡献，就是重新发现和考察了被匈奴中断的对外交通的通道，为丝绸之路的开辟奠定了基础。《汉书》、《大宛列传》、《西域传》等根据张骞向汉武帝的汇报材料，详细地记载和标出了当时通往西域的交通线及起迄点、交汇点。

为彻底打败匈奴，保证丝绸之路畅通，汉王朝在中亚发动了两次较大规模的战役——大宛之战与康居之战。在取得最后胜利后，西汉政府于公元前60年设置西域都护府，加强了对西域的控制，这样，中西陆路交通在汉匈之间的战争中产生了。汉时，通过新疆的中西陆路交通主要是南北两条大道，南路从长安出发，经敦煌、鄯善、于阗、莎车等地，越葱岭到大月氏、安息等国；北路则经敦煌、高昌、龟兹、疏勒等地，越葱岭到大宛、康居、奄蔡，再南下到安息，再从此向西与罗马帝国交往。

到唐代，进一步加强了对边疆的控制，使对外陆路交通发展到高峰，形成了汉代以来空前的盛况。唐以前，中国北方民族的兴起，先后出现了匈奴、鲜卑、柔然和突厥等民族的不断南下和西迁，在相互间的争夺和混战中，丝绸之路遭到冲击和破坏。唐朝的统一战争，改变了这一局面。唐太宗通过西征，击败东突厥臣服西突厥，并扫除了高昌、焉耆、龟兹等地的分裂力量，接着设立安西都护府（640年），完成了对漠北的统一。武则天时继续用战争安定边疆，设置北庭都护府（702年）。在对吐蕃和南诏、靺鞨的战争中，唐王朝又使丝绸之路向南向东北扩展。这样，唐朝对外的联系大大加强了，北路经今蒙古地区到叶尼塞河、鄂毕河上游，往西达额尔齐斯河流域以西地区。西路经河西走廊，出玉门关西行，在新疆境内有三条路可通向中亚、西亚、巴基斯坦和印度。西南路则从四川到吐蕃，到达尼泊尔和印度，或经南诏、缅甸到印度。往东则过河北、辽东可达朝鲜半岛。张籍在《凉州词》中吟唱："无数铃声遥过碛，应驮白练到安西。"正是唐时丝绸之路发达的生动写照。

元代在中国道路建设史上，首开军队介入道路建设之先河。军队以其高度的组织性和纪律性，在突击修建战时道路和抢险救灾中，具有其他任何组织都无法比拟的优势和作用。公元1326年，元王朝派兵修筑长城要塞野狐岭（今河北省张北县南）的道路，这是大都通往蒙古高原的重要通道。以往历代修筑的长城，旨在防止北方游牧民族的袭扰、劫掠，对于元代统治者来说，它不仅显得多余，而且影响南北交通。因此，元王朝把这些要塞和关隘尽数拆除，由军队将之修成道路。虽然以往历朝历代也有军队修路的纪录，但大都属于"军民共建"，筑路军队中都杂有民夫，单纯由军队士卒修路并且修建非军事道路这是第一次。这支军队应该是现代工兵或工程兵的鼻祖。同时，在元代主要道路干线，还设有"巡防弓手"，以保护过往商旅和传递军政命令的驿夫，这可能也是现代公路巡警的最早形式。

陆路交通畅通使蒙古铁骑纵横驰骋，所向披靡，不仅恢复了昔日唐代陆上丝绸之路的黄金时期，而且又有了新的发展。元代三次有名的西征——成吉思汗西征、拔都西征、旭烈兀西征，开辟了东西方的漫漫通道，使得中亚、西亚和欧洲连结起来，而且开辟出一条从和林（今乌兰巴托）直通欧洲的大道，从而形成经东亚、西亚、向北穿越俄国南部，南面横贯波斯，向西直达欧洲的干线。西征途中，元朝开辟和修复道路是有史料可查的，根据李志常《长春真人西游记》载，金山（阿尔泰山）一带，“其山高大，深谷长坂，车不可行……三太子（窝阔台）出军，始辟其路。”而在天池以南之路更是常为水淹没，并蜿蜒盘旋，极为不便，察合台在西征中才“始凿石理道，刊木为四十八条，桥可并车”。由此可见，元朝大规模的开疆拓土的战争对交通路线的开辟还是卓有成效的。

明王朝为了维护有效统治，保证首都北京的安全，沿燕山、大马群山等和毛乌素、腾格里等沙漠南缘，东起鸭绿江，西止嘉峪关，修筑了包有辽河平原和河西走廊的万里长城，当时叫做边墙，来进行防御。边墙有大边二边之分，长城有内外之别，有的地方甚至修筑了三道。各道长城间的距离少者南北数里，多者数十里甚至数百里。在长城沿线及其内外，又建造了一系列大小堡寨、烽燧、墩台，挖沟铲崖，修筑道路，构成了一套设备完善的纵深军事防御体系，同时也是一条系统的军事交通网络。

清王朝是我国最后一个封建王朝，其建立的高度集权的封建大帝国，直接奠定了近代中国的版图。清朝对边疆的有效管理是历史上所无法比拟的，重要原因之一，是建立起了通达全国的官马大道。清代官马大道是国家级的道路，以北京为中心，在京师东华门外设皇华驿，作为全国交通的总枢纽，向全国各省区辐射。官马大道为清帝国提供了良好的交通基础条件，使其强大的军事能力得以充分显示，并实现其“犯强汉者，虽远必诛”的决心。后来清帝能顺利地平定三藩之乱和准噶尔叛乱，维护了国家统一，都与畅通发达的官马大道直接相关。

二、古道上的历史故事

在古代道路上，发生过许多征伐争夺的历史故事，这里介绍其中的几则。

（一）迎钟亡国

两千多年前的《吕氏春秋》，记载了因一口钟而亡国的故事。

智伯是一个很有才干，但贪婪、霸道、不讲信用的人。自从与赵、韩、魏四分范氏、中行氏的封邑，扩大了自己的领地后，便趾高气扬，不可一世了。向外扩张领土的野心更是不可抑制。当时，毗邻国其领地的有个狄族小国，名叫仇犹国，在今山西省盂县东北，成了智伯首先瞄准的猎取对象。但是，仇犹国地处太行山中，其道路穿越两岭山谷，狭窄崎岖，不能行驶战车。如果要大张旗鼓地修筑道路，必然会引起仇犹国的警惕。几经考虑，智伯想出了一个狡猾的计策。他令匠人铸造了一个特别大的钟，要并排摆放两辆大车，再把它们连接起来，才能把钟搁置上去。大钟铸好后，智伯便派人告诉仇犹国国君："为了两国友好，我们决定赠送给你们一口大钟，请你们自己运回去。"

仇犹国君听说后，非常高兴。当即让大臣们商讨运钟事宜。看穿了智伯阴谋的大臣赤章曼枝劝阻国君道：安定国家的原则，就是不要贪得非分的好处。再说，智伯是一个贪婪而不讲信义的人，他一定是想吞并我国，扩大他的领地，苦于没有宽阔的道路，才藉以送钟来引诱我们。但利令智昏的仇犹国君说什么也听不进去进谏，反而说：这是智伯看重我们，肯与我们睦邻友好。送来这样的厚礼，如果拒绝了，定会引来灾难。赤章曼枝见劝阻无效，便叹息说：做臣子的不尽忠心，那是一种罪过；尽了忠心而不被采纳，我就只好脱身走开了。于是，他砍掉车毂（即车轮外面的车轴），从山中的狭路，逃到卫国去了。

赤章曼枝逃走后，仇犹国君便命令国人开凿山路。大家不分昼夜劈崖填谷，终于修成了一条能够并行两辆大车的道路，运回了那口特制的大钟。而智伯率领的大军也闪电般地侵占了仇犹国。这时，离赤章曼枝逃亡卫国，仅仅只有7天的时间。明代陈颢《过仇犹有感》诗云：

凿道曾迎智氏钟，
英雄从此霸图空。
世间往事从流水，
路上行人说故宫。

至今，两岭山谷还遗有古石道数段，在两岭—西谷的建国桥下，尚存断碣残碑，据说刻有仇犹迎智氏赠钟的故事。

（二）假道伐虢

在山西中条山中部的薄山，向西有一条荆棘丛生的山路，在历史上是远近闻名的虞坂道，"假道伐虢"的成语就出于此处。

距今2600多年前的春秋时代，在黄河中游的晋豫两地有许多小诸侯国，其中的虞国和虢国相连，且虞公和虢公都是周天子的同族，关系十分密切。和虞国接壤的是一直想称霸天下的晋国。晋献公意欲吞并虞国和虢国，但又怕两国联合起来对付他，所以一直不敢轻举妄动。大臣荀息献计说："要灭掉两国，必须各个击破。先把虞国拉过来，攻取虢国，虞国便唾手可得。听说虞公性贪，残忍且专横，要把他拉过来，须将千里马和白玉璧送给他。”

晋献公不同意此计，说：“那千里马和白玉璧是国宝，岂能送给他！”

荀息笑道：“我们先向虞国借道攻打虢国，待灭了虢国，回过头来再灭掉虞国。只要灭了虢国，何愁取不回千里马和白玉璧呢？我们只是把千里马寄养在虞国的马厩里，把白玉璧存放在虞国的国库里。这有什么不好呢？”晋献公采纳了荀息的计策，派使臣把千里马和白玉璧送给虞公，表示要和虞国世代盟好，并要求虞国借道给晋国，以伐虢国。虞公见了两件宝贝非常高兴，当场就答应了晋国的要求。

虞国有个贤臣宫之奇向虞公进谏：“虞国和虢国是两个亲密的邻国，唇齿相依，唇亡齿寒，晋献公早就想吞并周围小国，如若借道给他，他们灭了虢国，回师说不定会把虞国也灭了。”虞公非但不听劝告，还出兵支援晋国攻虢国，虢国被迫迁都上阳。

周惠王二十二年（公元前655年），晋献公决定再次从虞国借道攻打虢国。贤臣宫之奇进谏虞公道：“虢，虞之表也；虢亡，虞必从之。晋不可启，一日为甚，岂可再乎？所谓‘辅国相依，唇亡齿寒者，其虞、虢之谓也’。”虞公不听，宫之奇只好带族人逃离虞国。晋国沿着虞坂道长驱直入，包围了上阳。同年十二月，虢公逃亡京师，虢国就这样灭亡了。

晋献公回师路过虞国的时候，轻而易举地俘虏了虞公，灭了虞国，缴回了千里马和白玉璧。成语中的“假道灭虢”也称“假虞灭虢”，和“唇齿相依”、“唇亡齿寒”皆由此而来。

（三）弦高犒师

春秋时我国的驿站传车系统已有很高的效率。当时除楚之外，处在南北交通要冲的郑国，道路邮驿设施也相当完备。发生在公元前626年的“弦高犒师”的故事，就证明了这一点。弦高是郑国的一个商人。一天，他正走在经商的路上，突然发现了秦国偷袭郑国的秘密部队。弦高为了保卫自己的国家，急中生智想出一条妙计，谎称自己是郑国派来犒劳秦军的使者，给秦军送上4张熟牛皮和12条牛，把秦军稳住。同时利用边界上设置的传车火急向郑国送去紧急情报，让国君赶紧采取对策。结果，秦军误以为郑国早有准备，不敢贸然行动。郑国国君从边防邮驿获得情报，派来使臣到秦国驻军处交涉，严正揭穿秦军的偷袭行为。这次秘密军事行动就这样被化解了。

（四）明修栈道

秦朝被推翻的时候，项羽、刘邦以及其他参加反秦战争的各路将领，齐集商议胜利以后怎样割据国土。当时势力最强的项羽企图独霸天下，他表面上主张分地封王、分配领地，心里却在盘算将来如何逐个消灭他们。

项羽对一般将领都没有什么顾忌，唯独对刘邦很不放心，他知道刘邦是最难对付的对手。早些时候，他们曾经约定：谁先攻下秦都咸阳（今陕西西安附近），谁就在关中为王。结果，首先进入咸阳的偏偏就是刘邦。关中，即今陕西一带，是秦的本土，由于秦的大力经营，不但物产丰富，而且军事工程也有强固的基础。项羽不愿意让刘邦当“关中王”，也不愿意他回到家乡（今江苏沛县）一带去，便故意把巴、蜀（今都在四川）和汉中（在今陕西西南山区）三个郡分给刘邦，封为汉王，以汉中的南郑为都城，想这样把刘邦关进偏僻的山里去。同时，项羽又把关中划作三部分，分给秦朝的降将章邯、司马欣和董翳，以便阻塞刘邦向东发展的出路。项羽自封为西楚霸王，封地九郡，占领长江中下游和淮河流域一带广大肥沃之地，以彭城（今江苏徐州）为都城。

刘邦的确也有独霸天下的野心，当然很不服气，其他将领对于自己所分得的更小的地盘也都不满。可是，慑于项羽的威势，大家都不敢违抗，只得听从支配，各就各位去了。刘邦也不得不暂时领兵西上，开往南郑，并且接受张良的计策，把一路走过的几百里栈道全部烧毁。栈道，是在险峻的悬崖上用木材架设的通道。烧毁栈道的目的是为了便于防御，而更重要的是为了迷惑项羽，使他以为刘邦真的不打算出来了，从而松懈对刘邦的戒备。

刘邦到了南郑，发现部下中有一位才能出众的军事家，那就是韩信。刘邦就拜韩信为大将，请他策划向东发展、夺取天下的军事部署。

韩信的第一步计划是，先夺取关中，打开东进的大门，建立兴汉灭楚的根据地。于是派出几百名官兵去修复栈道。这时，守着关中西部的章邯听到了这个消息，不禁笑道：“谁叫你们把栈道烧毁的！你们自己断绝了出路，现在又来修复，这么大的工程，只派几百个士兵，看你们哪年哪月才得完成。”因此，章邯对于刘邦和韩信的这一行动，根本没有引起重视。

可是，不久章邯便接到紧急报告，说刘邦的大军已攻入关中，陈仓（在今陕西宝鸡市东）被占，守将被杀。章邯起初还不相信，以为是谣言，等到证实的时候，慌忙领兵抵抗，已经来不及了。章邯被逼自杀，驻守关中东部的司马欣和北部的董翳也相继投降。号称三秦的关中地区于是一下子被刘邦全部占领了。

原来，韩信表面上派兵修复栈道，摆出要从栈道出击的态势，实际上却和刘邦统率主力部队，暗中抄小路袭击陈仓，趁章邯不备取得了胜利。这就叫做“明修栈道，暗渡陈仓”。

由于这个历史故事，后来形容瞒着人偷偷摸摸地活动，并达到了目的，就叫“暗渡陈仓”或者“陈仓暗渡”。韩信这个计策，当初张良建议烧毁栈道的时候就曾向刘邦说过。刘邦见他们两人先后所定的计策竟然完全一样，高兴地说：“英雄所见，毕竟略同！”由此，后来又形成了“英雄所见略同”或“所见略同”这句成语。

（五）阴平度险

这个智谋故事见于《三国演义》第一百十七回“邓士载偷渡阴平，诸葛瞻战死绵竹”。

三国后期，魏蜀吴三国中，魏国地广人多，实力最强。263年，司马昭执政时，准备一举灭蜀，于是派出三路人马：邓艾和诸葛绪各统率3万大军，钟会带领10万大军，分路出击。此时的邓艾已是一位身经百战、经验丰富的大将了。

魏军攻势凶猛，连连获胜，不久就攻占了蜀国许多座城池。邓艾一直攻到阴平一带。钟会合并了诸葛绪的人马，兵力更强。他率大军直逼剑阁。蜀军统帅姜维，带领将士，依凭着剑阁险要的地势，顽强地抵挡住了钟会大军的进攻。钟会兵力虽强，却奈何姜维不得。加上军粮供应跟不上，就想退兵回去。这时，邓艾从阴平赶来。当时，邓艾手下只有3万人马，而钟会却统领着13万大军。他自恃兵多将广，根本不把邓艾放在眼里。邓艾早已闻知钟会在剑阁受阻。他心里暗自盘算：剑阁过不去，能否找到别的通道可直通蜀国都城呢?于是，在阴平时，他派出许多探马，让他们查明当地地形、环境，终于探得一条从阴平通往成都的小路。这条小路，四面都是奇山峻岭，很难行走，据说是汉武帝南征时开凿的，已有三四百年无人通行了。

邓艾闻报，心中大喜。心想：真乃天助我也。此路既然有好几百年无人行走，那蜀军必定做梦也想不到我能率军从此路偷袭成都，更不会加以防范了。于是，他先赶到剑阁，把他的想法告诉了钟会。钟会本来就瞧不起邓艾，又听他讲出这种异想天开的计策，更是嗤之以鼻。但他很想看邓艾出丑，于是也不加阻拦。

邓艾不知这些情况，一心想着完成自己的计划。他马上率人马回到阴平，集合队伍，给大家讲清了他的打算。众人士气很高，都表示愿听邓艾吩咐，为国立功。邓艾派儿子邓忠率5000名精兵，手执斧头、铁凿，作开路先锋。他带领大军，备足了干粮、绳索，紧随其后。途中道路非常艰险，但每个人都坚持下来了。大军每前进100里，就留下几千士兵扎下一个营寨，以保证前进的军队能与后方保持联系。

大军最后只剩下了2000余人，前进中又碰到一座陡峭的悬崖，人马难以通过。有些士兵胆怵了，心里直打退堂鼓。有人说："白费了这么多功夫，撤回去算了!" 邓艾见状，严厉地说："我们已经克服了那么多困难，现在胜利在望，成功与否，就在此一举了。我们要坚持住，就算再难，也一定要设法通过。"说到这儿，他忽然计上心来，转身下令让大家先把行装、兵器扔下悬崖，然后自己拿过一条毡毯，裹住身子，高喊一声："大家照我的样子，滚下悬崖!"话音未落，带头滚了下去。将士们深受感动，都像邓艾那样，纷纷越过了悬崖。邓艾重新集合队伍，未伤一兵一卒，轻而易举地拿下了江油城。接着又向绵竹进发，经过一番苦战，又胜利地占领了绵竹，迫近成都。蜀国皇帝刘禅接到战报，想调回剑阁姜维的人马，已经来不及了，只得出城投降。邓艾一举灭亡了蜀国，此时的钟会，还在剑阁城外攻城呢。

三、现代战争与公路

现代公路出现后，由于有了重要的运输工具——汽车，公路在军事中发挥的作用更加重要。为此，不仅要修路，如为战争运输物资专修的军用道路——滇缅公路；为备战需要而修的国防公路——独库公路；也有为阻止敌军进攻而对公路进行的破坏，如抗日战争时期的破袭战；甚至因路而引发战争，如因新藏公路而引发边界争端的中印战争等。还有解放军在道路建设以及突发事件中的各种英雄壮举，它们共同构成了现代公路与军事的密切关系。

抗日战争时期是中华民族近百年历史上最危急艰难的8年，也是中国公路事业最艰苦卓绝的8年。面对日军的入侵，中国各民族、各党派、各阶层表现出了空前的团结，红军以八路军和新四军的番号，接受国民政府中央军事委员会的统一指挥，与国民党友军并肩作战。在战略防御和战略相持阶段，国共两党军队共同组织发动对华东、华北和华南的公路、铁路及其桥梁进行大规模的破坏，以阻止日寇的进攻。

上海沦陷后，江苏省军政当局受命破坏北京到上海、上海到杭州的14条重要公路和桥梁，以防止战火蔓延。南京保卫战期间，又破坏了苏北的沿江公路、徐州到南京的公路和淮北大部分公路，以阻断来自华北日军对南京的压力。

1937年12月，日军从上海进攻南京，又分兵拿下杭州。为切断日军利用钱塘江大桥南侵和西进，23日，茅以升受命毅然炸毁了刚刚亲手建成的大桥。浙江守军在此后的3年间，共破坏沿海地区公路1600多公里。

1937年11月，日军占领河南省彰

德县（今安阳市），仅两个月，河南黄河以北地区全部沦陷。中国守军炸断黄河铁路大桥并破坏豫北公路295公里。1938年5月，日军绕道河南濮阳并渡过黄河，守军西撤的同时，将豫东的9条公路，计1153公里全部破坏。6月，日军占领开封，攻击郑州，国民政府急电守军炸开花园口黄河大堤，河南全省41.42%的公路被冲毁，总里程1512公里。

1938年4月，日军在厦门登陆，福建省军政当局立即破坏厦门周边公路90余公里。5月份以后，又分期组织破坏公路1000公里。到1942年，一共破坏公路2529.6公里，占全省公路的60%，有效阻止了日军利用台湾作为基地向东南沿海入侵的计划。江西省组成军事工程队，从1938年到1944年，共计破坏公路5661公里，占全省公路的73.3%。

1938年10月，日军同时在广州、汕头、海口登陆，广东守军且守且退，两次下令破坏公路12554.6公里，占全省公路的84.5%。广西省政府在广州失陷后，先行将通往广东的公路破坏。由于广西是扼守中国和印度支那半岛的要道，因此敌我双方反复争夺，许多城市反复易手，公路的破坏也空前惨烈，到1944年9月，全省90.8%的公路被破坏，合计里程4733公里。

在华北和华东，八路军、新四军会同其他中央和地方友军展开敌后攻势，牵制了上百万日军，减轻了西南地区的军事压力。八路军、新四军展开机动灵活的游击战术，包括地道战、地雷战、麻雀战（即骚扰战术）和破袭战。破袭战就是对公路、铁路、通讯、机场这些现代战争赖以生存的设施实施摧毁。1940年8月到12月，八路军出动一百多个团，在华北展开“百团大战”，在这个战役中的破袭战，是抗战中最有组织、最集中的一次，在河北保定一带的冀中地区，破袭公路1180公里；在唐山为中心的冀东地区，公路几乎全部瘫痪；邯郸、邢台所在的冀南地区，京汉铁路和境内公路被摧毁6000多公里。华东新四军在反扫荡中，也大量破袭公路等交通设施。据统计，8年抗战中，敌后破袭战所破坏的公路在20000公里以上，加上正面战场因防守作战需要破坏的公路，里程不少于50000公里，极大地削弱了日军的机动性，牵制了他们在整个亚洲战场的兵力。

中缅公路和中印公路是抗战时期最重要的交通运输线。中缅公路分为川黔公路、黔滇公路和滇缅公路。早在1935年，蒋介石就预见到，一旦战争爆发，中国军队将无法守住东部沿海地区和内地平原地区的城市，最终国民政府必将退守西部。中国政府正是考虑到有可能出现的危机，于1938年开始修建滇缅公路。公路与缅甸的中央铁路连接，直接贯通缅甸首都仰光港。滇缅公路原本是为了抢运中国政府在国外购买的和国际援助的战略物资而紧急修建的，随着日军进占越南，滇越铁路中断，滇缅公路竣工不久就成为了中国与外部世界联系的唯一的运输通道。

滇缅公路的修建是异常艰巨的，公路经过的80%的路段是崇山峻岭。由于抗战形势的日益紧迫，滇缅公路的很多路段只好边勘测边施工。又因当时物资条件异常缺乏，缺少机器设备，只好动员社会力量人力开辟。1937年底，滇缅公路沿线近30个县的劳工约20万人被征集来到公路上。因青壮年大部分都应征入伍了，修路的人员中，有大部分是老人、妇女和孩子，其中有3000多人为此付出了生命。工程建设之初，不得不用最原始的方法，在几乎所有的路段上，劳工们都是用自己家里带来的背篓来搬运泥土和石块。在长达959.4公里的路段上，大都用这种蚂蚁搬家似的方法完成。可以说，正是依靠沿途人民的艰苦耐劳精神，才完成了这项艰巨的工程。

1938年8月底，第一批6000吨国际援华军用物资，沿滇缅公路从缅甸运入中国。9月2日，《云南日报》发表社论《滇缅公路修完了》。当时，国统区内的几乎所有报纸都报导了这个鼓舞人心的消息，它也震惊了全世界。美国驻华大使在途经滇缅公路赴重庆后曾说："此次中国政府能于短期内完成此艰巨工程，这种果敢毅力与精神，是全世界任何民族所不及的。"

滇缅公路通车后，为抗战立下了汗马功劳。抗战初期，几百万军队所需要的武器装备，维持经济运转所需要的各种物资，无数内迁到大后方的人们所需要的基本消费品，也即当时维持整个抗战所需要的、中国不能生产的所有物资，都依赖这条生命线运进大后方。从1938年到1945年抗战结束，从这条路运入中国的物资共约49万余吨，其中包括油料20多万吨，武器弹药、药品、交通通讯器材等20万吨。

滇缅公路的开通，对中国乃至整个亚洲和太平洋区域的反法西斯战争产生了极为重要的作用，在一定程度上改变了战争的进程。为了保护滇缅公路，1942年2月，共计10万余众的中国远征军从滇缅公路出发，进入缅甸对日作战。在一本专门记述中国远征军的名为《缅甸，中日大角逐》的书里，有这样一段记载："空中有盟国的飞机掩护。地面上车轮滚滚，马达轰鸣。上千辆各式各样的车辆、坦克车、救护车、通讯车，还有从缅甸赶来协助运兵的英国红头大卡车，犹如钢铁巨龙，沿着滇缅公路，出保山，渡怒江，过龙陵，绕芒市，直奔国门畹町而去。"10万中国远征军历经重大战役10余次，5.7万名战士血洒异邦为国捐躯。

这条中国当时惟一能够出境的交通线一直是战争双方拼死争夺的关键。为了切断这条国际交通线，1940年，日军以越南为基地，全力轰炸滇缅公路全线。为此，还专门成立了“滇缅路封锁委员会”。从1940年10月起，在不到6个月的时间里，日军共出动飞机400多架次，轰炸沿路的公路桥梁，其中，轰炸功果桥和昌浚桥16次，轰炸惠通桥6次，累计出动飞机410架次。每次轰炸之后，驻守在桥边的工程抢修队就及时对大桥进行抢修。负责抢修桥梁的人很多都是当年建桥的工程技术人员。他们冒着生命危险，保障着这条军事运输生命线。有时炸弹仍然在爆炸、空袭还没有结束，他们就开始抢修工作。1941年1月23日，日军飞机第14次轰炸昌淦桥，并把大桥彻底炸断。并断言：“滇缅公路已断，3个月内无通车希望”。我抢修人员早已未雨绸缪，他们提前找到了一些空汽油桶，将每组70个油桶连在一起，上面铺上木板，就做成了一只简易的渡船，直到大桥修复。正是在中国军民的共同努力下，滇缅公路才始终保持着全线畅通，成为一条“炸不断的滇缅路”，为抗战胜利书写了辉煌英勇的一页。

1940年冬，因为滇缅公路上的几座重要桥梁屡遭日军轰炸，这条国际通道，随时有被中断的危险。为了确保国际援助不被中断，中国政府拟建第二条出海通道——中印公路。1941年12月8日，日军偷袭美国太平洋舰队基地珍珠港，挑起太平洋战事，美国、英国对日宣战。中、美、英三国在亚洲南部联合作战，必须确保中国通往那里的公路。

1942年2月，中印公路方案确定：第一方案，利用滇缅公路缅甸境内到八莫的路段，沿伊洛瓦底江往北到密支那，再由密支那往西北到达印度列多，连接印度铁路。第二方案是北线，直接从保山向西经腾冲进入缅甸，再向西连接密支那到列多的公路。3月，仰光沦陷，5月日军从缅甸进攻云南，保山南边的龙陵失守，滇缅公路和中国远征军的退路被截断。年底，西撤到印度的中国远征军工兵团和美军工兵部队开始共同修建列多到密支那的公路，1944年秋，这条长434公里的列多公路竣工。1945年初，保山经龙陵到腾冲向西连接密支那的保密公路建成。中印公路经过3年多的艰苦施工才得以全线贯通。中国远征军西撤印度的部队沿途反攻缅甸，数以万吨计的军用物资通过中印公路源源运到中国。

解放战争时期，随着解放区的不断扩大，各地人民政府先后建立了交通局、公路管理局和运输公司等机构，负责抢修公路和运输粮食、弹药等物资支援前线。在著名的辽沈、淮海、平津三大战役中，组织动员的群众数以百万计。在平津战役中，河北省各解放区就动员民工154万人，各种人、畜力车40万辆和大量驮畜参加支前，共计运送粮食等物资25万多吨。平津战役结束后，华北人民政府又立即动员群众整修了平汉、平大、津浦3条干线和一些支线共2000多公里，架设了黄河浮桥，支援中国人民解放军第四野战军顺利南下。1948年的冬天，淮海战役爆发，这是解放战争时期规模最大的一场战役。在宽阔的战场上，紧随在解放军身后的是一支支由农民组成的运输队，他们用自家的小车、耕牛、毛驴连续不断地向前线输送粮食和弹药。在整个战役中，解放军投入了60万的兵力，但是，在60万解放军身后，为他们提供后勤支持的有整整543万农民。平均9个农民供应一个战士。

1949年蒋介石逃往台湾，福建及东南沿海地区成为最后的前线，公路建设也就围绕着解放台湾和防止蒋介石反攻大陆等军事需要展开。1950年4月，政务院（后称国务院）财经委员会发布《关于修建华东支前公路的决定》，批准修建以福州为中心的12条公路，全长3464公里。这12条公路分布在地形极为复杂的东南丘陵地区，它们的建成打破了自古以来福建相对封闭的交通状况，有力地支援了当时的军事行动，而且对当地的经济建设产生了极大地促进作用，至今仍是福建通往浙江、江西、广东的重要道路交通干线。

1950年10月，抗美援朝战争打响，东北地区成为这场战争的后方基地，公路抢修迫在眉睫。辽东省（今辽宁省）、吉林省两省积极抢修大连至安东（今辽宁省丹东市）、沈阳至安东、通化至临江、吉林至延吉等数条东北重要城市通往中朝边境的干线公路，以及中朝边境沿线公路，共计里程为3359公里。此外，为了保证从苏联购买的军事装备能更快地投入战场，哈尔滨到满洲里的公路在零下30多度的严寒中，仅3个月就全线打通并修复了 5座大桥。这些公路为抗美援朝的胜利建立了不可磨灭的功勋。

1949年，蒋介石大部分军队撤往台湾的同时，有部分残余部队退到西南偏远山区和缅甸等周边国家，一部分军队在失去了统一指挥以后占山为王，沦为土匪和制毒、贩毒团伙。解放军进军西南以后，开始了剿匪作战。为肃清残匪，保障边疆各族人民的安定生活和巩固国防，1951年开始修建昆明至打洛（中缅边境）866公里的公路。昆洛公路自玉溪以南754公里基本是道路的空白，不仅要跨越山势奇险的横断山脉，还要飞渡沅江、把边江和澜沧江。1954年底建成了除勐海至打洛段80公里的路段，形成了连接20余条支线和澜沧江航道的区域交通网络，现在已经成为昆明至西双版纳和连接东南亚各国的重要国际通道。

四、国防公路与国家安全

国防公路是为国防需要在国家公路干道基础上选定或专门修建的公路。包括沟通战略区，连接战役方向、指挥枢纽、军事基地、部队驻地和海防边防等的公路。它由军事交通部门和国家交通部门共同规划与选定，新建或扩建工程由国家交通部门统一安排和实施，国家公路管理部门负责管理维护，必要时由军队指派专业部队和组织人民群众参与。国防公路是为国家防卫和战争服务的交通体系的组成部分，也是保障国家经济建设和国防任务的重要运输线路。

为更加规范道路在国防建设中的重要作用，1995年2月，国务院颁布了《国防交通条例》，在总则中提出：为了加强国防交通建设，保障战时和特殊情况下国防交通顺畅，制定本条例。要求在中华人民共和国领域内从事国防交通活动，必须遵守本条例。本条例所称国防交通，是指为国防建设服务的铁路、道路、水路、航空、管道、邮电通信等交通体系。国防交通工作实行统一领导、分级负责、全面规划、平战结合的原则。各级人民政府、军事机关应当重视国防交通建设，为国防交通工作提供必要条件。

1997年7月颁布的《中华人民共和国公路法》在第二章“公路规划”第十二条中也明确指出：“公路规划应当根据国民经济和社会发展以及国防建设的需要编制，与城市建设发展规划和其他方式的交通运输发展规划相协调。”国防公路的建设对于巩固边境地区的安全稳定，维护国家的和平统一起着十分重要的作用。

中国近代第一条国防公路是1908年在广西南部边境修建的龙州至那堪公路，由清朝广西提督苏元春主持修建，长30公里。但因工程艰巨，只修通龙州至鸭水滩一段，仅长17公里。

共和国成立后，非常重视国防公路的建设，修建了遍布全国的国防公路网。1955年，通俗读物出版社还出版过顾乡等人编写的部队曲艺作品集《打通国防公路》一书。广大的筑路官兵为修建国防公路付出了辛勤的汗水，许多建设者甚至为此献出了宝贵的生命。

独库公路就是作为一条为战备需要而修建的国防公路。1974年5月，遵照毛主席“要搞活天山”的指示，解放军工程兵3个团的数万名交通部队官兵从湖北宜昌挥师天山，在天山深处浴血奋战十多年，他们克服了高寒缺氧、雪崩、泥石流等困难，在悬崖绝壁间用青春和生命铸就了我国西部边陲第一条国防公路——天山独库（独山子至库车）公路。天山公路全长562.75公里,一路飞越崇山壑谷，号称“天堑之路”。建设中，公路跨越了5条险恶的河流，凿通了3条高山隧道，修建了2座防雪走廊，成功穿越4座海拔3000米以上，只有神鹰才能穿越的天山山脉，是贯穿天山腹地，连接新疆南北的一条大动脉。经过10年的艰苦奋战，1983年9月，独库公路正式通车。它的贯通，不仅为新疆的公路建设谱写了新篇章，使南北疆的路程由原来的1000多公里缩短了一半，也为中国公路建设史树起了一个里程碑。它是新疆“二纵三横”公路主骨架中第二纵线的重要组成部分，连接了众多的少数民族聚居区，是一条民族团结之路。在10年的建设中，筑路部队克服了常人难以想象的艰难困苦，在与世隔绝的天山深处，与险峻的山石斗，与恶劣的天气斗，与疯狂的风雪斗，与难耐的寂寞斗，以“碧血洒天山，为振国威军威”的精神，付出了巨大的代价与牺牲，铸就了悲壮的“天山精神”。电影《天上深处的大兵》、《天山行》就是这些钢铁军人生活的真实写照。

在国防公路的建设上，中国人民解放军基本建设工程兵（简称基建工程兵）曾发挥过重要的作用。它是陆军的一个兵种，主要担负国家基本建设重点工程和国防工程施工的任务。1966年8月，为适应国家经济建设和国防建设的需要，中共中央军委决定将其直属的部分施工队伍整编为基本建设工程兵，使其成为一个职业化的施工队伍，以解决地方施工队伍在其施工期间因家属拖累较大、跨区调动困难等因素带来的一系列矛盾。

在组建基建工程兵的当年，即分别在冶金部、煤炭部、水电部、化工部、建工部、交通部等中央各部直属的施工队伍中抽调有关人员，组建了第一批基建工程兵部队。基建工程兵组建后，受国务院和中央军委双重领导。基建工程兵虽然有其自身的特殊性，但在部队建设上仍贯彻执行中国人民解放军的建军原则。基建工程兵的建设方针是：劳武结合，能工能战，以工为主。自组建以来，基建工程兵的足迹几乎踏遍了全国近30个省、市、自治区。在工程建设中，基建工程兵不怕苦、不怕脏、不怕累，以顽强拼搏、勇于创业的精神，参与了许多重大项目的建设。在交通建设方面，先后参加了修筑和改造秦岭、天山、川藏和青藏等公路的建设，总里程数达2300公里以上。1982年，中国人民解放军进行第七次大裁军。为适应国家经济体制改革和军队精简整编的需要，国务院、中央军委于同年8月做出了《关于撤销基建工程兵的决定》。基建工程兵大部按系统对口集体转业到国务院各有关部委、北京市和其他省、市、自治区；水电、交通、黄金地质部队划归中国人民武装警察部队。1983年11月，基建工程兵领导机构被撤销。至此，作为一个兵种的基建工程兵完成了其自身的历史使命。

今天奋战在新疆的武警交通二总队，就是这支在共和国建设史上建立了不朽功勋，曾被誉为“英雄部队”、“黄金部队”的基建工程兵的传人。他们继承了基建工程兵的光荣传统、优良作风，为新疆的经济发展，社会进步，民族团结，人民幸福继续建立着丰功伟绩。新疆的建设项目，哪里任务急哪里有他们，哪里工程险他们冲在前，哪里任务重他们来承担。素有“鬼门关”之恶名的国道314线甘沟段的改造工程有他们，国道312线咽喉路段果子沟的改造工程有他们，新藏线上有他们，新疆的高速公路建设也有他们。40年来，这支打通了新疆南北天堑，创造了无数奇迹的英雄部队为国家修建公路120多条，总里程达7000多公里，仅在天山南北和西藏阿里高原就修建了60多条，4500多公里公路，赢得了“天路铁军”的英雄称号，他们也无愧于“天路铁军”这个英雄称号。修建了天山独库公路的基建工程兵们，和今天依然奋斗在天山南北，祖国各地的武警交通二总队的官兵们，他们的丰功伟绩永远载入了共和国的史册，他们创造的“天山精神”也永远激励新疆各族人民奋发图强，去开创美好的未来。

其实，新中国成立后，许多具有军事意义的重要公路，都凝结着人民解放军奋力拼搏、无私奉献的精神，青藏公路、川藏公路、新藏公路的建设最为典型。1950年初，解放军奉命进军西藏，完成祖国大陆统一的历史使命。毛泽东主席指示进藏部队:“一面进军，一面修路”。11万人民解放军战士、工程技术人员和各族民工以高度的革命热情和顽强的战斗意志，用铁锤、钢钎、铁锹和镐头，劈开悬崖峭壁，降服险川大河。在4年多的时间里，川藏公路穿越整个横断山脉的二郎山、折多山、雀儿山、色齐拉等14座大山;横跨岷江、大渡河、金沙江、怒江、拉萨河等众多江河；横穿龙门山、青尼洞、澜沧江、通麦等8条大断裂带，战胜种种困难，工程的巨大和艰险，在世界公路修筑史上是前所未有的。在整个川藏、青藏公路的修筑过程中，共有3000多名干部、战士和工人英勇捐躯，一代业绩永垂青史，有1万多名建设者立功受奖。川藏、青藏公路的通车，大大促进了西藏经济建设的发展和人民生活的改善，改变了西藏长期封闭的状况，对于西藏经济建设和国防建设都具有极为重要的作用。

进藏的几条公路建成后，解放军又担负起了护路、养路、修路的重任。50多年来，担负青藏线值勤任务的青藏兵站部官兵，在风雪高原艰苦奋斗，前赴后继，共运输各类物资700多万吨，运送进出藏兵员60多万人次，接转电话数

百万次，并出色完成了抢险救灾等艰巨任务。他们还积极投身西部开发，先后参与和支持了83项青藏地区重点工程和重要公益事业项目建设，援建和资助了191所学校，为边防的巩固和边疆的繁荣做出了巨大的牺牲和贡献。

第十章 货畅其流，强国富民
——路与经济

经济与道路的关系可以说是相辅相成的。路是经济繁荣的命脉和通道，发展经济是道路建设的直接动力。一方面，道路的修建和完善直接推动了经济的发展；另一方面，经济的富庶发达使道路建设以更大的规模和更快的速度进行，从而又促进了经济的繁荣和社会进步。

一、古代道路与商贸

历史上，经济发展的需要决定了道路的价值和生命力，只有那些连接着大的经济城市的道路才能成为重要的干道，并能长期发挥作用。例如，褒斜栈道虽因战争的需要而修建，但由于它连接着秦蜀两个经济发达地区，并是当时秦国重要的物资来源通道，因此在历史上一直发挥着重要的作用。另一方面，安全便利的交通运输又为经济发展提供了物质条件。主要的交通干线不仅连接着政治都市，同时还连接着经济中心。四通八达的道路打破了狭窄的地域界限，促进了物资和信息的交流。如隋唐时期的长安城，不仅是政治中心，也是当时世界上经济最为富庶、文化最为繁荣的城市。

（一）城市、邮驿与道路

城市经济在中国古代经济中占有重要地位。而城市经济是以手工业和商业为基础的，这些与交通道路的关系更为密切。“燕之涿蓟，赵之邯郸，魏之魏、轵，韩之荥阳，齐之临淄，楚之宛丘，郑之阳翟，三川之二周，富冠海内，皆为天下名都。非有助之耕其野而田其地者也，居五诸侯之衢，跨街冲之路也。”（《盐铁论·通有》）由于商品交换的发达及经济的发展，春秋战国时期出现了许多万家之邑的大都市，城市从规模和数量上都扩大了。城市一般都建立在交通线上，这有利于城乡物资的交流，促进了城市经济的发展。而城市经济的发展和繁荣，也促进了道路的改进和修建，形成了以大都市为中心，向四面八方辐射的交通网。如秦在全国范围内统一修建的驰道，加之度量衡的统一，使得全国的经济交流成为可能。而古代城市规模最大的当属隋唐时期的长安城了。

唐长安城平面呈长方形，东西长9721米，南北宽8652米，周长36.7公里。总体按中轴线对称布局，郭城每面有3座城门，太极宫、大明宫和兴庆宫分别位于城内北部正中、城东北和东部。城市的外郭城内有南北向大街8条，东西向大街14条。街道的两侧都设排水沟，并种植榆、槐等行道树。其中通往南三门和连接东西六门的六条大街是主干道，宽度大都在百米以上。最宽的朱雀大街达155米，是城市的南北中轴线。纵横交错的道路将外郭城分作了110坊（隋称“里”）。各坊面积不一，南北长在500~838米之间，东西宽在550~1125米之间。

外郭城内有东市、西市两座市场，各占两坊之地。两市大小几乎完全相同，南北长约1025米，东西宽约927米。市场有围墙，开八扇门，内有井字形街道和沿墙街道，将市内分为9区。每个区都四面临街，店铺沿街而设，有饮食店、珠宝店和手工业作坊等。长安城的商业大都集中在这两座市场，其他各坊内也有一些零散的商业设施。

东市是城里手工业生产与商业贸易的中心。这里店铺毗连，商贾云集，工商业十分繁荣发达。市内生产和出售同类货物的店铺，分别集中排列在同一区域，叫做行，对方商货的客栈，叫做邸，邸既为商人存放货物，又替他们代办大宗的批发交易。据文献记载，东市有铁行、笔行、肉行、善卜者、卖胡琴者、赁驴人、琵琶名手、印刷业、酒肆、饭馆等，分门别类，多达220行。唐代后期，东西二市繁荣达到极盛，如崇仁坊“一街辐辏，遂倾两市，昼夜喧呼，灯火不绝，京中诸坊，莫之与比”。而西市整体上商业还远较东市繁华。

此外，古代的邮驿设施也对经济的发展做出了贡献。在古代文献秦简《田律》中有这样的记述：谷物抽穗以及下了及时雨之后，应当立即报告抽穗的数量、已开垦却没有种植的田顷和雨量。禾稼生长后降雨，也要立即报告雨量多少以及受益田地的顷数。如遇旱灾、风灾、涝灾和虫灾，禾稼有所损伤，也要报告受灾顷数。上述重要的作业数据，距离近的县是由“轻足”，即行走速度快的人专程递送；距离远的县，则由驿站传送，在每年的八月底前送达。这样的法律条文，规定了重要经济信息的上报制度，而传递的方式，是通过邮驿系统。

邮驿设施对历代工商贸贩提供的便利，亦阐明了邮驿对经济发展的贡献。《晋书·苻坚载记上》说王猛治国，“关陇清晏，百姓丰乐，自长安至于诸州，皆夹路树槐柳，二十里一亭，四十里一驿，旅行者取给于途，工商贸贩于道。”百姓歌之曰：“长安大街，夹树杨槐。下走朱轮，上有鸾栖。英彦云集，诲我萌黎。”所谓“工商贸贩于道”说明，如果没有完善的道路建设和网络，社会经济的活力也不容易激发。

元代民间修撰的志书《析津志》中说道：“宣朝廷之政，速边檄之警报，俾天下流通而无滞，唯驿为重。”可见邮驿的作用，除服务军政以外，还有益于社会的“流通”，经济民生亦因而得以发展。

邮驿设置本身亦往往随着历史的演进，成为城镇形成的基础。地名所见“驿”、“亭”、“铺”、“站”等，往往都是古代邮驿的遗存，这些名称还有许多留存在现代地名中。如甘肃省华亭县、河北省乐亭县、湖南省黄亭市等，很可能是从驿亭的基础上发展起来的。历代邮驿的建置主要是由城市向四方伸延的交通通信线路，其对中央、对周边地区和城市之间的相互联系，以及集散物资、汇纳信息和聚合人才等，都有重要的意义。邮驿可以说促进了城市的发展和经济的繁荣。

（二）著名古代商道拾零

在古代，有许多著名的商道，它们本身或是为了经济之用而开凿，或是在经济和社会生活中有着重要的作用，下面选择几条古道予以介绍。

1. 帝舜开凿虞坂道

虞坂，又写为虞阪，一名盐坂。位于中条山中的分水岭和清凉山之间。在这两座山峰之间有一条横岭，叫薄山。从今山西运城市盐湖区东郭镇东郭村向东南而行，至磨河沿北麓上山，经平陆县张店镇的坪头埔，终止卸牛坪村。其间由上而下，七山相重，约有六七里山道，青石壁立，曲折回环，中间为在青石上凿成的山道，称青石槽，其开凿艰难及行走困难令人不寒而栗。然而在两千多年封建社会中，却一直是河东潞盐运销中原地区的重要通道。明代御史张士隆曾组织山民对该盐道进行了整修，开山劈石，加宽降坡，行旅大悦。可是，此道成型于何时？又是谁最先开凿的呢？据说，此道的开辟成型，与帝舜有很大关系。

相传，平陆县张店镇东南之古城，就是当年帝尧把两个女儿嫁给帝舜的虞城。帝舜是个很勤劳的人，他结婚后，依然是早出晚归，不是耕田收获，就是打猎捕鱼。有一天，他翻越中条山来到今运城盐池。只见白茫茫一眼望不到边的盐池里，许多人在那里忙碌着。当时他又饥又渴，就来到附近一户人家。主人为他盛了碗饭，又放上了盐。他接过饭吃了一口，觉得咸香，颇有滋味，就向主人讨教，这才知道那些人在利用阳光晒盐。于是，他又讨了些盐，带回虞城，分给大家食用，并告诉大家盐就出产在山那边。人们食用后，都很高兴，经他提议，决定修条直通盐池的路。就这样，一条弯弯曲曲的盘山路在大家的努力下，终于开凿而成。帝舜即位后，决定把盐运出去，让更多的人食用，也为当地人换回一些粮食和用品。于是组织虞城和盐池附近的人们，对那条山间小路进行了拓宽整修及延伸。使之通达另一个文化中心豫西。因此，该道又被称之为“盐坂”和“盐道”。《中国古代道路交通史》记载：“帝舜时代，人们已经能利用季风特点，靠阳光晒盐，捞取天然结晶，除自用外，还运到外地换取自己需要的产品。”

帝舜在执政期间，还经常经此道到盐池巡视，并创作了著名的《南风歌》：

南风之薰兮，
可解吾民之愠兮。
南风之时兮，
可阜吾民之财兮。

2. 丝绸之路

在我国古代，广义上的“丝绸之路”共有3条：最主要的一条即是西汉张骞开辟的东起长安，西达大秦（印度），横贯亚洲的陆上通道。这条“丝绸之路”是汉武帝为了联合中亚地区的大月氏人共同抵抗匈奴而派张骞开拓的。此后，汉朝大规模经营西域，进而在塔克拉玛干沙漠的南北两边开辟正规的驿道，并向西延伸到帕米尔高原以外，与中亚、西亚、南亚原有的道路衔接起来。随着时间的推移，便于丝绸西传的“丝绸之路”也形成了，它是连接亚、欧、非三个大陆的大动脉和东西方经济、文化交流的桥梁。被人们称为世界文明的摇篮的4个文明古国——中国、埃及、巴比伦和印度，以及欧洲文明的发祥地——希腊和罗马，都是“丝绸之路”所通达的地区。

和横跨欧亚大陆的陆上“丝绸之路”齐名的还有一条传播中国丝绸和交流其他商品以及文化的“海上丝绸之路”。在古代，我国航海技术处于世界领先地位。在通过陆路与世界各国交往贸易的同时，我国还通过海路与亚非各国建立了贸易关系。这条被称为“海上丝绸之路”的通道有东海和南海两条起航线。南海起航线东起中国的扬州、泉州、广州等港口，连接东南亚，经过马六甲海峡，到达天竺（今印度半岛各国），越印度洋、阿拉伯海，最后到达大食（阿拉伯帝国）。这条航线把中国和东南亚地区、南亚地区、西亚和阿拉伯地区，通过海上丝绸贸易连接在一起，这些地区是当时中国丝绸贸易的集散地，也是世界政治、经济、宗教、文化的中心。这条传播丝绸到外国的航路，在传播丝绸的同时，对促进各国之间的物质文明和精神文明的相互传播和影响，起了重要的媒介作用。东海起航线以山东的登州为起点，跨黄海、抵朝鲜，再东渡日本。

除了这两条以外，连接东西方的纽带还有一条鲜为人知的“西南丝绸之路”。早在上古时期，西南各族的人民出于交换产品、相互往返的需要，开辟了一条从成都地区出发，经云南、缅甸、印度、巴基斯坦到达中亚的商道。这条古道比公元前2世纪张骞通西域开辟的陆上“丝绸之路”及东南的“海上丝绸之路”还要早些，而且是我国西南地区与西欧、非洲距离最短的陆路交通线。“西南丝绸之路”使用骡子作为运输工具，将已经蜚声世界的蜀地和云南的丝绸、布匹、瓷器、铁器、漆器、茶叶、盐、中药材、筇竹等运到印缅各地，这些商品最后又转运至欧洲。商人们又携回国外的宝石、珍珠、海贝、琉璃等进行交易，使沿途经济得以发展。古老的“西南丝绸之路”正好与今天的川滇、滇缅、缅印公路的走向大体一致，并且有一些段落重合在一起，它所经过的地区历史上曾分布有六个少数民族，因此，可以说这条古道在当时是一条各民族往来的走廊。

在漫长的历史长河中，“丝绸之路”上的商贾、使节、僧侣、以及屯田戍边的官兵等各方人士，都做出了不同程度的贡献。其中，商贾是在“丝绸之路”上来往最频繁的一群人，也是为数最多的一群人。为了促进西域与长安的交流，汉武帝招募了大量身份低微的商人，利用政府配给的货物，到西域各国经商。这些具有冒险精神的商贾往往假借汉使的名义赴西域从事贸易，携带价值万金的丝绸等物资前往西域各国换回珠宝等物品。丝绸的大量外销，对输入地区的社会产生了很大影响，从而也吸引了更多人从事丝绸之路上的贸易活动，极大地推动了中原与西域之间的物质文化交流，同时汉朝在收取关税方面取得了巨大利润。

出于对匈奴不断骚扰与丝路上强盗横行的状况考虑，加强对西域的控制，汉宣帝神爵二年（公元前60年），设立了汉朝对西域的直接管辖机构——西域都护府。以汉朝在西域设立官员为标志，丝绸之路这条东西方交流之路开始进入繁荣的时代。商队从中国主要运出铁器、金银器、镜子和其他豪华制品，运进中国的是稀有动物和鸟类、植物、皮货、药材、香料、珠宝首饰等。

东汉后期，由于内患的不断增加，自汉哀帝以后的历代王朝放弃了对西域的控制，令西域内部纷争不断。车师与匈奴年年不断的战争令出入塔克拉玛干的商路难以通行；统治者为防止西域的动乱波及中原地区，经常关闭玉门关。这些因素最终导致丝路东段天山北南路的交通陷入半通半停状态。

7世纪到12世纪丝绸之路迎来了第二次繁荣。随着中国进入辉煌的唐代，西北丝绸之路再度引起了中国统治者的关注。为了重新打通这条商路，唐朝借击破突厥的时机，一举控制西域各国，并设立安西四镇作为中国政府控制西域的机构，新修了玉门关，再度开放沿途各关隘，并打通了天山北路的丝路分线，将西线打通至中亚。随着丝绸之路的东段再度开放，新的商路支线被不断开辟，青海也发展成为与河西走廊同等重要的地区。加上这一时期东罗马帝国、波斯帝国都保持了相对的稳定，令这条商路再度迎来了繁荣时期。与汉朝时期的丝路不同，唐王朝控制了丝路上的西域和中亚的一些地区，并建立了稳定而有效的统治秩序，西域小国林立的历史基本解除，使丝绸之路显得更为畅通。

3. 渤海古道

渤海古道是渤海国直通唐朝首都长安的要道。它的开辟，标志着唐朝正式把中国东北地区以靺鞨族为主体的边疆民族地区纳入统治范围以内，也标志着中原地区与东北地区的经济活动就此展开。

靺鞨是中国东北的一个古老民族，周秦时称肃慎，世居白山黑水之间，以渔猎为业，并同中原地区建立了密切关系。唐时其首领大祚荣与唐和解，713年获得了渤海郡王的封号，加授忽汗州都督，成为唐廷藩臣。此后，历世诸王的继袭都经唐廷的册立，对唐始终和好。唐亡后，渤海继续向后梁、后唐朝贡，保持着臣属于中原王朝的关系。

渤海的疆域，初限于靺鞨的部分故地，在几代郡王的努力下，国力逐渐强盛起来，到宣王大仁修时代，疆域达到五京十五府一百余县，人口逐渐增至三百万左右，从而获得了“海东盛国”的称誉。当年古道沿途的城市人丁兴旺，繁华热闹。北方的物产由此流向关内，关内文化、技术和特产则在这条通道上带向更远的地方。从而使这条古道成为关内外商品和文化交流的重要纽带。

4. 茶马古道

茶马古道起源于唐宋时期的“茶马互市”。因康藏属高寒地区，海拔都在三四千米以上，糌粑、奶类、酥油、牛羊肉是藏民的主食。在高寒地区，需要摄入含热量高的脂肪，但没有蔬菜，糌粑又燥热，过多的脂肪在人体内不易分解，而茶叶既能够分解脂肪，又防止燥热，故藏民在长期的生活中，创造了喝酥油茶的高原生活习惯，但藏区不产茶。而在内地，民间役使和军队征战都需要大量的骡马，却供不应求，而藏区和川、滇边地则产良马。于是，具有互补性的茶和马的交易即“茶马互市”

便应运而生。这样，藏区和川、滇边地出产的骡马、毛皮、药材等和川滇及内地出产的茶叶、布匹、盐和日用器皿等等，在横断山区的高山深谷间南来北往，流动不息，并随着社会经济的发展而日趋繁荣。

茶马古道实际上是一条地道的马帮之路。线路主要有两条：一条从四川雅安出发，经泸定、康定、巴塘、昌都到西藏拉萨，再到尼泊尔、印度，国内路线全长3100多公里；另一条路线从云南普洱茶原产地（今西双版纳、思茅等地）出发，经大理、丽江、中旬、德钦，到西藏邦达、察隅或昌都、洛隆、工布江达、拉萨，然后再经江孜、亚东，分别到缅甸、尼泊尔、印度，国内路线全长3800多公里。在两条主线的沿途，密布着无数大大小小的支线，将滇、藏、川"大三角"地区紧密联结在一起，形成了世界上地势最高、山路最险、距离最遥远的茶马文明古道。古道上成千上万辛勤的马帮，在风餐露宿的艰难行程中，开辟了一条通往域外的经贸之路。

5. 其他古商道

除上述古商道外，还有遍布全国各地方的一些古商道，如梅关古道、徽杭古道、交趾古道、神农架川鄂古盐道等。

梅关古道始通于秦汉，是古代沟通中原与岭南的五条交通要道之一。唐开元四年（716年），为适应当时南北经济文化交流的需要。张九龄又奉诏另凿新道。前后用了二年的时间，开通了一条宽1丈，长30华里，两旁广植松梅的大道。建成后，成为连接长江、珠江水系最短的陆地交通要道，曾被誉为中国南北贸易的黄金通道。史料记载梅关古道唐时的盛况："长亭短亭任驻足，十里五里供停骖，蚁施鱼贯百货集，肩摩踵接行人担。"至元明清时，此路仍是重要的商贸通道。

徽杭古道西起安徽省绩溪县渔川村，东至浙江省临安市浙基田村，全长50余里，是古时联系徽州与杭州的重要纽带。作为商贸之道，徽杭古道一直是徽商往杭州贩卖茶叶的重要通道，也是徽州地区山民通往外界的主要通道，直到徽杭公路通车后，才不再使用，如今成为了一条旅游线路。

交趾古道位于云南与越南边界，是连接麻栗坡与越南河江的古驿道。明末清初，随着中国与越南通商的频繁，开辟了由云南昆明到越南河江的这条古道。由于全部是崎岖曲折的山路，只能人挑马驮，不能通车，当时由昆明至河江往返一次，需时一个多月。交趾古道除供两国人民进行通商外，后来还成了抗法战争时期的出国道路。在援越抗法和援越抗美中，支前物资亦从这条道路源源运往越南。现在，从昆明至河江已修通了平坦宽敞的公路，过去需要月余方能往返，现在汽车一天即可到达，沿途还有着断断续续的古道遗迹。

神农架川鄂古盐道形成于清代。清朝中叶以来，不少游民进入川鄂边界谋生，其中有相当一部分人是从四川贩运“私盐”来湖北进行交易的盐商。为了避开官方的缉私，他们多从神农架往返，于是这里就形成了一条沟通川东、鄂西的神农架川鄂古盐道。神农架古盐道有两条主要通道：一是从保康的马桥沿南河水路上溯，到阳日，再经过山路从松柏到宋洛、徐家庄、黑水河、板仓，最后穿过大九湖进入四川；二是从房县的范家垭经神农架的赶集沟、九里十三湾、弯腰树、玛瑙池、三道沟、天池垭、苦桃园、老爷崖、莲坪、红花塘、七里扁、板仓坪、东溪、大九湖的自生桥进入四川。两条古盐道在神农架境内均达100多公里。《阳日湾万寿宫碑志》记载：“房之南，山水颇奇，林木亦茂，而阳日湾距治百八十里，虽僻处乡隅，然南走宜施，西通巴蜀，东下襄樊，亦四处之要道也，故海内客商多至此焉。”

神农架古盐道曾给神农架的经济带来繁荣。据有关资料记载：清至民国初，阳日湾还有40余只木船，上百匹骡马，往来运输山货，镇居民约600户，地摊商50余个，有商号的货店数家。如今神农架古盐道对我们来说，所重要的再不是作为一条经济纽带，而是她所展示的神农架历史和文化发展的轨迹。

一条条古商道的开辟，极大地促进了人们的交往，促进了经济的发展。道路作为交往的前导，在历史的发展进程中，起到了至关重要的作用，带来历史横向运动的巨大发展，引发了一系列的历史变迁。

二、现代公路与经济腾飞

十一届三中全会后，中国的公路发展突飞猛进，特别是进入新世纪以来，“五纵七横”的国道干线网络，将全国的交通线路整合了起来，各个地区也形成了省际之间的“经济圈”，农村公路也获得空前的飞跃，此外，联系周边国家的国际大通道也先后完成。如今，密如蛛网的国道省道交通线将中国各个地方紧密地联结起来，为经济发展插上了腾飞的翅膀。

公路发展对于一个国家的经济起着举足轻重的作用。

首先，促进了运输业、物流业的发展。特别是高速公路的出现，使汽车运输的经济运距大幅度增加，充分发挥灵活、机动、“门到门”的运输优势，为体积小、附加值高、时间性强的货物提供安全、快速、直达的运输服务。高速公路长距离、远辐射的运输优势进一步使各种不同运输方式在更高水平上紧密衔接，提高了综合运输水平。

其次，促进了公路沿线产业的发展。建成一条公路，常常就会在公路的两旁形成产业带。以上海沪嘉高速公路为例，在通车的两年内，就有几十家中外企业在嘉定落户。京津塘高速公路也是这样,从北京到塘沽11个出口附近区域，形成了11个新兴技术开发区。

此外，公路对国民经济和社会发展产生巨大的推动促进作用。据专家测算，交通基础设施建设的投入每增加1个百分点，对GDP增长可拉动4个百分点；GDP每增长一个百分点，公路运输量将增长0.7个百分点；每亿元高速公路的建设投资，能直接带动社会总产出近3亿元。同时，公路还促进和带动了其他产业的发展 ，如带动旅游业和汽车产业的发展，2006年我国销售轿车近400万辆，其中80%为私人购买。公路交通的发展，已经成为国计民生中不容置疑的“战略重点”。

（一）要想富，先修路——迅速崛起的农村公路

进入21世纪以来，中央对“三农”问题高度关注，提出了一系列重大的政策措施。交通部积极贯彻中央精神，加大了农村公路建设力度。2003年，交通部提出了“修好农村路，服务城镇化，让农民兄弟走上沥青路和水泥路”的口号，启动了建国以来规模最大的农村公路建设工程。2004年开始，交通部又重点加强了国家商品粮基地、革命圣地、红色旅游等公路建设，启动了农村客运站点的建设。2005年初，国务院通过了农村公路的建设规划，对2020年前农村公路的发展规划了蓝图。为此，2006年，交通部党组明确提出了“三个服务”的工作原则，把服务社会主义新农村建设作为重要的一项工作，并启动了农村公路建设“十一五” 期间“五年千亿元工程”。在此背景下，全国农村公路的建设步入了快速发展的新时期，建设投资力度之大、里程增长之快、经济效益之好前所未有。农村公路发展进入了前所未有的机遇期，是农村地区交通事业发展最快、农民出行条件改善最大的时期。

2002年，我国农村公路里程为215.6万公里；2006年，这一数字攀升至302.6万公里。短短几年间，全国新改建农村公路87万公里，其中沥青（水泥）路58万公里。是建国后53年建成沥青（水泥）路的两倍。与此同时，全国交通系统4年内投入资金63亿元，建设农村等级客运站9 040个、停靠站点14.7万个，全国建制村客车通达率由76.7%提高到83.2%。在已开通客

车的地区，运力结构得到进一步改善，班次密度进一步增加，客运网络进一步优化，安全和服务水平进一步提高，农民群众的出行正在从“走得了”向“走得好”方向发展，新农村建设也借此驶上“快车道”。

按照规划，“十一五”期间，我国将新改建农村公路120万公里，解决7530个乡镇通沥青（水泥）路、89970个建制村通公路问题，基本实现全国所有具备条件的乡（镇）通沥青（水泥）路，东、中部地区所有具备条件的建制村通沥青（水泥）路，西部地区基本实现所有具备条件的建制村通公路，为社会主义新农村建设提供强有力的交通保障。

农村公路建设使农民群众感受到党和政府的温暖，切身享受到了改革开放带来的利益，对广大的农民群众致富奔小康，对改变他们的生活环境、生产环境都具有重要的意义。正如老百姓的真切感受——“公路通了，城乡近了，脑筋活了，门路广了，收入多了，面貌变了。”公路建设给农村带来了巨大变化，主要有：

一是农村公路建设改变了农村交通落后的面貌，增强了农村经济实力。建一条公路，兴一批产业，活一线经济，富一方民众，这是人们对农村公路建设的切身感受。农村公路的开通，拓宽了农民增收的路子，也解决了农产品运输销售成本高、价格低的问题。以四川省邛崃市为例，2002年，全市农民人均纯收入达到2996元，通公路的村比不通公路的村的农民人均收入高147元。农村公路的发展，还使农村剩余劳动力更多地转移到小城镇就业，为打破城乡二元结构创造了条件。

二是农村公路建设加快了农业产业结构调整，使农民与市场的联系更加紧密。例如，浙江省金华市的农村地区，在交通条件改善后，大力发展特色农业，先后建立了中国的茶花之乡、桂花之乡和奶牛育种之乡。四川省阆中市依托农村路网改善的成果，成功举办了4届“桃花节”、3届“荷花节”，发展农家乐300余家，年均游客达30余万次，创旅游收入千万元以上。眉山市公路网全面改善后，牧业产值占农业总产值的比重由1998年的32.6%提高到2002年的51.6%，渔业产值占农业总产值的比重由1998年的0.8%提高到2002年的2%。

三是农村公路建设改善了农村投资环境。四通八达的公路交通，吸引了一批国内外企业投资。四川宣汉县宣南公路改建后，吸引了总投资约60亿元的天然气开发项目。威远县大规模农村公路建设后，仅2004年就引来企业37家，实现产值15亿元，入库税金2060万元，安置劳动力2216人。

四是农村公路建设改变了以往的消费结构，拉动了国内的经济增长。

扩大内需是国家经济发展长期坚持的战略方针，农村交通条件的显著改善，解决了农村买难、卖难的问题，大大提升了9亿多农民的消费潜力，为扩大内需提供了必要的条件。近几年来各类家用电器消费越来越多，摩托车、农用车的销售上升趋势也很明显。据统计，每年农村公路建设需要的水泥约有4500万吨，占到当年全国水泥产量的11% 左右，再加上钢材、沥青、砂石等建材等其他建筑材料的需求，对拉动地方经济的增长有很重要的作用。

在此背景下，各地的农村公路建设成效卓著。2003年以来，山东交通系统组织实施以村村通油路、村村通客车、千人以上岛屿通航为主要内容的“三通”民心工程。5年来，全省累计完成农村交通建设投资380多亿元，新建和改造农村公路10.8万公里、农村客运站477个、农村公路渡口133个，完成渡改桥7座。目前，山东省农村公路通车里程达18.6万公里，全省行政村通油路比例达到94.3%，通客车行政村比例达到99.2%，沿海22个千人以上岛屿全部通航，农村交通面貌发生了历史性变化。

西藏实施农村公路建设成绩显著。2006年，西藏交通部门着力服务社会主义新农村建设，西藏实施农村公路建设项目43个，总投资10.32亿元，建设里程1932公里，大中桥梁10座/504延米，解决12个乡和123个建制村通车问题，投入6000万元解决农牧民安居配套工程部分道路建设。同时，西藏还积极吸纳藏族农牧民参与公路建设，租用机械，购买农牧民自采砂石料，帮助农牧民增收5.63亿元，受到广大西藏农牧民的好评。

贵州省从2003年以来，大力推进农村公路通达通畅工程建设，建立了省、市、县、乡、村“五级联动”和“分级负责”机制。5年来，累计完成农村公路固定资产投资151.9亿元，建成农村公路75130公里，是建国后54年建设总里程的1.5倍，其中，累计建成通乡油路8200公里，通村公路58900公里，通村油路1500公里，全省实现了64.8%的建制村通公路，68.8%的乡(镇)通油路或水泥路，23.7%的建制村通油路。农村公路建设里程的不断增加，切实改变了农村群众的生活环境和发展环境，改变了贵州以往“晴天一身灰、雨天一脚泥”的历史，扶贫路连接了千家万户，旅游路延伸到山山水水，产业路遍布了千村百寨。

加快发展的农村公路展现出了它特有的社会主义新农村建设“开路先锋”的地位和作用。交通的改善，经济的发展，对外交流、交往的日益快捷顺畅，进一步激发了农村群众加快社会主义新农村建设的热情和斗志。

（二）让经济驶上“快车道”——纵横交错的国道省道

道路通则经济兴，路在一定程度上就是生产力，修路就是解放和发展生产力。我国交通发展的“五纵七横”网建设，既是现代中国的经济通道，也是强大的富民工程。可以说，纵横其间的每一条路就是一条隆起的产业带，就是一个新的经济增长点，就是一个活力四射的经济走廊。

“五纵七横”以其匠心独运的科学设计，促使中国从1978年到2006年28年时间经济总量神话般扩张，国内生产总值从3645.2亿元上升至210871亿元，增长56.8倍，年均增幅15.6%；人均GDP从381元上升至14040元（2005年），增长35.9倍，年均增幅14.3%。纵横交错的12条高速公路，每一条路都成为“开放之路”、“致富之路”、“发展之路”，每一条路都有着充满神奇色彩的美丽故事。

在“五纵七横”的一纵二连浩特至河口线山西段，有着5000年优秀文化底蕴的山西人不失时机地抓住“五纵七横”建设这一千载难逢的历史机遇，精心打造自己的“大运经济带”，将高速公路建设对本省经济发展的促进作用发挥到了极致。

山西段的大运高速公路北起长城，南至黄河，纵贯山西南北，包括得大、大运、运三、运风、侯禹、大同环城、太原环城7条高速公路，途经大同、朔州、忻州、太原、吕梁、晋中、临汾、运城8个市，44个县（市、区），全长1025公里，沿线县（市、区）的数量占全省总数的37%，人口总数占全省人口的48%，GDP比重占全省的60%以上，高速公路成为全省南北交通的主动脉、主通道。高速公路的贯通，使山西高速公路在形象塑造上凸显“以路认省”，在资源整合上凸显“以路带省”，在经济带建设上凸显“以路兴省”。聪明的山西人以整合后的“高速品牌”推出崭新的“山西品牌”，从而实现“新大运（山西人自己为这段高速公路起的小名），新山西”的宏伟目标。

大运高速公路建成营运，形成了以大运高速公路为轴线，资源优化配置、产业相对集中、城镇相对密集、科技含量高、生态环境好、信息传递快、带动辐射力强、发展潜力大、特色鲜明的经济隆起带，摆开中部领先、南北呼应、东西联动、沿线开发、整体推进的发展态势。

太原市强化省会意识，以率先发展为主题，以结构调整为主线，以推进工业化和城市化为突破口，进一步解放思想，加大经济结构调整力度，扩大对外开放，创新优化经济发展环境；构建大流通格局，发展大商贸；着力塑造历史名城新形象，发展大文化。

大同市得大运、京大高速公路交汇之利，进一步加快旅游业、制造业、商贸流通业和生态工程建设步伐。全力以赴将塞外名城打造成北方旅游胜地、京津地区农副产品和新型能源供应基地、津冀蒙商贸集散地和生态畜牧经济强市。

朔州市以大运高速公路为依托，加快煤炭、电力、畜牧、陶瓷四大特色经济发展步伐，全面启动“2213”工程。即创建20个农业产业化龙头企业，发展20个工业战略性潜力产品，新上10个高新技术产业项目，开发3个具有深厚文化底蕴的特色旅游景区。

忻州以大运高速公路建设为契机，旅游文化建设也步入了快车道，五大特色旅游景区建设紧锣密鼓。这五大工程是：以佛教文化、古建艺术为主的五台山佛教古建工程，以自然风光为主的管涔山自然生态工程，以古城关、古战场为主的雁门关边塞古战场文化工程，以温泉疗养为主的休闲娱乐工程，以忻府区人文、自然风光为主的秀容古城文化工程，以黄河风景为主的保德、河曲、偏关黄河风情工程。同时，还全面启动了“1234”，即1条绿化通道，2个物流配送园区，3个科技工业园区，4个特色农业园区。

晋中市抓住大运高速公路建设的历史机遇，相机而动，“410”工程建设如火如荼。10个年销售收入5000万元以上的农副产品加工企业，10个年销售收入10亿元的战略性工业企业，10个高新技术项目，10个基础设施建设和景点开发项目，成为晋中市新的经济增长点。

临汾市以大运高速公路为轴心，着力实施农业“1121”发展战略。这就是100万亩高效果菜，100万亩优质专用小麦，200万亩枣粮、枣经间作，培育一批农业产业化龙头企业。在煤焦、铸造、化工基地建设方面，进一步加快发展霍州煤焦电、洪洞焦化、临汾经济技术开发、襄汾河西造纸、侯马生物化学几大各具特色的工业园区。

运城市则充分发挥区域优势，做足“新”、“绿”、“旅”文章。一是建设梨、桃、果、枣、葡萄经济林园区串珠成线的大运绿色长廊；二是建设文物古迹、人文景观连线成片的人文走廊；三是把区位、道路、资源优势转化为经济优势的经济走廊。全市共在95公里的路段，建成18个经济园区。

青银高速公路，是横贯我国北部的一条国道主干线，为我国“五纵七横”高速公路网的一条横向线。起点为山东青岛，经山东、河北、山西、陕西、宁夏5个省及自治区，终点为宁夏银川，全长1610公里。

在青银高速的最东端，以青岛为核心的渤海湾经济圈正在蓬勃发展，

“速度，时尚，超越”构成东部文化的主流意识。沿青银高速公路向西，伴随着黄河的滔滔奔流，走进陕西和宁夏，在这片凝重而质朴的土地上，正酝酿着巨大的生机。那埋藏于黄土沙漠之下的石油、天然气、稀土资源不断被发现，被开发，它们正在震撼着东部，震撼着中国，震撼着世界。青银高速公路，给中国东部和西部一个携手而行的机会。黄河，或汹涌奔腾，或静流如歌。青银高速公路，从汹涌奔腾的中国东部渤海经济圈，到静流如歌的中国西部高原文化地带，它带来的将是中国东部与西部一次世纪的握手，一次东西部经济文化的历史融合。

青银高速公路是一条穿越贫困的高速公路。从吴堡到子洲，从绥德到靖边。这里有一望无际的毛乌素沙漠，有沟壑纵横的黄土高原，有滚滚不息的黄河水，有静静无声的无定河、大理河。这里有野性雄浑的腰鼓、古朴从容的剪纸、苍劲有力的石刻、羞涩善良的婆姨和那让陕北乡亲世世代代难以割舍的窑洞、小米、信天游。这里有最纯正最浓厚的陕北风情，这里也曾是陕北最苍凉最贫穷的地方。世纪之交，时代给了这里一个腾飞的机遇。当石油、天然气、稀土资源在陕北这些最贫困的老区一个个被发现的时候，那些世代生息在这里的百姓却依旧是背山而居，面沟而住，黄土、风沙和那硕大的沟壑山谷让贫穷依旧滞留于黄土地上。

今天，从高山上远眺，高速公路像一条巨龙穿梭于深山大沟之间。昔日混沌苍茫的黄土高原，如今已经长虹贯日。高速公路正在改变着陕北最贫困老区人们的生活。历史不会忘记，曾经要翻山越岭几天才能走完的这段路途，今天几个小时就能到达。吴靖高速已经成为陕北这块古老土地上的新景观。曾经，因为大山与黄土，走出贫困是世代生活在这里的老乡们深深的梦想；今天，因为高速公路，加快发展，成为黄土地上最炽热的信天游……

黑龙江省同江至海南省三亚高速公路，也称010国道，全长5700千米，沿线经同江~哈尔滨~长春~沈阳~大连~烟台~青岛~连云港~上海~宁波~福州~深圳~广州~湛江~海安~海口~三亚。是国家规划建设的“五纵七横”主干线中最长的一条。2004年1月1日零时全线贯通。这条高速公路的贯通，将我国东北老工业基地和东南沿海发达地区连在了一起，真正实现了优势互补。东北沿海经济带成了东北老工业基地振兴的黄金海岸：大连、营口、锦州着力发展高加工度原材料工业；葫芦岛加快石化（精细化工）产业基地建设步伐；丹东凸显海产品深加工优势；大连、葫芦岛、盘锦的风能发电、光伏产业呈现蓬勃发展态势；辽宁、沈阳、大连着手发展软件信息产业和生物制药产业；大连还抓住机遇，突出作为东北亚国际航运中心的地位，大力发展港口物流服务、科技咨询、设备成套服务、金融保险业、创意产业等现代高端服务业。

这条高速公路经过的长三角地区，是我国公路网最密集的地区，也是经济最为发达的区域之一。同三高速公路和当地辐射状蛛网型的公路网交相映辉，相得益彰，创造出了“以每亩土地创造的利税论英雄”的最具长三角特色的“大路经济”新概念。沪嘉、莘松高速公路建设之前，沿线土地价格低廉，当时合资企业占用土地仅5美元/平方米。高速公路建成后，大大改善了当地的交通环境和投资环境，土地大幅度增值，价格上涨到超过25美元/平方米。2006年，长三角以占我国国土面积1%的土地，创造了22%的GDP，24.5%的财政收入和28.5%的进出口总额的成绩。

高速公路发展还使得本来就炙手可热的“世博热”更加持续升温。据报载，2007年，位于浦东的世博会事务协调局可说是门庭若市，来自全国各地特别是长三角地区的访问团络绎不绝，共商世博大计。以长三角地区为主的全国25个城市同时与上海世博会对接，设立了“上海世博会旅游推广工作站”。酝酿中的“长三角世博之旅”对旅游、交通、文化、会展多个领域的资源全方位进行整合，长三角地区所有的景点间相互认证。高速公路发展使长三角越来越“泛”，也使上海世博会这块蛋糕越做越大。

黔南布依族苗族自治州的独山县是贵州的“南大门”。过去由于交通不畅，独山县的农副产品基本是自产自销。2002年，西南大通道胜利通车，独山县以“两牛一猪一菜”为主攻方向，致力打造“两广”菜篮子。2005年，独山县仅西红柿种植面积就达1.65万亩，实现产值9800万元，比上年增长7400万元。其中基长镇种植西红柿收入上万元的农户达1950户，收入超过5万元的有3户。

“五纵七横”整合了我国的生态资源、工业资源、农业资源、流通资源、城镇资源、旅游资源、交通资源，增强了我国作为亚洲乃至全球经济最活跃国家的开放度和辐射力。“五纵七横”经济大通道的建设，优化了中国交通运输结构，促进了高速公路持续、快速和有序的发展，对缓解交通运输的“瓶颈”制约发挥了重要作用，有力地促进了中国经济发展和社会进步。公路的快速发展正如下面这首诗所赞叹的那样：“大道之行天下公，纵横捭阖重交通。五纵七横驰骋意，物质精神转化功。”

在“五纵七横”的国道主干线外，各省的省道和县际公路建设所起的作用也不容忽视。

青海省藏区公路的建设这些年实现了跨越式发展。2000年国家实施西部大开发战略以来，作为一个多民族聚居的西部省份,青海省藏区的交通基础设施建设得到了国家交通部、青海省委、省政府的高度重视和大力扶持。自2000年起，省里利用一系列加快藏区交通发展的优惠政策和措施，全力推进藏区公路建设，公路建设投资达160多亿元，比当地解放以来财政收入的总和还要多。在完成大型国省道干线公路建设项目的同时，还集中建设了一批旅游公路、县际公路、农村公路及桥隧工程。据统计，2000年以来，青海省已先后在黄南、海北、玉树、果洛4个藏族自治州境内新建国道2条、省道2条、旅游公路2条、县际公路3条、通县公路2条,藏区通达公路的行政村增加了629个，全省藏区所有的县城都通了柏油路，乡政府所在地也全部实现了公路连网。截至2008年，全省藏区6个州的公路里程已达39900多公里，占全省公路里程的80%以上。

如今，全长838.35公里的国道214线共和至囊谦公路纵贯海南、玉树两个藏族自治州，并由囊谦进入西藏，成为连通青藏两省区政治、经济、文化的纽带。全长788公里的省道西久公路贵德至久治公路过果洛藏族自治州大武镇，经玛沁、甘德、达日、班玛、久治5个县，成为连接青南牧区、抗雪救灾、巩固民族团结的运输大动脉。而河卡山隧道、尖扎黄河大桥、环青海湖二级旅游公路等的建成通车，不仅让“藏在深闺人未识”的藏区生态、旅游等资源得以发掘、保护，而且使独具特色的青南藏区文化一步步走出青海，走向全国，走向世界。可以说，这些公路也是一条条藏区的“团结桥”、“幸福路”，架起的是民族经济的振兴桥，筑起的是藏区人民的康庄路。

甘南藏族自治州位于甘肃省，地处青藏高原东北边缘，是全国10个藏族自治州之一。1971年，甘南藏区开始铺筑42公里战备沥青路，甘南历史上首次有了沥青路面。到2008年，甘南藏区的公路通车总里程已达4350公里，等级公路达2250公里，实现了县县通沥青路、乡乡通等级公路的目标，带动了当地经济社会快速发展，使当地56万农牧民群众直接受益。1980年，甘南藏区农牧民人均纯收入85元，1998年突破 1000元，年均增速14.68%，到2007年年底，这一数字达到1711元，是1980 年的20倍。仅2007年，甘南藏区就建成了5条通乡沥青路，并开工迭九、玛久、迭红3条跨省公路，新建10条农牧区通乡沥青路、14条农牧区通乡等级公路和196条通村公路，同时还建成了47个农牧区客运枢纽及农牧村站点。

近年来，中央加大西部基础设施

建设投资力度，四通八达的公路交通给甘南藏区经济注入了新的生机和活力。截至2007年年底，甘南藏区生产总值达到35.37亿元，相比上年增长12.1%；农牧民人均纯收入达到 1711元，相比上年增长6.7%。

高效便捷的公路交通带动了甘南藏区藏文化旅游、商品销售、畜牧业、餐饮住宿等一大批新型经济产业的发展，使56万名农牧民直接受益。随着交通的便捷，来甘南观光旅游的游客猛增。目前，以“九色甘南香巴拉”旅游品牌为主打的世界藏学府——拉卜楞寺、魅力名镇郎木寺、国家4A级景区山水冶力关、人间仙景大峪沟、桑科大草原等一大批藏文化旅游、红色旅游、生态旅游和乡村游异常火爆。2007年，甘南藏区共接待境内外游客188.82万人次，旅游综合收入达3.7亿元，相当于改革开放初期该自治州年综合收入的3倍。旅游直接从业人员达4000多人，旅游文化产业产值占该自治州国民生产总值的9.6%。在甘南藏族自治州各级政府的引导扶持下，农牧民自办的“牧家乐”、“帐篷旅馆”、“甘南草原周末游”等成了促进甘南藏区农牧民增收的主要法宝。

公路交通的便利，使被列为奥运食品的排酸牦牛肉、夏河甘加羊肉不用3小时便可运到兰州。在合作市，养殖、加工大户利用便利的交通条件，加工销售牛羊肉、奶酪等特色畜产品，全面带动4个养殖小区、 13个养殖专业村、2986户牛羊、奶牛养殖户收入稳步提升，养殖基地试点示范区户年均收入达到1.6万元以上。2007年，该自治州培训农牧民 3.88万人次，在新疆、北京等地建立了18个农牧村劳务输出基地，全年共输转劳务12.65万人次，劳务收入达到2.82亿元。

（三）世界变小了——国际商贸的桥梁

随着现代交通通讯的发展，世界正在变成“地球村”，而国际间公路的建设就是重要的交通枢纽。在我国国道主干线“五纵七横”中，最长的一横是江苏连云港至新疆霍尔果斯高速公路，全长4190公里。起于江苏省连云港市，经安徽、河南、陕西、甘肃，止于新疆霍尔果斯。

在经济全球化的国际背景下，连云港至霍尔果斯高速公路的建设，使中国的高速公路融入到新欧亚大陆桥中，不仅为亚欧间经贸联系提供了便捷的运输通道，也推进了西部地区融入经济全球化的进程，更预示着一条现代化的经济走廊和文明传播的纽带即将崛起。

新亚欧大陆桥东起我国连云港，以连云港~霍尔果斯高速公路和陇海、兰新铁路为骨架，向西经中亚、欧洲有关国家至荷兰鹿特丹港。大陆桥在中国境内全长4131公里，贯穿江苏、山东、安徽、河南、山西、陕西、甘肃、宁夏、青海、新疆等10个省区的主要中心城市，这些地区人口约4亿，占全国的30%，面积360万平方公里，占全国的37%。大陆桥中国段沿线地区有丰富的战略性资源储备，是我国能源和原材料最重要的基地，以占全国总量的比例而言，煤炭达63.2%，石油近40%，天然气约50%，镍为76.9%，铅占63%，铜近30%，黄金约40%，化工、建材主要资源占40%～70%。光照、温差变化等农业自然条件良好，水利资源相当丰富。铁路和公路总长度都占全国的30%，航空运输也取得长足进展，拥有设施较完善的干线、次干线、支线机场30多个。从上海到新疆伊宁的通讯光缆已经建成，成为亚欧光缆的一部分。沿线已建成一批在国民经济体系中具有重要位置的骨干企业，形成相当发达的若干工业和经济中心。对外开放也取得了较快的发展，就在“五纵七横”刚开工建设不久的1996年，沿线工业企业中的外商投资就达到1760亿元。这些表明，新亚欧大陆桥经济带的生产力布局基本形成，具有很大的开发潜力。它的发展将对整个中西部地区的开发起到示范和带动作用，必然为扩大国内需求、建立统一的市场体系创造有利的条件。同时，对于加强民族团结，维护社会稳定、巩固边境和国防也都有重要意义。

在实现我国现代化建设第三步战略目标的过程中，广大中西部地区具有特殊重要的地位，作为全面启动中西部区域开发的最佳开发轴线，新亚欧大陆桥（中国段）经济带开发将促使中西部地区2010年经济社会发展到一个全新阶段，使我国对外开放总格局发生重大演变，由总体上向东放开，转变为“东西进击”。中西部地区和东部地区联合发展优势产业和产品，将使中西部地区成为对外开放的又一前沿和中国经济全球化的坚实基地。

为构建与周边国家的国际道路运输通道，近几年，中国加快了通往口岸的公路、口岸地运输场站和口岸设施的建设。2001年以来，全国交通系统在口岸公路投资累计100多亿元，新建、改建通往边境口岸的公路3000多公里，全面提高了国际道路运输车辆的通行能力；累计投资13亿元，加大了对口岸地客货站场建设力度；先后投入近20亿元资金对口岸设施进行了改建，改变了口岸现场的通关环境和查验部门的办公条件，提高了口岸的工作效率和通关能力。

到目前为止，中国已与俄罗斯、蒙古、哈萨克斯坦、越南等13个国家签署了政府间汽车运输协定，并商定开通了242条国际道路运输线路，目前已实际开通的国际道路客货运输线路共有

201条，其中客运线路100条，货运线路101条。这些线路通过的对外开放口岸已达到69对。

与此同时，中国还积极帮助周边国家发展道路交通基础设施。中国政府已向吉尔吉斯斯坦提供6000万人民币的无偿援助，援建中国~吉尔吉斯~乌兹别克的中吉乌公路，开辟新的运输通道。目前，中国和中亚国家正在商谈的交通合作项目还有中国、巴基斯坦、吉尔吉斯斯坦和哈萨克斯坦4国过境运输合作，连接中国、阿富汗、塔吉克斯坦和伊朗的国际公路通道项目等。与俄罗斯的界河桥建设，与东盟的昆曼公路建设等基础设施建设都将在今后一两年内竣工、使用。

2008年3月，昆曼（昆明~曼谷）国际公路中国段的思茅~小勐养高速公路通车，实现了这条国际通道在中国境内的全线通车。昆曼公路共分为3段：即中国段、老挝段和泰国段。起于昆明市，途经玉溪、思茅、西双版纳进入老挝境内南塔、波乔省，经会晒进入泰国清孔，在泰国境内经清莱、清迈最后抵达首都曼谷。全程行车里程1800多公里，全部路段均设计为高速（高等级）公路，并连接马来西亚、新加坡公路网，被亚洲开发银行称为“亚洲公路网中最激动人心的一个路段”。昆曼公路是大湄公河次区域经济发展的重要基础设施，它的贯通，将直接降低中国与东南亚国家的陆路运输成本，有利于中国与东南亚国家的经贸往来和旅游业的发展。

经各方专家论证，昆曼公路建成后，中国与东盟的年贸易额将达到4000亿美元，其中有1/4的货值将通过昆曼公路进出，年运输货值将达到1000亿美元，那时，云南将从中国交通大动脉的“末梢”变为对外开放的“前沿”。昆曼大通道中国境内有688公里，公路全线贯通后，昆明到曼谷的客运全线所需时间由48小时缩短至20小时，实现了真正意义上的朝发夕至。西双版纳将成为昆曼大通道上的物流中心和出口贸易加工区，对带动云南的旅游开发作用显著，将会促进普洱茶的醇香、野象谷的神秘、泼水节的狂欢走向全国、走向世界。

根据发展需要，广西自治区将用15年左右的时间，将南宁打造成国际综合交通枢纽中心。到2020年，广西将全面建成南宁国际性综合交通枢纽，形成以南宁为中心，3小时内到达全区所有地级市的陆路交通圈。除南宁航空港作为中国—东盟空中走廊的重要枢纽外，基本建成贯通南宁~新加坡铁路和高速公路运输通道，成为中国—东盟最便捷的重要陆路通道。南宁国际交通枢纽建成后，不但将成为广西出海出边国际通道网的中心和中国—东盟人流、物流、信息流和资金流集散中转国际性枢纽，还将是区域性国际物流中心，沿太平洋西岸中国与东盟重要交通运输枢纽。

2008年3月，在南宁召开的全国国际道路运输管理工作研讨会上，广西还提出，为了发展国际道路运输，将拓展通往边境口岸公路。目前广西与越南广宁、谅山、高平省相邻，有东兴、友谊关、水口、龙邦等4个国家一类公路口岸、7个二类口岸和25个边境贸易互市点。广西从1999年开始，就在东兴、友谊关、水口口岸与越南开展国际道路运输交流与合作。2007年底，广西与越南广宁、谅山、高平三省签署了运输协议，目前已开通的客货运输线路有10条，其中客运7条，货运3条。为了保障国际运输的顺利开展，广西还与越南三省建立了交通合作磋商机制，每年定期举行运输例会，协调国际道路运输中出现的问题。

2008年3月30日，中国与越南在老挝首都万象签署谅解备忘录，正式把南宁~河内经济走廊和友谊关跨国口岸纳入大湄公河次区域经济合作跨境运输协议框架。根据协定，大湄公河次区域老挝、泰国、越南、柬埔寨、中国和缅甸6国跨境客货运输将逐步享受到交通、海关、质检和边检部门在口岸实施的单一窗口和一站式联检服务，使运输更加便利，从而促进6国间的经贸发展和人员往来。这是近年来中国大力推进国际道路运输通道建设的一项重要举措。

东北方面，中国与俄罗斯两国的汽车运输网络也已遍布于中俄边境地区，并逐步向内地中心城市延伸。截至2006年6月1日，黑龙江省与俄罗斯相邻的五个边区、州全部开通了国际道路客货运输，客货运输线路达到41条。其中，货运线路20条，客运线路21条。经批准开通了37个定期客运班车。实现了哈尔滨至海参崴国际道路定期旅客运输，牡丹江~绥芬河~波格拉尼奇内~乌苏里斯克、佳木斯~同江~下列宁斯科耶~比罗比詹、鹤岗~萝北~阿穆尔捷特~比罗比詹3条国际道路运输线路的延伸。近几年来为满足旅客运输市场的需求，又先后开通了绥芬河、东宁至乌苏里斯克间的定期旅客运输班车。

目前，中俄双方即将延伸鸡西~密山~图里罗格~乌苏里斯克客货运输线路、伊春~嘉荫~巴什科沃~比罗比詹客货运输线路等4条国际道路运输线路。初步形成了黑龙江省与俄5个边区、州的运输网，同时逐步向各自国家的腹地延伸。全省经批准有对外运输经营资格的运输企业22家，从事国际道路运输的车辆近600台。

2008年，黑龙江省在全省道路运输工作会议上又提出，将充分利用与俄罗斯接壤的地缘优势，大力推进国际道路运输向多层次、宽领域方向发展。计划在黑龙江所有具备通车条件的口岸都开通国际道路运输线路；计划在巩固黑河、绥芬河、东宁、密山、同江口岸区位优势的基础上，积极争取中国交通运输部的大力支持，使所有具备通车条件的口岸都能够开通国际道路运输线路；争取年内开通哈尔滨至符拉迪沃斯托克（纳霍德卡、东方港）、鸡西至乌苏里斯克的货运线路和中俄过境货物运输线路。与此同时，通过加强与俄远东地区的双边协商，及时解决限制国际道路运输正常发展的问题，特别是黑龙江省饶河县至俄罗斯比金定期班线的开通及经绥芬河、东宁、密山口岸增加定期班车的问题；加强与中俄相关部门及口岸地政府的协调配合，争取延长绥芬河、东宁口岸的通关时间，增强通关能力。

地处祖国正北方的内蒙古与蒙古国的边境线长达3211公里，自2001年以来，内蒙古自治区交通厅在推动国际道路运输通道基础设施建设中，已先后修建了二连浩特口岸~赛汗塔拉等8条公路，为国际道路运输的发展提供了便利。到2006年，对蒙古国开放的公路口岸有9个。近几年来，随着两国间人员和货物往来的增多，公路通道以其方便、快捷的优势发挥出重要作用，成为连接两国的商贸通道，促进了对外贸易的快速发展，仅2006年，内蒙古对蒙古国公路口岸完成的客运量就达137万人次，货运量273万吨。“十一五”期间，为加快中国和蒙古国国际道路运输发展与合作，双方还协商开通6条内蒙古至蒙古国的国际公路通道。这6条国际公路通道包括4条货物运输线路和2条国际客运线路。

位居中国向西开放“桥头堡”的新疆维吾尔族自治区，是中国开通国际道路直达客货运输线路最多的省区，线路总数达100多条。目前新疆已与周边8个国家中的5国开通了国际道路客货运输线路。其中，已与蒙古开通8条、与吉尔吉斯斯坦开通21条、与塔吉克斯坦开通2条、与巴基斯坦开通6条、与哈萨克斯坦运输线路将达64条。哈萨克斯坦将成为中国在中亚地区开通国际道路运输线路最多的国家。以上线路中，客运线路51条，货运线路50条。

新疆地处中国西部边陲，边境线长达5600多公里，现有一类口岸17个，是中国对外开放一类口岸最多，开通国际运输线路最多最长的省份。其中陆路边境口岸15个。1983年中国与巴基斯坦两国政府开通“喀什~红其拉甫口岸”，新疆国际道路运输量大幅上涨，2007年进出口货运量首次突破200万吨，接近260万吨，较2006年增长88%。由于国际能源价格快速上涨给独联体及中西亚国家经济增长带来极大的动力，各国经济实力大增，国民购买力加强。目前，新疆交通部门正在抓紧机遇，继续加强对外交流合作，建立国际物流中心，逐步完善以乌鲁木齐为中心，二类口岸为节点，伊宁、喀什等大中城市为依托，边境口岸为前沿，辐射中亚的国际物流网络。当前，中国与中亚间进出口贸易的80%是通过新疆来实现，国际道路客货运输线路已经成为中国与欧亚国家人员往来、经济合作的重要桥梁。

经过十几年的发展，中国的国际道路运输已经呈现出良好的发展势头，前景十分美好。而一系列国际道路运输协定的实施，也推动着国际道路运输通道的建设。目前，在东南亚方向，除了大湄公河次区域便利运输协定已经进入全面实施阶段以外，中国还于2004年2月签署了《亚洲公路网政府间协定》，已加入和拟加入亚洲公路网的线路总里程达到2.6 万公里，约占亚洲公路网总里程的20%，为与区域内各国开展道路便利运输奠定了基础。

此外，中国还即将启动加入TIR公约程序。这一公约是目前为止唯一的全球范围内各国普遍认可并适用的国际货物运输公约。全球约70个重要国家都已加入TIR公约，全球大型国际运输企业基本上都参与TIR系统的运作。这些因素都将使中国发展国际道路运输各方面的条件得到较大改善。届时，东北亚、中亚、东南亚从南到北各个方向的国际道路运输大通道都将建成，我国国际道路运输发展即将进入一个黄金时期。

第十一章　通畅快捷，以人为本
——路与生活

道路连接了不同的地区，也使不同国家、不同民族、不同地域的文化得以交流、沟通、学习和传播，古代道路在此起过重要的作用，如丝绸之路、茶马古道等，相关内容在“古代道路经典”一章有详细介绍，本章主要谈的是现代公路。现代公路兴起后，纵横交错、四通八达的道路网，从根本上改变了现代人的生活方式，也对文明的传播和人们的思想观念起着潜移默化的影响。道路在平时是将人们带向远方的交通工具，而在特殊时期，则是人们的希望通道和生命线。

一、通向现代文明的农村公路

公路在传播文化，启迪文明方面起着举足轻重的作用。马克思、恩格斯都曾经把目光聚焦到公路建设上，揭示了公路与文明的辩证关系。恩格斯在他的《英国工人阶级状况》一书中曾指出：“在苏格兰，公共事业局从1803年起修筑了约900英里公路，并建造了1000多座桥梁。因此，苏格兰山地的居民立刻就接触到了文明。过去大部分山民从事于盗猎和走私，现在他们成了勤劳的庄稼人和手工业者。虽然，为了保存盖尔语而开办了专门的学校，可是盖尔—赛尔特的习俗和语言一接触英格兰文明就很快消失了。爱尔兰的情形也完全一样。在科克、里美黎克和克黎等郡之间，以前是一片荒地，没有任何车路，这个地方由于很难通行而成了一切罪犯的隐匿处和南爱尔兰地方赛尔特—爱尔兰民族的堡垒；现在，这里已经是道路纵横的地方，而这样一来也就给文明开辟了进入这个偏僻地方的道路。”

我国的农村公路是发展现代农业、建设社会主义新农村的基础性建设，也是改善农村生产条件、提高农民生活质量的有力保障。农村公路的发展，对改善农民群众的出行条件、转变农民的生活观念，促进农村的文化发展，改变农民的生活方式均能产生深远影响。可以说，乡村路网的不断延伸，正在彻底改变着农村的面貌和农民的生活，具体体现在以下4个方面。

（一）改变了农民的思想观念和生活方式

一条条公路打开了农村封闭的大门，一批又一批农民走出穷乡僻壤，开阔了眼界，扩大了视野。市场经济观念沿路传播，新鲜的事物、丰富的信息和先进的科学技术被引进了农家大院，逐步增强了广大农民的商品意识、竞争意识、开放意识和发展意识，拓宽了发展经济、脱贫致富的思路。许多农民通过门前的公路，一改过去那种足不出户，难舍本土，小富即安，小进即满的状况，纷纷兴起办厂热、运输热、经商热、种植热等，现代经营理念也成为农民的共识。例如，成都市温江区万安乡农村公路建成后，当地花农种养观念发生变化，规模化、科学化的种养日益增多，新品种、新技术在农村推广。随着网络的普及，花农还自发建立了网上直销站，生动反映出农民思想观念的巨大变化。

2006年2月，中共中央、国务院下发了《关于推进社会主义新农村建设的若干意见》，据此交通部开始实施农村公路建设通畅、通达工程。“双通”促进了农村交通工具的迅速升级换代。山西省垣曲县英言乡关庙村水泥路修通不到一年时间，全村420户就新增了150辆三轮车、80辆摩托车。群众风趣地说：“过去进城两三天，如今下山一锅烟。”村路通了，开往城里的班车次数也增加了，村民在家门口乘车不足半小时就能到城里，极大地方便了山区农民的生活，拓宽了他们的视野。

随着城乡交往的增加，农民见识的增多，生活节奏的加快，煤气灶、微波炉、电磁炉、饮水机、太阳能、电脑、小轿车等现代生活用具也进入农民家庭，甚至在饮食质量上也有了切实的改观。原先不少山区农民吃鲜菜主要靠自产，到了冬季就吃不上；现在小商小贩走村串巷，沿街叫卖，什么新鲜菜都有，和城里没有多大差别。还有的地方，村道修通前，菜农每天凌晨2点起床割菜，4点搭车进城赶早市；村路修通后，4点起床，菜贩子的车已开到家门口，农民可以多睡上两小时，也体现了生活质量的提高。

“双通” 还改变了山区的婚俗习惯，促进了人口素质的提高。在山西省垣曲县，过去很多山庄、窝铺由于分布较散，交通不便，生活艰苦，年龄超过40岁的光棍汉一抓一大把，被外人戏称“山清水秀风光好，只见哥哥不见嫂”。人们通婚范围非常狭小，造成了换亲成风，甚至近亲结婚，导致新生儿先天缺陷增加，人口素质降低。据统计，全县有各类残疾人口近9000人。

实现“双通”后，山区农家子女的生活圈、婚姻圈扩大，择偶观、婚俗观发生了深刻变化，许多光棍也都从山外面娶回了媳妇，对生活又充满了希望。

通过修路，农民的精神面貌也发生了很大变化。芮城县华岳村的农民说：“以前，村民经常为雨天巷道排水吵架、打架。现在全村大小巷道都成了水泥路，排水通畅，大家都早出晚归，一门心思发家致富，再不用为此争吵打闹了。”村民间的关系变得和谐融洽。

一条条公路的修通，更是为少数民族地区带来了巨变。甘南藏区公路沿线尤其是旅游公路沿线的许多农牧村，生产生活有了很大变化。以前的土坯房逐渐消失了，取而代之的是小砖楼；烂泥夹杂着家畜粪便的小村道逐渐变样了，取而代之的是一条条笔直平整的砂面路、沥青路、水泥路；以前主要靠牛马运输东西的现象少见了，取而代之的是汽车、三轮车、摩托车等现代化交通工具。农牧村的村容村貌焕然一新，农牧民的钱袋子也鼓了起来。

甘南牧区的藏民说：“以前几个月都不能进县城一次，自从碌则公路修到这里，每天都有班车，随时可以到县城采购新鲜水果、蔬菜以及生活用品，我们的生活也好多了。”公路的开通，也改变了当地藏民的生活方式。以前没有铺上沥青路的时候，汽车一过，尘土飞扬，路况特别差，没有几个人愿意来这儿，别说靠旅游赚钱了，当地人甚至商量着搬出这个地方。自从省道311线临洮到临潭的路铺上沥青以后，这里的变化日新月异，来这儿旅游的中外游客络绎不绝，当地牧民办起的农家乐生意也越做越红火，牛奶、酸奶、酥油都很畅销。在一些旅游景点，琳琅满目的民族饰品店，独具风味的藏餐吧吸引着人们，也传播着藏族的传统文化。在一些偏僻的地方，如甘青川三省交界处的郎木寺，甚至还开有西餐店。道路使不同国家的人们在这里交集，使不同民族的文化在这里碰撞。

四川阿坝藏族自治州的藏民如今盖房，也从便捷的公路上得到了实惠。以前，修一座房子要两三年，因为要请全村寨的壮劳力背石头，距离近的一天可背七八方，远的则只能背五六方，光是准备石料、木料就要用很久的时间。如今，村里修建了农村公路，宽敞平坦的道路方便了拖拉机和农用车运输石料、木料和房瓦等，一座两层楼房只需十多天就可以建好，加上进行内部装修，一个多月就能住上新房，还大大减少了运输费用，节省了村民的开支。农村公路建成后，许多当地村民都翻盖了红瓦新房，告别了瓦板旧房。新房里设施完善，光线明亮，不仅改善了生活环境，村民的精神面貌也越来越好，邻里之间更加和谐。大家都一门心思奔小康，村风村貌也都在公路的带动下发生了变化。

（二）改变了农村的村容村貌

以前，农村大多数村庄都是“晴天扬灰（尘土）路，雨天泥水路”，老百姓出行很不方便。如今村村通了柏油路，老年人扔掉了拐杖，姑娘们穿起了高跟鞋，村容村貌和人居环境有了显著的改变。宽敞整洁的农村公路拉近了城乡之间的距离，城市的文明也开始向乡村延伸。不少地方在农村公路修通后相继进行改水、改电、改厕、垃圾污水处理等工程，成为社会主义新农村村容整洁、乡风文明建设重要的手段。

山西省运城市实施的农村巷道硬化工程，就在改变村容村貌方面取得了很好的成效。工程极大地激发了农民的荣誉意识和爱美之心，大搞绿化、美化、亮化，大搞环境卫生清理，改变村容村貌在当地蔚然成风。地处空港新区的盐湖区张孝村在全市率先实现了“户户通”，党支部、村委会响亮地提出了“增强市民意识，打造运城名村”的口号，为全村每条巷道重新起了巷名，并选出了巷长，借鉴城市管理办法管理全村巷道。河津市柴家乡庄头村地势高低不平，过去村路坑坑洼洼，柴堆、粪堆、垃圾、厕所满巷都是。2006年实现巷道硬化后，这个村告别了脏乱差历史，老百姓喜笑颜开地走上了干净整洁、平坦宽阔的水泥路。稷山县稷峰镇桐下村实现巷道硬化后，村民们每天早起10分钟，人人搞卫生，使全村大街小巷清洁卫生，面貌一新。夏县村村都设立了垃圾点，组建了垃圾清运队，定时倾倒，日产日清，保持了巷道清洁。永济黄家窑把村通工程和建设生态园林村结合起来，实现了春有花、夏有荫、秋有果、冬有绿，大大提升了农村品位。农村环境好了，退休返乡的老干部明显增多。正如从临汾钢铁公司退下来的一位老人所说，农村天蓝、水绿、树多、人少，是天然氧吧；村里有早市、夜市，菜也新鲜；村里有休闲广场、健身器材，还建有老年活动中心、图书室等，多年不见的老伙计们，一起锻炼、聚会，心情很好。

随着公路的通村到户，山西省夏县还进一步把“园林村”建设列入重要议事日程，专门出台了文件，制订明确的建设标准。现在已建成85个生态园林村（其中生态绿化型23个，生态园林型50个，园林游览型12个，安装体育健身器材的体育园林村20个）。裴介镇的小吕村，在实现公路“户户通”的同时，大街小巷栽植国槐、雪松等花草树木10000余株，建起了村中、村东两座小公园，修建了音乐喷泉和占地300平方米、设施配套齐全的现代化文化体育广场，使乡下人过上了城市生活。运城市在全市推广夏县的经验，建设了生态园林式新农村250个，为下一步发展“农家美食游”、“农业观光游”、“农村风情游”奠定了良好的基础。交通部副部长冯正霖、黄先耀在参观了运城的园林村建设后，高度称赞这是社会主义新农村的雏形和示范。

（三）加快了农村科学文化的普及

从1996年开始，中央宣传部等14部委联合开展了文化、科技、卫生“三下乡”活动，把科普知识送到田间地头，把义诊药箱背进偏远山村，把先进文化带到村村寨寨。持续不断的“三下乡”热潮吹拂着农村的山山水水，也温暖着亿万农民的心窝，活动开展十多年来，硕果累累，特别是在道路率先发展的广东等省，“三下乡”播撒的种子正在山区开出文明之花。

广东省委宣传部、省科协等部门联合，依托广东省农村道路基本建设的有利条件，积极打造文化科技卫生“三下乡”品牌“科普快车山区行”，把南粤山区公路网变成科普传送网，把交通优势转化为山区科普优势。近年来，在广东省委省政府的重视支持下，全省整合各方面资源，完善了“科普快车”基本建设。一是利用广东科学馆影视和展示设备，建立农村科普宣传队；二是通过学会团体征集300多名专家组成的“广东农村科技专家服务团”；三是依靠省农科院等科研院所建立“农村科技致富项目资源库”；四是争取财政投入改善科技下乡交通条件。2003年省政府还拨款为12个山区地级市配置科普工作车，组成了一支由各方面力量集结的“科普快车山区行”车队，因需、因地随时组合，开展“科普快车山区行”活动。

“科普快车山区行”通过重大科普活动日、周、月期间集中开展大型综合性活动，平时以小分队形式分散各地送科技进村入户的方式，先后在粤北、粤中山区举办冬、夏、秋三轮活动，活动开展科技集市、科技培训、科普讲座、科普图片巡展、科普影视巡映、科普剧巡演、医疗义诊巡诊等。在2006年的活动中，共组织科技工作者2000多人次下乡，送科技录像带2000盘，送科技资料5万份（册），送科普挂图6000套，科普巡展350场（次），举办科技集市10场，办科技培训班（讲座）120场（次），培训农民12000人，推广农业科技项目200多项。他们还通过各种形式与村委会建立长期科技帮扶关系，实现为农村“引进一项技术、留下一支队伍、建起一个组织、办起一个基地”的目标，惠及农民近百万人，推动了新农村科学文化建设。

在农村公路发展较为迟缓的地区，过去由于山高路差，科技、文化、卫生“三下乡”工作队无法下到偏远的乡村。每到农闲时，偏远山区的农民喝酒、打牌、赌博盛行。现在，随着农村村路的迅速发展，科普和文化宣传工作得到了深入推进，触角越伸越远，范围更加宽广，各地农业、科技、文化等部门都能及时把农业生产技术、科技书籍、文化节目送进山村。向老、少、边、穷农村送科技、送文化、送信息、送温暖的活动，也得以经常进行。如今，丰富多样的文化娱乐已成为偏远山区农民的新追求。如在山西运城地区，过去，农村送发的信件和订阅的报纸通常3至5天送一次，山区十天半月送一次，现在，每天的报纸都能及时送到群众手中。全区目前还形成了区、乡（镇）、村三级文化网络格局。许多农村还借“村通”的东风，在硬化巷道、整修村容的同时，建起了文化活动大院、图书室，购置了体育健身器材，进一步丰富了农民群众的精神文化生活。

（四）促进了农村教育卫生事业的发展

长期以来，因为道路条件所限，偏远山区学生失学、辍学现象比较普遍。农村“双通”工程给这些山区孩子带来了福音，方便了山区孩子上学，使他们欢呼雀跃地返回校园。

坐落在大山深处的山西平陆县坡底乡向阳小学，全校150多名学生，多数离家超过2公里。过去只能靠步行上学，赶上雨雪天气，坡陡路滑，学生不敢出门，只好等到天晴路干后再上学。开通客车后，学生乘车上下学，学生、家长、教师齐夸“双通”工程好。“村通”建设还为整合农村教育资源创造了条件。过去，农村路难行，教师不愿到农村任教，学生不愿出村上学，农村教育资源布局分散，影响了教学质量。“村通”使这种局面得到较大改善。永济市抓住“村通”契机，撤并了37所在校学生不足50名的小学，把300名城镇优秀教师分配到农村学校任教，提高了农村教学质量。

西藏日喀则地区仁布县切瓦乡，紧邻国道318线，全乡共有8个建制村3700多人。2006年前，这里的人们被封闭在雅鲁藏布江屏隔的北岸山沟里，出行要乘牛皮筏渡江才能到达对面的公路。2004年至2005年，国道318线曲水至大竹卡段进行改线整治，其中10多公里改线路段由奴格沙、仁布两座大桥横跨雅鲁藏布江，连接切瓦乡南侧。从此，一条简易公路连通了切瓦乡，也改变了这里藏民的生活面貌，被当地群众称为“第二次解放”。公路建成后，切瓦乡政府和切瓦乡小学也搬迁到318国道边。新建成的切瓦乡小学配有琴房、计算机房、太阳能浴室、营养配餐室等，老师和学生可以通过互联网了解外面的世界。据了解，以前学校在山沟里时，孩子们住的是危房，到雨季，很多家长因小路湿滑、危险不愿送孩子上学。学校搬迁后，家长送孩子上学的积极性很高，全乡适龄儿童入学率达到100%。

农村“双通”工程还促进了农村卫生事业发展，方便了农民群众看病。“双通”前，大部分山区村庄缺医少药，医疗条件差，遇到急危病人，村民往往急得团团转，不知有多少人因为道路不通而延误了救治时间，失去了宝贵的生命。“双通”后，不管是平原还是山区的群众遇到急重病时，只要拨打120，医护人员就能及时赶到。目前，在山西运城，救护车能开到全市每一个建制村，甚至能开到农民家门口。有的地方还有“流动医院”手术车沿着公路巡诊，极大地方便了农民的就医环境，提高了农村医疗保障的水平。

农村公路建设不仅提高了农村的生活质量，改善了农村地区的教育水平和医疗保障水平，为统筹城乡协调发展，改变城乡的二元结构，缩小地区差距，维护社会稳定奠定了基础。同时，通过用民主的方式发动群众参与农村公路建设，还提高了基层组织的执政能力，树立了基层干部为民服务的形象，使农村的党群、干群关系更加密切，推进了基层民主政治建设。

二、路与当代人的生活

当代人的生活与道路息息相关。城市道路把人们的家庭与生活、工作、学习的地方相连接。高速公路则改变了时间和空间的制约，将人们更快地带向了远方的目的地。在旅途中，人们可以尽情地欣赏沿途的自然风景和人文景观，从而获得精神上的抚慰。而公路上的体育赛事，则洋溢着人类力量与意志的较量……

（一）城市里的道路

城市是现代人生活工作栖息的场所。一个城市道路交通的畅通美化与否，直接代表着城市的形象，也影响着城市人们的生活质量和精神面貌。以往的城市道路因为负荷过重，常常带给人堵塞迟缓的不良体验。而城市高架桥和立交桥的建设对于城市道路的扩展，对于缓解道路阻塞起到了很好的作用。同时，功能完备的各类车道也为通行者带来了便利，道路绿化带及相关景观的设计更为城市人在逼仄狭小的空间带来了些许绿色和惬意，一定程度上美化了城市面貌，提升了城市的文化含量，也舒解了人们工作的压力。

高架桥和立交桥是中国大中城市的一道亮丽风景线。在北京，二环三环线上可谓高架林立。1995年发行的《北京立交桥》全套四种邮票就很好地再现了首都的现代交通面貌。邮票中的四元桥、玉蜓桥、安慧桥、天宁寺桥列入“北京十大现代名桥”。其中四元桥是目前全国最大的一座立交桥，由大小桥梁26座组成，占地面积4万平方米，被誉为“国门路上第一桥”。在上海，有六条贯穿城市的高架桥主干线，其中包括内环、外环、中环三条环线高架；东西走向的延安路高架；南北走向的南北高架和逸仙路高架。这些高架桥纵横交错，是整座城市交通的主要干线，对于缓解城市交通压力作用重要。

西安市二环三环线上的高架桥更是功不可没。例如，从西安市区到位于25公里外的咸阳国际机场，从城市的内线走，大约需要一个半小时；从二环线的高架桥走，大约需要一个小时；而从新建好的三环高架桥走，则只需要40分钟。外地的过往车辆经过三环线高架桥，也可以不用绕行城市。

2005年9月正式竣工通车的石家庄槐安路高架桥，是华北地区第一座跨铁路线斜拉桥。槐安路高架桥工程跨京广铁路，西起维明街，东至桥头街，全长2380米。高架桥主塔为“H”形，塔高55米，桥宽28.5米，桥面至铁轨高度为14米。槐安路全线通车后，将成为继中山路、裕华路、和平路后的第四条东西主干道，是石家庄南部东西向交通的主动脉。同时，随着槐安路快速路的全线贯通，也对沿线区域的发展起到促进作用，更为当地人们的出行带来了极大的便利。

随着城市高架桥的不断兴建，如今，在高架桥建设中，如何使其与城市的自然和人文景观更加和谐的问题也得到了重视，人们期待着既方便又美观的高架桥为城市增光添彩。同样，作为城市的名片，城市街道建设也日益追求舒适美观。在紧张的工作之余，城市人漫步街头，舒适整洁的人行道，功能各异的主题街道，风格独具的街头小品，绿化宜人的花草树木，会让人们更加热爱生活的城市，油然而生城市主人的自豪感。

（二）高速公路改变生活

宽阔的车道，飞驰的速度，无尽的远方，美好的风景，高速公路正以一种令人猝不及防的速度在中国的大地上伸展蜿蜒。高速公路拉近了地域之间的距离，也改变了以往的空间感，在将人们带到不同目的地的同时，也改变了人们的生活方式。下面是杭州的几位朋友颇具代表性的“高速公路生活”感受。

一位公司经理说：我们的托运部主要经营北京和江苏这两条线，以前路况不好，我们常常担心货物能不能按时到达，给自己带来麻烦不说，有时客户的损失也得赔偿。为了保险起见提前几个小时出发，但有时还是因为路阻等意外而耽搁。高速路通车后，从市区上高速一路到底，速度快多了，而且路阻等意外情况也少了。

一位玩家说：我喜欢旅游和摄影，更喜欢以车会友，我常常会借着周末开车到外地车友那里去玩，以前还是在浙江附近跑跑，现在高速公路开通了，省内即使再远的地方，自己开车两天来回也很轻松。尤其是到了长假日，我会跑到更远的地方，去年就去了北京、山东、厦门等地，是高速路把我和远方车友的友谊联结在一起。

一位职员说：我工作单位在上海，因为业务关系，几乎每月都要在杭州、宁波、温州等地之间来回跑。以前，选择坐飞机太贵而且手续太麻烦，长途客车又太累，8个小时的折腾，到了杭州什么力气都没了。自从高速公路的浙江快客开通后，我就改乘快客了，4个小时多一点就到杭州，比火车的速度还快。

一位打工者说：我的家在湖北，以前坐火车，路上往返就需要30多小时，回家待的时间很短。现在坐高速公路快车，往返只需20个小时，比原先省了近一半的时间。现在回家可以多和家人待些时间了，每年回家的次数也比以前多了。

高速公路带给人们最直接、最明显的变化是生活方式。山东省的公路建设，一直走在全国的前列，因而有“山东的路，广东的桥”之称。伴随着高速公路的崛起，全国许多地方的人们都享受到了它的好处。山东寿光是全国最大的蔬菜生产基地，北京大钟寺蔬菜批发市场曾经有百分之三四十的新鲜蔬菜来自寿光，或者可以说，北京市民平日家庭餐桌上至少有一道菜来自寿光。凌晨还在地里闪着露珠的蔬菜，早晨在北京的早市上就能买到。高速公路使山东北京拉近了距离，更使山东变小了。如济青高速公路通车前，从济南到青岛乘汽车约8个小时，乘火车约6个小时，而现在通过济青高速公路到青岛仅需4小时，运行时间缩短了一半，运输效率提高了1倍。寿光农民生产的蔬菜，一早启运，带着露水珠儿就到了青岛。济南市民拎着菜篮子，可以随意到自由市场上买回货真价实的生猛海鲜。淄博长途汽车客运站开办的特种小件专递业务，一早在淄博买的祝寿蛋糕，中午即可送到青岛祝寿人的餐桌上。球迷下午驱车到济南看球，球赛结束连夜返回，不会影响休息和第二天的工作。据统计，济青高速公路开通后，沿线进城打工的农民和到旅游区观光度假的游客人数以每年32%的速度增长，夏天，青岛的海水浴场每天接纳内地游客比以前增加了4倍。

而在全国各经济区域的“经济圈”打造中，人们的生活方式也得到了彻底的改变。从2001年，伴随“实现在中部地区崛起”目标的确立，江西省陆续开工建设了6条出省高速公路，勾勒出了“天”字型高速通道。到2004

年底，这6条出省高速公路已全部竣工。“天”字形高速公路框架为内陆省份江西构筑了一个融入长江三角洲、珠江三角洲和闽东南三角区的“8小时经济圈”。现在，驱车从南昌到沪、浙、粤、闽、鄂、湘等周边省市的距离全部都缩短在8小时内。因此，有人形象地说，人们上午在广州喝早茶、中午在南昌品赣菜、晚上去看夜上海将不是梦想。

（三）公路上的文化旅游

随着中国人财富的增长和生活观念的改变，越来越多的人将旅游作为生活的一部分，甚至将其作为一种生活方式。而日益发达延伸的公路，也为人们的出行提供了物质条件。因此，在公路建设中融入更多的文化内涵既可提升公路的文化品质，也可塑造人们的公路文化意识，使出行的人们在旅途中获得精神上的愉悦和熏陶。

20世纪90年代初，旅游对于中国人来说，还是一件奢侈的事情。但到了90年代末期，旅游已成为国人普遍的一种消费行为。特别是1999年“黄金周” 制度的出台，极大地释放了大众压抑多年的旅游欲望，将人们的出行愿望推向了高潮。之后的10年间，旅游业的发展每年都呈现出增长的态势。根据国家统计局的统计，2005年，共有12.12亿人次的中国人在国内旅行，其中城镇居民4.96亿人次，农村居民7.16亿人次。2007年，国内旅游人数达16.1亿人次，增长15.5%；国内旅游收入达7771亿元，增长24.7%；中国旅游业总收入达到1.09万亿元，首次突破了1万亿元；同时，继续保持着全球第四大入境旅游接待国的地位。而这一切的实现，均有赖于全国四通八达的道路建设。

交通的发展，对于旅游业的带动非常明显。交通部非常支持各地的旅游公路建设，各省市也都将此作为当地公路建设的重点内容。如在威海市环海生态旅游公路的建设中，交通部就派出专家对项目进行了全面、科学、公正的评议，并要求公路建设部门按照“和谐、美观、安全、经济”的原则，力争把威海市环海生态公路建成国内最有特色的千公里滨海旅游观景带，国内最大的度假休闲带，国内最大的海岸保护区，在全国起到示范带头作用。山西省交通厅为有效整合山西的旅游资源，制定了《山西省“十一五”旅游公路建设规划》。在各方的努力下，短短的几年间，全国各地通往各个旅游景区的道路都在飞速改观。

2005年初，中宣部和国家发改委联合有关部门组织编制《全国红色旅游发展规划纲要》。为推动全国红色旅游工作发展，改善红色旅游交通基础条件，交通部根据《全国红色旅游发展规划纲要》总体要求及有关省份公路交通实际情况，制定了红色旅游公路建设规划。根据该建设规划，“十一五”期间，服务于全国30条精品旅游线路的主要公路将基本改造为二级及以上标准的公路，部分交通量较小路段达到三级公路标准；经典景区出口路将基本改造为三级公路，部分交通量较大路段达到二级及以上公路标准。

2006年，交通部进一步加大了对有关省份红色旅游公路建设的支持力度，共安排红色旅游公路建设项目50个，涉及20个省区市，建设里程约1466公里，项目总投资约54.7亿元。全国共有34个红色旅游公路项目建成投入使用，通车里程为868.5公里，其中，一级公路10公里，二级公路537公里，三级公路249公里，四级公路72.5公里。

2007年，红色旅游公路建设新开工44个项目，建设里程991公里。此外，还有16个续建项目约621公里正在加紧建设。交通部还会同各地交通主管部门加强了对红色旅游公路项目的技术指导和质量监督。

目前，除了生态公路，景观公路的建设日渐成为行业的共识和追求，如今，“文化公路”的概念也不再陌生。

美国曾有一条著名的洲际公路——“66号公路”，横跨美国东西海岸。这条20世纪初为美国交通发挥重大作用的公路，随着高速公路的兴起而逐渐衰落，却又因为沿途营造出的西部怀旧风情而复活，成为一条著名的“文化公路”。许多电影在此取景，爵士乐作曲家为它谱曲，电视公司甚至专门推出了名为《66号公路》的电视剧，两位主角开着跑车，在这条公路上一路冒险。如今，在全国交通行业领风气之先的江苏省也出台了《204国道江苏段扩建工程文化公路规划》，准备在204国道上打造他们的“文化公路”。

204国道从烟台至上海，全长1000多公里，其中江苏段长549公里，占了一半。而且，这条国道的历史源头就在江苏境内。据介绍，204国道的历史可以一直追溯到唐代的“长丰堰”。唐大历元年（766年），淮南黜陟使李承率众筑捍海堰，北自楚州盐城，南至海陵泰州，全长250公里，但年久失修，逐渐残破湮没。到了宋仁宗天圣二年（1024年），范仲淹被任命为兴化县令，经过3年奋战，建成了流传千古的防洪大堤“范公堤”。清朝光绪年间，清政府修筑通榆公路，也就是204国道的前身，从东台富安至阜宁射阳这一段全部利用“范公堤”作为路基。现在，公路旁边还有一条“串场河”，正是当年建范公堤时挖出来的河道。

江苏在此段文化公路的建设中，计划在串场河桥梁设计上，加入相关的文化元素，通过浮雕等来体现范公堤的典故。在全长549公里的公路上，则充分利用江苏文化的几个典型区域，将沿途4种不同的文化连接起来。204国道江苏段穿过江苏文化的几个典型区域，从南至北经过苏州、南通、盐城和连云港4个城市，每个城市都有着不一样的自然文化遗产和历史文化遗产，人们依次可以领略到独具特色的吴文化、海派文化、江淮文化、楚汉文化。

204国道沿线还有众多的名胜古迹，比如盐城有中国最早的海关、董永墓、新四军军部，南通有著名的狼山风景区、长寿村等，这些都将在道路旁用统一标识指示。此外，沿途的景观设置也将尽量体现出地域特色，突出自然，避免“行道树”的人工痕迹。例如在盐城段将展示芦苇丛等湿地风貌，体现出与海盐文化有关的植物文化；苏州境内则会透出水网密布的江南韵味。根据需要，沿途会在合适的地点设置一些观景台，人们不用离开公路，就可以欣赏到沿途的美丽风景。

根据规划，建成后的204国道还将是一条色彩缤纷的道路，每一段的服务区等建筑都会突出各自的主题色：连云港蓝色，盐城红色，南通金色，苏州绿色。国道主线上的桥梁设计外观，也将与当地地域建筑风格相结合，例如苏南特有的粉墙黛瓦。而徐福的家乡连云港则将在路边立起徐福雕塑。在各地的服务区内，不仅会通过文化墙、电子触摸屏等介绍当地旅游景点，还将在特定日子里进行地方剧演出，游客在服务区就可以欣赏到原汁原味的通剧、昆曲。服务区内还将设置有特色的实物展示区：连云港的东海水晶展，盐城的现代汽车展，南通红木家具展，苏州盆景展等。

根据规划，这条文化公路将在2010年初现雏形，不过与普通公路不同的是，文化内涵的建设更为漫长，“就像美国人偏爱66号公路旁的小酒吧，台湾人开到古坑休息站习惯停下来，去喝一杯纯正的台湾咖啡。”有关人士介绍，根据规划，预计在2020年之前，要形成让世人都认同的204国道文化。

可以看出，所谓“文化公路”，就是在公路规划、建设、管理中，较多地融入了文化元素，就是公路建设从内容到形式都有较强的文化内涵，从而留给人以审美发现，启迪思考，感知文化。

其实，此前，在公路建设上注入文化内涵的就有许多例子。大多是将地域文化运用到景观建筑和其他景观设施的造型、材料、色彩、结构形式、组合方式、图像和文字中，表达某种特定的精神含义，如历史文化感、积极向上的精神，民俗文化的表现等。还通过在重要景点建立雕塑、壁画和标志性组合景观，以加强深化、升华景点的文化主题。

例如，贵州凯（里）麻（江）高速公路老猫冲隧道两洞口之间，就设置了以苗族风情跳芦笙为主题，展示苗族人民庆典时盛大、欢乐节日气氛的浮雕图案。图案通过对苗族典型代表乐器芦笙和锣鼓以及崇拜的牛（牛角）进行变异组合，伴随波涛与彩云之间的互变，形成天地合一的自然美景，表现出苗族人民以开放的姿态，迎接新世纪的挑战和对美好未来的憧憬。

云南昆石高速公路（昆明至石林）在临近石林的隧道洞口造型方案设计，以石林景点为剪影的艺术浅浮雕，可说是未见石林，先见其影。另外，把绚丽多彩的民族图案提炼成简洁的符号，应用到边坡挡墙的美化上，也不失为一种表现地域文化的手法。

重庆至湛江高速公路是西南出海大通道，也是一条连接诸多旅游城市的多彩之路。进入遵义境内，沿途山峦起伏，树木青翠，飞瀑流泉。娄山关、遵义、赤水等地，是当年红军长征之路，这些字眼无不蕴含着深厚的文化积淀。在这段路的每一条隧道入口，都镌刻着由著名作家创作的楹联：“七十多道弯弯成历史，四千余米洞洞穿未来”，表现了西南出海大通道的重大意义；“圣地登临，仰天瞻北斗；红楼在望，慕誉赏名城”，则表现着“风展红旗如画”的革命浪漫主义情怀。

杭州绕城高速公路则将“西湖十景”拷贝到公路边坡上。广西衡昆线柳南高速公路在路边雕塑了“六景石林”。湖北襄十高速公路将湖北最美的人文景观浓缩后展示给世人。宁杭高速公路则以黄鹤欲飞冲天的雕塑造型，展现了江浙人民奋发向上的精神风貌。

（四）公路上的体育赛事

公路上不仅展现着文化的色彩，还传递着奥运的精神，演绎着体育的较量。2008年8月8日，中国北京举办了第29届奥林匹克运动会。2008年3月24日，奥运圣火在希腊雅典采集，3月24日至30日，奥运圣火在希腊境内传递；3月30日，进行了奥运圣火交接仪式；3月31日，奥运圣火由中国开启了国际传递；5月4日，奥运圣火从海南省三亚开始，在中国大陆内地31个省、自治区和直辖市共116个城市和地区进行火炬接力传递。圣火于8月6日到达北京，经过在北京的3天传递后，8月8日晚，进入奥运会开幕式的主会场“鸟巢”，点燃北京奥运会的主火炬。北京奥运会火炬接力传递的距离为137万公里，传递时间为130天，火炬手的总数达到21780人，是历届奥运会火炬传递中传递距离最长，传递时间最长和火炬手最多的一届。奥运会火炬接力以“和谐之旅”为主题，以“点燃激情，传递梦想”为口号，在火炬传递所经过的每一个地方，在火炬接力手所跑过的每一条道路上，奥运精神也在不断地传播和发扬着。

而在道路上进行的体育赛事，最著名的该是“北京国际马拉松赛”了。这是中国最高水平的马拉松赛事，于1981年首办，每年一届，如今已发展成为影响较大的传统性国际赛事，并跻身世界十大马拉松赛之列。北京国际马拉松赛每年于10月的第三个周日举办，比赛路线一般都从著名的天安门广场出发，沿途经过城市的不同街道。由于该比赛路线宽阔平坦，又是北京的金秋十月，气候适宜，每年都吸引着来自世界各地的马拉松选手。沿途秀丽的风光，古老的名胜与北京现代化的城市建筑浑然一体，令人心旷神怡，已成为宣传首都经济文化建设成就的重要窗口，也是北京市民文化生活中的一件大事。每年比赛期间，沿途40多公里的道路上，有近200万国内外观众现场观看比赛，有数以亿计的国内外观众通过电视现场直播观看比赛。此外，还有每年3月在台北举办的“中国台北国际马拉松赛”，每年11月在上海举办的“上海国际马拉松赛”。2003年开始举办的“厦门国际马拉松赛”，也是每年3月进行，成为和北京春秋交替，南北呼应的马拉松赛事。

厦门四季如春、气候宜人，被称为“海上花园”，2004年曾获中国唯一的“联合国人居奖”城市。厦门每年比赛的起终点都设在厦门国际会展中心，比赛全程中有鼓浪屿、厦门大学、南普陀等诸多著名风景点，比赛线路大部分路段位于沿海边的环岛路和大型绿化广场范围内，被许多专家和选手誉为世界上最美丽的赛道之一。

此外，在公路上进行的还有著名的“环青海湖自行车赛”。从2002年开始，每年7至8月，在青海省举行的环青海湖自行车赛，是一项经国际自行车联盟批准的亚洲顶级赛事，也是世界上最高海拔的国际性公路自行车赛，仅次于环法赛、环意大利赛、环西班牙赛等职业巡回赛。每年比赛有来自世界五大洲的20支左右运动队100多名运动员参加，比赛总距离1300公里，平均海拔3000多米，赛程9天，奖金总额25万美元。比赛线路设计以碧波浩瀚、鸟翼如云的青海湖为中心，并向周边地区延伸，沿途自然风光雄奇壮美，旖旎迷人。

自2002年起，每年4月至8月，中央电视台第5套、2套、3套和12套节目以及青海省内各大媒体持续黄金时段高密度播放“环湖赛”公益宣传片和赛事主题歌MTV，中央电视台每年进行长达90分钟的现场直播，使环湖赛品牌在短期内获得了很高的知名度。国家领导人均受邀出席开幕式，新华社、中央电视台、中央人民广播电台、凤凰卫视、中国新闻社、人民日报、中国体育报、香港大公报、新浪网、青海电视台等全国性媒体50余名记者上路对赛事进行全程跟踪报道。环湖赛既是一场体育赛事，也是展现青海自然风貌和社会风貌的舞台，而作为公路自行车赛的平台和工具，沿线的公路建设更起着举足轻重的作用。

还有一项名为“中国环游”的公路自行车赛。此项活动始于1992年，当时作为中日邦交正常化20周年的纪念活动，迄今已先后在北京、甘肃、新疆、内蒙古等地连续举办过十多届，是中国级别最高的大型国际自行车赛事之一，也是亚太地区重要的自行车赛事之一。

从1992年开始，每年还在中国举办一年一度的“北京国际公路接力赛”，成为具有较大国际影响的重要比赛。从北京市内到万里长城周围的乡镇和村落，从甘肃的黄河沿岸和丝绸之路到新疆维吾尔自治区的南疆北疆，都曾留下过选手们的足迹。在这些城市或乡村的公路上，在这些古道或都市的道路上，见证着运动员的风采，也铭记着体育精神的发扬光大。

三、特殊时期路的使命

道路在日常生活中，是我们回家的温暖心情，是我们前往远方的美好梦想，而在突如其来的灾难面前，道路则是我们的希望之光，是我们的生命之塔。在与自然灾害抗争的过程中，道路关系着国计，关系着民生。人们在与道路抢时间夺分秒的过程中，书写着一个个令人感奋的故事。

（一）洪涝和暴风雪中的救命路

1991年夏天，安徽遭受特大洪灾，合肥通往外地的铁路、公路几乎全部中断，合肥市成为一座孤岛，数百万人被围困在这个孤岛上。也就是在这危急时刻，刚刚建成还没有举行通车典礼的合（肥）宁（南京）高速公路（合肥至全椒段）成为合肥市通往外界的唯一通道。这条高速公路在建设期间，坚持按百年一遇的洪水水位高标准设计，在抗洪救灾中不仅经受住了考验，而且发挥了巨大的作用。正是有了合宁高速公路，中央领导得以前往灾区指挥抗洪救灾，大批救灾物资得以源源不断运进灾区，人民群众亲切地称合宁高速公路为“救命路”。时任《中国交通报》记者的刘文杰在抗洪救灾一线写了一篇题为《安徽有条救命路》的报道，经《人民日报》转载，在社会上激起了强烈的反响。从此，社会舆论对高速公路建设的不利局面基本被扭转，修建高速公路成为全社会的共识。因此，许多公路界的同行感慨道，合宁高速公路不仅是安徽人民的“救命路”，也是全国高速公路建设的“救命路”。

10年之后，又一次洪涝灾害中，合徐高速公路再次成为合肥市的“生命线”。2003年7月，洪水肆虐，作为安徽省南北贯通的最重要通道，合徐高速公路的通畅保障了救灾物资输送以及合肥市日常物资供应。

2008年1月，我国南方地区遭遇一场罕见的雨雪和冰冻天气突袭。全国先后有 23 个省份的公路交通受到不同程度的影响，其中湖南、贵州、广东、安徽等 13 个省份的公路交通运输受到的影响极为严重。全国总规模 3.5 万公里的 “ 五纵七横 ”12 条国道主干线中，最多时有 9 条近 2 万公里路段被迫封闭交通，约 6000 至 7000 公里路段封堵。全国 68 条共 13.3 万公里国道中，最多时有 21 条近 4 万公里路段因积雪严重、路面结冰导致通行不畅，致使成千上万回家过年的旅客滞留在客运站或高速公路上。为了能让旅客安全返乡、保证物资顺利运输，交通部迅速启动应急预案，对全行业进行动员和部署，力保干线公路和主要航道畅通，力保电煤等重点物资和抢险应急物资运输，力保“ 绿色通道” 畅通，力保旅客运输安全，力保运价稳定。

1月25日21时，全国交通系统紧急电视电话会议召开，交通部向全国交通系统发出动员令，要求湖南、广东限期打通京珠高速公路；河南、安徽等省要求做到雪停路通；贵州要维持全省公路能够动起来；水路要做到电煤来多少运多少。随后，交通部党组成员分头奔赴抗灾一线。根据湖南、广东抗灾需要，交通部先后两次协调有关部门，调集共12600条军用防滑链运往湖南、广东用于公路抗灾救灾工作。同时，协调为湖南紧急调拨5000吨工业用盐等融雪物资。

京珠高速是连接南北的交通大动脉，由于暴雪凝冻，湖南段和粤北段形势紧急，成为全国瞩目的焦点。为早日打通京珠线，尽快疏运高速公路上的滞留旅客，交通部组织京珠高速公路沿线的广东、湖南、湖北、江西、广西、河南六省大联动，力保京珠线畅通。京珠高速公路沿线及相邻省区数万名交通干部职工和近万名部队官兵积极投身到“抗大雪，保畅通”行动中，克服不利因素，采取多项措施，除雪去冰。湖北境内的鄂南段滞留了4000余辆车，形成了长达30公里的“堵点”，经过交通部门和公安干警的共同奋战，于2月2日终于抢通，使滞留于此，经历了6天7夜冰雪阻断煎熬的人们，开始走向回家的路。2月4日17时，京珠高速全线基本恢复正常，确保了道路安全畅通。公路行业也在此次突发的自然灾害面前经受了考验，用全行业人们的拼搏精神和辛劳汗水向全社会和人民交上了一份满意的答卷。

（二）抗震救灾中的生命线

2008年5月12日，四川汶川发生8级强烈地震，公路交通再次面临史无前例的严峻考验。强震使连接秦岭南北的宝成铁路因隧道塌方而中断，210国道、108国道、316国道也都不同程度地发生了塌方、滑坡、泥石流等灾害。陕西省210国道西安至铁匠垭段、316国道宝鸡至汉中、姜窝子至眉县段、108国道周至至棋盘关段、西汉高速公路西安至宁强段成为抗震救灾物资运输的主要通道。为了确保这5条入川“生命线”的安全畅通，陕西交警总队迅速采取措施，责成西安、宝鸡、汉中、安康四市支队，全力以赴做好道路保畅工作，确保陕川抗震救灾通道安全畅通。全省交警制定了切实可行的道路保畅和分流方案，综合考虑，多点选择，确保有路可绕，有路可通；加大路面巡查力度，对五条入川救灾道路进行24小时不间断巡查，对车流量较大的重点路段、重点时段、隐患路段加派警力，加强道路疏导，控制驶往灾区的社会车辆；安排警车带道，保障运送抗震抢险救灾人员、装备和物资以及绿色通道车辆的优先通行。同时，他们还做好入川主要道路的事故预防工作，一旦发生交通事故，快速出警，快速处置现场，快速恢复交通，确保入川“生命线”的安全畅通。

西汉高速公路，更是承担了前所未有的重压，成为整个华北、华东、西北、东北进入四川的唯一快捷的陆地通道。全国各地大量火速集结的部队、急救车队、运送救灾物资的车队从连霍线、京昆线，迅速汇集至西汉高速公路，通过这条连接灾区的生命线，驰往四川重灾区救援。

5月13日凌晨，西汉高速公路在第一时间就开始为运送救灾物资及人员的车辆实行免费，领先于全国高速公路系统。同时，从5月13日凌晨开始，在西潼高速、绕城高速、西汉高速的五个服务区，免费为救灾部队提供用餐和住宿以及相关的后勤保障，共接待206700人次，供应饦饦馍、矿泉水、方便面等，总价值50多万元。截至5月23日中午12点，西汉高速公路通过抢险车辆26074辆，免费费用达780多万元。

为了确保道路畅通，西汉集团在监控中心成立西汉路指挥小组，主要领导24小时指挥，安排负责人分赴西汉高速6个管理所领导工作，每2小时各管理所向集团报送一次信息。对路上的边坡、桥梁，实行路政24小时排查，有问题及时处理，资金优先保证。在各服务区预先储备了充足的食品、油料。对其他车辆实行临时管制，优先为去汉中或四川的救援车队留出通道。在灾难发生后的日日夜夜里，整条高速公路没有耽误一分钟运送物资，没有发生一起交通事故。西汉高速——这条用钢铁和混凝土筑就的大动脉，成为连接灾区的生命线。

地震发生后，四川震区道路被巨石、塌方、泥石流阻断，桥梁被震裂，邮局被摧毁，交通完全瘫痪。阿坝藏族自治州境内多条国省干线公路中断，汶川成了“孤岛”。绵阳市北川县、德阳市绵竹县、广元市青川县、成都市彭县等公路被毁，“生命通道”消失。一场抢通道路的生命保卫战，在四川受灾地区打响了。

5月12日地震当晚，温总理就提出了打通通往汶川等重灾区道路的明确要求。5月14日中央政治局会议要求想方设法尽快恢复通往灾区的公路交通。5月17日晚，胡锦涛总书记在抗震救灾工作会议上指出：“尽快实现灾区通路、通电、通水、通信息，直接关系到整个抗震救灾工作的进展。”

5月12日14时28分，当震波在北京起伏，交通运输部部长李盛霖迅速接通有关人员电话，询问情况，要求部党组成员和所有部机关干部，作好准备，随时奔赴灾区抗震救灾。15时，翁孟勇副部长随温家宝总理专机前往四川组织抗震救灾。温家宝总理在都江堰召开国务院抗震救灾总指挥部会议，部署救灾工作，提出不惜一切代价连夜打通道路。肩负道路保通重任的翁孟勇，在会议结束后立即直接向总理请假，连夜与四川省交通厅的领导一起前往汶川察看交通情况。

地震发生后，交通运输部迅速启动公路水路交通运输突发事件一级应急预案，成立抗震救灾应急抢险领导指挥小组，下设道路抢通组、运输保障组、宣传组、后勤服务组、综合组和恢复重建组，各组人员24小时应急值班。

从5月12日23时30分至5月21日，交通运输部机关大楼应急指挥中心连续召开了15次交通运输系统应对地震灾害工作会议。每天的会议以视频连线方式听取四川、甘肃、陕西、重庆等省市交通运输部门抗震救灾工作的最新进展，并对下一步工作提出明确要求。

5月14日晚，交通运输部党组书记、部长李盛霖要求各地交通运输部门迅速贯彻落实中央政治局常委会精神，把抢通地震重灾区公路作为当前工作的重中之重。李盛霖强调，当务之急是救人，救人的关键是通路。交通运输部门抢通重灾区公路工作要突出重点，集中力量，能通一条就先通一条，以保证救灾人员、设备和物资的运送。5月18日，部前方工作组要求，加大抢险保通力量，按照“责任不变、人员不撤、设备不走”的方针，制定详尽的保通方案，确保已通路段充分发挥通道作用。四川省交通厅要求，所有已经清通的路段，必须保留一定数量的机具和工程技术人员，现场24小时监控，确保救灾物资运输不中断。5月19日，交通运输部召开部务扩大会议，根据李盛霖部长的要求，确定按照“全力保通干线，努力抢通支线，力保运输畅通，启动灾后重建”的指导原则，举全行业之力，坚决打胜交通运输系统抗震救灾这场硬仗。

5月12日地震发生后，四川省交通系统的抢通队伍就迅速开赴213国道都江堰至汶川段第一个塌方点——紫坪铺灰窑沟。这些早就与塌方、泥石流打惯交道的专家，面对的却是公路上前所未有的毁灭性灾难。为了做出科学的抢通决策，5月13日凌晨，由7名公路勘察设计专家组成的第一支勘探小分队，在暴雨和余震中，沿213国道都江堰至汶川段徒步踏勘损毁情况。

213国道南线是离震中汶川最近的公路，曾被寄希望为率先打通、最为快捷的“生命线”。然而，从都江堰到汶川的96公里道路上，有35.67公里遭到损坏，其中由于山体崩塌造成的大型滑坡202处、中型滑坡48处、小型滑坡75处，同时还有大型泥石流5处、中型泥石流11处、小型泥石流30处。在这段路上，有的桥梁完全塌陷，有的路段路基完全垮掉。四川省交通厅调来机械连夜拼命抢通，武警交通部队也赶来增援。在213国道都江堰至映秀段上，四川交通系统、武警交通部队和军队的抢通队伍，按照“多头推进、中间开花、两边夹击”的要求，首先在坍塌区打通一条通道，把机具和设备运过去。5月17日30分，213国道都江堰至映秀段被抢通，大型抢险机械设备运往救灾一线，将映秀及周边乡镇的大量受灾群众快速转移出来。

5月15日21时30分，汶川以西，全长680公里的绕行线路317国道成都~雅安~马尔康~理县~汶川路段贯通了，这是震中灾区通往外界的第一条公路“生命线”。5月20日19时，北线茂县至汶川段“生命线”也抢通了。至5月22日，四川所有受灾县都至少有一条以上的公路被打通。

但这些打通的公路是那样脆弱。由于余震不断，道路时通时断，保通与抢通交替进行，难分彼此。保通成为一场场“拉锯战”。从成都到雅安，是100多公里高速公路，之后都是三级公路，需越过两座海拔4000多米的山。马尔康到汶川，前50公里受灾较轻，后80公里全部塌方，并且因为余震持续塌方。5月15日，到汶川的路抢通了一次，但很快因塌方中断。5月16日中午，有一次大的余震，红叶水电站到汶川80公里又大面积塌方，道路再次中断。面对着随时滚落的山石和泥石流，工作人员奋力拼搏，5月17日，西线终于又通了。5月18日，北线的安保工程保通成功，抢险部队和救灾大米都运进茂县，被困茂县的10余辆旅游大巴也带走了400余名游客。

灾区邮路，也在艰难地保通。5月13日，地震次日，都江堰市流动邮车开通；5月15日上午，德阳市绵竹县临时邮局向当地市民兑付了第一单从外省邮寄过来的汇款；5月16日，四川省邮政公司在成都、德阳、广元、雅安和阿坝开办“11185”电话报平安免费业务。

汽车运输是灾区最有效、最重要的运输方式。这次救灾的所有货车和客车都很快纳入应急统一状态。5月17日9时，根据交通运输部以及四川省交通厅的部署，四川省交通厅组织20辆大货车，满载着全国交通系统捐赠的食品、药品、衣被等物资，从都江堰出发，前往映秀镇。5月18日13时30分，救灾物资运输车队经过28小时艰辛跋涉，通过陆路进入重灾区汶川县映秀镇，成为地震发生后第一支进入映秀的运输车队。此前，映秀的后勤补给和物资运输主要依靠直升机和人员徒步运输完成，随着交通部系统首支救灾运输车队的进入，灾区物资供应紧张状况得到有效缓解。随着西线迂回通道保通战果的扩大，每日有超过1000辆的救灾运输车辆由此进入汶川。

多难兴邦，全行业的凝聚力在关键时刻充分体现，部里和各省都在根据四川省的需求支援四川救灾工作。5月22日，交通运输部召开部抗震救灾专题会，研究部署抗震救灾对口支援工作，强调交通运输系统要举全行业之力，承担好组织、协调、指导和沟通工作，建立长效机制，全面推进交通运输部的抗震救灾对口支援工作。同日，部里发出急电，号召全国交通系统和交通相关大型企业向四川灾区捐赠抢通保通小型机械设备。当日，对口支援力量火速集结星夜赴川。

在交通运输部的统一协调下，12支交通大军驰援四川交通。他们是：陕西、浙江对口支援广元，山东、湖北、云南、河南对口支援绵阳，湖南、甘肃、贵州、内蒙古对口支援阿坝，重庆定点支援303省道卧龙至映秀段的抢通工作，重庆、山西对口支援德阳。交通援军担当三大任务：一是继续开展灾区干线公路抢通，二是全面开展通乡达村公路运输抢通，三是全力确保三条救灾物资运输通道畅通。

浙江交通人来了！架桥突击队冒着生命危险，和余震比勇气，和塌方抢速度，用“浙江速度”抢通灾区的“生命线”。5月23日中午，当满载救灾物资的“川FA5313”货车顺利通过什邡市境内观通桥时，现场所有的浙江突击队员都沸腾了。桥对面红白镇伍桂坪村幸存的村民打出了“红白人民感谢浙江交通，你们辛苦！”的横幅。那简陋的横幅，那歪歪扭扭的文字，表达着村民的深切谢意，很多突击队员流下了激动的泪水。

湖南交通人来得更早。5月15日，湖南交通抗震救灾抢险队第一批队伍150人、11台机械设备、28台运输车辆从长沙出发，于5月19日抵达四川理县后，立即开展317国道理县红叶至汶川80公里范围内的抢通保畅任务。20多天里，队员们以"湘军在，汶川生命线在"的大勇气，守住了这条"震不垮、砸不断的生命线"。

甘肃、陕西、重庆突击队都在第一时间"赴汤蹈火"。仅5月12日至21日，重庆救灾车队转运5950人次，运送物资1568吨。重庆第一突击队成功打通了广青公路断桥，为救助2000多名被困同胞创造了重要条件。面对感谢，他们动情地说："大灾面前，我们都是四川人！"

据了解，汶川大地震使四川灾区多条高速公路、15条国省干线公路、1.8万公里农村公路严重受损。截至6月13日12时，公路受损里程累计47313公里，已修通46129公里。四川交通部门正按照"重点保通干线、奋力抢通支线、形成迂回通道、适应运输需求、启动灾后重建"的思路，积极开展工作。被大地震重创的四川交通，重建之路艰巨而复杂，也将是一个漫长的过程。但我们相信，有全国交通人的众志成城，奋力拼搏，四川交通必将浴火重生！

第十二章 绚丽多彩，一路放歌
——路与文学艺术

文学艺术是借助语言、表演、造型等手段塑造典型形象，反映社会生活的意识形式。社会生活是文学艺术的来源，而道路作为人类活动的重要场所，也是文学艺术表现的重要内容之一。综观古今中外的文艺作品，与表现道路相关的文学艺术种类繁多，既有诗歌、小说、散文、戏剧、报告文学等文学类型，也有音乐、绘画、雕塑、影视等艺术方面的表现。从内容上看，这些与路有关的文学艺术，或以道路为表现对象，抒写道路的状貌和风景；或以道路为线索，表现行路者的旅途生活和感受；或以道路为象征，引申出道路的其他含义。还有一部分文艺作品，则以道路建设者为表现对象，赞颂公路人的奉献精神和崇高品质。它们一起构成了与路有关的文学艺术。

一、生动形象的道路文学

文学是人类精神生产的重要内容，也是人类表达情感和思想的主要手段，其产生的年代非常久远，形成了诗歌、散文、小说、戏剧、报告文学等多种体裁。在这些文学种类中，都有与路相关的优秀作品。下面让我们分类来领略它们的魅力。

（一）路与诗歌

诗歌是出现最早的文学体裁。在中国第一部诗歌总集《诗经》中，就有表现周朝道路的诗篇，在《诗经·小雅·大东》中，是这样描写的："周道如砥，其直如矢"，说明西周当时的道路交通运输达到了很高的水平。

此外，《诗经》中还有一类和道路相关的诗，多是表现百姓因征战而远离家乡，出门在外服兵役和徭役的诗作，被称为"征役诗"。在《诗经》三百余篇中，有将近1/10的作品是以行役者的生活为创作题材的，具体从三个角度加以表现：一是直接描写征夫、役夫的怨与恨；二是从思妇的角度间接描写行役之悲；三是从下层官吏的角度反映行役之苦。这些“行役诗”所体现的情感特征是哀怨的，它展现了行役者理想与现实的冲突以及人在不幸之中的抗争，使人在悲剧的氛围中感受到了生命的力量，道路在这些诗中常常是引发情绪的载体。如《击鼓》写一位兵士被迫服役南行，他想起临别时和妻子的誓约：“死生挈阔，与子成说，执子之手，与子偕老。”如今却难以实现，不禁沉痛地诉说：“于嗟阔兮，不我活兮！于嗟洵兮，不我信兮！”另外一首《鸨羽》，则表达自己服役，家中缺乏劳动力，无人赡养父母的忧虑和痛苦。《君子于役》一首，则写主妇傍晚看见牛羊归家，而想到征人未归，从而触景伤情。此外，《北山》、《采薇》、《东山》也都是其中的名篇，特别是《采薇》的最后一章，“昔我往矣，杨柳依依。今我来思，雨雪霏霏。行道迟迟，载渴载饥。我心伤悲，莫知我哀。”更是传诵千古的名句。该章以柳代春，以雪代冬，借景抒情，感时伤事，富于形象性和艺术感染力。

《诗经》中还有一首名为《载驰》的诗，是描写卫国被狄人灭后，许穆夫人（即卫文公的妹妹）快马兼程赶往漕邑吊唁，希望能够恢复卫国，援助卫国。可是，她的归国行动却遭到许国大夫的反对和阻拦。其中“驱马悠悠，言至于漕。大夫跋涉，我心则忧。”正是描写许穆夫人驱车前往卫国时道路的漫长和心情的忧急，表达了她对祖国安危的关怀和对许国反对者的愤怒。此后，在《楚辞》中也有描写行旅的内容，屈原的《涉江》中就有一段：

“乘鄂渚而反顾兮，唉秋冬之绪风。步余马兮山皋，邸余车兮方林。乘舲船余上沅兮，齐吴榜以击汰。船容与而不进兮，淹回水而疑滞。朝发枉渚兮，夕宿辰阳。苟余心其端直兮，虽僻远之何伤。”

意思是说：在鄂渚登岸，回头遥望国都，对着秋冬的寒风叹息。让我的马慢慢地走上山岗，让我的车来到方林。坐着船沿着沅水向上游前进啊！船夫们一齐摇桨划船。船缓慢地不肯行进啊，老是停留在回旋的水流里。清早我从枉渚起程啊，晚上才歇宿在辰阳。只要我的心正直啊，就是被放逐到偏僻遥远的地方，又有什么妨害？充分表现了诗人被流放途中行路的艰难以及保持正直品性的心声。

《古诗十九首》是汉代文人诗的典范，诗风以感伤悲哀为基调，抒写了友情、怀乡、游宦等内容，其中一类也是抒写羁旅之苦，也曰“行旅诗”。汉代养士、选士制度以及汉末社会的动荡不安，士人饱受羁旅行役之苦，加上仕途偃蹇、世情浇薄，使他们转而渴求友谊、爱情、家庭的温馨，以抚慰他们孤独屈辱的灵魂。这些诗作或写游子情怀，或写思妇闺愁，写尽相思怀人之苦，成为很有人情魅力的篇章。如下面这首流传广泛的《行行重行行》：

行行重行行　与君生别离　相去万余里　各在天一涯

道路阻且长　会面安可知　胡马嘶北风　越鸟巢南枝

相去日已远　衣带日已缓　浮云蔽白日　游子不顾反

思君令人老　岁月忽已晚　弃捐勿复道　努力加飧饭

唐代国力强盛，威震四夷。太宗贞观元年（627年），因山川形便，分天下为关内、河南、河东、河北、山南、陇右、淮南、江南、剑南、岭南等十道，可见其幅员辽阔。当时修筑的主要道路，被称作“官路”或“官道”。唐诗所见杨炯：“帝畿平若水，官道直如弦”，岑参：“野店临官路，重城压柳堤”，白居易：“回看官路三条线，却望都城一片尘”，以及祖咏：“作镇当官道，雄都俯大川”都对当时的道路有直接的描绘。

与完善的官道相应，唐代的水陆交通也十分发达，驿道众多，馆驿林立。唐代文化昌盛，文人们因漫游、入幕、出使、赶考、赴任、遭贬等种种原因，往往长期处于旅途之中。他们或乘轻舟于江上，或骑蹇驴于山阴，其间多吟诗题壁，诗酒唱和。因此唐代地理交通与文学的联系也多于前代。唐朝的羁旅行役诗，在情感内容方面，继承了此前中国诗歌的传统，主要表现了乡关之思、仕途羁宦之情和人生如旅之叹这三种主要的情感。在行旅诗的数量和规模上，更是蔚为壮观。

在初唐四杰王勃、杨炯、卢照邻、骆宾王的蜀路行旅诗中，就表现了初唐时期蜀路行旅生活的方方面面。首先，诗中涉及了大量的山名，如岷山、大剑山、铜梁山、清泥岭、分水岭、九折坂、七盘岭；水名，如广溪峡、巫峡、西陵峡；关津名，如散关、剑门关、邛崃关、九陇津；城镇名，如凤州、麻平、始平、扶风、普安、陈仓、绵州、梓州；馆驿名，如望喜驿、钟阳驿。不仅展示了当时真实的交通面貌，还为后人提供了珍贵的历史地理资料。其次，他们诗中还涉及了当时交通工具的一些情况。唐代约三十里置一驿，驿站备有车马，其中又有驿车和传车之分，驿车快，传车慢。卢照邻在《至陈仓晓晴望京邑》中有：“拂晓驱飞传，初晴带晓凉”，为其使蜀返京所作。因是使回，对行驿速度要求低，所以用的是“传”。 杨炯是遭贬梓州，应也乘坐馆驿的车马。王勃是漫游蜀中，无资格乘驿，而只可能如后世的陆游那样“细雨骑驴入剑门”了。唐人行役往往日夜兼程，这一点也可以从四杰的诗作中看出。如王勃的《散关晨度》、《麻平晚行》、《始平晚息》，卢照邻的《早度分水岭》、《至陈仓晓晴望京邑》、《晚渡渭桥寄示京邑游好》，诗题中的时间标识都十分明确，可见他们行旅的辛苦。

此外，在唐代的边塞诗、山水诗、赠别诗、乐府诗等诗歌类型中，涉及道路的描写也很常见。如王维的《送元二使安西》：“渭城朝雨浥轻尘，客舍青青柳色新。劝君更尽一杯酒，西出阳关无故人”；高适的《别董大》：“千里黄云白日曛，北风吹雁雪纷纷。莫道前路无知己，天下谁人不识君”；王勃的《送杜少府之任蜀州》中“海内存知己，天涯若比邻，无为在歧路，儿女共沾巾。”等均是此中佳作。而李白，作为一位遍游祖国大好河山，热情豪迈的诗人，留下了诸多此类作品，《行路难》其一，就是此中的代表：

金樽清酒斗十千，玉盘珍馐直万钱。
停杯投箸不能食，拔剑四顾心茫然。
欲渡黄河冰塞川，将登太行雪暗天。
闲来垂钓坐溪上，忽复乘舟梦日边。
行路难，行路难，多歧路，今安在。
长风破浪会有时，直挂云帆济沧海。

借太行之路难行喻人世的坎坷。另外，李白的《蜀道难》，更以丰富的想象力和细腻繁复的笔调描写了蜀道的艰难多阻，堪称其中的登峰造极之作。

噫吁嚱，危乎高哉！
蜀道之难，难于上青天！
蚕丛及鱼凫，开国何茫然。
尔来四万八千岁，不与秦塞通人烟。
西当太白有鸟道，可以横绝峨眉巅。
地崩山摧壮士死，然后天梯石栈相钩连。
上有六龙回日之高标，下有冲波逆折之回川。
黄鹤之飞尚不得过，猿猱欲度愁攀援。
青泥何盘盘，百步九折萦岩峦。
扪参历井仰胁息，以手抚膺坐长叹。
问君西游何时还，畏途巉岩不可攀。
但见悲鸟号古木，雄飞雌从绕林间。
又闻子规啼夜月，愁空山，蜀道之难，难于上青天！
使人听此凋朱颜。
连峰去天不盈尺，枯松倒挂倚绝壁。
飞湍瀑流争喧豗，砯崖转石万壑雷。
其险也如此，嗟尔远道之人胡为乎哉！
剑阁峥嵘而崔嵬，一夫当关，万夫莫开。
所守或匪亲，化为狼与豺。
朝避猛虎，夕避长蛇，磨牙吮血，杀人如麻。
锦城虽云乐，不如早还家。
蜀道之难，难于上青天！侧身西望长咨嗟。

这首诗，大约是唐玄宗天宝初年，李白第一次到长安时写的。《蜀道难》是古乐府曲名,古代诗人常用来描写蜀地道路的艰难。李白袭用乐府古题，展开丰富的想象，着力描绘了秦蜀道路上奇丽惊险的山川，并从中透露了对社会的某些忧虑与关切。诗作中诗人大体按照由古及今，自秦入蜀的线索，抓住各处山水特点，以变化莫测的笔法，淋漓尽致地刻画了蜀道之难，艺术地展现了古老蜀道逶迤、峥嵘、高峻、崎岖的面貌，描绘出一幅色彩绚丽的山水画卷。诗人善于把想象、夸张和神话传说融为一体进行写景抒情，并一改唐以前《蜀道难》作品的简短单薄，用了大量散文化诗句，参差错落，长短不齐，形成极为奔放的语言风格，并在韵脚上极尽变化，因而赋予自然以瑰伟的姿态和飞动的灵魂，令那些景象生动鲜活如在目前。

如果说，在中国的传统诗歌中，诗人更多表现的是在路上行程的艰难，以及由此生发的思乡之情，飘蓬之旅，那么在美国诗人弗罗斯特笔下，道路呈现给我们的则是对于人生的选择之思：

黄色的树林里分出两条路，
可惜我不能同时去涉足，
我在那路口久久伫立，
我向着一条路极目望去，
直到它消失在丛林深处。

但我却选了另外一条路，
它荒草萋萋，十分幽寂，
显得更诱人，更美丽；
虽然在这两条小路上，
却很少留下旅人的足迹。

虽然那天清晨落叶满地，
两条路都未经脚印污染。
啊，留下一条路等改日再见!
但我知道路径延绵无尽头，
恐怕我难以再回返。

也许多少年后在某个地方，
我将轻声叹息将往事回顾：
一片树林里分出两条路——
而我选择了人迹更少的一条，
从此决定了我一生的道路。

这首《未选择的路》是美国著名诗人罗伯特·弗罗斯特的著名诗篇。罗伯特·弗罗斯特堪称美国19世纪90年代最受欢迎的诗人之一，是美国非官方的桂冠诗人。在这首充满哲理的诗作中，诗人试图告诉我们，在人生的旅途中充满着抉择——我们经常需要在两条道路、两种思想或两种行动中做出选择，不同的选择将决定不同的人生方向。面对选择时，我们往往会变得犹豫不决，反复权衡，拿不定主意。最后，我们终究会选择其中的一条路。这首诗描绘的是一个面临选择的人和他进行选择时的心态，至于选择的具体内容并没有写出，诗人的着眼点是选择本身。每一个读者都能够在这首诗中发现自己的生活体验，体味其中的哲理。因为这首诗具有丰富的内涵，给读者留下了想像的空间，从而受到触动，引发深深的思索。这种每个人都有过的复杂的心理体验，被弗罗斯特敏感地捕捉到了，并谱写成一首脍炙人口的佳作。这首诗之所以广受欢迎，也正是因为它表现了人类共同的感受。

下面的这首《滇缅公路歌》是滇缅公路修建时，由当时的腾冲县县长刘楚湘先生，在1938年滇缅公路下关至畹町段修通后写下的。它真实地记录了修筑滇缅公路那段难忘的岁月，记录了几十万筑路民工用自己的血汗铺筑支援抗战运输大动脉的历程，为修筑滇缅公路的筑路民工们树立了一块历史性的纪念碑。同时，也表达了诗人对家乡、对祖国大好河山的热爱。

滇西万山势奇屼，盘陀迤逦连嵽嵲；鸟道蚕丛自古嗟，王阳叱驭王尊泣。

入寇倭夷动地来，锦绣河山遍蹂摧；海疆寇舰密封锁，只余滇陆通海隈。

滇人爱国由天性，护靖动劳人歌咏；兴亡原是匹夫责，百万民夫齐听令。

新妇卸妆荷锄行，乳娘襁儿担畚进；抗战后方同前方，举畚如炮锄如枪。

凿山填谷开道路，路平如砥道康庄；工程克期数月完，车驶昆明通木邦。

毛泽东的《七律·长征》一首，通篇描写的都是红军在二万五千里长征中所走过的山山水水，以此抒发红军不畏艰难险阻，夺取胜利的革命激情和战斗精神。

红军不怕远征难，万水千山只等闲。五岭逶迤腾细浪，乌蒙磅礴走泥丸。

金沙水拍云崖暖，大渡桥横铁索寒。更喜岷山千里雪，三军过后尽开颜。

《高原筑路兵》则是一首现代的普通小诗，虽不是名家所做，但却以朴素的情感，写出了筑路兵的生活和风貌，富有强烈的时代精神。

飞沙中摔打铁骨，
冰雪中洗涤风尘，
青春挽起金色的飘带，
搭结金沙江两岸的亲情。
迷彩服衬托出黝黑的面孔，
胳膊描写着坚硬，
我就是高原筑路兵，
铁锹十字镐，
摊铺出川藏文明。

（二）路与小说

在小说艺术中，有一种源远流长的结构手法，即通过主人公在路上的经历，贯穿起全篇故事发展的线索脉络，同时展现广阔的社会生活画卷。这种结构艺术，最早出现在欧洲，被称为“流浪汉式”小说或“在路上”的小说。在中国现代文学中，也有这类作品，以作家艾芜的《南行记》为其代表。《南行记》创作于1935年，是文学史上一部独特的作品。它以艾芜早年的漂泊生活为创作背景，描绘了之前很少有人提及的西南边地奇特的自然风光及风土人情。小说通过“我”的眼光，一路走来，描写了边地奇丽的自然景观、淳朴善良的人们以及一群活跃其间的野性另类的流浪汉和他们的奇特故事。

香港作家黄谷柳写于1948年的小说《虾球传》也是一部在路上结构的作品。小说以二战结束后的香港社会为背景，塑造了忠厚、善良、侠义、勇敢和追求光明的流浪儿童虾球的形象，描写了这个贫苦少年从香港浪迹广州，最后进入东江游击区的曲折经历。作品通过虾球的转变过程，既透视了黑暗势力的内幕，也表现了他所走过的漫长道路。由于小说具有故事性强，情节曲折生动，语言朴实等特点，加之浓郁的南方色彩和强烈的时代精神，出版后，曾在当时获得高度评价，被认为是“大时代写照”的一部著作，后来还被改编成话剧及电视剧，拍摄于20世纪80年代的同名电视剧《虾球传》曾盛极一时。

20世纪50年代，作家杜鹏程曾写过短篇小说《夜走灵官峡》，通过风雪之夜前往灵官峡道路的艰难和环境的恶劣，反映了工人们在公路建设中热火朝天的劳动干劲。70年代，擅长农村题材的作家浩然有一部长篇小说《金光大道》，作品还被搬上银幕。由于时代的局限，这部小说已失却了它的文学价值，但“金光大道”一词，却被人们广泛地使用，指代着光明宽阔、前途似锦的道路。

2005年，新华出版社出版了一部作品，叫《公路上的灵魂》，是青年作家北村的长篇小说。小说取材于鲜为人知的真实背景和事件，根据中犹混血儿铁红的口述实录完成。作品涉及3次战争、3个国家和3代人，由3条公路串珠而成。小说再现了“我母亲”——一个德国犹太人所经历的那段著名的为躲避纳粹屠杀而逃往中国的犹太难民潮历史。在滇缅公路上，母亲与中国父亲相识相爱并结婚，在中国遭遇了抗战、内战、土改，终因信仰差异离婚，携我回以色列，却卷入中东战争。母亲再嫁在中国认识的美军飞行员，之后移居美国。长大后我毅然回到中国寻找生父，却在金三角的另一条公路上，遭遇到此生最刻骨铭心的爱情，从毒品世界中觉醒的爱人为追求真理而献出生命，彻底改变了我的命运。30年后我的儿子踏上了伊拉克战场，几乎宿命般地经历了与我同样的困惑。

这部小说通过对利益动机、意识形态动机和信仰动机逐层深入的探讨，揭示了现代战争的本质，以及战争如何影响人生，爱情如何抵抗战争中的恶，展示了人类追求真理的勇气、难度和复杂动机。这不仅是中国第一部探讨冷战后全球范围战争性质的小说，同时也是一部展示人类灵魂争战的作品。小说以公路为线索，以此展现人性之旅，剖析信仰、爱情和战争中的每个痛苦而深沉的灵魂，是一部真正意义上的道路小说。

可以说，道路小说在西方的传统更为悠久。早在公元前8世纪前后的古希腊，在《荷马史诗》的《奥德赛》中，就是通过希腊英雄奥德赛海上10年的漂泊经历，展现了他的智慧勇敢和渴望家园与亲人的信念。后来，在文艺复兴时期的西班牙，出现了一种描写流浪汉生活经历的小说，被称为“流浪汉小说”，塞万提斯的《唐・吉诃德》直接受到前者的影响。《唐・吉诃德》通过主人公两次外出行侠仗义的冒险经历，将当时社会的诸多阶层和各色人等贯穿了起来，表现了较为丰富的社会内容。之后，英国作家菲尔丁的《汤姆・琼斯》，狄更斯的《大卫・科波菲尔》，美国作家马克・吐温的《哈克・费恩历险记》等都是由主人公在路上的经历为线索表现的。

1957年，美国出版了一部影响深远的小说《在路上》，是作者凯鲁亚克只用了3个星期完成的一部带有自传性质的小说。小说对上世纪50年代的美国社会和文化有生动的表现，形象地记录了二战后的美国，在一片追求物质和金钱的社会气氛里，精神苦闷的凯鲁亚克们试图寻找新的信仰，以及真正自由的美国梦的时代症候。小说还将沿途穿越的美国大陆——辽阔的大地、山川、平原、沙漠、城镇画卷般地次第呈现，这条道路，正是那条著名的横穿美国东西的“66号公路”。《在路上》不仅成为了“垮掉的一代”的代表性作品，也成为了一种标签，被视为世俗叛逆与抗争者历久弥新的圣经。“66号公路”此后也成为无数年轻人热衷前往的地方，并在高速公路兴起后转变为一条著名的文化公路。

（三）路与散文

散文是文学中一种最常见的形式，是通过对现实生活中某些片断或生活事件的描述，抒发感情、表达观点的文学体裁。散文具有选材多样、构思灵活和抒情自然的特点，其表现形式也多种多样，杂文、短评、小品、随笔、速写、特写、游记、通讯、书信、日记、回忆录等均属散文。由于散文篇幅短小、形式自由、取材广泛、写法灵活、语言优美，又能比较迅速地反映生活，因而深受人们的喜爱。在古今中外与路有关的散文中，或写开路的艰难，或写因路引发的思考，常能给人较深的启示。2006年，江苏省的高考作文题目就是“人与路”。

在我国古代散文中，有一篇著名的寓言《愚公移山》，因为毛泽东在讲话中曾经引用过此篇，所以它的影响很大。全文如下：

太行、王屋二山，方七百里，高万仞。本在冀州之南，河阳之北。

北山愚公者，年且九十，面山而居。惩山北之塞，出入之迂也，聚室而谋曰："吾与汝毕力平险，指通豫南，达于汉阴，可乎?"杂然相许。其妻献疑曰："以君之力，曾不能损魁父之丘。如太行、王屋何?且焉置土石?"杂曰："投诸渤海之尾，隐土之北。"遂率子孙荷担者三夫，叩石垦壤，箕畚运于渤海之尾。邻人京城氏之孀妻有遗男，始龀，跳往助之。寒暑易节，始一反焉。

河曲智叟笑而止之曰："甚矣，汝之不惠。以残年余力，曾不能毁山之一毛，其如土石何?"北山愚公长息曰："汝心之固，固不可彻，曾不若孀妻弱子。虽我之死，有子存焉；子又生孙，孙又生子；子又有子，子又有孙；子子孙孙无穷匮也，而山不加增，何苦而不平?"河曲智叟亡以应。

操蛇之神闻之，惧其不已也，告之于帝。帝感其诚，命夸娥氏二子负二山，一厝朔东，一厝雍南。自此，冀之南，汉之阴，无陇断焉。

"愚公移山"的典故出自《列子·汤问》，讲的是90高龄面山而居的愚公开山修路，子孙相继，不畏艰难的故事。毛泽东在中共"七大"作闭幕词时，用了这个典故。他说："现在也有两座压在中国人民头上的大山，一座叫做帝国主义，一座叫做封建主义。中国共产党早就下了决心，要挖掉这两座山。我们一定要坚持下去，一定要不断工作。我们也会感动上帝的。这个上帝不是别人，就是全中国的人民大众。""愚公移山"从此成为表现中国共产党人坚忍不拔，不懈奋斗精神的典型用语和口号。解放之后，它又发展成"愚公移山，改造中国"，成为鼓舞全国人民改变中国一穷二白落后面貌的动员口号。这篇寓言还被选进过小学教材，根据此寓言创作的歌曲《愚公移山》由江涛演唱，在20世纪90年代传唱一时。

当代作家刘亮程有一篇散文《扔掉的路》：

路像河道一样嵌在村子里，至少沉下去半米。我在的时候路和地面是平的，只有两道浅浅车辙。现在上面淤满烫土，似乎我们搬走后路上过去一些大东西、重东西。其实，我知道不会有比一个家、一个人的一生更重大的东西经过这地方。

是人把路压下去了。

路磨人时人也在磨损路。那些烫土被人和牲畜踩起，随风飘落到远处。也落到人头上脊背上。那些背柴人、背草的人、往回背粮食的人，不知道自己一辈子背回来最多的是路上的尘土。尤其下过雨，路上的泥被那些脚和蹄子带到各自的去处。这样路便越走越深。深到望不到两旁的东西。深到人走不出去。这一路人便消失了。

另一条路出现在地上。另一些人和牲口开始来来去去地走动。也是永远都走不远。走出去一里，原走回来一里。最终也会走得找不见。

我看见过一条扔掉的路，像一条渠沟夹在旧庄子中间。沟里长满碱蒿子，我一下去就半个身子不见了。父亲说那是条走坏的路。扔掉七八十年了。我不知道是路先坏的还是旁边那些房子先破的。现在看来，似乎所有东西都不行了人才会被迫搬走。

如果我在黄沙梁一直住下去，我一样会看到这个村里的一切最终破败到底：锨刃磨钝，镰刀变成一弯废铁，墙倒塌井水枯竭，木门和家具被虫蛀朽，虫老死，牲口剩下出气的力气。

也许我看不到这些。一个村庄彻底破败之前，会有一批人老死在村庄里。我会是其中的一个。一根锨把折断前就有人病死。一截麻绳磨细时就有人老死。我在黄沙梁还没活到一棵树长粗已经经历了五个人老死。那时全村32户，211口人，我13岁，或许稍小些，但不是最小的。我在那时看见死亡一个人一个人向我这边排。

好的散文总是灌注了深刻的生命体验。这篇写路的文章，不写车水马龙，不写路旁的景致，而写路上的人和人们走路的根本动力——为了生存，写人生的原始体验——在短短的人生旅途中不断跋涉。于是，一条被扔掉的路，有了震慑人心的力量，作者对死亡的描述或许过于逼真和严酷，但却不是悲观，而是在冷静的洞悉里包藏着对生命深深的爱。

当代著名的散文作家周国平写过一篇随笔，名叫《道路与家》，把人生比作一条道路，抒写了对于生存的思考，也同样充满了深刻的哲理启迪。

人生是一条路，每一个人从生下来就开始走在这条路上了。在年幼时，我们并不意识到这一点。当我们意识到了的时候，便不得不想一个问题：这条路通向哪里？人生之路的目标是什么？

最明显的事实是：这条路通向死，因为人生只是一个从生到死的过程罢了。可是，死怎么能成为目标呢？为了使它成为目标，它必须不是死，而是一种更高的生。于是，死便被设想成由短暂的生进入永生，由易朽的肉体进入不朽，由尘世进入天国，由不完满进入至善，由苦难进入极乐，等等。经过这样的解释，人生之路就有了一个宗教的和道德的目标，一个纯粹精神性质的目标。

可是，道路为什么一定是一条直线呢？只是因为我们把路想成直线，才必须给它安一个终点，一个最后的目标。花园里曲径交错，路的终点在哪里？那么，我们何不就把人生看做一个大花园呢？这是一座很大的花园，把它逛完刚好要用一生的时间，我们从生到死都在里面，每走一步都看见新的风景，到处都是可供我们休憩的地方。如果要说目标，那么，可以说处处都是目标，但不存在最后的目标。

换一个不那么诗意然而更贴切的比喻，不妨说，人生就是我们的家。我们在人生之中，犹如在我们自己的家里。既然是在家里，我们就做着种种必须做的或者有兴趣做的事情，而并不事事都问为什么。事实上，在多数时候，我们的确把人生当作家，安排每一个日子如同安排自己的家务，而不去想这个家有朝一日会不存在。

可是，这个家确实有朝一日会不存在，而我们有时候不免要想到这一点。这时候，我们又会意识到自己是走在一条有终点的路上。所以，对于我们来说，人生永远既是道路，又是家。我现在的想法是，这两方面的意识都是必要的，缺一不可。只是道路，就活得太累。只是家，就活得太盲目。我们必须把人生当作家，让自己的心灵得到休息。我们也必须知道人生是道路，让自己的心灵有超越的追求。

此类以路来比喻人生探讨哲理的文章很多，但借物喻人，歌颂公路建设筑路兵的散文却不常见，《烂漫的点地梅》就是一篇佳作。这篇散文曾被收入四川省的中学语文教材中。作者通过描绘生长在雪域高原瘠薄土地上的点地梅，通过对它顽强生命力的揭示，歌颂了高原筑路兵在极端恶劣的高原环境艰苦奋战、勇于奉献的精神。

（四）路与报告文学

我国公路建设的发展取得过瞩目的成就，许多公路的建设过程也非常艰辛，广大的公路建设者为此付出了辛勤的汗水和巨大的奉献与牺牲。特别是滇缅公路、川藏公路、青藏公路和新藏公路等大型公路的开凿建设，更是有着常人难以想象的艰苦卓绝。为记录我国公路事业上的这些巨大工程的建设过程，讴歌筑路兵和筑路工人的忘我劳动精神，许多作家都写过此类报告文学。由于报告文学具有纪实性强、感染力大等方面的特征，因此，它们的流传和影响也更大。

描写滇缅公路的报告文学有多种，最早的是1939年春，时任《大公报》战地记者的萧乾采写的报告文学《血肉筑起的滇缅路》。当年，他从香港经河内至云南，亲身体验了这条公路，文中这样描写修路的情景："昆明至畹町每天有10多万人摆成950多公里长的人路，十个民族,一锄一挖，一挑一筐，饥饿生死都负重在这条路上。其中有二三千人做了路鬼，只能魂飞回他们亲人的梦中。"1995年,肖乾老人旧地重温，当他再次站在曾冒着生命危险报道过的滇缅公路上时，不禁感慨万千地说："世界上再也找不到第二条公路同一个民族的命运如此息息相关了。”

2005年7月的《报告文学》杂志上，刊有张力采写的报告文学《滇西：生死存亡之路》，也是追寻滇缅公路的修建历史。

2006年，云南人民出版社出版了《血线——滇缅公路纪实》一书，作者是云南女作家白山。这是第一部全景式地反映抗战期间云南各民族人民用血肉抢筑“抗战生命线”的长篇纪实文学，也是解读“抗战生命线”——滇缅公路历史的最具权威性的文本。该篇报告文学曾于1997年获国家级奖项——第五届全国少数民族文学创作骏马奖。

2006年，作家出版社还出版了一本名叫《滇缅公路：第二次世界大战中国—缅甸—印度战场的壮丽史诗》的报告文学，作者是美国作家多诺万·韦伯斯特。多诺万·韦伯斯特是美国《国家地理杂志》的撰稿人，本书依据实地考察以及多方探访当事人所获的大量第一手材料，以滇缅公路为线索，生动再现了曾发生在中缅印战场上的军事计划和冒险行动。

2005年，解放军出版社出版了一本报告文学《历史的弯道：24道拐》，作者是年轻的女大学生邓茜。邓茜的家乡贵州晴隆，有一个全世界都知晓的响亮名字：24拐。那条路，正是滇缅公路上最崎岖难行的一段。因此这本书也被称为“一条路的传记”。关于这段路，一直以来众说纷纭，作者试图深入地进入历史，廓清关于24道拐的真实面貌，同时也钩沉出了关于“史迪威公路”不为人知的故事，以及那段抗战时期中国西南交通的历史往事。

描写青藏川藏公路建设的报告文学数量最多。早在1957年，当时的新文艺出版社就出版了刘五所著的报告文学《进军世界屋脊：修筑青藏公路散记》，是较早表现青藏公路的报告文学。书中录有筑路队员写的一首诗：“怒江上游水悠悠，车通黑河解近愁，何惧风雪千万里，人生做事有几秋!”反映了新中国成立后第一代筑路者的精神风貌。

1984年八九月间，作家王一地在青藏公路采访，后完成了《“天路”剪影》，发表在《报告文学》杂志上。把青藏公路形象生动地称为“天路”，是目前所见最早的比喻。

著名的长篇报告文学《通向世界屋脊之路》由陕西作家王戈创作，报告文学记录了上世纪50年代，慕生忠将军率领一千多员工修筑青藏公路的事迹,塑造了一个可歌可泣的英雄团体形象。该作曾获1991~1992年全国优秀报告文学奖，1993年，由人民交通出版社出版。

1996年，解放军文艺出版社出版了长篇报告文学《绿部落》，作者王琰。这是一部以反映川藏高原军人工作和生活为主要内容的长篇报告文学。作者把写作的视角集中在川藏线和西藏高原这个特殊的地理位置上，以战争血液——军用油料的供应保障为主线，以军人的无私奉献为主题，以散落在高原上的军营——绿色部落为场景，描写了一个个具体人物的真实故事，反映出整个高原军人的群体精神风貌；描写了当代军人在高山缺氧的恶劣环境中，同大自然所进行的艰苦卓绝的斗争，也描写了他们在荒无人迹的高原上，生活中的痛苦和无奈。同时，作品还真实地反映了在祖国经济建设形势日新月异的情况下，现代文明与高原艰苦环境形成的强烈反差对高原军人思想和意志的磨练与考验，以及他们在为国戍边的过程中，在个人情感、家庭生活、妻子儿女、金钱名利上所做出的巨大牺牲，是一部厚重而感人至深的作品。

《用胸膛行走西藏》，是一部最新描写青藏川藏新藏线上武警官兵的优秀之作，也是作者党益民用自己的胸膛行走西藏的记录。党益民曾36次穿越西藏,在2004年更是孤身一人，用38天时间走完了川藏线和新藏线，并带病坚持写作，终于在12月25日青藏、川藏公路通车50周年纪念日前，完成了长篇报告文学——《用胸膛行走西藏》。在这部饱蘸热血的作品中，作者深情地歌颂了那些终年为了新藏、川藏公路畅通而从事养护保通工作的武警官兵，与他们相伴的不是车水马龙的繁华都市，而是苍茫辽阔瞬息万变的高原。与狂暴无情的大自然相比，他们的生命犹如地表的小草一样微不足道，然而就是这些不起眼的武警官兵们用自己的血肉之躯，紧紧地守护住了通向天域的生命之路。这篇作品2007年10月荣获了全国第四届（2004~2006年）鲁迅文学奖。

描写川藏公路的优秀之作还有高平所著报告文学《修筑川藏公路亲历记》，是为纪念和平解放西藏50周年而作，由中国藏学出版社于2001年出版。本书分为世界屋脊呼唤公路、重修康青段、打通雀儿山、马尼干戈运输会议、战胜怒江天险等部分，是一部内容翔实的报告文学。

孟黎东写川藏线的作品叫《想念你，美丽厚重的川藏线》，发表在2005年第8期的《中国民族》上。作者在文中不仅记载了汉藏一家源远流长的民族友谊，也记录了千千万万个发生在这条2000多公里公路线上的神奇故事，仿佛一本厚重的历史教科书。

康纲联采写的长篇报告文学《百战奇路》，是一部长达36万字的长篇巨著，也是为纪念川藏公路建成50周年而作。这部为川藏线树碑立传的书，从各个历史阶段和各个单位层面精选出了100多个有代表性的动人故事，插配了80多幅川藏线的图片。全书分为四大板块，全方位、多视角、大纵深地把川藏线的全貌立体地呈现在读者面前。第一部，“大军西进”，写的是上世纪50年代初，英勇的18军率领10万筑路大军进藏修路的故事。第二部，“铁骑雄风”，写的是这条2250多公里的川藏线修通之后，汽车兵们在高原风雪路上执行运输任务的故事。第三部，“保卫奇路”，写的是武警交通部队战胜种种险阻、突破重重难关，养护川藏线、保证公路畅通的故事。第四部，“运筹在线”，写的是各级领导机关及决策人物在考察、指挥川藏线的建设和交通运输时发生的故事。可以说是川藏公路10万筑路大军惊天动地的筑路史，40万汽车兵惊心动魄的历险记以及10万武警官兵出生入死的护路歌。

此外，还有天泉、李天雄撰写的长篇人物传记《站在世界屋脊的将军》，全景式地描绘了原成都军区副司令员、西藏军区司令员陈明义的传奇一生。记录了将军从1950年开始进军西藏、解放西藏、建设西藏，以及为西藏老百姓做善事、谋幸福的壮阔一生。书中还详细记录了他带领部队修建川藏公路、中尼国际公路的感人故事。

表现新藏公路的作品有《一条山路和一场战争》，作者公丕才。新藏公路是新疆连接西藏阿里地区乃至整个后藏地区的重要公路。然而这条路却是1962年中印边境战争的导火索。该篇报告文学以生动的笔墨，揭示了整个事件的来龙去脉，也让人们对道路与战争、军事的关系有了新的认识。

《万山之祖：走向刚毅与圣洁的丰碑——新藏公路改建工程纪事》是一部歌咏新藏公路筑路兵的报告文学。作者刘虔以饱满的激情记录了通往昆仑腹地——被喻为世界屋脊之屋脊的阿里高地，在公路改建工程中的故事，歌颂了承接这条道路建设的武警交通二总队官兵们在5年的时间里，不畏艰险，克服恶劣的自然环境，胜利完成任务的壮举，读来感人至深。

除了以上这些表现重要公路的报告文学，山西作家赵瑜1985年完成的长篇报告文学《中国的要害》则以生动的笔墨，深切的关注对中国当时的公路建设提出了深沉的思考，在全国引起了不小的反响。此外，还有大量的作品全面广泛地记录了中国大地上各条公路的建设过程和建设者们的感人事迹。如重庆高速路的综合执法经验就被写成报告文学。重庆高速公路的综合执法模式，是重庆在多年前创立的。其具体的方式是：把交管部门和公安部门有关高速公路管理方面的职能提出来——设立重庆高速公路行政执法总队。这种模式被交通部和全国同行称为“重庆模式”。而由重庆大学出版社于2004年出版的报告文学《重庆模式》就是对这一模式的总结和推广，也向全国提供了一个高速公路综合执法的蓝本。此外，反映交通行业先进人物的报告文学有《中国工人许振超》和描写陈刚毅先进事迹的《情托彩虹》，反映公路桥梁建设的有：《大路歌——清连一级公路建设纪实》，记录江阴长江公路大桥建设的《神州第一桥》，表现长邯高速公路建设者事迹的《高路走天脊》，表现辉县林县筑路过程的《大路歌》，反映吉林省公路建设的《走出柳条边》，描写四川省公路建设发展以及劳动者们动人事迹的长篇纪实文学《噫！蜀道》，以及反映了新一代农民企业家勤劳吃苦，从事路桥建设的《路》等。这些报告文学对反映交通行业的建设成就，弘扬交通人的拼搏精神，展现交通人的时代风貌起着很好的纪实和宣传作用。

（五）路与碑文

我国的碑文历史非常悠久，除了墓碑外，各种大事要事也都会书写铭文刻碑记载。在我国，和修路相关的碑文有着近两千年的历史。现存最早的当属在陕西汉中发现的东汉隶书摩崖石刻《开通褒斜道》碑，碑文记载了“东汉永平六年（63年），汉中太守钜鹿鄐君奉诏受广汉蜀郡巴郡刑徒二千六百九十人，动工开通褒斜栈道，至永平九年四月落成”的历史，在书法艺术上也很有价值。

此外，就是现存最完整的《石门颂》。《石门颂》是著名汉隶摩崖刻书。东汉建和三年（148年）书刻于陕西省襄城县（今汉中市褒河区）东北褒斜谷之石门崖壁上。此处是横穿秦岭、连接八百里秦川和汉中盆地的交通要道，古称褒斜栈道。此处由于形势险峻、开凿困难，故历代文人歌咏、题刻者甚多。20世纪70年代初期因修水库，此刻石和其他刻石一起被凿刻下来，保存于汉中市博物馆。

《石门颂》全称《故司隶校尉楗为杨君颂》，又称《杨孟文颂》，是汉中太守王升为司隶校尉杨孟文多次奏请朝廷修复褒斜栈道有功，而撰写的一篇颂词。原刻为竖立长方形，通高261厘米，宽205厘米，22行，行30或31字。总共655字。文中描绘了此处地理位置的重要，追述了最早修建褒斜栈道的历史，记录了当时人们开凿栈道的危险艰难情景，颂扬了杨孟文为修建栈道所作的努力和功绩。从摩崖石刻书法上，前人对此也评价极高。康有为认为：“《杨孟文碑》劲挺有姿，与《开通褒斜道》疏密不齐，皆具深趣。”

石门是我国古代秦蜀栈道上的一个道路隧道。据考证，这是世界上第一个人工开凿的道路隧道。因其属于世界之最，又位于我国道路建设史上影响最大的秦蜀栈道上，所以，自隧道建设之始，志士仁人、文人墨客便闻风而来，趋之若鹜。他们有的触景生情，有的借题发挥，有的信手涂鸦，有的刻石铭志，以至石门洞内东西两壁和洞外南北数里的险坡、断崖以及褒河水中、沙滩大石上，留下了由汉及宋的40余种100余方摩崖石刻，其中“汉魏十三品”极富盛名，誉满全国。

2004年3月，在四川雅安市荥经县，又发现了东汉石碑“何君阁道碑”。这是迄今为止中国发现的年代最早的东汉摩崖石刻。“何君阁道碑”篆刻在光滑平整岩石上，呈正方形，边长约0.8米，碑文记载了东汉建武中元二年（57年），蜀郡太守何君令人在此修建古栈道的事迹。碑文中的52个隶书字，字迹清晰，笔画简洁，字形方中带圆，雄浑古朴。“何君阁道碑”不仅是研究古代栈道修建的珍贵文献资料，同时在汉字的发展演变史研究上，也是极其重要的实物研究资料。它的发现，还可能改变人们对“南丝绸之路”路线的认识，对研究西南地区的交通史有着重要的意义。

位于云南省沧源县勐来区丁来大寨附近一座大山的岩壁上，有一幅巨型岩画，据考证是战国时期留下来的。岩画用赤铁矿粉调配牛血而绘成，图中人物大的可至30厘米，小的不过10厘米，他们携带武器，赶着牲畜，沿着四周踏地而成的天然道路向干栏式棚房围成的村落进发。这是现在所见最早的艺术与道路相关的作品，隧道和石刻、道路和岩画在此相映成趣，相得益彰。

滇缅公路是上世纪30年代修建的一条连接中国西南与缅甸的公路，抗日战争时曾是重要的交通运输线，为抗战胜利做出过巨大贡献。据说在滇缅公路最险要的地段松山顶上，曾有过一块为修筑此路的劳工立下的碑，用以纪念那些修筑公路的妇女、儿童和老人，上面的碑文是：“我们在记住这些官员、工程技术人员的功绩的同时，不应该忘记那些匹夫的贡献。”此碑后来毁于战火，至此再没人为匹夫们立碑。为了纪念抗日战争胜利59周年，2004年8月15日，昆明市人民政府在人民西路修建了一座“滇缅公路”纪念群雕，在群雕上还铭刻了一方碑文。碑文的结尾处有一段铭文：

滇缅公路 血肉凝建　倭寇猖獗 日月倒悬

炎黄子孙 共挽时艰　那堪江怒 何畏山险

狂轰滥炸 天崩地陷　不屈不挠 驱驰向前

奋斗八年 金瓯终全　伟业丰功 铭记永远

这段铭文形象生动地概括了滇缅公路修建的历史和伟大意义，也让后人铭记这条公路为民族生存所作的历史贡献。

青藏、川藏公路是新中国建立

后，为连接西藏和内陆其他省份而修建的两条重要公路，在建设过程中，广大筑路官兵以极大的革命热情和极高的牺牲奉献精神完成了通向世界屋脊的道路，两条公路于1954年12月25日同时通车。1984年12月25日，为纪念青藏公路和川藏公路通车30周年，铭记中国人民解放军的光辉业绩和巨大牺牲，修建了青藏川藏公路纪念碑。纪念碑由胡耀邦题写碑名，坐落在西藏拉萨市南，拉萨河畔。如今，青藏铁路已于2006年通车，但青藏公路和川藏公路仍然是西藏的运输动脉。

《青藏川藏公路纪念碑》全文如下：

建国之初，为实现祖国统一大业，增进民族团结，建设西南边疆，中央授命解放西藏，修筑川藏、青藏公路。川藏公路东自成都，始建于一九五零年四月；青藏公路北起西宁，动工于一九五零年六月。两路全长四千三百六十余公里，一九五四年十二月二十五日同时通车拉萨。

世界屋脊，地域辽阔，高寒缺氧，雪山阻隔。川藏、青藏两路，跨怒江攀横断，渡通天越昆仑，江河湍急，峰岳险峻。十一万藏汉军民筑路员工，含辛茹苦，餐风卧雪，齐心协力征服重重天险。挖填土石三千多万立方，造桥四百余座。五易寒暑，艰苦卓绝。三千志士英勇捐躯，一代业绩永垂青史。三十年来，国家投以巨资，两路几经改建。青藏公路建成沥青路面。高原公路，亘古奇迹。四海闻名，五州赞叹。

巍巍高原，两路贯通。北京拉萨，紧密相连。兄弟情谊，亲密无间。全藏公路四通八达，经济文化繁盛，城乡面貌改观。藏汉同胞，歌舞翩跹，颂之为“彩虹”，誉之为“金桥”。新西藏前程似锦，各族人民携手向前。

值此两路通车三十周年，感激中央，缅怀英烈，立石拉萨，永志纪念。

一九八四年十二月二十五日

（六）路与名言警句成语典故

与路相关的诗词、名言、成语、典故、俗语很多，大多揭示路带给人们的启示，下面让我们撷取其中常见的一些名句，来体味其中的道理。

不积跬步，无以至千里。

千里之行，始于足下。

老骥伏枥，志在千里。

路漫漫其修远兮，吾将上下而求索。

枯藤老树昏鸦，小桥流水人家，古道西风瘦马。夕阳西下，断肠人在天涯。

三十功名尘与土，八千里路云和月。

昨夜西风凋碧树，独上高楼，望尽天涯路。

朱门酒肉臭，路有冻死骨。

十步之内，必有芳泽。

天涯何处无芳草。

长亭外，古道边，芳草碧连天。

步步为营。

路不拾遗。

塞翁失马，安知非福。

五十步笑百步。

其实地上本没有路，走的人多了，也便成了路。

雄关漫道真如铁，而今迈步从头越。

道塞山河旧，路通天地新。

人生的路虽然漫长，关键处却只有几步。

走自己的路，让别人说去吧。

书山有径勤为路，学海无涯苦作舟。

你走你的阳关道，我过我的独木桥。

大路朝天，各走一边。

车到山前必有路。

条条大路通罗马。

……

此外，作为一种广义的路，它还与人的行为心情等相连，构成一种“——之路”和“——路”的句式，如：理想之路、希望之路、奋斗之路、求学之路、奴役之路、死亡之路、毁灭之路，以及人生路、致富路、明星路等；互联网也被形象地称为“信息高速公路”。

二、精彩纷呈的道路艺术

艺术是人类以情感和想象为特性，来把握和反映世界的一种特殊方式，是人的知识、情感、理想、意念等综合心理活动的有机产物，是人们对现实生活和精神世界的形象表现。艺术的门类很广，除文学因门类庞杂单分外，一般包括绘画、雕刻、建筑、音乐、戏剧、舞蹈、电影、摄影、书法等。下面介绍这些艺术门类中和路有关的优秀作品。

（一）路与音乐

音乐是通过旋律唤起人的听觉，进而引发人的感情与思想活动的艺术。它的表现手法直接，易于引起人的情感共鸣。日本音乐家喜多郎为大型电视纪录片《丝绸之路》曾经配过同名音乐，是一部意境悠远、旋律优美动听、极富东方神韵的作品。乐曲《丝绸之路》自诞生以来，一直风靡全球，经久不衰，曾被格莱美等音乐奖项提名，堪称经典。谈起他的《丝绸之路》三部曲创作，喜多郎曾说：“在创作它的时候，最打动我的是中国人在悠久的历史中形成的那种心灵的深厚，在那种深厚中，人们生活着。这对我来说是深有启发的。特别是奈良的药师寺有一个玄奘三藏院，里面有玄奘法师的遗骨，一想到有这样的灵魂安葬在这里，我的确会产生一种很深沉的联想……”如今，我们重温《丝绸之路》的音乐，听着那段熟悉的主题音乐，不禁会深深地陶醉其中，眼前仿佛浮现出这样一幅画面：五彩缤纷的华美丝绸，在阳光下熠熠闪光，沿着黄沙柔美的曲线，飘向远方；

载满丝绸的骆驼商队从丝绸之路上走来，驼铃叮咚，走向一片茫茫戈壁，慢慢消失在天际……

此外，用歌曲来表现路的佳作更多，《大路歌》、《二郎山》、《天路》都是其中的代表。《大路歌》是电影《大路》的插曲。电影拍摄于1934年，由著名导演孙瑜执导，著名演员金焰等主演。电影讲述了一群青年筑路工人为修建抗日用的军用公路，不畏艰险与牺牲的感人故事。电影《大路》的主题歌由导演孙瑜作词，由国歌《义勇军进行曲》的作者聂耳作曲。歌曲内容朴实上口，旋律铿锵，表现了筑路工人爱国爱自由的干劲和精神，片中还有另一首插曲《开路先锋》。下面是《大路歌》：

哼呀咳嗬咳！(咳嗬咳)
哼呀咳嗬咳！(嗬咳哼)
大家一齐流血汗！(嗬嗬咳)
为了活命，
哪管日晒筋骨酸！(嗬咳哼)
合力拉绳莫偷懒，(嗬嗬咳)
团结一心，
不怕铁滚重如山。(嗬咳哼)
大家努力，一齐向前！
大家努力，一齐向前！
压平路上的崎岖，
碾碎前面的艰难！
我们好比上火线，
没有退后只向前！
大家努力！一齐作战！
大家努力！一齐作战！
背起重担朝前走，
自由大路快筑完。
哼呀咳嗬咳！(咳嗬咳)
哼呀嗬咳哼！(嗬咳哼)
哼呀咳嗬咳！(咳嗬咳)
哼呀嗬咳哼！

歌曲《歌唱二郎山》是一首经典的红色歌曲，歌颂川藏线建设中筑路大军克服艰险开凿二郎山公路的事迹，由洛水作词，时乐蒙作曲，在20世纪50年代广为流传：

二呀二郎山高呀么高万丈，

古树荒草遍山野，巨石满山岗；

羊肠小道难行走，康藏交通被它挡那个被它挡。

二呀二郎山，哪怕你高万丈，

解放军，铁打的汉，

下决心坚如钢，要把那公路修到西藏。

不怕那风来吹，不怕那雪花飘，

起早睡晚忍饥饿，个个情绪高，

开山挑土架桥梁，筑路英雄立功劳。

二呀二郎山满山红旗飘，公路通了车，

运大军，守边疆，开发那福源，人民享安康。

前藏和后藏真是个好地方，

无穷的宝藏没开采，

遍地是牛羊；森林草原到处有，

人民财富不让侵略者他来抢。
要巩固国防先建设边疆，
篷帐变高楼，荒山变牧场，
侵略者敢侵犯，把他消灭光！

《天路》创作于2005年，是为纪念青藏铁路修建而作的，由著名的女歌手韩红演唱，她那高亢的音域，富有质感的嗓音，极具表现力的演绎，将歌曲的内涵传达得酣畅淋漓——

清晨我站在青青的牧场，
看到神鹰披着那霞光，
像一片祥云飞过蓝天，
为藏家儿女带来吉祥。
那是一条神奇的天路，
把人间的温暖送到边疆，
从此山不再高路不再漫长，
各族儿女欢聚一堂。
黄昏我站在高高的山岗，
看那铁路修到我家乡，
一条条巨龙翻山越岭，
给雪域高原送来安康。
那是一条神奇的天路，
带我们走进人间天堂，
青稞酒酥油茶会更加香甜，
幸福的歌声传遍四方。

在云南的茶马古道沿线，还流传着一首藏语的《茶马古道歌》，唱尽了这条古道的物产民俗与道路的悠远漫长：

前面那座山，你是什么山？
过了昌都寺，才能到雅安。
巴塘奶茶甜，里塘糌粑香。
过了八宿，就到芒康。
前面那条江，你是什么江？
过了中甸城，才能到丽江。
大理姑娘好，普洱茶叶香。
茶马古道远，人间到天堂。

除这些直接表现路的歌曲外，还有大量以林间乡间小路为背景，以及抒写人生道路的歌曲，它们或歌咏甜蜜的爱情感受，或抒发纯朴的乡居情怀，或揭示生活创造的道理，或表达在路上的生活理想，均有较大的影响。其中，较早的有革命歌曲《我们走在大路上》，有儿童歌曲《我在马路边捡到一分钱》，流传广泛，前几年，飞儿乐团还曾据此填过新词。20世纪80年代的有邓丽君演唱的《漫步人生路》，苏晓明演唱的《林中的小路》，张行演唱的《一条路》，程琳演唱的《风雨兼程》，谷建芬作曲的《清晨，我们踏上小道》以及台湾校园歌曲《乡间的小路》、《垄上行》等。90年代有费翔演唱的《三百六十五里路》，苏芮演唱的《奉献》，（其中首句："长路奉献给远方，玫瑰奉献给爱情"），有电视剧《西游记》的主题歌《敢问路在何方》，有齐秦的《离家的路》，王杰的《路》，林子祥演唱的《开路先锋》，有童安格的《少年路》等。近年来，则有梁咏琪的《每个人走的路都会有凹凸》，周杰伦的《一路向北》。西安的著名摇滚歌手许巍有很多与路有关的作品，如《在路上》、《漫步》、《旅程》等，2006年的专辑名字就叫《在路上》。而在民歌中，则有《走西口》、《三十里铺》等。

此外，前苏联歌曲《小路》也是经久不衰的经典老歌。歌曲从小路唱起，“一条小路曲曲弯弯细又长，一直通向迷雾的远方，我要沿着这条细长的小路，跟着我的爱人上战场”。表达了对爱人的依恋以及深沉的保家卫国之情。还有美国乡村民谣《乡村路带我回家》、《邮递马车》等。

（二）路与绘画、雕塑

山水画是中国古代绘画的重要内容，除了在画面中表现大自然山水的壮美绮丽外，画面中还常常出现房屋、茅舍、古寺、山中小道。在绘画作品的名称上直接以行旅和路命名的名作有北宋画家范宽的《溪山行旅图》和明朝戴进的《关山行旅图》。范宽是北宋著名画家，在他那幅传世名作《溪山行旅图》中，只见一堵巨大的绝壁冲天而起，巍然挺立；一线瀑布从峭壁深处飞泻直下，幻化成轻烟薄雾；高山下，巨石坚凝，杂树丰茂；绿荫里，萧萧寺观，隐约可见；乱石中，涓涓流泉，水若有声。这一切构成了气势峻嶒而又高远宁静的景象。而在山中，一行商旅蹇驴从密林中缓缓走来，仿佛可以听到那得得的蹄声敲破空谷岑寂的声音。范宽的画对后世影响深远，人们称他的画为“百代标程”，徐悲鸿对他推崇备至，曾评价该作：“中国所有之宝，故宫有二，吾所最倾倒者，则为范中立《溪山行旅图》。大气磅礴，沉雄高古，诚辟易万人之作。”

南宋刘松年的《四景山水》，被认为是我国古代画作中的上品。图中所绘河边小路，除了路面为人们沿河行走而自然形成，两侧还有人工栽植的树木。它反映出我国古代道路上流传不衰的“列树以表道”的远古遗风。

《关山行旅图》（图12-1）是明画家戴进仿宋院体的典型代表作。画面近景作一山脚，几株劲松屈曲盘桓，枝叶茂盛。在远山叠翠中，几头毛驴款款走来，神态传神。山顶之树信笔点写，生动自然。整幅作品浓淡相宜，画面神情气爽，秀逸典雅。于工细之中见豪放，富有层次和深度。

图12-1　关山行旅图

1957年冬，解放军运输部队向拉萨运输重要物资，在青藏公路唐古拉山段遭遇到空前未有的大风雪。数百辆军车滞留路上，在昼夜分不清，对面看不到人的情况下，运输兵持锹与大风雪拼搏，死伤无数。后来，著名画家卓然受命表现这一段历史，他倾心创作，于1959年8月底完成《战风雪》一画。四川画家刘正兴画过大量以四川秀丽怡人的自然景色为题材的作品，其中就有“南丝绸之路系列”、“重走长征路系列”、“川西百里图系列”。陕西画家潘晓东也画过《海上丝绸之路》的油画作品。

2008年4月17日，在中国美术馆举办的题为“日本著名画家平山郁夫——丝绸之路上的行者”的艺术展览，展出的是日本著名画家平山郁夫的作品。平山郁夫是日本著名的画家，也是东方文化的热心研究者，对中国文化非常痴迷。自1975年起，他访华数百次，70多次沿丝绸之路考察敦煌文化，并于1990年捐赠100万美元设立联合国教科文组织“丝绸之路基金”，资助敦煌学研究。1994年，平山郁夫还捐赠2亿日元，成立中国敦煌石窟保护研究基金会。他还赞助南京城修建，资助青少年教育事业，并因此荣获了中国政府颁发的文化交流贡献奖。平山郁夫曾用约30年的心血为日本奈良药师寺绘制了巨幅传世壁画《大唐西域壁画》。在这次展出的46幅作品中，共分4组内容，其中最重要的就是一组名为《大丝绸之路》的组画。作者用7幅巨幅的画卷，从丝绸之路的起点画起，通过商队的前进，表现了茫茫沙漠中坚忍不拔的骆驼队，行走于楼兰古迹、阿富汗山岭，直到终点罗马，用艺术的画卷演绎着白昼与寒夜的对比、现实与梦境的共存，再现了这条古代商路的历史与辉煌。

雕塑作为艺术，在许多城市的街道上竖立，成为城市的一道风景。随着公路和高速公路的迅速发展，对于沿途人文景观的要求也越来越高，雕塑在公路上的设置也逐渐多了起来。如今，开车或乘车经过湖北，沿途会欣赏到创作修建的大量反映荆楚文化和时代特色的壁画及一座座大型雕塑。在高速公路湖北段大悟处就有一组题为“开路人”（见图12-2）的大型铜雕，由武汉著名的雕塑家陈育村构思创作，雕塑设计主体宽度近50米，高近20米。在京珠高速公路湖北段新店互通处有一座题为“疾驰”（见图12-3）的大型不锈钢雕塑，跨度19米；在京珠高速湖北段全力处还有一座同样高度的大型铜雕，题名为“奋飞的黄鹤”。此外，京珠高速湖北境内还有“荆楚雄风”、“黄麻起义”、“将军剑”和“开天辟地”等38座雕塑，在修路辟开的空白山体上展示着楚文化、长江文化和大别山风情等人文景观，使高速公路成为一条展示地域文化风情的走廊。图12-2为大型铜雕“开路人”图12-3为大型雕塑“疾驰”。

图12-2 大型铜雕“开路人”

在各地的城市道路上，都有造型各异的雕塑，其中尤以步行街为集中之地。北京的王府井商业街，上海的南京路，武汉的江汉路，西安的雁塔路都是令人印象深刻的地方。在北京王府井步行街上，那些表现老北京传统行业，充满老北京民俗谐趣的雕塑作品常常令人驻足观赏，有唱戏的、剃头的、卖冰糖葫芦的、喝大碗茶的，这些雕塑和街上的那些老字号店铺遥相呼应，仿佛诉说着这座古都的绵长历史。而步行街上经常举办的主题雕塑展和真人秀雕塑，则展现着它的时尚与魅力。在武汉江汉路步行街上的雕塑，既有展示武汉特色吃食热干面的场景，也有表现老武汉生活的打水场面，还有武汉独有的白鳍豚的铜雕，以及展示这座老工业城市工人们奋斗抗争拼搏的大型铜群雕，富有浓郁的地方特色。

在著名的海滨城市青岛，有一条闻名全国的“雕塑一条街”——东海路。在这条长12.8公里，路宽33米的旅游观光带上，散落着23组、48座生动活泼、造型各异的雕塑，这些雕塑均以中华文明为主线，具有浓郁的海洋文化气息。雕塑造型以华夏历史文化和齐鲁文化为素材，由国内著名的艺术院校和专家参与创作。如今，它们成为青岛市民和旅游观光者欣赏拍照的胜地。这些雕塑群和道路两旁整洁的绿化带、碧绿的草坪，葳蕤的树木相互掩映，富有浓厚的文化韵味。其中，位于五四广场的雕塑“五四的风”更是闻名遐迩，已成为青岛的一个标志性雕塑。

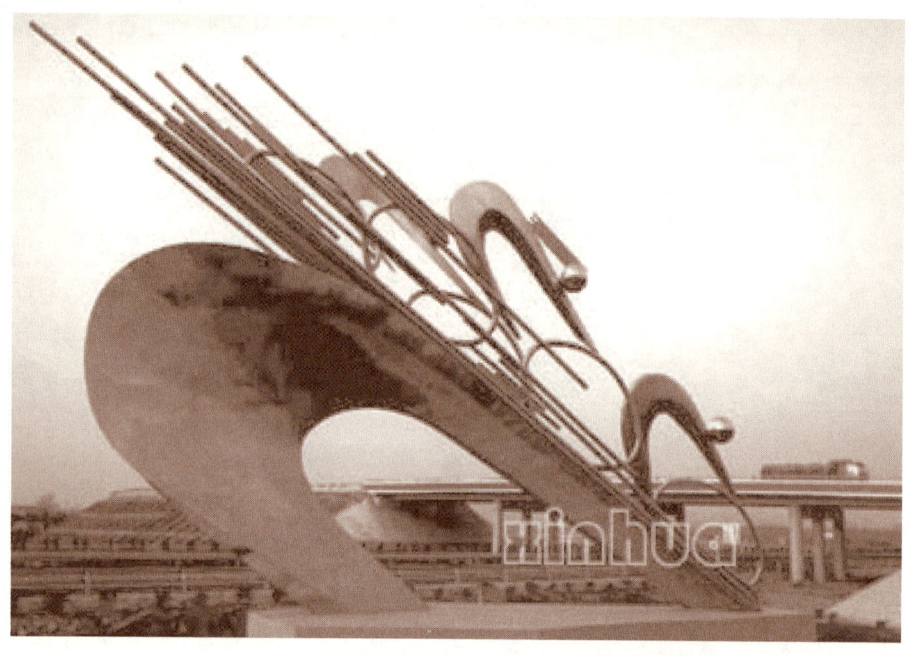

图12-3 大型雕塑“疾驰”

（三）路与电影电视

以路和筑路者为表现对象的电影，最著名的当属孙瑜1934年编导的《大路》。

影片塑造了一群年轻的筑路工人：从小便做苦力活，坚韧顽强的金哥；性格沉稳刚强的老张；鲁莽笨拙的章大；像个精灵似的韩小六子；总幻想着机器压道车的小罗；家乡在东北，如今只能四处流浪的青年大学生郑君。这群年轻人在一起劳动生活，虽过得艰苦，但从未失去过信心，也从不抱怨。他们去城市里寻找工作，却总是失望而归，于是就到各地去筑路，一起高唱由郑君写的《大路歌》。在筑路过程中，这群年轻人偶然认识了丁香、茉莉两个姑娘。很快，帝国主义国家侵略中国，全国人民一起抵抗。金哥等人领导筑路工人建造一条十分重要的军用公路，但遭到敌人的阴谋阻挠。他们对筑路工人威逼利诱，把领导者金哥等抓起来严刑拷打。顽强的筑路工人们却没有屈服，仍然与敌人做着斗争，终于把公路修筑完了。疯狂的敌机前来轰炸，金哥等人牺牲了，但在他们修筑的军用公路上，一辆辆抗敌的军车向前方驶去。丁香死里逃生，幻觉中感到金哥等人好像并未牺牲，又和众人一起拉着筑路的铁滚向前方走去，《大路歌》又响了起来。

这是一部由当时的男明星群体出演的充满了力量和信念的电影，有当时的影帝金焰和罗朋、郑君里、刘琼、尚冠武、张翼，女演员有陈燕燕和黎莉莉。编导者以反帝的主题统一了筑路工人们的思想和行动，8个主要人物既体现了斗争、乐观、最后必胜的共同信念，又具有各自不同的鲜明突出的性格特点。《大路》突出地表现孙瑜导演风格的爽朗明快、富于热情的特点。导演孙瑜1923年清华大学毕业后，远涉重洋到美国学习文学、戏剧，曾入纽约摄影学院学习摄影，是中国第一个学院派导演。他的电影风格清新，画面纯净，因此被认为是一位“富有诗人气质的浪漫主义的电影艺术大师”。《大路》是孙瑜的代表作，是中国无声电影的巅峰作品，也在中国电影发展史上占有重要地位。1935年2月，蔡楚生的《渔光曲》和孙瑜的《大路》两部片子先后被送到苏联参加国际电影节。因为《大路》有抗日反帝的镜头，送展时，联华公司把此片海运到海参崴，再转火车运往莫斯科，以避免通过东三省日占区时被扣押。然而却由于路途周折，没有赶上电影节。《渔光曲》是火车直接运过去的，在电影节上获得了荣誉奖。1949年之后，1983年春天，在意大利都灵市隆重举办的“中国电影回顾展”上，《大路》受到热烈赞扬，世界上许多电影评论家惊呼：新现实主义电影最早不是在意大利，而是在中国，也因此重新认识了中国早期电影的艺术价值和成就。最有意思的是，孙瑜的自传1990年在台湾及海外出版时，书名就叫《大路之歌》。

20世纪三四十年代，正是中国电影的第一个辉煌期。此时，还有《十字街头》、《八千里路云和月》等影片也与道路有着一定的联系。

《十字街头》通过4个失业的大学毕业生不同的思想性格和生活道路，表现了处于民族矛盾与阶级矛盾日益尖锐化的30年代知识分子的苦闷、彷徨和挣扎。片名《十字街头》既指纵横交叉、繁华热闹的街道，也借指现实和人生的错综多样及选择。《八千里路云和月》拍摄于抗战后的1947年。影片表现了进步的青年知识分子在抗战中的爱国热情和献身精神，通过反映他们战后凄凉的生活，充分表现了国民党统治区的腐败黑暗。影片片名来自岳飞的《满江红》“三十功名尘与土，八千里路云和月”，喻示了中国人民抗战的漫长艰难和主人公为国家民族无悔追求所走的道路。

1954年，上海电影制片厂摄制的故事片《山间铃响马帮来》，是以边境上的马帮为背景表现敌我斗争的故事。金秋时节，云南边疆的各族人民盼着人民政府的马帮早日到来，他们需要卖出自己的粮食和棉花，也希望买到需要的食盐等日用品和农具。隐藏在苗寨开设小店的特务李三，乘机不断抬高食盐价格，并和边境的敌人接头，准备偷袭我马帮。当地政府和边防军识破敌人的阴谋，激烈迎战，将敌军全部消灭在界河上。各族人民迎来了从山间小路上满载货物的马帮，载歌载舞地欢庆胜利。这部电影生动地表现了解放初期，在云南边境，人们依靠马帮运输货物，购买日常用品的时代背景。电影中的同名插曲也曾传唱一时——

清清河水流不完，鲜花开满山，

重重青山望不断啊！马帮行路难。

毛主席的马帮为谁来？为我们边疆人们有吃又有穿哪。

啊 啊啊啊 太阳升起,白云散开 山间铃响马帮来!

啊 啊啊啊 太阳升起,白云散开 山间铃响马帮来哟。

1981年，八一电影制片厂摄制的故事片《天山行》在社会上产生强烈反响，该片以新疆独库公路建设为背景，反映了当年筑路官兵的战斗生活，后成为全国百部爱国主义影片之一。

1999年，青年导演霍建起拍摄了一部以乡村邮路为线索的故事片《那山那人那狗》，讲述的是一对曾经隔膜的父子，在经历了一次共同的邮递生活后，彼此走向理解的故事。影片温馨感人，意境优美，在一幅幅美丽的画面中传达了一串串人性的感动。既是一次山乡的邮递之旅，也是一次父子情感的交融之旅。

以上电影都与道路有关。但真正以路为背景表现的电影，则属一种专门的电影类型——公路片。美国号称是“装在汽车轮子上的国家”，二战后，在美国出现了一种以汽车和公路为典型叙事元素的电影，其主人公的命运和情节的展开往往和公路息息相关。那些蜿蜒的公路、星罗棋布的汽车旅馆和在公路上奔走的形形色色的人自然而然地成为了美国电影演绎故事的舞台。从20世纪40年代的《绕道》、《嗜枪狂》，到70年代的《决斗》、《纸月亮》，特别是60年代“新好莱坞”时《逍遥骑士》、《邦尼与克莱德》的巨大影响，公路片逐渐成为一种独立于其他片种之外的新的类型电影。

公路片诞生之初，多半是由当时好莱坞的青年导演执导，以反映青年人失落、孤独、愤懑和反叛的生活方式为主题。其主人公们多驾驶着各色汽车，怀着破碎的梦，疾驰在穷乡僻壤上。进入80年代后，公路片逐渐杂糅了更多的类型元素，其结构模式也更为灵活多样，其中既有好莱坞的传统格局也有独辟蹊径的巧妙构思。影片《搭车人》、《末路狂花》、《雨人》、《我心旷野》、《完美的世界》等对表现内容和形式有所创新，适应了当代美国电影的新趋向——类型交汇。

随着公路片的发展和影响，许多国家也拍摄过相当数量的公路片。德国“新德国电影”运动的代表维姆文德斯，受美国一些公路电影的影响，在70年代开始拍摄属于自己的欧洲式的公路电影，相继拍出了他的“旅行三部曲”：《爱丽丝漫游城市》和《公路之王》。文德斯不仅创立了欧洲公路电影的风格，还创办了自己的电影公司，名称就叫“公路电影公司”。

其他国家此类作品的佳作还有巴西的《中央车站》，希腊的《雾中风景》、《尤利西斯生命之旅》，伊朗的《樱桃的滋味》、《生生长流》，日本的《菊次郎的夏天》等。意大利电影大师费里尼的《道路》，印度导演雷伊的《阿普三部曲之一——道路之歌》，也都是与路相关的佳作。

我国的公路电影近些年也有尝试。第六代导演施润玖2000年拍摄了《走到底》，是一部具有公路片特征的电影。司机小王以为人送车为生，终日在陌生的公路上重复着单调乏味的生活，但在与搭顺风车的女孩莫莉的偶然交往中，生活的程式被完全打破，一系列意想不到的事情发生了。于是，一场惊心动魄的追踪就此在公路上展开，警察、黑社会老大、马仔、民工、市井百姓等相继登场……

2007年，同样是第六代的张扬拍摄的《落叶归根》也是一部带有公路色彩的影片。故事根据真实的“千里背尸”新闻改编。老赵是个50多岁的农民，他南下到深圳打工，却因为好友老王死在工地上，决定展开回乡安葬老王之旅。老赵把老王伪装成醉鬼，混上了长途车。一路上，老赵遇到了形形色色的人——劫匪、好心的妓女、痴情的卡车司机、养蜂人、骑车去西藏的年轻人、安排自己葬礼的老人、善良的拾荒者……影片通过老赵的坎坷经历，体现了社会上小人物身上的那种坚持之美，以及中国人朴素的内心情感，在喜剧幽默之中令人动容。

2006年，史风和拍摄的《零公里》据称是中国第一部西部公路片。全片以汽车兵李大功的牺牲为发端，以他能不能被追认为烈士为悬念，以一年多来深深爱着李大功的农村姑娘雪花拨开迷雾、寻找李大功殉难雪域高原的真相为主线，引领观众从新藏公路上的零公里镇出发，进入到冰天雪地的茫茫喀喇昆仑高山峻岭中。影片表现了这条世界屋脊“大动脉”上的汽车兵、运输工人的美好心灵，塑造了“单车王”李大功高尚的情操和博大的胸襟，揭示了纯真朴实的农村姑娘雪花对子弟兵执著纯真的爱情。

曾拍摄过《疯狂的石头》的导演宁浩，目前正在筹拍一部《西出阳关》的公路片电影。导演也将用比较简单的故事情节，通过一个人开车去西部，以及在路上不断遇到的形形色色的人，来探讨人的动物属性和社会属性的相互斗争。相信通过导演们的努力，在今天公路与生活的关系越来越紧密的背景下，中国的公路片也会有大的发展。

路与电视的关系非常密切，每天都会有大量与路相关的画面和内容出现在各种电视节目中——新闻、专题报道、电视片、电视剧等。这里主要介绍一些重要的路被拍成的专题记录片。

反映丝绸之路的作品有：1980年拍摄，由日本放送局NHK及中国中央电视台CCTV联合制作的电视纪录片《丝绸之路》，电视片共分3辑，从“长安古城”出发，沿途经过楼兰古城、吐鲁番，横越帕米尔，经过伊朗、土耳其，最后到达罗马。片子规模宏大，画面绚丽，带领观众一起走进古代贯穿欧、亚的要道，探索了丝绸之路的壮丽景观、历险故事、丝路文化艺术及沿途人民的生活状况。里面的主题音乐由时年27岁的喜多郎创作。

《丝绸之路》的拍摄，在当时是国外电视机构首度在中国西部进行大规模的拍摄工作。中国政府为保障拍摄的顺利进行，采取了一系列高规格的措施，例如开通铁路专线，甚至出动军队协作。作为一种国家行为，在规模上代表了当时我国所能达到的纪录片制作的最高水平。该片被中国电视人奉为纪录片经典，在国内外都引起了很大反响。

2006年，由中央电视台拍摄的11集大型电视纪录片《新丝绸之路》顺利完成。此片摄制历时两年，投资近3000万元，是继26年前中日合拍的经典纪录片《丝绸之路》的延续。此次拍摄的《新丝绸之路》不再是丝绸古道沿线的纪实报道，而是选择了丝路沿线的楼兰古城遗址、和田、敦煌等10处具有不同文化特征的地点进行深度挖掘报道，每个地点各自成章。摄制组在陕西、甘肃、内蒙古、新疆和青海等地奔波数万公里，走访了瑞典、英国、俄国、德国、日本等10多个国家的博物馆，获得了当年西方探险家的日记和路线图等珍贵资料，拍摄了一些从未公开过的文物及许多新的考古发现。这部《新丝绸之路》对于提高广大民众对丝绸历史的了解、普及丝绸知识、提升国民文化素养有着不言而喻的重要意义。

2007年，四川三星堆研究院和三星堆博物馆，联合南方丝绸之路沿线20余家文博单位和众多国内外多学科专家共同举办，先后完成了对南丝绸之路沿线20多个县市的百多个遗址、古迹以及博物馆的科学考察。科考活动历时近一月，行程7000多公里，积累了50余万字文字资料、上万张图片资料、8000多分钟影像资料,证实了三星堆文明对西南地区古文化的辐射作用。中央电视台、四川电视台与科考活动同步录制了《探秘三星堆寻访南丝路》大型人文纪录片。

著名的第五代导演田壮壮2005年拍摄了一部纪录片《茶马古道》（又名《德拉姆》）。导演沿着茶马古道的路线穿行，将关注的目光聚焦在生活在这里的普通人身上，通过平静温和的视角，呈现了生活在这片神秘瑰丽土地上的人们的生活与心态。2005年，作为纪念抗日战争暨世界反法西斯战争胜利60周年的献礼片，23集大型民族题材电视连续剧《茶马古道》在中央电视台播出。电视剧以这条神秘的古道为线索，演绎了一场惊心动魄的爱恨情仇，反映了云南儿女在民族历史关头的精神与气节，可以说既是云南与大西南各民族人民谱写的一部传奇史诗，也是一曲高亢的爱国主义颂歌。此外，还有介绍云南自然民俗的专题片《茶马古道》和《滇藏茶马古道行》等。

反映滇缅公路的纪录片有中央电视台“探索发现”栏目1999年制作的专题片《战争调查之抗战特辑 滇缅公路》，10集纪实电视片《中国远征军》也专集讲述了滇缅公路。

反映青藏川藏公路的纪录片有：1954年，中国新闻电影制片厂与捷军队电影制片厂合作拍摄的纪录片《通向幸福的道路》，介绍康藏和青藏公路的建设。1954年，八一电影制片厂摄制了《战胜怒江天险》；1955年，又摄制了《康藏青藏公路修建和通车》。2004年12月，为纪念川藏青藏公路正式建成通车50周年，中央电视台制作了10集大型电视专题片《天堑通途——亲历川青藏公路》，片子从历史的高度，全面回忆了这条连接西藏和内地的交通大动脉50年来的风雨变迁，富有深刻的民族与文化内涵，是一部以公路为主要线索的文化纪录片。

其他的还有，2007年，电视纪录片《天堑通途——探秘新疆公路》，1988年4月，日本NHK公司制作的《海上丝绸之路》。

在其他艺术方面，最著名的歌舞是甘肃省歌舞团1979年排演的舞剧《丝路花雨》。六幕舞剧《丝路花雨》以我国盛唐为背景，以举世闻名的丝绸之路和敦煌壁画为素材，歌颂了画工神笔张和歌伎英娘父女的光辉艺术形象，描写了他们的悲欢离合，以及他们与波斯商人伊努斯之间的纯洁友谊。高度赞扬了中外人民之间的情感交流和深厚友情，再现了唐朝内政昌明，对外经济文化交流频繁的盛况。《丝》剧1982年还由西安电影制片厂摄制成宽银幕彩色艺术片，1994年被评为“中华民族20世纪舞蹈经典作品”，载入中华民族艺术史册。《丝》剧多年来在国内国际访问巡演，至今已演出了上千场，被誉为“活的敦煌壁画”、“奇异的东方奇葩”。

此外，著名的奢香夫人的故事也

多次被搬上过戏剧舞台。20世纪30年代，革命英烈王若飞的舅父、贵阳达德中学校长、著名人士黄齐生老先生曾写成话剧《奢香》在达德中学公演。新中国成立后，贵州文艺界的俞百巍、朱云鹏创作了黔剧《奢香夫人》，该剧搬上舞台后，广受好评，不仅上京汇报演出，还先后到西北、西南地区巡演，并在电视上播映。20世纪80年代后，又由浙江电影制片厂改为同名电影搬上银幕。目前，作为贵州省黔剧的重要代表作，《奢香夫人》再次被搬上了贵州的戏剧舞台，奢香夫人的历史功绩也得到了越来越广泛的传扬。

（四）路与邮票

反映公路建设的邮票较桥梁而言数量不多。在大陆，主要有《康藏、青藏公路》和《沈大高速公路》两套；在台湾，1997年发行了《台湾北部区域第二高速公路通车纪念邮票》。1956年3月20日，为庆祝康藏、青藏公路的胜利建成，邮电部发行了《康藏、青藏公路》特种邮票。本套邮票共3枚。

第一枚“公路图和运输队”：画面右上部为康藏、青藏公路路线图；画面主图一边是皑皑的白雪覆盖的高山，一边是深不可测的悬崖山涧，公路蜿蜒，车队行驶其间。第二枚“大渡河钢索吊桥”：画面为康藏公路上的大渡河钢索吊桥，画面为竖版，远景处理得十分高明：天高水远足以表现环境的险要；一桥飞架充分证明修路人的勇气和技能。第三枚“庆祝通车”：历经千难万险，公路终于修好通车，修路人的欣喜是可想而知的。这幅画面以红色为基调，恰当地表现了这种喜庆的气氛。

1974年，邮电部发行过“万国邮政联盟成立100周年纪念”邮票。全套3枚，分别是人民邮递员、团结和友谊、万里长城。第一枚中，一位邮递员骑着摩托车穿行在公路上，背景是山岭和稻田（见图12-4）。

1982年8月25日至29日,中华全国集邮联合会第一次代表大会在北京人民大会堂隆重开幕。为庆祝这次集邮界的盛会,邮电部发行了1枚邮票小型张。主图选用我国甘肃省嘉峪关市的魏晋时期墓室壁画“驿使图”。画面上的驿使，头戴黑帽，身着短衫，足蹬长靴，持缰举牍，飞马急递，再现了当时边境地区驿传的紧急情景。画面中的马尾因疾驰而飘了起来，但信使仍稳坐马背，整幅画面动中有静，是中国早期邮驿历史真实、形象的记录。1995年，这张“驿使图”（见图12-5）还被用到邮政储蓄

图12-4

图12-5 “驿使图”邮票小型张

绿卡上，将中国的古老文化与现代文明结合了起来。

1991年9月20日，为了宣传中国社会主义建设取得的成就，邮电部发行一套“社会主义建设成就（第四组）”特种邮票，全套4枚，编号T165。其中第三枚为“沈大高速公路”。沈大高速是辽宁省内自沈阳至大连的高速公路，1984年6月动工，1990年8月20日建成通车。全部工程由中国自行设计、施工，是中国大陆当时第一条也是最长的高速公路（见图12-6）。

除了在文学艺术作品中得到表现外，我国还有许多与路相关的专业书籍、杂志、报刊和学会以及研究机构。影响较大的报纸有交通部主办的《中国交通报》。《中国交通报》是国家交通部主管的一份产业经济类报纸，创刊于1984年11月，既是“全国交通行业新闻宣传的主渠道”，也是一份具有高权威性、高影响力、高公信力的报纸。随着我国经济改革的不断深入，交通事业的快速发展，《中国交通报》也在这二十几年的成长历程中不断的发展壮大。内容覆盖交通产业链的各领域，

图12-6 “沈大高速公路”邮票

包括公路、水运、汽车、运输、城市交通、交通信息化、区域交通等。

创建于1994年的中国公路杂志社，由中华人民共和国交通部主管，杂志社拥有由中国公路学会主办的期刊集群，目前拥有《中国公路》半月刊、《中国交通信息产业》月刊、《中国交通建设监理》月刊、《中国公路文化》月刊、《中国高速公路》月刊和《交通决策参考》周刊等6本杂志以及中国最大的公路专业网站之一——中国公路网（www.chinahighway.com）。其中，《中国公路》半月刊入选“中国期刊方阵”，是国家重点期刊。

中国公路学会成立于1978年8月28日，前身是1921年5月在上海成立的“中华全国道路建设协会”。它是全国公路交通行业科学技术工作者自愿组成的学术性群众团体，是我国公路交通行业组织最健全、学科分布最广泛、最有影响力、最具权威性的学术团体。目前，全国31个省、自治区、直辖市以及计划单列市等也都建立了公路学会组织，全国共有团体会员近千个，个人会员5万余名。中国公路学会成立30年来，积极开展学术交流、技术咨询期刊出版、国际交流与合作等活动，取得了许多重大的学术成果，每年一度评出的“中国公路学会科学技术奖”，是公路交通行业最重要的科技奖项。

有影响的学术刊物还有长安大学出版的《中国公路学报》，是中国公路学会主办的公路交通行业最权威的学术性刊物，主要刊载道路工程、桥梁与隧道工程、交通工程、汽车与汽车运用工程、物流、经济与管理与工程机械等专业的学术论文。此外，还有其他高校和科研院所出版的相关杂志。

第十三章 路中有景，景中有路
——路与景观

我们每个人都有驾车或乘车在路上的体验。当我们行驶在公路上，沿途那些安全舒适的道路设施，令人心旷神怡的路边风景，都会给我们留下深刻而美好的印象。这些道路护栏、指示牌、路灯等设施和路边那些葱绿茂盛的树木花草构成了公路景观的主要内容。

一、公路景观的文化特征

景观是一种客观存在，是指在某一区域所形成的包括自然、经济、人文诸方面特征的综合体。一般分为自然景观和人文景观。自然景观，主要是指天然形成的地形、地貌和地物，如平原、山区、草原、森林、大海、沼泽地等景物。这些景物因是单元生态系统，故又称生态景观。人文景观则是指人类为满足物质和精神生活的需要，用自己的智慧和双手创造的各种建筑物、交通设施、城镇、村落、庙宇等社会文化艺术景物。19世纪后期至20世纪初期，在世界上形成了以研究景观的形成、演变和特征的学科——景观学，以德国地理学家帕萨尔格出版的《景观学基础》和《比较景观学》两部书为标志。景观学通过对景观的各个组成成分及其相互关系的研究去解释景观的特征，并研究景观内部的土地结构，探讨如何合理开发利用、治理和保护景观。后衍生出与景观相关的其他学科——景观生态学、景观建筑学、景观旅游学等新的学科。

（一）公路景观学的研究对象

公路景观学作为其中的一门学科，近年来得到了很快的发展，其主要研究公路景观规划设计所应具备的理论基础及设计方法，包括对公路用地范围内(公路自身)和公路用地范围外一定宽度(可视范围)和带状走廊的自然景观和人文景观进行保护、利用、开发、创造、设计和完善。

其中，对用地范围内即公路自身的景观规划与设计，包括公路构筑物（挡墙、护坡、排水、桥涵、声障等）及路线造型（曲率、坡度），道路绿化美化，道路辅助设施（通信、照明、护栏、路缘、标牌指示）等。这些内容不仅在自身的形式、风格、质感、色彩、尺度、比例、协调等方面应符合美质原则，而且还要与环境景观浑然一体，相互协调或相互映衬，共同构成良好的公路景观。此外，公路景观的规划与设计还要求在美学方面与当地的民族文化和审美情趣等相结合。

工业发达国家非常重视公路环境美化、绿化和景观设计，如美国在1965年就制订了《公路美化规定》，日本在1976年制订了《公路绿化技术基准》，前苏联在1975年制订了《公路建筑和景观设计规范》等等。世界上大多数国家，在公路工程技术标准、设计和施工规范中，都有关于公路景观设计方面的技术规定。

我国在20世纪80年代也提出了以“畅、洁、绿、美、安”为主要内容的公路景观设计建设规划，此项规划较早源自GBM工程。GBM工程是实施具有中国特色的公路标准化、美化建设工程的简称，在1987年3月第一次正式提出。此项工程是交通部为改善和提高现有公路技术状况，推进公路标准化、美化建设进程的一项重要措施，被称为我国公路继增加里程、提高质量之后的“第三次飞跃”。工程最早在107国道率先试行，到1998年年底，我国已有7.5万公里公路实现了GBM工程。为了确保畅、洁、绿、美、安活动的顺利开展，交通部还在1991年专门下发了《国省干线GBM工程实施标准》，对公路技术适用等级、路面、路基、桥涵等构造物、沿线设施、绿化、管理等方面均做出了明确的规定和要求。

为了进一步体现以人为本的原则，关爱生命，尊重生命，实现经济、社会和人全面协调发展，交通部还着重开展了公路基础设施的安全性工作，2004年专门下发了《公路安全保障工程实施意见》，开始在全国国省干线公路上实施以“消除隐患、珍视生命”为主题的“公路安全保障”工程。

（二）公路景观的设计原则

公路景观设计应力争使自然景观与公路工程结构物达到有限的协调，建立起新的完整的公路景观系统。所以，公路景观设计应从使用者的视觉、心理出发研究公路的功能、美观及经济的一致性，同时应综合考虑以下几个方面。

1. 保证功效性

公路有其特定的功能，通视与导向是公路最基本的功能。线路顺畅，坡度平缓，连通性高，不塞不挤，这些是公路美的必要因素。要求公路路线各组成部分的空间位置要配合协调，包括路线和行车道，各种桥梁和沿线建筑，路侧和中央分隔带绿化，装饰和其他设施等。这样才能使司乘人员感到线形流畅、清晰，行驶舒适安全。还应建立一个区域性的视觉系统，使司机在视觉所及的范围内，能预见到公路方向和路况的变化，并能及时采取安全的行驶措施。

2. 保护自然美

保持自然生态环境的真实性、自然性，是当代人审美意识中的一种显著的倾向。尽可能保持公路沿线自然景观的天然性特点，少留人工斧凿的痕迹，是增加公路可观赏性的重要原则。同时，自然性也意味着景观包含更为丰富的自然信息，不仅有较大的科学性，也能唤起人与自然和谐相通的美好感受。

3. 保持整体性

景观的美就其本质来说，取决于其整体性。所谓整体性，一是连贯或连续，二是和谐或均衡。连续不断的森林、草原，绵延的山岭，广袤的农田，可构成有特色的整体美；植物、地形、建筑有序排列，在美质上相互协调、和谐，也是一种整体美。反之，景观物过分破碎、凌乱，或留下人为破坏的明显痕迹，就会使人感到不美，甚至引起人们丑或厌恶的感受。公路景观整体性既指公路沿线自然景观环境的整体性，也指公路与环境构成的整体性。能够因地形随形就势布线，能充分突出自然景观美，或者使公路构筑物和辅助设施与自然景物在尺度、色彩上相匹配，就可取得整体美的效果。

4. 注意地域性

我国地域广大，地貌类型多样，气候条件复杂，生态类型多，文化习俗差异亦很大，公路景观建设应因地制宜，形成特色，而特色本身就是美。例如，成都南部丘陵为红土壤地带，所产砂岩也偏红，红砂岩做护坡与土壤颜色很协调，护坡景观亦美。江西景德镇到九江的公路，土壤红色，石头白色，用白石头砌护坡就与深绿色的植被背景不协调，也就失去了美感。贵州的公路采用当地草木进行绿化美化，植被易建成且形成地方特色，如果一味追求洋木洋草，各地公路绿化都一样，就会丧失个性特色，也削弱了景观美的内涵。

5. 讲求经济性

公路景观美的塑造以保护自然景观，利用自然景观，达到人与自然的和谐为目的和追求。如果过分为公路的景观美而牺牲大量土地，进行代价高昂的景观建设，则会因其“善”的本质受到影响而失其美质。例如，不讲代价，在人多地少的地方，甚至麦地稻田里硬性划出耕地，建立所谓的“绿色走廊”，虽然可以使人观赏到树及植物的美，但却因破坏了沃野千里的农田景象而显突兀，同时也因剥夺了农民利益而引起人们精神上的反感，这样是不可取的。

（三）公路景观范例

我国公路建设正是在遵循景观美

的前提下，以“畅、洁、绿、美、安”作为目标和追求，公路景观建设在近二十年来获得了蓬勃发展，使全国的公路面貌发生了根本性的改观。错落有致的国、省道主干线和密如蛛网的地方公路，成了中华大地上一道道最靓丽的风景线。

盛夏时节，驱车行驶在山东临沂的干线公路上，映入眼帘的是满目葱绿，道路两边郁郁葱葱、绵延起伏的绿化长廊令人心旷神怡。或是挺拔的杨树，或是婀娜的柳树，或是乔灌木错落杂陈、亦树亦花。不尽的绿色追逐着宽阔敞亮的道路，似条条巨龙在起伏的山岭间腾跃，在蜿蜒的河流边徜徉，在蒙山沂水间写生出一幅幅折杀丹青妙手的绚烂山水画卷。

“十五”以来，临沂市公路局在加快公路建设的同时，同步实施道路绿化、美化，积极开展文明样板路、GBM工程和绿色通道建设，形成了“畅、洁、绿、美、安”公路交通环境。全市共建成国道206、省道329等7个路段文明样板路835公里，国道327、省道227等GBM工程1355公里，绿色通道1921.4公里，干线公路绿化率达100%，由于在道路绿化方面成效显著，该局被国家绿化委员会评为“全国造林绿化400佳单位”。

临沂市有干线公路2085.3公里，如何让人们更好的享受“人在车中坐，车在画中游”的美妙感觉，市公路局在道路绿化方面进行了成功的探索。在设计上，坚持以人为本优化设计，着重突出“美”。坚持生态景观与功能性相结合，既充分考虑行车速度和视觉特点，最大限度怡情悦目、减少视觉疲劳，保证司机视线开阔、行车安全；又紧密结合“蒙山高、沂水长”的地理特点，逐路制定绿化规划方案，并根据每条道路沿线气候、土壤等实际，选择绿化模式、适宜树种，提高绿化质量，确保“一条路一景观，一条路一特色”的效果。在效果上，坚持以和谐为本，多层次绿化道路，突出绿。坚持“常绿＋景观＋经济”的绿化方程式，采用“品”字型、间隔栽植等多种绿化模式，种植鹅掌楸、紫叶李、黑松、红叶石楠等丰富品种，提升绿化层次，做到乔、灌、花、草有机结合，达到三季有花，四季常青。在科学管养上，坚持以车为本，抓养护强管理，突出严。该局严格落实道路绿化责任制，搞好经常性巡查防护，及时安排浇水、整形修剪、防治病虫害、清除杂草等抚育管理工作，确保苗木成活率。同时，搞好道路绿化政策宣传，提高沿线群众护林意识，防止人畜破坏，提高保存率。该局还直接和沿线乡镇政府签订护管合同，联合护管，收到了很好的效果。同时，他们还主动争取公安、交通、林业、工商、土地等管理部门的支持和配合，实现了综合管理，进一步巩固了绿化成果。

该局又投资520万元完成了莒新线莒南段、沂邳线沂水段、327国道平邑至费县段、205国道蒙阴至兰山段、郯薛线郯城、苍山段等210公里绿化任务。同时，在城市出入口路段提高绿化品位，实施重点升级美化，京沪高速公路临沂连接线、日东高速公路费县连接线等城市出入口已成为当地的景观大道。

105国道是交通部的文明样板路，更是纵贯我国华北、华东、华南的一条重要通道。它全长2698公里，如同一条巨龙，从首都北京昂首而起，穿天津，贯冀东平原，绕泰山、大别山、井冈山，经孔子、孟子、老子文化故里，跨黄河、长江滚滚波涛，直至南海边城珠海。自2002年交通部决定创建105国道文明样板路以来，沿线京、津、冀、鲁、豫、皖、鄂、赣、粤九省（市）都加大投入，积极创建。通过文明样板路的创建，105国道的道路硬件和服务软件水平不断得到提升，并以更畅通、更舒适、更美丽、更安全的形象，为公众提供着更好的服务。

如今，人们驱车行驶在公路上，只见105国道绝大多数的路段路面平坦如砥，路基坚实稳定；桥涵设施配套齐全，边沟畅通，边坡平整，标志鲜明，标线清晰，路况质量得到了显著提高，通行能力明显增强，有效提高了运输效率，各种车辆可在其上顺畅通行。据测算，105国道江西段车辆时速比创建前提高了15至20公里，河南段则提高了近25公里。这样，就大大缩短了沿线地区与外界的时空距离，促进了沿线旅游资源的开发，加快了农副产品流通，极大地改善了投资环境，如今，105沿线的许多地区都成为当地最具活力的经济发展带。

作为一条负荷重、时间长的国道大动脉，105国道已服役了几十年，在经济社会发展过程中，沿线出现了许多房屋、集贸市场和小型厂矿，影响了路域环境。沿线各省市在创建文明样板路过程中，联合有关部门积极进行综合整治。北京郊区段2005年和2006年两年共种植补植乔木3758株、灌木16.3326万株、花卉4.9203万株、绿篱2.883万株、攀援植物15.2951万株、草坪9674平方米，可绿化里程达到100%。天津市公路局促成地方政府新建、改建了8个路外大型农贸市场，有效解决了沿线数十处市场和摊群扰路现象，并与中石油、中石化等部门协调，对沿线36个加油站进行规范整治。河北分批建设、改造排水沟、挡墙等设施，同时强化日常管理和巡查，严防集市占路、乱堆乱放、违章建筑等现象发生。江西段“公路街道化”得到有效治理，控制区内无严重违章建筑、无占路为“市”和“脏乱差”现象。沿线各省市均对公路两旁的绿化带因地制宜地实施了园艺式和景点式绿化美化，沿线面貌焕然一新。绝大多数村镇路段井然有序，路宅、田宅彻底分开，路旁绿树成行、碧草成片，达到了“线成林、片成园、点成景”的绿化、美化效果，完善的公路设施与周边优美舒适的公路交通环境交融协调，公路自身的“建筑美”得到了充分展示。

随着我国公路建设畅、洁、绿、美、安的开展，随着公路安全保障工程的实施，随着文明样板路的评建，各地的公路景观建设已成效卓著。如今你行驶在公路上，“一条路，两排树，三季有花，四季常绿”的立体景观已到处可见；道路两旁的草坪；边坡及绿化、绿色长廊也会使你深感惬意；安保工程与生态化养护结合的道路条件会让你倍感安全；服务区的人性化设计和服务更会令你有宾至如归的感受。

我国的农村公路在景观化建设中也得到了很快的发展。例如江苏省宜兴农村公路——汤省线、丁张线、善林线等9条线路，共计171.8公里的路段，造林绿化工作近年来持续有效地推进。公路绿化工程共完成土方67.5万方，种植香樟、雪松、广玉兰等苗木29.5万株，全部9条线路于2008年4月底前已全面完成绿化任务。按把农村公路也要建成“生态路”的要求，各绿化路段原来的旧树被更换成香樟等树种，并用紫薇等花木点缀，提升了公路的景观效果。路边原有的自然沟壕，未作大幅处理，使其保持较为自然原始的田园风貌，只是在沟旁塘边加植了垂柳、花树等，与“生态路”景观相映成辉。如今，宜兴的农村公路绿化带内雪松苍翠，香樟碧绿，“生态路”景观已初露芳容。

又如陕西蓝田公路管理段，在公路养管上制定了200多条细致的措施，通过制度、办法、措施的创新，将其落实到实处。他们本着养早、养好、精修、细养的原则，力求把好路养成精品路，把差路养成优良路，每个季度，都有针对不同气候天气的工作重心。如在春节、十一等重要节日前，提前开展相关工作，为社会群众服好务；在冬季则运用新材料新工艺修补路面坑洼，雨雪天坚持24小时辖区养路段有人值班，防水毁保畅通，撒铺防滑沙，抛撒融雪工业盐，确保道路畅通。此外，管理段还把完善导向、警示、安保设施作为“无声服务”的中心内容，为辖区养路段的村庄、学校交叉路口增设警示桩、标语牌，加强对事故多发路段的技术改造。在山区临河靠沟路段河塬坡、高路堤地段设置各型号混凝土防护墩，增强了过往行人和司乘人员的安全感。对公路绿化，公路段更是倾注了审美和艺术的智慧，在不同路段分别修建了绿化平台，护坡上种植了耐病虫、耐干旱、保护水土流失的草种。护坡下是景观树滦树，其红色的叶子与周围大片的绿色交相辉映，为山区增添了生机。

二、高速公路上的风景线

我国高速公路发展很快，目前的公里数已居世界第二。而高速公路为了达到“高速”目的，以往的建设中曾经有过“逢山劈山、遇水架桥、过村拆房”的状况，成为附着在大地上的一条超长的“黑色拉链”，导致岩石裸露，水系紊乱，森林减少；有的村落一分为二，改变了原有的自然形态；施工中的取土和弃土缺少统一规划和管理，乱挖乱堆；甚至有的地质景观和文物古迹也难逃厄运，破坏了高速公路沿线的自然景观和人文景观，与原有的大地景观极不相融。高速公路的兴建不仅要给人类带来物质文明，而且应该带来精神文明，使其成为展示地方文化特色、经济特色和精神风貌的长廊。因此，高速公路必须结合原有的大地景观进行景观设计，营造良好的视觉形象，使乘客有“人在车中坐，车在画中行”的良好情感，带来一种审美愉悦，使其成为匍匐在大地上的一条绿色长龙。

同时，在高速公路上，川流不息的车流给司机的精神造成高度的紧张，千篇一律的设施易使司机感到枯燥乏味，进而给安全埋下隐患。随着社会经济的高速发展，人们对精神文化生活及生活环境有了更高层次的要求，人们的出行不再只是满足于位置转移的心态，而是要求在出行办事的同时能尝试到轻松的感觉。也就是要求高速公路的运行空间环境应该是高质量的，既要求满足安全、快速、便利，又要求做到美观、漂亮。为此，公路建设在注意道路的安全性、可驶性、便利性和耐久性的同时，也要引入环保、美化、人文的概念，要把高速公路的景观规划设计作为一项重要内容贯穿于高速公路建设与运营管理的全过程中。

高速公路景观的内容主要包括：收费站及服务区景观、互通立交区景观、中间隔离带景观、高边坡以及沿途景观四个大的组成部分。

（一）高速公路的景观设计原则

1. 统一与变化

高速公路的景观设计强调统一，但不是千篇一律，没有区别，而是要在统一的主题下表现出各自的特色和韵味，否则沿途景观就可能会因单调而使司机注意力迟钝。适当的变化如建筑物的风格、造型、色彩，以及线形的弯曲、起伏等，都会使司机在行车途中感受到沿途景观的节奏感和多变性，进而产生愉悦心理，达到消除疲劳提高行车安全的目的。

2. 舒适与安全

舒适是高速公路景观设计的主要目的。研究表明，司机在行车过程中的感受与道路景观之间存在着密切关系。道路应该为司机提供既有趣又舒适的行车环境，而要做到这一点，主要依靠道路设计。但是，通过景观设计提高舒适性的前提是保证交通安全。如果不能保证交通安全，不管高速公路本身多么优美都是毫无意义的，所以保证安全是高速公路景观设计的基础和前提。

3. 融合与协调

高速公路是一个有机整体，在景观设计时既要注意内部各组成部分之间的协调，使其有机地融合在一起，又要注意与地形、环境等外部条件相协调。在进行高速公路的线形、沿线构造的造型设计时，避免割断生态环境空间或视觉景观空间的错误做法，沿途景点、附属设施以及绿化植物要有统一性和连续性，避免相互独立，缺乏整体协调性。同时，还要与当地风土人情、历史文化相协调，展现出当地的文化内涵与韵味。

4. 视觉与比例

在高速公路上行驶，由于速度快，司机的注视点远，视野狭小，对沿途景观的感知比较模糊，因此高速公路的沿途景观必须采用“大尺度”，在满足司机和乘客行驶中视觉需要的同时，还必须要注意视觉比例的协调。高速公路本身的每个组成部分之间也应有恰当的内部比例。比如宽路面配上窄路肩，不仅存在安全隐患，而且视觉上也不舒服。同样，紧缩狭窄的路旁地带，孤立的小型种植都是与高速公路不相称的。

5. 保护与发展

高速公路的景观设计必须考虑保持长期的自然经济效益，尽量避免破坏自然环境和原有风景，保护各种动植物和名胜古迹，必要时可修改道路设计和施工方案以保全原有风景。在保护原有风景的同时，作为现代化的高速公路，它的设计要符合时代发展的需要，沿途景观要具有时代感、速度感，要使高速公路活跃起来，明亮起来，绿起来，成为现代化的时空走廊。

（二）高速公路景观设计内容

高速公路的景观设计主要包括内部和外部景观两部分，其外部景观与自然环境、人文环境相关，内部环境则与规划设计有关，包括线形、沿线构造物、路面、附属设施、沿途绿化等方面的设计。

1. 线形的景观设计

随着车辆行驶速度的提高，线路本身对司机视觉的影响所占比例在增加，而公路两侧环境所占比例在下降。高速公路线形设计要满足汽车行驶的力学要求，又要满足司机和乘客视觉和心理舒适度的要求。为此，设计必须要结合地形和周围环境情况，科学选线，合理组合线形要素，做到连贯、均匀、协调、舒畅，使其具有良好的视觉诱导性和优美的外观，使自然环境协调一致，给人一种统一连续的舒适感，以平衡高速公路因实行封闭而带来的隔绝感。

2. 沿线构造物的景观设计

沿线构造物是内部景观的主体，因此对沿线构造物的景观设计必须要慎重、细致。在对具体构造物进行景观设计时不仅要考虑工程技术和经济问题，还要注意与当地的风土人情、建筑物形式相协调，使这些构造物有机地融合于高速公路的整体景观之中。

3. 路面的景观设计

路面对行驶在高速公路上的司机和乘客来说，是占据视野的重要景观要素。路面材料的选择，除了考虑其强度、耐磨性和施工难易程度外，还应考虑其在美化景观方面的作用。除常用的沥青、混凝土外，国外有些高速公路为了减轻黑色路面产生的视觉扩张，使高速公路的横向宽度不那么显眼，采用了不同颜色的沥青或其他路面材料修筑路缘、行车道和分隔带，既加强了高速公路的装饰性，又具有良好的视觉诱导性，为我们带来了启发。

4. 附属设施的景观设计

高速公路沿线的附属设施，主要是指为司机和乘客提供服务和休息的场所和收费站等。这些附属设施既是沿线地区的服务窗口，也是高速公路的重要组成部分，所以沿线附属设施的景观设计也需要综合考虑。近几年，随着高速公路投资和管理体制的改革，高速公路附属设施集服务、休息、娱乐于一体，呈现多样化的发展趋势，既满足了人们的行车需要，也适应了自然景观及人文景观的多重要求。这些方面既要具有亲切感，也要表现出地域性特点等。

5. 沿途绿化的景观设计

高速公路沿途绿化是给无机的道路添上有机的自然色彩，是环境景观的主要因素。高速公路沿途绿化的景观设计，首先要考虑的是景观美化功能，同时通过有效的绿化设计，加强司机的视线诱导，减轻高速行驶造成的紧张。高速公路沿途绿化的景观设计，不仅仅是作为分隔带、行车道的遮蔽带进行设计，而且要满足沿途及高速公路整体的景观需要。好的绿化设计不仅能减轻公路对环境的影响，而且能保持动植物界的生态平衡，使整个高速公路空间充满活力。

（三）高速公路景观范例

公路的“绿色”，昭示着一个发展方向。如国家能源重化工基地山西，在建设纵贯全省南北的大运高速公路时，省委省政府就高屋建瓴地提出：修建大运高速公路，不仅仅是为了让车跑得快一点，更重要的是以此为依托，建设一个山川秀美的新山西。因此，省里对高速公路建设的要求就是，“以路认省”，“以路带省”，“以路兴省”。

在安徽黄山，当地政府对公路建设的要求更为苛刻，要求新建公路，必须凸显“绿色导向”，要在方便交通的同时，还具有“造景”、“连景”、“衬景”、“增景”等功能。就是新修公路，本身就要是一个最好的景观，还要具有将原有景观串珠成线的作用，具有对原有景观产生良好烘托效果的作用，具有使原有景观增添秀色的作用。

1. 思小高速公路

云南思小（思茅~小勐养）高速公路是昆明到曼谷国际大通道的一段，公路全长97.7公里，2003年6月20日正式开工建设，2006年4月6日通车。思小高速公路在设计、建设中突出了创新，坚持了“安全、环保、和谐、服务”的理念。思小高速公路按照我国高速公路建设惯例，采用的是“设计车速”，但针对“设计车速”体系存在的一些不足进行了改进创新。承担思小高速公路设计工作的云南省公路规划勘察设计院对原设计中7个相邻路段速差大于每小时20公里的路段进行了改进，通过增大超高、设置限速标志等措施，降低了相邻路段的运行车速差，使车辆匀速行驶以保证安全。

由于思小高速整条公路大多都在山间，因而在建设中将安全性放在第一，书写了云南公路建设史上多项“第一”。在公路设施方面，引入公路养护中的乳化沥青稀浆封层技术，在水稳层上采用稀浆封层；在水泥稳定层铺筑中，引进高吨位压路机械，在云南首次采用全幅超厚度一次辗压成型工艺；桥梁施工中，在沥青路面铺筑前，用铣刨机对桥面水泥混凝土浮浆层进行铣刨；开发主动发光标志，安装在桥梁、隧道及一些重点路段；利用弃土场、荒地等设置临时停车区、港湾式停靠站点；在直线路段安装语音提示系统，提醒驾驶员注意行车安全；是云南第一条实行计重收费的高速公路；云南第一条全线标志标牌采用中英文对照的高速公路。针对思小高速公路处于热带雨林气候的特点，建设者在路面上层采用具有较强稳定性和抗滑性能的沥青混合料，降低高温下产生车辙的可能性，提高了行车的安全性。同时，通过设置浅边沟、放缓路堤边坡等办法，加大路侧净空以提供安全缓冲空间。此外，还在多雾路段设置了雾灯，结合地形条件修建了停车港湾、加水站等设施，为大型车辆补充刹车水，这些措施有效提高了行车的安全性。

此外，在环境保护上，也创下了云南高速公路建设的多个第一：在收费站生活区率先采用了土壤净化系统，对生活污水进行净化处理；公路绿化坚持乡土化本土化，全部采用本地物种；在上边坡处治中，取消石砌护坡，成了云南第一条基本没有石砌护坡的高速公路；引进“宽容”理念，将排水沟加深60厘米，改为埋置式水沟，盖板上填土种草，拓宽了公路的宽度，使公路自然地过渡到周边环境中。思小高速公路是中国目前惟一一条穿越热带雨林的高速公路，在整体设计上引入了“宁桥勿填、宁隧勿挖”的理念，尽量减少了开挖，保护了周边环境。在管理过程中，按照省委、省政府和省交通厅提出的“建设一条人与自然和谐发展的生态环保高速公路”的总体方向和“保护自然、回归自然、融入自然、享受自然”的工作思路，引进了精细化无缝隙管理理念，常思小处，从细节做起，从小处做起，确保了工程质量，保护了自然。

思小高速公路在设计、建设中，还努力根据路段周边的生态景观、沿线自然环境形态特征，组织景观链，充分展示出道路的旋律，使人感受到路与周围环境的高度和谐。在公路结构物建设中，改明排水沟为暗沟，结合地形选择合理的桥梁跨径和结构形式，墩台等构造物隐入路侧植被，隧道洞门的样式努力与周围环境相协调，绿化尽量与周围景观相一致……

思小高速公路的景观设计，使人感受到一条文化轴线延续着西双版纳的“肌理”，一个特色植物景观带展示着热带雨林的浓缩景观，5个文化记忆点分别以竹文化、茶文化、民俗风情、野象、异域文化展现出耐人寻味的主题空间，带人们经历一次神秘的文化之旅。2008年3月初，思小高速公路被评定为国家AA级景区，这是全国惟一一条AA级景区高速公路。

2. 西汉高速公路

西汉高速公路是国家高速公路网北京至昆明高速公路在陕西境内的重要一段，北起户县涝峪口，跨越西安、安康、汉中3市9县（区），止于勉县黄家营（元墩），连接已经通车的勉县至宁强高速公路。西汉高速公路是当时全国一次性开工里程最长（全长255.023公里）、建设投资最大（工程概算总投资138.78亿元）、自然条件复杂（穿越秦岭山脉）、施工难度很大、建设任务又很艰巨的高速公路建设项目。西汉高速公路的贯通，也意味着京昆高速陕晋界至陕川界625公里高速公路全线贯通。

西汉高速公路全线隧道130座，隧道总长约110公里，其中特长隧道12座、长隧道14座、中、短隧道89座、双连拱隧道15座。全线桥梁411座，114157延米，桥隧相连总长占总里程的66%。仅在全线130座隧道里就一共安装了45000多盏的照明灯。

尽管施工条件艰难，西汉高速公路在设计建设中还是充分体现了环保、生态、人性化的现代理念。为了保护秦岭珍贵的野生动物，西汉高速公路首创了“生态选线”的设计方法。为了安全保护，安装了结实的布鲁克网，以加强山岩稳固，防止落石和保持生态。为了保证质量，西汉公路设计还应用卫星遥感、航测图像综合分析和全球定位系统等综合分析技术，把穿越秦岭的特长隧道用3座隧道群代替，既节约了投资，又有利于环保，也加快了工程进度。

在西汉高速公路上驾车行驶，闯进人们视线的是郁郁葱葱的绿色，很少能看到大规模施工对山体造成的难以恢复的损伤。为了把西汉高速公路建成全国的样板路，陕西省高速集团在环保绿化方面提出了“寸土不露”的建成要求，建设中开挖的土石方全部就地消化。在这条全长258公里，路基宽度20至26米的大道上，开挖土石方共3035万立方米，却几乎没有看到一处堆积的土石方，没有看到一处人为施工裸露的黄土或是山石。参加西汉高速公路建设的123家施工单位、4万大军在5年的时间里，也全力以赴地把生态环保放在建设的首位。为了有效地保护好秦岭这座“地质博物馆”和“国家公园”，他们千方百计尽量保持山体原貌，减少开挖，全线共减少开挖土方20万立方米，少砍伐树木5万棵，增加绿化3万平方米。全线130座隧道、260个隧道口的开挖总面积仅相当于7个足球场大小。开挖的土石方在公路沿线被垫沟造田，修建了11处隧道绿化广场，总面积达5.2万平方米。

充满人性化的公路景观设计也是西汉高速公路的一大亮点。全线每50公里处就设立了一处“休闲驿站”——服务区，西汉高速公路修建的5处服务区，在设计时都充分考虑到与周边环境、自然景观、建筑物的和谐统一，并凸现人性化服务功能。每个服务区都有一个鲜明的主题。如秦岭服务区以人文历史为主题；宁陕服务区则以绿色环保为主题；为了减少对环境的破坏，服务区取暖系统将采用采集太阳能的方式，为过路者提供热水。洋县服务区则以现代时尚为主题。每个服务区在设计时还为当地土特产和特色餐饮业开设专区。每个服务区建筑都做到色彩搭配清新大方、造型简洁、质朴高雅。在总体布局上，充分考虑到后期的发展空间，同时增加公用活动场所及园林式游览、观赏景点，充分发挥服务功能，为司机、旅客提供舒适、温馨、和谐的休息场所和优质服务。

西汉高速公路还在服务区基础上建设了景观停车休息区5处，这些地方大多依山傍水，风景秀丽，旅客可“停车坐爱枫林晚”，欣赏沿线汉江和秦巴山区自然风光。让走过西汉高速公路的旅客，感受到沿线强烈的视觉冲击和独特的文化魅力。 有的服务区还有过街天桥通往公路对面，以利人们充分欣赏道路两旁的风景，视野也更加开阔。依山傍水因地制宜的景观设计，使司乘人员在青山绿水美景如画的环境中悠然畅行，充分体现人文关怀。

行走在西汉高速路上，既能充分欣赏到路与自然浑然一体构成的绿色山水，也可以领略高速公路边的人文历史景观和古栈道等其他遗址，使你深刻感受到西汉高速公路周边厚重的历史文化，而公路沿途的大型景观雕塑群设计就充分彰显了人文理念。

在西汉高速公路七亩坪服务区有一个大型黄花岗岩雕塑群《华夏龙脉》，总长为260米，宽6米，最高点8.5米。雕塑群的设计以时间轴为线索，围绕秦岭从政治、经济、军事、文化等各个方面集中反映华夏民族不畏艰难，以人定胜天的决心改造自然的力量。雕塑以圆雕和浮雕相结合的创作手法，以在秦岭地区影响中华民族历史的10个重要时间段为横线，运用18个历史典故，以艺术的形式展现了秦岭的古栈道。雕塑群整体形象以自然山形贯穿相连，彰显历史，体现人文，与层峦叠嶂的秦岭山脉交相辉映，与周围自然环境浑然一体，成为一座极具震撼力的“露天艺术博物馆”（图13-1）。

由于西汉高速公路承载量大，许多路段弯道急坡道长，为安全起见，2008年，又对西汉高速公路实施了强化安全设施工程。强化工程增加的主要设施有：新增3处停车区和朱雀安全检查站，改造原有的2处紧急避险车道，增加2处紧急避险车道，39段总长8.8公里路段加宽一个车道，作为紧急停车带，其中桥梁段为7.3公里，路基段为1.5公里。对急弯陡坡路段弯道外侧的护栏进行强化和改造。新增监控设备20套，电子情报板2块。新增的沙窝停车区，位于西汉高速公路K58公里处，面积约为8320平方米。沙窝停车区不接触地面，整体建在空中，是由58根墩柱将130片箱梁支撑形成的“空中服务区”。为了确保运营和管理，在沙窝停车区规划设计中，还为高速公路交警大队预留了派出机构办公室，以便于交通管理部门和运营部门的横向联系，快速反应，迅速配合处理紧急事件。

3. 京津塘高速公路（改造）

现在，建设景观化的高速公路已成为全行业的共识，新项目建设如此，已有的高速公路景观改造也在如火如荼地进行。

2008年4月，京津塘高速公路两侧及出口延长线开始全线铺绿。作为天津市塘沽区重点迎宾线路之一，道路沿线建成了达42.4万平方米的绿化面积。建设之初，该区相关部门就对公路背景景观和节点景观进行设计，规划了高速公路两侧沿线形成高低错落、点面结合、四季布局的绿化景观方案。特别是在重要的节点景观设计上，还引进了一批新的绿化美化品种，使原有的绿化效果锦上添花，如原产于西北的马兰花等。如

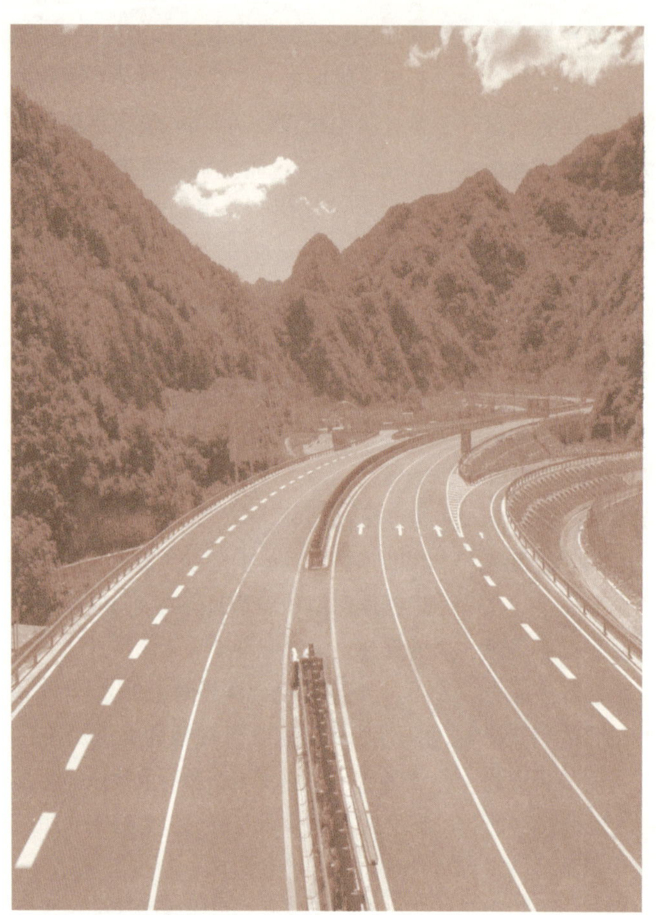

图13-1 沪宁高速公路已成为长三角的经济走廊

今，包括京津塘高速公路沿线30.81万平方米和高速出口11.59万平方米的绿化面积在内的整个景观改造工程已顺利完工，共完成总土方量近200万立方米，铺设上水管线40多公里，绿化乔木灌木多达15万株。如今驱车行进其间，无论是车窗外延绵起浮的绿意盎然，还是点缀其间的姹紫嫣红，京津塘高速公路及其出口延长线“路南路北满眼春”，正在成为一条景色怡人的景观线路。

4. 沪宁高速公路（改造）

沪宁高速公路无锡段的绿化改造工程。2006年，为实施公路景观的美化，无锡市重点开展了高速公路、快速干线和城市出入口绿化工程项目的实施。无锡的公路工程项目主要实施的是贯通市区境内的沪宁、锡宜、锡澄高速公路、新312国道的道路生态景观林建设；境内各高速公路进入市区的9个出入口地区的生态景观绿地建设。工程按照“全线最美，国内一流”的标准，规划设计高起点、高标准，并坚持社会性原则、系统整体性原则、可操作性原则和可持续发展原则，力图体现地方山水文化特色，以生态化、园林化、现代化、网络化为建设目标，运用公路与自然、与社会相宜的景观设计手法，创造出了集山林、河塘、农田、村镇、城乡一体化的城市风貌，给市民、游客创

图13-2 西汉高速公路真正结束了“蜀道难”

图13-3 穿越秦岭的高速公路

造了一个新颖美丽的无锡印象。特别是沪宁高速公路无锡段两侧以100米为造林绿化控制线，根据高速公路行车快速、封闭管理的特点，防护绿化带的主要作用是保护道路交通和两侧的生态环境景观，林带以速生、高大、粗生粗长的乡土乔木林为主体，并综合考虑林带总体的色彩、季节变化以及天际线等因素。改造后的无锡城市道路绿化工程，与国道312无锡段防护绿化带组成了和谐一体的复合型绿色生态走廊。不仅改善了生态环境，构筑市区生态走廊和景观绿廊，也树立了城市的良好形象，提高了城市品位，也实现了良好的经济效益和社会效益。

5. 甘肃省的高速公路

2000年初，国家提出西部大开发的战略决策，公路建设也向中西部倾斜扶持。在此形势下，甘肃省的高速公路建设也以蓬勃的态势获得了健康的发展，从1999年以来，已先后建成了兰海忠树段、尹中、白兰、柳忠、谗柳、天谗以及凤嵋等多条高速公路，总公里数近1000公里。在建设的同时，公路环境的绿化美化同样得到了相应的重视。

甘肃省位于黄土高原、青藏高原、蒙新高原交汇处，地形地貌复杂，海拔平均1300米左右。受经度纬度的影响，全省气候差异大，兰海忠树段、尹中、白兰、柳忠、谗柳、天谗以及凤嵋高速公路所在地区气候在陇东、陇中气候类型之间过渡，气候上存在明显的差异，土地的酸碱等条件也不同。以往，由于公路建设的开挖和填筑，使原有生态环境破坏，造成水土流失、植被死亡等。为了尽可能地保护环境，甘肃省的建设者们通过3年不断的努力，对甘肃省不同的气候类型区域进行分析研究，并通过人工种植与工程防护措施相结合的方式，有效地减少了地表径流对路基的冲刷，减少了水土流失，从而达到了公路生态环境的恢复和保护。

在公路绿化规划设计中，首先对公路全线进行详细的调查（土壤情况、水质、自然分布及立地类型），通过对调查结果进行分析研究及对土壤、水质的化验分析，参考公路沿线自然植被的生长情况，制定所选用适宜于当地自然条件的树种；然后，针对不同的土地类型进行植物的配植，以及布局格式。在东部地区以地被植草为主，适量配植花灌木、乔木，同时用色调明快的大色块提高绿化效果；在西部、北部地区，则根据那里气候条件恶劣、水源紧缺、自然降水较少等因素，以栽植灌木为主，适量配植落叶或常绿乔木。此外，在服务区、收费站区的建筑构造物上，则采用新颖别致，外观美丽的设计风格，使其具有强烈的现代感。由于服务区有较大的空间，绿化用地较充足，因此，在花坛、广场、庭院式休闲厅、花廊等处可以有效设计绿化景观，还选用了红花槐、馒头柳、云杉、花灌木等景观造型，使服务区、收费站的整体环境舒适宜人、轻松活泼，美化了当地相对单调的自然环境。

随着我国高速公路的迅猛发展，相关的法律法规也在不断完善，且有些法规与公路景观有直接关系。如江苏省高速公路总里程达到2886公里，密度居全国第一。《江苏省高速公路条例（修正草案）》提交省人大常委会第二十三次会议审议。与原条例相比，修正草案就对高速公路沿线广告设置问题作了明确规定。原条例规定，除高速公路收费站区和服务区外，禁止在高速公路、公路用地、建筑控制区范围内设置广告。但近年来，建筑控制区范围外设置了大量广告设施，且杂乱无序，与周边环境不相协调，影响了交通安全和公路景观。为此，《条例（修正草案）》明确规定："在高速公路建筑控制区外至100米范围内为广告设置区，广告设施的设置由省交通行政主管部门统一规划、审批、管理。广告设置区外300米范围内不得设置广告设施。高速公路单侧相邻的广告设施的距离不得少于1000米。"针对目前一些跨江大桥桥体前后设置广告较多，严重影响景观整体形象的现状，《条例（修正草案）》也规定："省人民政府确定的跨江大桥等高速公路景观区域不得设置广告设施。"

2007年1月，再次修改后的《江苏省高速公路条例》在江苏省十届人大常委会第二十八次会议正式通过，其中首次明确规定，省内高速公路收费站必须开足收费道口，保障车辆正常通行。因未开足收费道口而造成平均10台以上车辆等待交费，或者开足道口后，待交费车辆排队超过200米，收费站要免费放行，待交费车辆也有权拒绝交费。此项突破性规定在全国尚属首例，它对高速公路管理者提出了新的要求，也凸现了高速公路"以人为本"的理念。

三、城市道路的景观展示

一般来说，城市道路景观是在城市道路中由地形、植物、建筑物、构筑物、绿化、小品等组成的各种物理形态。城市道路网是组织城市各部分的"骨架"，也是城市景观的窗口，代表着一个城市的形象。同时，随着社会的发展，人民生活水平的提高，人们对精神生活，周边环境的要求也越来越高。这些都要求我们要十分重视城市道路的景观设计。

（一）城市道路景观设计原则

城市道路景观设计的基本原则主要从以下几个方面考虑：

1. 尊重历史的原则

城市景观环境中那些具有历史意义的场所往往给人们留下较深刻的印象，也为城市建立独特的个性奠定了基础。城市道路景观设计要尊重历史，继承和保护历史遗产，同时也要向前发展。对于传统和现代的东西，我们不能照抄和翻版，而需要探寻传统文化中适应时代要求的内容、形式与风格，塑造新的形式，创造新的形象。

2. 可持续发展原则

可持续发展原则主张不为局部的和短期的利益而付出整体的和长期的环境代价，坚持自然资源与生态环境、经济、社会的发展相统一。这一思想在城市道路景观设计中的具体表现，就是要运用规划设计的手段，结合自然环境，使规划设计对环境的破坏性影响降低到最小，并且对环境和生态起到强化作用，同时还能够充分利用自然可再生能源，节约不可再生资源的消耗。

3. 整体性原则

城市道路景观设计的整体性原则可以从两方面来理解：第一，从城市整体出发，城市道路景观设计要体现城市的形象和个性。第二，从道路本身出发，将一条道路作为一个整体考虑，统一考虑道路两侧的建筑物、绿化、街道设施、色彩、历史文化等，避免其成为片段的堆砌和拼凑。

4. 连续性原则

城市道路景观设计的连续性原则主要表现在以下两个方面：第一，视觉空间上的连续性。道路景观的视觉连续性可以通过道路两侧的绿化、建筑布局、建筑风格、色彩及道路环境设施等的延续设计来实现。第二，时空上的连续性。城市道路记载着城市的演进，反映出某一特定城市地域的自然演进、文化演进和人类群体的进化。道路景观设计就是要将道路空间中各景观要素置于一个特定的时空连续体中加以组合和表达，充分反映这种演进和进化，并能为这种演进和进化做出积极的贡献。

（二）城市不同道路景观设计

不同的道路在城市生活、生产活动中所起的作用各有不同。因此，需要将城市道路进行分类，以便研究得更深入。城市中的道路按活动主体可分为车行道路、人车混杂型道路及步行道路等类型。不同类型道路因使用方式与使用对象之间的差异，在景观设计上的侧重与手法的运用上也各不相同。

1. 快速路景观设计

市区车行道路（快速路）受城市用地的限制，常常表现为高架与立交的形式，其道路景观设计与一般道路极为不同。应对城市传统景观加以充分考虑，以降低快速路对于传统景观及周边环境的割裂，尤其是要控制快速路的高度以避免对传统建筑立面所讲求的比例关系造成破坏，必要时可采用地面式或拉开与建筑高度的差距。

同时，快速路形式单一，交叉口少，很容易形成单调而乏味的街景，因此地标建筑的设计就显得格外重要，它的视觉标志性可以成为道路景观的高潮，使枯燥的道路景观有节奏和兴奋点。

快速路上的道路设施包括快速路照

明设施、标志广告牌、信息显示牌、护栏、隔音板等。这些设施的设计不应仅仅是道路功能的补充与完善，还要注重其在视觉效果上对快速路的美化与修饰功能，更要避免自身对景观的消极影响。

快速路的立交桥和匝道会产生大量的“失落空间”，这些空间为快速路的绿化设计带来了很大的契机。绿化铺作的几何构图配以相应的乔木、灌木栽植与快速路自身的线形交织在一起，会形成在大尺度上的景观的和谐。但也应该注意这种绿化不仅仅是一种视觉需要，还应注意其可达性，使其成为人们游憩的场所。

2. 人车混杂型道路景观设计

城市中人车混杂型道路又可分为交通性为主的道路与生活性为主的道路。交通性为主的道路，一般担负着城市各个功能区之间的人流物流的运输，其交通流量大，通常路幅较宽。其景观特性除了要满足安全性、可识别性、可观赏性、适合性、可管理性以外，还因有人的需求而需要提供方便性，如公交车停靠站、座椅、垃圾箱等。

交通性为主的人车混杂型道路首先要考虑其安全性，将机动车与自行车隔离，由于考虑通行速度，多采用直线，在道路线型上不宜产生特色。其景观设计主要是通过对道路空间、尺度的把握，建筑物高度与道路宽度比例提升其形象。此类道路的交通特点要求设置减速标志和减速设施，隔离设施也要有所增加；点缀小品设施为使用者提供方便，造型上应与整体环境协调，相同设施体现系列化、标准化；道路的文字标识要采用英汉对照，增进城市的国际化程度。

在绿化设计上，此类道路人行道尺度比较大，可考虑草坪、绿篱、花坛、行道树等多种形式，树木的种植间距不应对行人或行驶中的车辆造成视线上的障碍。在品种搭配上，应充分考虑随季节变化而变化的景观效果。

生活性为主的道路车种复杂、车行速度慢，人流较多，可分为以居住为主的街道、以商业为主的街道和以行政办公为主的街道，景观设计强调其多样性与复杂性。

生活性道路是以城市生活为主，因此它的场所感较强。街道空间形式的设计首先要满足活动内容的需要，并根据街道功能特点，可以考虑街道空间的变化，如沿街附属空间的导入，弯曲、转折，采用对景、借景等来丰富空间景观。

由于道路上行人数量较行车多，应尽量少用草坪，除行道树外，其他形式的绿化适合采用带花池的花坛、灌木等。设计中还要考虑绿化中的灯光效果，使绿化不会在夜晚显得漆黑一片。

3. 步行道路景观设计

步行道路的出现给城市带来了很多生机，其景观特性为安全性、方便性、舒适性、可识别性、可适应性、可观赏性、亲切性、公平性、可读性、可管理性等。其景观设计在考虑上述几种情况之外，应格外强调个性化、人性化、趣味性、亲切性的特征，要充分注重自然环境、历史文化、人与环境各方面的要求。

如商业步行街的景观设计，其建筑的高度及其与街道宽度的比例，要以能够营造亲切、和谐的空间尺度和环境气氛为宗旨，适于人们交往、休闲、娱乐行为的进行；沿街建筑物风格、色彩、体量、质感会使商业街景观具有鲜明个性。

步行道的设施设置要考虑在其中人群的多种使用需求，如停车场、自行车停车位、电话亭、自动提款机、垃圾桶、道路指示牌、导游图、座凳等，这些设施的设计应根据使用方便、造型别致、尺度亲切、布局合理、无障碍使用的原则。值得一提的是，城市中商业街多是有历史传统的，其设施设计也应充分体现文脉精神。

4. 小品设计

小品的设计，题材可以来自城市的历史、文化、典故、事件等，能够起到强化空间环境文化内涵、渲染城市的人文色彩的作用，使人们在购物、观景的过程中接受传统文化的熏陶。小品的尺度要与人接近，使人感到亲切、熟悉。为了能够反映商业步行街的繁华特点，不宜采用高大的树木，而且种植密度要适中，绿化设计应不影响两旁的建筑在人们的视野范围内展现其商业氛围。在供行人休息、停留的小广场或道路局部放大处种植一些遮荫树，这对夏季较为炎热的城市能够起到较好的降温作用。

（三）城市道路景观范例

1. 苏州市的道路景观

闻名世界的园林城市苏州在城市道路规划建设上就充分体现了尊重历史，尊重整体性的特征。城市的每一条道路都能尽量与周围的园林建筑保持和谐一致，每一条道路都好似园林艺术的载体。如在虎丘路、临顿路、干将路、狮山路、中新路上，既有枝头绿荫，又有沿街小品。其中，“卵石铺花丛，隔河看景墙”是道前街滨河绿地；“人在花间走，柳在岸边行”是临顿路滨河绿地；而“两绿夹一河” 则是干将路滨河绿地。苏州市在对人民路、三香路、养育巷等道路进行拓宽改造时，不仅保留了原有的成材大树，而且沿路通过“见缝插绿”来增加绿化，虽面积不大，却体现了苏州的文化内涵和城市风格，形成了“全城皆园”的新景观。

为了缓解在城市化进程中城市道路出现的交通拥堵问题，2006年，苏州市规划局还在城市道路设计和建设过程中引入了交通设计这一环节，即将交通流量控制、交通事故控制、交叉口形式、道路信号控制、诱导监控信息等内容在道路设计时优先考虑，改变了以往信号灯、车道、岔道等交通要素都是在道路实施建设时才被考虑的状况，为完善道路交通环境作了有益的尝试，也取得了良好的效果。

作为一座历史悠久的古城，苏州的发展也充满了活力。美国《新闻周刊》曾将苏州列为世界9大最有潜力的创新城市之一。随着城市规模的扩大，新一轮《苏州市城市总体规划》中确定了相城区为苏州中心城区的重要发展方向。相城区在建区之前，只是苏州市的纯农业县，仅有一些散落在自然村落的小规模企业，没有一条像样的城市等级道路。近年来，随着经济的迅猛发展，相城区确定了："一轴两翼、三核三片、四湖连心"的发展规划。即以元和塘为全区发展主轴，以全区生态旅游和高科产业作为两翼；同时，以现代物流与高端制造业为主的西组团，以区域商贸、研发创新产业为主的北组团，和以综合服务功能为主的中心城区，组成各有特色，互为补充的三大城镇建设区。此外，从阳澄湖出发，经过生态绿心，连接四角湖泊，实现从乡村向城市建设区逐层渗透的生态与景观道路网络。同时，相城中央商贸区未来将成为全区的功能核心和心理中心。从苏州千年古城向北延伸的庄重轴线纵贯中心区，一直向北伸展到全区绿心——万亩植物园。郊野大型绿地沿着人民路主轴直插向城市中心，将从阳澄湖吹来的温软新风带到每座住宅与商厦。届时建设好的城市道路将在区内15分钟上高速，并和周边的3个港口5座机场形成2小时交通圈。规划还在区内和周边设置了10个高速入口，实现各镇各街道15分钟上高速的高效交通网络。

2. 温州的城市道路景观

再如温州的新建城市道路建设。温州是浙江省重要的经济发展区域之一，但相对于东部城区，西部则因交通设施等方面的原因，经济发展较为缓慢。2000年8月，温州市正式启动了西进城口改建工程。特别是随着浙江温州双屿客运站的建成使用，西进城口将成为重要的通道。率先建设的江滨西路A线，东起东瓯大桥，西至卧旗山，紧邻瓯江防洪堤建设。道路全长2.32公里，宽30米，按一级城市次干道，设计时速为每小时40公里，双向6车道。分担104国道部分交通流量，缓解城市西进城口压力。该路与鹿城区中央涂段防洪堤组成有机部分，并与防洪堤和路间的12万平米景观带，建成"绿色走廊"，亲水广场，布置景观小品，形成堤、路、景观结合的人水相亲，景色宜人的"沿江走廊"，集旅游、休闲、商务等功能为一体。B线将与鹿城路、过境公路、金丽温高速公路形成5条相对平衡的交通线，改变整个区域的交通现状，并与周围翠微山、黄龙山、卧旗山、牛岭山和瓯江等景观元素，共同塑造山—城—江相和谐的总体风貌。

城市道路的入城处是一座城市的窗口形象，体现着这座城市的精神风貌，这里的道路景观建设尤其重要。温州市在进城口的整治和建设上，就明确规定了“五化”的要求。一要“序化”，就是确保整治过程中交通组织有序，整治之后交通更加便捷畅通；二要“净化”，就是做到道路中间和道路两侧干净整洁；三要“绿化”，就是通过栽花植树种草，使道路绿起来；四要“美化”，就是对道路两侧的建筑和立面进行修建、粉饰等，使道路更有美感；五要“亮化”，就是给道路设计装搭合适路灯，让灯光起到照明和景观的双重作用。整治建设后的温州城市道路，变得更加大气、洁美、畅通、协调。机场路宽敞整洁，成了城市的“迎宾大道”和重要窗口，南塘大道绿树成荫花团锦簇，成为独具特色的山水景观大道，其他进城口整洁干净秩序井然，奏响着城市的交通乐章，也使这座经济发达的城市拥有了一种美与艺术的气质。

3. 昆明的城市道路景观

四季如春的花城昆明本来就具有得天独厚的气候优势。在昆明市政府提出的“绿化和生态是城市第一印象、第一环境、第一基础设施、第一景观要素”的理念指导下，2006年，15条进出昆明的公路美化绿化工作全面展开。这15条主城出入口道路由5条一级出口道路，4条二级出口道路和6条三级出口道路组成，范围涉及官渡、五华、盘龙、西山、呈贡等四区一县。道路景观绿化以乔木为主，灌木、花草为辅。许多道路在广场路段还设计了主题各异的景观小品，体现着浓厚的地域文化气息，不仅让人赏心悦目，还成为外地游客观赏拍照的景观。此外，对毁损路面的养护维修，对标志标牌和交通标线的完善也为司机提供了方便。

4. 天津市的城市道路景观

为了使城市道路景观体现得更加完美，许多城市还向全社会征集创意方案，动员社会力量参与城市的道路景观设计。

作为北京奥运会的协办城市，天津市与其他城市的往来日趋频繁，入市口道路景观作为城市窗口的作用越来越重要。为了让从外环线进入市区主要路口处的标志性景观更好地展示天津市形象，2007年10月，天津市市容委决定主办“天津入市口标志性景观有奖征集设计方案”活动，面向全社会公开征集卫国道与外环线交口等8个重要入市口黄金位置的大型钢架结构艺术造型、城市雕塑、园艺建筑、水景工程、展示橱窗等景观的设计方案。为了提高入市口标志性景观工程的设计理念和创意水准，采取应征者“自命名主题”的方式，要求设计者在深入了解景点所处地区市容建设规划的前提下，综合考虑区域特色、道路特点、历史典故、经济发展趋势等多种因素设计景观方案，突出唯一性。据介绍，标志性景观的主体造型为组团式立体设计，以大型钢架结构艺术造型、城市雕塑为主，园艺建筑、水景工程、著名企业形象展示牌展示橱窗为辅。设计方案要规模宏大，与周围环境相协调，动静结合。各个标志性景观要采用新材料和新灯光设备，兼顾白天和夜间的视觉效果，主体造型还要拆装方便，可长期或重复性使用。

5. 其他城市的道路景观

全国各地都有许多闻名遐迩的商业步行街，这些步行街大多都是在城市原来商业集中的街道地段发展起来的，集中了当地富有特色的商业文化和民风民俗，不仅是当地市民购物休闲的场所，也是中外游客观光购物的最佳选择。例如，北京的王府井商业街、上海的南京路和城隍庙、南京的夫子庙、苏州的观前街、乌鲁木齐的二道桥民族风情一条街等；还有城市不同街道发展形成的主营商品或文化一条街，例如天津的“津门故里”古文化街、杭州的丝绸一条街、西安的书院门古文化一条街、青岛的啤酒一条街、景德镇的瓷器一条街、成都的小吃一条街等。这些城市商业街道大多重视街道路面的铺设，街灯的造型和照明效果，沿街的雕塑和景观小品，行人休息区的设置，以及街道两边建筑风格的统一和对地域文化的传承。

第十四章　天人合一，人文和谐
——路与生态

生态文明是人类文明的一种形态，它以尊重和维护自然为前提，以人与人、人与自然、人与社会的和谐共生为宗旨，以建立可持续的生产方式和消费方式为内涵，是引导人类走上持续、和谐发展的必由之路。党的十七大报告也提出了“建设生态文明”社会的发展要求，而据此提出的生态公路建设，是公路交通部门在探索公路建设与生态环境协调发展的过程中做出的有益尝试，也体现了公路建设新的发展方向。

一、生态公路的文化内涵

“生态”一词源于古希腊文，原意为“家”和“住所”，泛指一切生物的生存状态，以及它们之间与环境之间环环相扣的关系。1869年，德国学者赫克尔首次提出了“生态学”的概念，它是研究动植物及其环境间、动物与植物之间及其对生态系统影响的一门学科。后来，人类生态学把生态学的研究领域从传统的动植物领域扩展为人与环境之间相互关系的研究，之后出现了许多新的生态研究领域，诸如生态城市、生态建筑、生态旅游、生态经济等。同时，“生态”这一概念的内涵也被不断地丰富和扩展，被用来描述一种和谐、健康、可持续发展的状态。

可以说，对生态文明的追求体现了人类社会发展的必由之路，是人类对传统文明特别是工业文明进行深刻反思的成果，也是人类文明形态和文明发展理念、道路和模式的重大进步。传统工业文明是一个挑战自然、索取自然、大量消耗不可再生的矿物资源的过程。人类在20世纪创造的物质财富超过了以往历史的总和，但加速了地球资源的消耗，多次造成巨大的生态灾难。建设生态文明，不同于传统意义上的污染控制和生态恢复，而是克服工业文明弊端，探索资源节约型发展道路的过程。生态文明作为对工业文明的超越，代表了一种更为高级的人类文明形态。

党的十七大报告提出的“建设生态文明，基本形成节约能源资源和保护生态环境的产业结构、增长方式、消费模式”的发展方向，是中国特色社会主义理论体系的又一创新，是党执政兴国理念的新发展，是对落实科学发展观、深化全面建设小康社会目标而提出的更高要求。

公路建设是人类发展与社会进步的内在要求，随着人类社会的进步，人们对公路服务质量的要求越来越高。然而传统的公路发展只注重公路的技术指标，强调公路运输的服务能力、服务质量和对国民经济产生的效益。公路规划、设计人员主要以满足交通功能要求、降低建设造价和维护费用、节省交通时间和运行费用、减少交通事故损失等为目标，进行路线方案论证及勘测设计；施工期间对项目的施工组织设计只注重施工运转的顺畅、工期的长短，而对施工活动过程挖方填土、借土弃方、改移河道、清理表土、开采料场等造成地表植被破坏、地形改变、沟谷大量消失，恶化生物栖息的生态环境，加速地表侵蚀，增大地表径流，增加水土流失，改变自然流水形态，加剧水质恶化等后果常常忽视，从而直接导致对自然环境的破坏。对于公路的环保问题如何解决没有给予足够的重视，忽视了公路对环境的负面影响，对其设计、建设、运营过程中所产生的污染和破坏认识不足。近年来，随着我国经济的持续快速发展，公路运输业更是发展迅猛，公路里程（特别是高等级公路）有了明显的增加。然而公路发展的非生态性产生了严重的公路生态负效应，如气候热岛、环境污染、能量耗散、景观割裂、生物多样性减少、廊道效应等，对生态环境产生了较大的破坏作用。

因此，当我国“生态公路”这一概念刚一提出，就受到了多方关注，许多以生态公路为名的公路建设项目也相继建成。生态公路是指建设者在公路规划设计和建设过程中，将自然、人和公路进行有机的结合，融入了生态设计方法，不以牺牲生态资源为代价进行开发和建设，不仅考虑到人的活动和公路之间的相互影响，而且也特别注重维护人们与生存的自然条件相互融洽和遵循其自然发展规律，形成行车安全舒适，运输高效便利，景观完整和谐，保护自然的可持续的公路发展模式。

生态公路的提出，为我们指明了未来公路发展的方向，即在公路建设中要充分体现生态的发展标准，坚持人与自然相和谐的思想，树立可持续发展的战略意识，使公路既能高效、快捷、安全、舒适地提供良好的行车环境，又能与自然生态系统和谐相容。因此，“生态公路”既是一个类型概念，更是一个评价性的概念，即它不仅指某一种、某一类公路，更是指一种公路营建的思想和理念，是公路建设的方向和目标。

此外，从哲学观点来看，“生态公路”也体现了深刻的哲学内涵。

其一是可持续发展的宏观理念。“可持续发展思想”是生态公路最高的指导思想，是贯穿于生态公路建设全过程的思想。可持续发展就是要实现发展的可持续性，它要求公路建设必须从全局出发，从“既满足当代人的需求又不影响后代人的利益”的思想出发，从代际公平、代内公平、物种公平的生态伦理出发，在满足社会发展对其更高要求的同时（包括适度超前），既能满足公路交通运输系统内部和综合运输体系的协调发展，又使公路与经济、环境和社会各系统的长期动态协调发展。最终目的是保证公路交通的发展能力和持续的发展状态，以满足和促进国民经济的需要和社会的全面进步。

其二是“天人合一”辩证的自然观。这里的“人”主要是指“公路”这个人工构造物。即公路与自然达到最大融合的思想。这一思想要求人们要充分地尊重自然，正确认识自然，合理而有效地利用自然规律去建设、管理公路，使公路建设对自然产生的破坏最小，人工恢复自然生态系统的效能最大。一方面使公路从景观上与自然融合，做到“路中有景，景中有路”，将代表自然的绿色植物引入路界，弱化公路的界限，并根据周围地形、地貌以及本土植物的生长特点选择植物种类、设计景观格局；另一方面更要使公路与自然生态系统相互融合。如公路产生的廊道效应一面使系统更为开放，起着通道作用，促进景观间的物质和能量交换，另一面，四通八达的道路网将均质的景观单元分割成众多的岛状斑块，在一定程度上影响景观的连通性，阻碍生态系统间物质和能量的交换，导致物质和能量的时空分异，增加景观的异质性。“天人合一”的自然观就是运用自然规律，根据生态学的原理设计公路，减少公路系统对自然生态系统的不良影响。

其三是辩证的系统观。公路系统是一个由多层次，多变量组成的时间和空间相协调的系统，是一个与环境、资源相联系的开放系统。公路运输系统与社会经济系统及自然生态系统之间的关系是辩证统一的。公路构筑于自然系统之中，其本身受到自然条件的制约，但同时公路建设又极大地改变着自然，当两种系统产生冲突时，谋求一种平衡发展则是生态公路最终要达到的目的。这里我们必须明确一点，虽然公路系统是一个人工系统，但它并不完全是自然生态系统的对立面，从某种角度来说，应用哲学观点把它们看成一对既对立又相互统一的矛盾则更为贴切。如果公路建设无视生态环境，破坏超出了环境的承载力，那最终必将受到自然的惩罚。像由于不合理的高填深挖破坏植被、改变地貌、改变自然排水系统而遭造成的边坡失稳、路基塌陷、水土流失甚至泥石流冲毁路段就是非常惨痛的教训。相反，如果能够充分地尊重自然，利用公路建设的契机改良不利的自然条件，则是对自然生态系统平衡稳定的促进和贡献。将公路系统置于整个区域系统之中，确保在公路建设的同时，充分维护自然生态系统和社会系统的协调统一，尽量减少对自然生态环境的破坏和扰动，实现区域经济、生态环境和社会系统健康可持续发展，这也是生态公路建设的主要宗旨。

二、生态意识与生态效应

生态公路与传统公路相比，从思想理念到实践行动都存在着较大差别。从侧重公路的功能因素（安全、迅速），强调经济效益的传统的狭隘的建设思想，转变为整体考虑区域经济、环境、社会综合系统的可持续发展思想；由传统的以填方为主节约工程造价的建设模式，转变为利用各种高新技术、生物工艺、材料以减小对生态系统影响的建设模式；从单纯注重公路经济合理性、技术可行性的陈旧的评价方法，转变为综合经济、线形、环境、景观、可持续发展的多目标评价体系。因此，生态公路的出现标志着人类公路建设的生态意识从觉醒走向自觉的里程碑。其具体特征表现在：

1. 整体协调性

生态公路最终要实现经济效益、社会效益与环境效益的统一和综合最大化。在公路规划、设计、施工、营运、管理各个阶段应该统一思想，把研究对象放在地球环境、生物、资源、污染等诸要素构成的“公路－自然－经济－社会”复合系统中进行全面考虑，把性质不同的生态环境系统与公路经济系统研究有机结合起来，把对技术、经济、环境分析放在同等重要的地位，协调公路项目实施过程中遇到的各种关系和问题。

2. 对生态环境最小破坏和最大恢复

公路建设受到地质、地形、水文等自然条件的制约，又受到现有生产力水平、生产工艺、生产工具等技术条件制约，还受到社会经济水平的制约，使公路建设不可避免地对沿线的生态环境造成一定的影响，如植被破坏，水土流失，土地分割等。生态公路就是要在现存条件下综合运用各种工程措施、生物措施、农艺措施、管理措施，将公路建设的破坏限制在最小范围内，降低到最小程度。而对于已造成的破坏采取最大可能的恢复措施，重建新的生态系统，并对占用土地进行补偿。当前我国对建设项目引起的自然资源破坏（如侵占森林、草原、湿地等）通常采用经济补偿措施，这虽可限制不合理的开发活动，但却解决不了实质性问题。欧洲国家普遍实行生态补偿政策，即占怎样的林地，就在邻近的地方营建同样的林地。这种方法值得我国在建设生态公路中学习借鉴。

3. 良好的景观生态效应

生态公路在景观层面上的特征是最直观、最易被人感知的特征。生态公路给行者的印象不应只是钢筋网、混凝土墙和沥青路面，生态公路要营造的是“脚下是路，周围是景”的行车环境。因此，生态公路必须通过合理选线和利用路线特点，使公路路线最佳地适应于景观；通过公路的布局和设计来展示和加强公路景观；通过科学的绿化美化来改善公路景观。一方面给行者带来美的感受，另一方面维护自然生态系统的平衡。

4. 安全高效性

“生态”一词本身就代表着和谐与健康，生态公路自然也应是和谐健康之路。因为公路的基本职能就是为运输服务，所以这种“和谐健康”首先就应是公路系统的运输环境的和谐健康。因此，生态公路必然要求行车安全舒适、运输高效便利。生态公路基础设施为货流、客流、能源流、信息流、价值流的运动创造必要的条件，从而在加速各种流的有序运动过程中，减少经济损耗和对公路沿线生态环境的污染。

生态公路既顺应了21世纪人类生态文明时代的要求，也体现了我国可持续发展战略在公路建设上的新思路和新方向，它将有力促进我国区域生态系统的改善，也将大大改变公路建设的传统理念。如今，随着一条条生态公路的成功建设，不仅改善了自然环境，也促进了人与自然的和谐，同时也将中国带上了一条健康，和谐的可持续发展之路。

三、路与自然的相融和谐

（一）路景相融的公路

川九公路是通往世界级风景区九寨沟的重要通道。公路位于四川省阿坝州境内，起于松潘县境川主寺，止于九寨沟口，连接四川省两大世界自然文化遗产九寨沟和黄龙。原有的川九公路技术标准偏低，纵横交错的公路网会分割生物生存环境，给生物的繁衍造成影响，甚至会造成水土流失，形成沿线带状污染，加速一些动植物灭绝。另外，路基路面病害多，排水没有形成系统，交通工程设施极不配套，公路抗灾能力差，服务水准与九寨、黄龙作为联合国确认的世界自然文化遗产的地位极不相称。2002年7月，四川省委做出改建川九公路的重要决策。该项目全线采用山岭重丘区二级公路标准，计算行车速度40公里/小时，路线全长94. 139公里，总投资3.94亿元。工程于2002年10月动工，2003年9月完工。

为了建设好第一条在全国有示范意义的生态旅游公路，四川省公路局贯彻交通部“安全、舒适、环保、示范”的建设宗旨，明确提出：川九路建设要以生态环境保护为核心，坚持“以人为本”，充分满足人们对出行的安全性、舒适性、愉悦性要求；在生态环境保护上，要突出与当地的自然风光相谐调。这些理念的确立，带来了公路建设管理、设计、施工等全方位的理念创新和工作创新。

设计是工程的灵魂。川九路的设计以最大限度地保护环境为宗旨，正确处理遵循与创新的关系，从实际出发灵活运用标准，遵守自然谐调原则，形成了一套新的设计理念。在线型设计上，改建的川九路以原有公路中线作为设计中线，随弯就弯，合理优化，地形特别困难的地段适当降低标准。在路基、路面、边沟、边坡的设计上，充分体现保证质量、贴切自然、平整美观、安全舒适的原则；路基、路面的设计充分考虑其功能性，增加了防水稳定层，采用了能够满足使用功能要求的SBS改性沥青；边沟设计多采用与路容相谐调的土质碟形边沟；边坡设计采取贴切自然的缓边坡及圆滑坡面，以方便采用植物绿化和防护，减少和避免生硬高大的挡防结构。在交通工程的设计上，采用有旅游特色的指路标志。在环境保护和景观设计上，更是强调与自然景观相谐调，引种花草树木要求与当地植被生态相一致，既可保证成活率，又可避免生物入侵，也减少了人工栽植的痕迹；引入园林绿化的小品设计，克服大色块景观的单调性；借鉴家装工艺，装饰美化呆板的公路挡墙……

川九路上的九道拐，被称为体现新的设计理念的经典之作。九道拐，顾名思义，就是九曲相连的弯道。按照二级路的线型设计标准，九道拐的转弯半径达不到设计要求。但是，经过设计人员精心优化线型，巧妙处理周围环境，使九道拐既满足了安全舒适的要求，又避免了新开路线对环境造成的破坏。

施工是关键。川九路环保工程的成功，还在于有一支用新的环保理念武装起来的施工队伍。他们边建设边移植来成年的高大树木，用修路砍倒的树木建成护路篱笆，建设的同时就开始恢复沿线被破坏的环境，尽量减少对周边环境的人为破坏，最大限度恢复原有生态。过去只要把路修好就行了，很少考虑对环境的保护，现在每铲一铲土都要掂量掂量，是不是符合对生态破坏最小的原则。过去边坡处理只考虑整齐划一，边坡上的石头统统要炸掉，现在就要按照与自然相谐调的原则，考虑有些石头要不要保留。九道拐施工中为了保留几棵树，设计、施工等单位开了几次现场办公会研究解决方案。不仅经理们满脑子装着环保，就连普通工人也都对环保有着满腔的责任感，用当地的小石子装饰水泥挡墙，就是工人们的发明创造，不仅改变了水泥挡墙生硬的面貌，而且透出一种文化韵味。

川九路施工中有四个字人人皆晓，那就是“露、透、封、诱”。所谓“露”，就是把好的近景露出来。川九路路旁有一条奔流的小溪，过去被弃土乱石挡住；施工中他们将弃土乱石清理走，让小溪露出秀美身姿，为愉悦人们出行增添了一道靓丽的风景。所谓“透”，就是要清除妨碍人们视线的障碍，让远处的风景透出来。过去的九道拐，每一拐上下弯道之间都堆满弃土，既污染人们的感观又不利于行车安全。改造后的九道拐，上下弯道之间通透，达到了愉悦与安全的统一。所谓“封”，就是把景色不好的通过绿化封起来。所谓“诱”，就是把景色不好又无法“封”住的，设法诱开人们的视线。

今天，当人们行进在川九路上时，感觉不到人工雕琢的痕迹，似乎川九路与环境的和谐是与生俱来的。其实，这种感觉正是新的公路建设理念创造的奇迹。川九路开创了交通建设与自然相和谐的典范，是交通新跨越的一项标志性工程。图14-1，图14-2为川九公路沿线的秀美景色。

再以深圳特区为例。为科学有效地实施生态公路建设，深圳市公路局制定了《绿化生态公路建设标准》，对绿色生态公路的环境、生物多样化、公路绿化率等18项建设标准进行了规定。传统的公路只片面强调公路运输的服务

图14-1　川九公路沿线的秀美景色

图14-2　川九公路沿线的秀美景色

能力、质量和对国民经济产生的效益，而绿化生态公路则强调综合生态功能。绿化生态公路具备生态系统自动调节功能，对公路及其周边环境具有较明显的恢复、改善、净化和保护作用。按照规定，未来深圳绿化生态公路标准的绿化树种80%以上将重点考虑本地品种，以阔叶树种为主，合理搭配乔木、灌木、地被和其他植物。这类公路将优先种植能吸引益鸟栖息生养、蜂类和蝶类等无害昆虫生养以及有利于保持植物生态平衡的树种，如大叶榕、铁冬青等。道路的拐弯处将进行路基加固，路基外种植不阻碍司机视线的树木。为防止车辆开出路基时与树木发生猛烈撞击，路基外将种植具有柔韧性的树木，起到一定的缓冲作用。用地允许的路段将设置中央绿化隔离带，以有利于行车安全。此外，还对公路的空气、土壤质量、水质量、白天噪声、夜间噪声等5项指标提出了符合绿化生态公路建设的具体要求。

（二）呵护自然的高速公路

思茅至小勐养高速公路途经西双版纳国家级自然保护区边缘。作为地球上三大热带雨林之一——西双版纳素有“动植物王国”及“物种基因库”的美誉，共有植物5000多种，其中珍稀植物341种，属国家重点保护的濒危植物58种。由于保存了完整的热带生态系统，西双版纳历来为国内外专家学者所瞩目，曾被联合国教科文组织列入“国际生物圈保护网”的10个自然保护区之一。因为地球上同一纬度地区大多为沙漠地带，西双版纳的这片热带雨林就显得弥足珍贵。

为降低对自然保护区的破坏，云南省公路规划勘察设计院在工程报告中提出了3个线路方案。3个方案各有利弊，究竟实施哪个方案，引起了激烈争论，也引起了云南省委、省政府的高度重视。思小高速公路调研组对公路穿越自然保护区段线路走向与环境保护问题进行了分析比较，最终达成共识，决定选用第三个方案。此方案虽经过自然保护区（实验区），但沿途多为次生林和经济林，对原生植被影响小，避开了敏感的保护对象——热带山地雨林，避免了对自然保护区造成新的分割，且施工条件可充分利用老路作为施工所需的临时物料堆放、加工和工程机械停放场地。

该方案经云南省政府同意后开始实施。采用此方案，工程投资从1998年交通部批复的30亿元增加到2002年批复的39.5亿元，桥梁从54座增加到352座，隧道由两座增加到30座，桥隧总长占全线总长的26.4%。在野象谷路段，桥隧里程占到公路里程的70%以上，使这片热带雨林得到了最大限度的保护，充分显示了人类亲近大自然，呵护大自然的美德，为子孙后代留下了一份珍贵的财富。

在此后的施工中，建设者们尽量做到不碰或少碰山体，尽量保留珍稀植物。路线经过曼井缅傣族村寨，初设路线正好经过10多棵被当地群众称为“神树”的大榕树。建设者对路线进行了局部调整，保护了大榕树。普文立交桥区有一棵200多年树龄的野生芒果树，为了保护这棵芒果树，建设者调整了匝道位置。在思小高速公路建设中，所有的施工都严格遵循“宁填勿挖、宁隧勿挖、宁桥勿填”的原则，尽量减少开挖对植被的破坏，并针对野生动物习性，合理设置了动物通道。公路全线生物防护工作完成率达到100%，边建设边绿化，首次在公路重点段设立景观区和休息区，突出了保护自然、融入自然、回归自然、享受自然这一定位和人文关怀的新理念。

中共中央总书记胡锦涛到云南视察工作时，曾全程考察了思茅至小勐养高速公路。总书记对思小高速公路建设给予了充分的肯定与赞许，并指出：“只要认真落实了科学发展观，不仅开发建设与环境保护可以共赢，人与自然也完全可以和谐相处。”

西汉高速公路不仅注重景观设计，更是一条绿色环保生态路。西汉高速公路沿线有国家重点生态环境保护区——秦岭，建设初期，陕西西汉高速公路有限责任公司即提出“要以工程师的智慧，艺术家的工艺”打造好这条路。

秦岭是中国南北气候的分界线，森林覆盖率达80%以上，植物种类达2000多种，属国家重点保护的珍稀濒危植物有20余种，珍稀动物160多种，沿途有大熊猫、金丝猴、朱鹮、羚羊等珍稀动物，是我国中西部交界处最重要的动植物基因库，这些珍稀动物对人类活动的影响非常敏感。

针对如何把西汉高速公路建成“山青、天蓝、草绿、路美”的环保生态路这一课题，省交通厅专门成立了集设计、科研、教学、项目管理为一体的“秦岭山区生态高速公路建设技术研究”课题组，依靠技术创新，联合开展科技攻关。“统筹兼顾、效益优先，适度超前，突出创新，注重环境保护，坚持可持续发展”，这是西汉高速公路建设部门与施工单位签定的合同中，明确规定的环保条款。为使西汉高速公路与绿色自然融为一体，招标中，建设单位就把保护生态环境作为一项不可逾越的天条，签署在条款中。

为了有效保护秦岭生态环境，西汉高速公路还采取了大量开挖隧道、架设桥梁的方式修路，沿路共建设桥梁540座，隧道136座，以最大程度保护秦岭地质结构、植被面积和动物栖息地。由于该线路途经佛坪大熊猫自然保护区、洋县朱鹮自然保护区、羚牛保护区以及古汉台等历史文化遗址，在选线设计上，考虑到珍稀动物的有效保护，高速公路尽可能避开动物保护区，较好地保护了秦岭宝贵的野生动植物资源。西汉高速公路虽穿越了部分大熊猫保护区，但是由于其大部分由隧道和桥梁组成，大熊猫可以从隧道上方的山体或桥梁下方自由穿越，不会对大熊猫栖息地造成人为分割。朱鹮是世界上最濒危的鸟类之一，有“东方宝石”之美称。朱鹮保护区所在的洋县是西汉高速公路的必经地段。为避开地处汉江北岸的朱鹮保护区，西汉高速线路绕行汉江南岸，比原定路线延长了30公里，增加投资近15亿元。可以说，西汉线的修建，不单单是穿越了秦岭，更重要的是从生态保护的角度出发，保护了秦岭这座“地质博物馆”和“国家公园”。

淮安至盐城、连城至盐城高速公路的建设，也很好地解决了“高速公路建设与生态环保”的问题。

连盐高速公路是江苏省第一条全线低路堤高速公路，仅路基填土高度平均降一米，就减少取土坑用地5700多亩，减少道路的永久性占地955亩，节省投资至少1.5亿元，对节约不可再生的土地资源做出了贡献。

此外，在环保节能方面，连盐路建设者们也做出了有益的探索。他们开拓废旧轮胎利用新空间，铺设了600米长的橡胶沥青路面。伴随汽车工业的飞速发展，全球每年产生的汽车废旧轮胎数量巨大，仅美国一年就有上亿条。这种固体垃圾如何处置，美、德等国家做过科学试验。他们把轮胎切割、粉碎成橡胶粉，掺到沥青中，用于高速公路建设，这样不仅实现废物利用，而且经橡胶改性后的沥青高温不软化、低温不脆裂，还能降低高速公路噪声。虽然通过国外资料知道一点皮毛，但国内还未掌握橡胶改性沥青这项技术。承担着科研失败的巨大风险和压力，连盐路在全国高速公路率先进行了这一探索，用橡胶改性沥青铺设了600米路面。经过无数次研究试验，终于成功铺筑了试验路段，并拟定了橡胶沥青及其混合料的一套技术指标。这项技术最终得到推广利用后，将会给汽车废旧轮胎找到一个好去处，成为发展循环经济的一个成功范例。

湿地被喻为地球的“肾脏”、蓄水防洪的天然“海绵”和很多野生物种的“避难所”。湿地保护如此重要，而高速公路的穿越，不免打破湿地的宁静。104公里长的淮安至盐城高速公路，有35%的路段穿越里下河、射阳湖等水源湿地区域，为了最大限度地减少公路对湿地生态环境的影响，建设者们提出了“精品高速、生态淮盐”的全新理念，从工程设计到建设，一直把保护湿地放在重要位置。从路线选择起，就多方比选，在射阳湖至建湖段，特别避开了建湖九龙口自然保护区，以减少对那里湿地环境的影响。在穿越射阳湖荡湿地时，淮盐路采用了高架桥方案，并尽量减少桥墩数量。

如今，跨越湿地的路段已成为淮盐高速公路上最亮丽的风景。驱车经过5.8公里长的射阳湖大桥，或者经过5条河道横穿的盐城西枢纽时，人们会看到路旁连绵的河湖苇荡、茂盛的水生植物，还有水天相接处翻飞的鸟雀，一派和谐的湿地风光，而高速公路从湿地上方轻盈掠过，很自然地融入在这片风景里。

宁淮高速公路全线设有大、中桥梁33座，受地质影响，桥梁桩基只能用循环钻施工，这种施工方法会产生大量的泥浆，排入田间，便会导致农作物胶化。面对施工中的矛盾，南京市高指和施工单位共同研讨，探索出“隔跨挖池、集中蓄存、循环利用、分散处理”的方法。这一全新的“绿色架桥施工理念”的成功实施及在全线的推广，不但使泥浆得到循环利用，收到了节水降耗的效果，同时施工过程没有污染农民的一分稻田，建设现场看到的是一幅巍然耸立的大桥与周围的稻田、河水和谐相处的原生态图画。

2005年6月建成的宁淮高速公路老山隧道，全长6825米，是华东地区长度最长、跨径最大、标准最高的高速公路隧道。为了保护沿途的生态景观，建设者们通过数月时间，对沿线一山一丘、一河一塘、一树一林进行详细调查，按照A、B、C三个级别提出保护措施，其中特别确定了40处敏感保护点。老山隧道作为宁淮高速路的亮点工程，指挥部专门从紧张的建设资金中拿出4000万元对老山生态进行保护。隧道经过的老山国家森林公园，占地8000公顷，森林覆盖率达80%，有成片的原始森林，野生植物达586种，还有200多种观赏树木。特别是虎凤蝶，它是国家二级保护动物，目前仅在南京、武汉等少数地方能觅见其芳踪。宁淮高速公路在线路实地勘察过程中，意外获知老山上存在着全国罕见的虎凤蝶群。为了不“打扰”宁静的老山，不打破虎凤蝶们的“蝴蝶梦”，建设者们让高速公路“穿山而过”，这样虽然加大了工程施工难度，但为虎凤蝶保住了繁衍生息的空间，为它们留下一片舞姿翩跹的乐土。

在老山隧道出口处，还有两棵百年老楸树。楸树与楠木齐名，为国家一级保护树种。这两棵长寿的老楸树更是被当地老百姓称为“镇山之宝”。不过，在最初的勘测设计方案里，其中一棵楸树恰好在施工范围内。但为了防止老楸树移栽可能不能成活的后果，最终，建设者将施工线路作了调整，同时耗资10万余元为楸树专门砌石坡、筑栅栏，对其进行保护。如今，经过建设者们的艰辛努力，老山隧道已经顺利贯通，枝繁叶茂的楸树也成为高速公路边一道独特的风景。

保持“原生态”也要求尽可能节约资源，老山隧道的出洞石渣就被派上了用场。施工人员经过科学的配比测试，将石渣用于高速公路的路基填筑。算下来，老山隧道50万方的石渣，就可节约近400亩的取土用地。在宁淮高速公路建设中，很多可替代资源都被施工人员“变废为宝”。南钢厂区基建工地有大量可利用的山皮石，测试表明，这些山皮石完全能够满足填塘所需的承载要求。废弃的山皮石一下子成了“香饽饽”。据统计，宁淮高速公路全线各项目利用山皮石近200万方，而这至少又可以节约取土用地1500亩。

随着生态文明理念的深入，建设生态公路已成为全行业的共同追求，生态公路建设也取得了不小的成果。

全国第一条沙漠高速公路——榆靖高速公路，有70多公里穿越毛乌素沙漠，沿线生态环境十分脆弱。负责承建的榆林市交通局在前期规划中就将绿化工程列入并实施：公路两侧200~500米范围内将建成高标准防风固沙林带，绿化面积达2万多亩，绵延80公里。现在，已经有2000多万株臭柏、紫穗槐、沙柳和花棒等常绿或灌木树种落户公路沿线，8000多亩防沙障被已牢牢锁住了流沙。

江西省的景婺黄高速公路全长151公里，起始于“千年瓷都”景德镇，途经“中国最美乡村”婺源，连接著名的黄山，是交通部2004年第一批勘测设计的典型示范公路，被列为当时12条全国生态环保示范路之首。工程总投资67.7亿元，被称为是江西历史上一次性投资最大、环保要求最高、施工难度最大的道路工程。由于该线路经过的区域都是著名的风景区，为了保护沿线优美的环境和森林资源，工程设计人员在工程建设上，本着“经济、实用”的原则，又紧抓“以人为本，安全、环保”的设计新理念，尽量符合生态的特殊设计。为了保护生态，公路建设者在设计时将它定位为“生态旅游高速公路”。与一般高速公路选用名树、名草绿化不同的是这条高速公路选用本地的草皮和灌木进行绿化，采用曲线设计，突出边坡的自然美，减少了人工痕迹，使之与周边山体保持和谐，使自然景观、再造景观和人文景观和谐统一，为打造精品高速公路增添了丰富的内涵。

这条高速公路沿线风景秀美，风光绮丽，旅游资源丰富，以景德镇为核心，在半径200公里内有庐山、黄山、九华山、武夷山、三清山、龙虎山、鄱阳湖、千岛湖、太平湖、南昌、景德镇、歙县、衢州等“六山三湖四城”旅游热点和婺源文化与生态旅游区。

沪、杭、黄（山）、婺源、景德镇、九（江）是我国最具开发潜力的旅游经济干线之一，因此，本项目的建设，将极大地改善沪、杭、婺、景、九旅游大通道的“瓶颈”状况，大大缩短相互间的时空距离，形成赣、皖、浙、沪旅游风光带和旅游经济圈，对进一步开发沿线丰富的旅游资源，发展旅游业，从而促进沿线经济发展具有重要作用。

2007年9月，安徽省的生态旅游线路铜黄高速公路通车，这条公路东起铜陵长江大桥南端，终点在黄山南大门汤口，全程116公里，工程总造价约51亿元人民币。铜黄高速地处安徽省中南部，北接合安高速，南连沿江高速，是经合肥通往黄山的最快捷通道，在安徽省干线公路网和国家公路网中都占有十分重要的地位。如果说九华山、太平湖、黄山等风景名胜是安徽省的明珠，这条连接“两山一湖”的高速路，就像一条红线，把一颗颗明珠串成一副精美的珍珠项链。乘车从铜陵长江大桥入口驶入铜黄高速后，第一处美景就是位于铜陵境内的桂家湖高架桥。东西南北交错的公路、铁路高架桥，气势恢弘，车辆行驶在高架桥上，青翠的山峦，安静的山涧小溪，道路沿线盛开的各色野花，构成一幅美丽的油画。当车辆驶过青山隧道后，基本进入了山区，高速路弯道也变得多了起来，但沿途的风景也随之丰富了起来。遥望车窗外青翠的松柏连绵起伏，由隧道连接的竹海、茶园，以及即将收获的庄稼，有曲径通幽之感，真可谓一步一景令人目不暇接。

铜黄高速在设计和建设过程中，追求“天人合一”的生态理念，尽量避免破坏沿途生态环境。道路基本上是依地势而变化，不一味追求道路平直，为了减少破坏生态，修建了大量的桥梁隧道和高架桥，与沿途的山川巧妙地融合为一体，全线桥隧占到总长近40%，绿化覆盖率达99.74%，成为一条生态景观长廊。为了建成环保道路，铜黄高速环保投资就达到1.5亿元，在安徽交通建设历史上前所未有。作为一条重要的旅游快速通道，铜黄高速被誉为安徽省旅游业的“心脏搭桥工程”。它的开通打破了制约安徽省旅游发展的交通瓶颈，中间贯穿黄山、天柱山、九华山三大名山和中国五大淡水湖之一巢湖，成为游客进入黄山乃至大皖南、泛巢湖的最佳通道和高速专线，促进了合肥、黄山两大旅游中心城市的对接。铜黄高速通车，不仅可以让铜陵人更便捷地去“两山一湖”休闲旅游，而且市民去杭州、上海、福州等地更方便了，因为铜黄高速南段与徽杭高速相连，铜陵距杭州通行距离缩短到了300多公里。

渝湛高速公路粤境段是广东省首条按照高标准环保生态概念建设的高速公路，项目严格按照“具有亚热带风光的生态高速公路”理念进行建设。该路段在建设中以反映湛江地区原始风貌为基础，最大限度地利用自然条件，以模仿当地原生植物群落的方式绿化，营造舒适、和谐、自然的路域环境，一改以往单一使用草本覆盖防护为主的绿化方式，推行乔木、灌木、草本、蕨类、藤本植物多样性混种。

（三）人文和谐的城市道路

城市是大多数人聚居的地方，城市道路的生态化建设不仅能使人感受到视觉上的舒适与悦目，更能使现代人获得一种心灵上的放松和文化上的享受，也是一个城市物质与精神文明的体现，代表着一个城市的品位与格调。现在，大多数城市都有绿意盎然，充满人文关怀的生态道路，珠海市的景山路改造就是其中的一条。

首先，景山路在路面设计上就融入了生态元素，铺设了改性沥青路面。改性沥青路面具有因无需切缝而平坦，因平稳度高而噪声小，因颜色黑沉而减少反光，利于驾驶的特点。 行驶在这样的路面上，既可以提高司机驾驶舒适度，又可以减少交通噪声，保护环境。同时，沥青路面的软化点高，非常适合珠海炎热的气候。

其次，在环境设计上突出了生态园林的主题，营造了宽阔舒适的生活空间。海滨公园拆去了围墙后，自然而然地融入了景山路的范围，配合在白莲路与景山路交汇处的景莲翠园等几个各具情趣的街中公园，让道路与公园完美地结合起来。景山路大多以乔木、灌木、棕榈、盆景等植物为主来造景，突出了植物的多样性与观赏性，让市民在休闲纳凉的基础上，充分享受到绿色生态。道路两侧的绿化带上种植着中东海枣，树形高大整齐而壮观；道路上摇曳的椰叶充分显示着珠海的南国特色，秋枫枝叶繁茂，在绿色中点染着色彩；道路中间的绿化带则铺满地被植物，再配以酒瓶椰、华盛顿椰和各类盆景，营造出错落有致的植物组景。路边的直饮水机为路人提供了方便，也为城市注入了人文关怀的气息。

再次，在景观设计上融入了生态文化，提升了城市格调。景山路上有3处园林景观，里面石桌小椅造型优雅，绿树鲜花掩映，市民们在这里读书、谈天、休息，好不惬意。洋溢着现代城市风格的公共汽车候车亭造型流畅，充满动感的帆船和海浪线条，配以一溜儿明亮的射灯，给人以明快乐观的生命感受。最引人注目的是道路两边的壁画和景墙，水湾头壁画中的大海、海鸥、森林、牧童，体现着自然与人共生的追求；古代景窗中显露的春兰、夏荷、秋菊、冬梅以及青松翠竹，引发着人们的思古情怀；山水华亭处的壁画则演绎着小渔村到现代化社区的巨变，似在诉说着这个城市的沧桑变化。这些壁画采用的材料主要是自然感强烈的玻璃钢仿古铜、仿石彩色拼贴，甚至是直接使用蚝壳，以最自然的质地将生态的内涵与地域性结合起来。

景山路的生态改造还带动了这里的经济发展，吸引了众多市民汇聚在这里购物、休闲，不仅促进了零售业的繁荣，也带动了饮食娱乐业的发展。随着这里成为珠海新的标志性繁荣街区，越来越多的旅游者也来这里领略珠海的风情，使这条道路焕发出了前所未有的激情与活力。难怪一位旅欧归来的市民说：在新的景山路上，我找到了法兰克福和慕尼黑的感觉。这种浓郁的人文与人本气息，这种蓬勃向上的人格精神，更凸现了珠海这座国际化城市的开放性风采。

江苏省昆山市马鞍山路的生态景观建设也有很大的借鉴意义。该项目于2003年初动工，2005年底完工，共建设生态景观面积160万平米，总投资约1.7亿元。根据马鞍山路沿线地块功能分区的不同，设计者做了与规划相协调的景观区域分区：①长虹大桥至虹祺路，沿中心城区边缘，人流量较大，该段定位为城市与森林过渡段；②虹祺路至古城路，沿线有森林公园、新体育中心、黄宜山，该段定位为生态休闲活动区；③古城路至环城北路，沿线多为未开发的农田，该段定位为生态过渡区；④环城北路至阳澄湖，定位为阳澄湖生态区。建设中以景观先行主导，始终贯穿着昆山的自然要素、人文要素以及生活文化要素；在强化江南地方景观特色的同时，将阳澄湖的生态环境引进市区，融入悠久的当地历史文化；长期地协调与周边环境以及完善和谐的生态系统，形成具有地域和民族特色的百年风景；还吸引了老城区居民到西部来，提高了城市品位；最终与城市区域规划相协调，指引和带动了城市区域建设。

马鞍山路景观建设为城市道路绿化探索出了一种新模式，不再走原来以行道树、规则林、小色块为模版的老模式，而是具有了生态、自然、可持续性等诸多特点。如今，马鞍山路上的生态景观与城市的水系和山体形成了山、水、城、林交融一体的城市特色，构成了点、线、面等多种绿地系统形式的有机组合，形成了富有地方特色的城市绿地系统，并已经明显对城市良性发展产生了影响，使城市应以“生态优先”的建设战略思想得到了更好的证明。

如果说前两者是从城市道路的宏观生态发展建设的话，技术上的创新对生态保护同样意义重大。2007年，江苏省在城市道路建设上开始推广“透水路面”以改善城市生态环境。以往，在城市建设中，由于地面铺装大量采用沥青、混凝土、砖石等材料，封闭了地面，加上高楼大厦使城市地表被阻水材料覆盖，水分难以下渗，降水很快成为地表径流排走，形成了生态学上的“人造沙漠”。不透水的路面由于缺乏对城市地表温度、湿度的调节能力，造成地面易干燥，扬尘污染重的后果。且雨后水分快速蒸发，空气湿度大，夏天使人闷热难受，形成了气象学上的“热岛效应”。由南京市政公用局和一家彩石建材公司研制的这种“透水路面”材料，能够很好地解决这一问题。由于采用萨其玛式的空隙结构，透水路面和地下土壤是“连通”的，地表水、气都能渗透下去。此项技术已在南京秦淮河风光带、幕府山市政配套、无锡十八湾景区等工程中使用。这种“透水路面”可用于人行道、慢车道、广场、景区道路等，造价只稍高于面包砖，是一种节能、节材新技术，将会在以后的城市道路建设中得到广泛的使用。

城市道路绿化带是城市园林绿化的重要组成部分，它能够分割车道，使汽车、自行车、行人互不干扰；能防止眩光，诱导视线；同时还具有遮荫调湿、净化空气及降低噪声等多种功能。许多城市在道路生态上都紧紧抓好绿化这一最基本的手段，探索出了适合自己城市的模式。

天津市大港区2007年在南环路以南生态绿化走廊工程中，综合考虑其生态性、景观性和休闲性，坚持将生态功能放在首位。该工程在建设中，因地制宜，充分利用道路区域湿地特征明显，原生植被生长良好的有利因素，利用芦苇湿地自生芦苇降解部分污水，对于城区生态性的提升有难以估量的作用，体现了最大的环保功能。从建设投入与后期养护投资和生态效果上来说，采用湿地型防护林地，能够最大限度地发挥整个绿化走廊的生态性。该工程建成后，有效吸收了二氧化碳和其他有害气体，对净化空气、涵养水源、保持水土、减少热辐射、增加空气湿度、减少噪声等都有很好的效果，同时也为动植物提供了良好的栖息生长环境，建成后的湿地区域还是市民休闲观光的最佳去处。

武汉市2005年在南湖南路建设中也为保护生态而增建了南湖大桥。南湖南路沟通武汉的关山一路和武纸路，全长10公里，途中要经过南湖水、狮子山和水杉林。如果要建成一条相对直路，就要开挖郁郁葱葱的狮子山，南湖岸边浅水处数万平方米的水杉林也得砍掉。同时，南湖南路把南湖分为南北两部分，南面湖面小，原设计是填湖筑一长堤，堤上修路，造价省，但势必会让南湖水变为死水。经过研究，建设者最后决定既不穿山，也不造堤，而是增设一座大桥，虽然因此造价增加了2000万元，却没有影响原来的自然景观。建成的南湖大桥长580米，有9个桥孔，拱跨50米，主拱处离水面3米，可以过小船，南湖水面因此也连结了起来。他们还在路北增设了亲水平台，既可以满足人们的观景需求，也可作为人行道用。

汕头市营造城市生态新景观的举措是市区行道“一路一树”。2002年，汕头市城管局组织园林绿化专业技术人员结合汕头市立地条件和树木习性，对市区各道路行道树进行调查和评价，提出了市区56条主要道路行道树一条道路一个树种的“一路一树”规划方案，经征询社会各界意见和建议后，开始逐步实施建设。根据汕头市道路建设及绿化的实际，行道树“一路一树”的实施主要在市区新建道路推开，并取得较为明显的成效。目前已在市区部分道路或路段初步形成“一路一树”的行道树新景观。其中，较成规模的道路及路段有泰山路、韩江路、黄河路（嵩山路至泰山路）、中山路（天山路至泰山路）、天山路（中山路至长平路），分别种植的单一树种是小叶榕、垂叶榕、人面子、海南蒲桃、重阳木。长达11公里的泰山路，行道路上统一种植的小叶榕一字排列延伸下去，让人赏心悦目。同时，还对树种较多的道路分段规划，对现有道路中不适宜做行道树的树种进行调整，对最佳或数量多的树种给予保留。像东厦路以海滨路、中山路、龙湖路作为起止点分成2个路段实施“一路一树”，树种分别是白兰和石栗。但在金砂路至中山路之间路段，由于1984年引进种植的扁桃树是一种优质的行道树，且保持着良好的树姿和一个树种的整体性，因此也保留下来。

东莞的绿化建设走的是“路通增绿创园”的模式，使绿化美景随着道路延伸，道路成为纵横交错的生态绿廊。主干道东莞大道长9.94公里，最宽达189米，北起旗峰公园门前，南至石鼓高速公路入口，是广深高速公路进入东莞市区的门户。东莞大道宽广笔直，绿化优美，依路构景，因地制宜，构成一条流光溢彩的生态走廊。大道隔离绿化带中，绿草茵茵，棕榈挺拔，层次分明的景色中充满了南国风情。大道还将两旁的旗峰公园、新城市中心、绿色世界等景点串了起来，使沿途景观更为丰富。有首赞美东莞大道的诗这样写道：“谁将画卷示人间，廿里长街翠玉环。溢彩流光观不尽，绿城生态展新颜。”

东莞大道不但承担着城市主干道的功能，而且因为绿化优美，让过往司机有“车在画中游”的感觉，充分展示了东莞生态绿化的新面貌，也充溢着新兴现代化城市的气息。2005年“创园”工作开展之后，这样的绿化道路在东莞如同雨后春笋般涌现，各条道路不但绿化优美，还各具特色。东城中路有着明显的岭南特色，北潢路则充满浓郁的珠江风情，5公里长的八一路配套绿化后，两旁绿地成为休闲景区。运河路全长12.4公里，樟树、榕树构成了翡翠绿廊。在东莞，道路就如同一条绿色飘带，道路延伸到哪里，绿化美景就传送到哪里。目前东莞道路绿化普及率为95.37%，达标率为82.43%，生态化的绿化模式，降低了绿化建设及管理成本，也使道路成为纵横交错的生态绿廊。

常州市以前的道路绿化80%都是香樟，和植物的生态多样性相违背。2004年，市政部门在延陵路、清潭路、丽华路等17条新的景观道路改造时，注入生态理念，丰富了城市色彩。在建成了城市人民公园、兰园、桃园滨河绿地等一大批公共绿地后，又在市区17条道路上进行绿化，改造后的街道好似一条绿色的珍珠项链，把一个个绿色的珍珠串联起来。根据植物多样性的原则，增加了乔木、灌木、花卉等400多个品种，并结合每个街道的特色，打造不同的主题。其中，晋陵北路大量种植月季，形成月季一条路；丽华路上种植了160多棵紫叶梨，便于分隔快慢道；延陵东路补种银杏，体现历史文化街区古朴的风格；延陵西路引进了槭树类植物，凸现了休闲时尚、丰富城市的色彩。

2007年，北京著名的香山公园也在南山原“御道”的遗址上复建了“景观生态路”，这条全新的山路目前已经对游客开放。这条“御道生态景观路”北起阆风亭，南至和顺门，是清朝时皇帝由静宜园西行至八大处的必经之路，因此而得名“御道”，全长860米，宽2.5米。由于年久失修，路面损坏、水土流失严重。香山从2003年开始进行了全面整修，并进行配套绿化改造，并兼顾其他路段的造景，建立和保护多样化的乡土生态系统，适当选用观花观叶植物，形成稳定的生态系统，提高了景观质量。目前，公园在景观生态路定期放飞蝴蝶、蝈蝈等昆虫，放置仿真动物模型雕塑，在沿路悬挂鸟巢，营造自然界的和谐意境。改建后的道路深受游客的喜爱，人们在这里散步流连，拍照留念，孩子们更是欢喜雀跃，尽情享受自然的美妙，古老的“御道”焕发了新的活力。

结 语

一部道路发展史，就是一部人类文明进步史。

《路文化》以上下两篇35万字的篇幅，展现了我国古今道路建设的历史进程，反映了我国道路建设者艰苦卓绝的奋斗精神，记录了我国道路建设取得的巨大成就，以及为中华文明和世界文明做出的重要贡献。

路是文化的载体。中国路文化是与中国道路的历史进程同步出现的。有了路，就有了路的文化；不同时期，有不同的路文化。作为历史悠久的文明古国和正在进行现代化建设的社会主义国家，我国道路文化源远流长，物质文明和精神文明的内涵十分丰富。它既来源于我国道路建设的丰富实践，也源于中华文明的深厚根基，是灿烂辉煌的中华文明的重要组成部分。研究和总结中国路文化中所蕴涵的民族精神、历史价值和文化内涵，对于贯彻“三个代表”重要思想，落实科学发展观，构建社会主义和谐社会，都具有十分重大的历史意义和现实意义。

胡锦涛总书记在党的十七大报告中指出：“当今时代，文化越来越成为民族凝聚力和创造力的重要源泉、越来越成为综合国力竞争的重要因素，丰富精神文化生活越来越成为我国人民的热切愿望。”文化，是一个民族的血脉和精神家园，也是一个国家走向富强的有力支撑和软实力的体现。道路见证着人类的历史、文明的历程，是人类伟大的物质创造和文化创造。中国路文化研究就是以开阔的视野去研究我国道路建设的历史和成就，突出路文化在推动我国道路建设和交通事业发展的基础性、战略性作用，从文化上彰显道路大国与强国的风范和信心。

从文化的角度系统地研究我国道路的历史、现状和成就，前无先例，本书是一次有益的尝试和探索，不足和缺憾在所难免。我们相信，随着路文化的深入研究，其软实力的作用会日益显现。它必将使我们进一步树立民族自信心，增强民族凝聚力，激发民族自豪感；必将推动我国道路建设和交通事业更加科学快速地发展，取得更大的成就。

参考文献

[1] 交通部主编：中国交通50年成就，北京，人民交通出版社，1999
[2] 交通部主编：中国路谱，北京，人民交通出版社，2008
[3] 刘承先：中国公路史（上、下），北京，人民交通出版社，1990
[4] 交通部：现行有效交通法规，北京，人民交通出版社，2005
[5] 易经武：交通大辞典，上海，上海交通大学出版社，2005
[6] 赵祖康：道路与交通工程词典，北京，人民交通出版社，1985
[7] 杨琦：公路建设管理知识，北京，人民交通出版，2003
[8] 叶国静：道路与桥梁工程概论，北京，人民交通出版社，2005
[9] 徐家钰：道路工程，上海，同济大学出版社，2004
[10] 郗恩崇：高速公路管理学，北京，人民交通出版社，2001
[11] 王嵘：古道之谜，成都，四川文艺出版社，2003
[12] 李旭：茶马古道，北京，新星出版社，2005
[13] 白渔：唐蕃古道，北京，中国青年出版社，2004
[14] 车华玲：悠悠丝路，长春，长春出版社，2007
[15] 云中天：中国历史上的大辟疆，北京，中国三峡出版社，2007
[16] 侯仁之：中国六大古都，北京，中国青年出版社，1983
[17] 胡阿祥：中国地理大发现，济南，山东画报出版社，2004
[18] 郭欣：古今交通拾趣，北京，人民交通出版社，1992
[19] 韩宝燕：交通宏图，北京，党建读物出版社，2004
[20] 陆化普：解析城市交通，北京，中国水利水电出版社，2001
[21] 李康：现代城市交通，北京，人民交通出版社，1998
[22] 全永燊：路在何方，北京，中国城市出版社，2002
[23] 王开：陕西古代道路交通史，北京，人民交通出版社，1989
[24] 周治敦：陕西公路史，北京，人民交通出版社，1994

[25] 张若龄：广西公路史，北京，人民交通出版社，1991

[26] 新疆交通史志编委会 ：新疆公路史，北京，人民交通出版社，1998

[27] 陕西省公路局：高等级公路建设论文集，北京，人民交通出版社，2005

[28] 任福田：城市道路规划与设计，北京，中国建筑工业出版社，1998

[29] 陈传德：高速公路，太原，山西出版集团，2008

[30] 陈序经：文化学概观，北京，中国人民大学出版社，2005

[31] 袁行霈：中国文学史，北京，高等教育出版社，2005

[32] 赵吉惠：中国传统文化导论，陕西，陕西人民教育出版社，1998

[33] 聂茂 冯伟林：日月驰骋—高速公路文化镜像，北京，光明日报出版社，2007

[34] 冯伟林 聂茂：速度之恋——高速公路文化家园，北京，光明日报出版社，2007